I0711798

# MEURTRES CAMOUFLÉS

# LES GRANDES DUPERIES DE L'HISTOIRE

Apport de la criminalistique
dans le démasquage

**Philippe J. Cassard**

« *La vérité est mystérieuse, fuyante,*
*toujours à conquérir.* »

(Albert Camus)

# SOMMAIRE

# Prologue

De nombreux homicides commis par des agences, des associations ou des individus, en collusion avec le pouvoir, ont marqué l'histoire. Supprimer l'obstacle ou la menace que représentaient les victimes, puis camoufler du public leurs actes criminels a été leur mot d'ordre.

Si, malgré leur caractère opaque, certains de ces crimes de sang historiques ont été finalement dévoilés, puis punis légalement, d'autres assassinats « politiques » restent entourés de mystères, faute de preuves irréfutables ou du repenti de ceux qui les ont perpétrés. On ne peut alors avancer que des théories pour tenter de les expliquer.

Le terme « politique » est choisi, ici, dans son sens large : ce qui est relatif à l'organisation et à l'exercice des puissants. En l'occurrence, que les assassinats soient hypothétiques ou prouvés, ceux qui les commettent sont bien souvent au service d'agences gouvernementales ou privées opérant principalement dans la sphère politique, militaire, financière ou économique. N'oublions pas non plus la pègre, les narcotrafiquants ou tout autre organisation criminelle détenant le pouvoir suprême de frapper en toute impunité.

A-t-on réussi à prouver, sans l'ombre d'un doute, la plupart des meurtres historiques commis par ces puissants dont l'habileté à les masquer ou à les maquiller en suicides, morts accidentelles ou naturelles, a souvent été déconcertante ? Malgré la résolution de quelques affaires criminelles célèbres qui a permis d'identifier les coupables, le constat d'impuissance à dénouer de nombreuses énigmes de meurtres occultes nous a plutôt laissé un sentiment d'iniquité et de frustration qui s'est accru avec le temps. Car c'est bien le passage du temps qui représente un obstacle au déroulement de la justice.

En vérité, les dossiers d'enquêtes d'assassinats incriminant le pouvoir sont, pour la plupart, très sensibles. Bien souvent, le public est encouragé à ne pas questionner l'autorité et à regarder ailleurs… On laisse penser que rien n'est véritablement prouvé à 100 %, qu'il y aura toujours des explications alternatives (ou des « faits alternatifs » pour reprendre la notion inventée par une conseillère du Président Trump !) pouvant remettre en question les conclusions officielles d'investigation et laisser ainsi planer le doute. Même la science, dit-on, peut se tromper. On restera donc dans le flou. On spéculera. Toutes sortes de théories seront alors avancées et le débat restera ouvert.

Pour autant, la science reste heureusement un recours manifeste et précieux pour dévoiler duperies, mensonges et volonté de dissimuler les preuves d'un « crime ». (Prenons ce terme au sens de tout délit gravissime puni par la loi, le « *foul play* » suspecté dans les enquêtes criminelles outre-Atlantique.)

Contrairement à la fragilité et la relativité des témoignages (parjure, perte de mémoire ou perception subjective des circonstances d'un crime) reçus au cours d'enquêtes d'assassinats politiques suspectés, la science, mise au service pour les démasquer, peut, en revanche, susciter une force de conviction inégalée grâce au recours à des méthodes rigoureuses, vérifiables et vérifiées.

La criminalistique est à même de prouver les meurtres des puissants à condition qu'elle mette en œuvre, avec précision, une analyse critique des faits. Mais, dans certaines grandes enquêtes historiques d'homicides, on a trop souvent ignoré ou insuffisamment exposé les faits que l'analyse scientifique avait néanmoins présentés. Pourquoi ? Était-ce dans le but de les masquer intentionnellement du public ou de passer sous silence le défaut de ne pas avoir conduit de vraies investigations requérant une méthode rigoureuse ?

La criminalistique est fondée sur un ensemble d'observations rationnelles et sur des méthodes d'analyse prouvées dans le domaine des sciences fondamentales (mathématiques, chimie et toxicologie, biologie, physique, bactériologie), des sciences naturelles (anthropologie, zoologie, botanique, géologie, minéralogie, entomologie) et de bien d'autres sciences appliquées. Naturellement, les disciplines des sciences humaines (psychologie, psychiatrie, sociologie, criminologie) sont également un atout fondamental pour détecter les coupables.

La criminalistique ne repose aucunement sur des théories. (Malheureusement, de nos jours, il y a foison de spéculations dans toute circonstance de meurtre.) Dès lors que les méthodes scientifiques prouvent qu'une théorie est vraie, alors cela devient un fait. Quand elles prouvent qu'une théorie est fausse, cela devient un mythe.

La criminalistique devrait être reconnue comme le meilleur juge capable de trancher et de lever le doute dans les enquêtes criminelles. Certains estiment pourtant que la science n'est pas infaillible et qu'on peut toujours douter de l'interprétation des scientifiques. N'avons-nous pas vu, tout récemment, des exemples alarmants du déni de la communauté scientifique : réchauffement climatique, pandémie de la Covid 19 ? En revanche, pour un grand nombre de personnes, le modèle scientifique reste crédible, car il se base sur des lois dont la reproductibilité est indiscutable. C'est le cas de la criminalistique qui a recours à des connaissances scientifiques bien établies reposant sur des méthodes d'investigation rigoureuses, vérifiables et reproductibles (les trois qualificatifs ont tout leur poids dans cette définition).

Dans les enquêtes d'homicides, la criminalistique prend en compte cette notion de démontrabilité. Citons quelques exemples. Selon l'interprétation des marques de lividité cadavérique sur un corps, les médecins légistes peuvent prouver que la victime a été déplacée après la mort, détruisant ainsi de fausses pistes d'investigation sur le lieu présumé de l'homicide. Une tache de vomi séché sur une joue peut indiquer l'absence d'écoulement et le fait que la victime n'était ni debout, ni assise au moment de la mort. Ou encore, l'exsanguination d'un corps, en faible quantité, sur le lieu du crime, ne peut pas expliquer ce qu'on est supposé de croire (que la victime s'est suicidée en s'ouvrant les veines et est décédée d'une hémorragie externe) mais est susceptible de donner un fort indice que le corps a été déplacé du lieu où l'homicide a été commis.

La logique, indissociée de la science criminelle, peut également permettre de se prononcer sur une forte probabilité de meurtre invalidant la conclusion initiale hâtive selon laquelle la mort d'une victime trouverait son explication dans un suicide : par exemple, l'expertise balistique et l'observation médicale des blessures létales démontrant qu'une victime a subi deux tirs *successifs* d'une carabine à la tête (chacun se révélant mortel) doivent exclure tout verdict de suicide. Certains exemples de ce type de « suicide » peu crédibles ont pourtant été évoqués dans l'histoire criminelle !

La science criminelle est-elle infaillible ? Certes, le verdict scientifique peut être remis en question et exposé à la critique, mais c'est bien souvent l'interprétation erronée des méthodes scientifiques par l'homme qui doit être sujette à caution. Par exemple, des autopsies ont pu être bâclées par manque d'expérience professionnelle, de temps ou de moyens ou intentionnellement afin de ne pas divulguer les véritables causes du décès de la victime. Si le doute persiste, le recours à l'intervention de plusieurs médecins légistes de haut renom dont l'expertise a été prouvée d'une part et à la pluralité d'expertises en examen croisé d'autre part est alors fondamental.

La médecine légale fait parler le corps. Elle doit répondre aux nombreuses questions sur la cause de la mort d'une victime. Quelle est la cause du décès ? À quel moment la mort est-elle survenue ? Quel est le délai post-mortem par rapport au moment où l'on a découvert le corps ? Dans quelles circonstances, dans quel lieu le décès s'est-il produit ? Si l'homicide est soupçonné, quels sont les indices de l'intervention éventuelle d'un tiers ? Obtenir ces réponses exige le recours aux sciences de laboratoire, aux examens microscopiques, chimiques et biochimiques et, bien sûr, à la dissection lors d'une autopsie. Celle-ci devrait être impérative si l'on soupçonne fortement une mort violente ou une mort de cause inconnue. La découverte d'indices d'une mort brutale, de cause non naturelle, devrait constituer un obstacle médico-légal à une crémation hâtive qui détruit tout recours à un second examen. Mais, dans les faits, le recours à l'autopsie n'est pas toujours respecté ou nécessaire pour diverses raisons : temps, coût, opposition de la famille, constat d'une mort dont la cause est d'une évidence indiscutable. L'importance de l'intervention des médecins légistes et de la police criminelle est, bien sûr, primordiale pour un meurtre soupçonné d'avoir été maquillé, en suicide ou en mort naturelle, car le médecin généraliste, appelé sur le lieu du décès, n'a ni la formation ni les compétences pour suivre la procédure médico-légale rigoureuse. Seuls les experts de la police technique et scientifique savent recueillir les indices, avant de déplacer le corps, et sont à même de déceler, par exemple, des traces et des projections de sang, de quadriller et d'indiquer la position exacte du cadavre, de faire une analyse du sol ou encore d'apprécier les particularités de l'environnement autour de la victime.

Les réponses précises aux questions basiques - le « quoi, qui, où, quand, comment » - peuvent faciliter le constat en faveur du scénario probable d'un décès. Les médecins légistes n'ont recours qu'à quatre causes de mort possibles : cause naturelle, cause accidentelle, suicide, cause indéterminée. S'ils soupçonnent un acte malveillant sur la victime, ils ne doivent pas écarter l'hypothèse d'un homicide maquillé en l'une de ces quatre conclusions. Parce que des autopsies ont souvent été absentes, bâclées ou de méthodologie douteuse, bien des preuves d'homicides sont passées sous le tapis.

Plutôt que science médico-légale, j'ai choisi le terme « criminalistique » ou science « forensique ». Ce vocable, admis en français, provient de l'anglais, et, au préalable, du latin (signifiant « place publique ou lieu de jugement »). La raison pour laquelle science forensique est un terme mieux approprié que celui de science médico-légale, me semble-t-il, est que la forensique ne repose pas uniquement sur des méthodes d'investigation d'ordre légal ou médical, mais regroupe des principes scientifiques et des méthodes techniques plus poussées et exhaustives appliqués à l'investigation criminelle. Comme nous le verrons plus loin dans ce livre, les enquêtes apportant les preuves d'un complot d'assassinat du Président John F. Kennedy se sont basées sur des travaux d'expertises photographiques, acoustiques et balistiques et non pas uniquement sur des expertises médicales.

Pour ce livre, j'ai sélectionné une vingtaine de morts suspectes de personnalités de la sphère politique, journalistique, cinématographique ou scientifique, survenues au cours des 20e et 21e siècles, tant en Europe qu'aux États-Unis, (à une exception près sur laquelle je reviendrai plus loin). Quelques-unes ont marqué l'histoire profondément à propos desquelles des preuves factuelles ou de très fortes hypothèses suffisent aujourd'hui pour rendre un verdict d'homicide voire, s'il y a eu préméditation, d'assassinat maquillé.

Il y a, cela s'entend, bien d'autres morts suspectes qu'il faudrait exposer !

Sur la vingtaine des meurtres choisis dans ce livre, certains sont des assassinats qui ont été perpétrés dans un but politique très probable alors qu'on a voulu faire croire à une mort naturelle, accidentelle ou à un suicide dont les circonstances ne sont pas convaincantes. Pour les autres cas d'homicides sélectionnés, il est permis d'émettre des doutes sur leur caractère purement politique, mais ils feront néanmoins l'objet d'une analyse critique sur le mobile qui a poussé des agences ou des associations, en collusion avec le pouvoir, à commettre le crime et sur les moyens et l'opportunité dont elles ont disposé.

La sélection des homicides retenue dans ce livre requiert une explication. Elle repose sur plusieurs critères. Les homicides involontaires étant écartés, seuls sont considérés les homicides volontaires, donc des meurtres, et, s'ils sont prémédités, des assassinats.

Le premier critère de choix est le caractère « politique » du « crime » (selon la définition de ces deux termes retenue plus haut) difficile à prouver car habilement camouflé (on parle de « *cover-up* » outre-Atlantique). La sélection des victimes dans ce livre tient également compte de la manière dont les autopsies ont été bâclées ou de la qualité très discutable de l'examen médico-légal, du profil des victimes qui se sont opposées aux puissants ou de celui de témoins embarrassants qui ont représenté une menace pour l'autorité. Enfin, le choix repose sur ce qui est sans doute le caractère le plus sordide de toute affaire criminelle de grande envergure : la dissimulation des indices du meurtre et le recours à une véritable duperie en faisant accepter une version « officielle » par l'opinion publique. La valeur d'importance accordée au choix des victimes retenu - mais pas pour toutes - prend également en compte les conséquences majeures de ces crimes en raison de leur haut rang social ou politique.

Par souci d'objectivité, j'ai dissocié deux conclusions selon l'analyse des dossiers d'enquêtes : soit il y a une forte probabilité de la responsabilité des puissants grâce aux résultats incontestés de la criminalistique, soit on établit un constat ne reposant que sur des hypothèses, car les réponses de la science criminelle ont été malheureusement imprécises, confuses et discutables.

Les dossiers sur les victimes sont classés en trois sections dans ce livre :
-        l'assassinat ou le meurtre maquillé en suicide.
-        l'assassinat imputé à un bouc émissaire tout désigné pour être  le tueur solitaire, rendu coupable de l'assassinat dans le but de cacher une complicité de haut niveau.
-        l'assassinat ou le meurtre dissimulé en mort accidentelle ou mort naturelle.

Cette classification tient donc compte, d'une part, du type de procédé auquel les commanditaires d'assassinats historiques ont eu recours pour les camoufler et pour duper l'opinion publique et, d'autre part, de l'explication selon laquelle la cause de la mort est douteuse, si le caractère de préméditation de l'homicide volontaire n'est pas retenu.

Les exemples de morts de personnages importants dont les circonstances restent suspectes ne manquent pas dans l'histoire, notamment dans l'Antiquité. Ces intrigues ne sont pas développées dans cet essai à l'exception de l'épisode d'une mort mystérieuse que je cite brièvement, à titre anecdotique, au début du livre ; un clin d'œil à l'Antiquité à laquelle remonte, à l'évidence, l'assassinat politique.

La raison en est fort simple. Quand bien même les historiens de nos jours émettent de sérieux doutes sur les causes de suicide, d'accident ou de mort naturelle de personnages illustres de l'Antiquité, nous ne disposons pas de données d'autopsie crédibles. Il est encore moins réaliste que ces morts puissent faire l'objet d'une inhumation pour un réexamen médico-légal malgré les méthodes d'investigation pointues dont dispose la criminalistique de nos jours. On ne peut alors avancer que des théories sur des assassinats éventuels. Le mystère reste donc entier. Autre critère difficile à évaluer : comment prouver la duperie dans des affaires d'assassinats de grands personnages de l'Antiquité de manière indiscutable ? Par exemple, un spécialiste des momies égyptiennes a récemment avancé des indices « prouvant » que Toutankhamon était mort assassiné et qu'il n'avait pas trouvé la mort dans un accident. Mais il nous est impossible de savoir s'il y a eu duperie et enfumage de l'opinion publique à l'époque sur un assassinat maquillé en mort accidentelle. Peut-on vraiment savoir si le caillot de sang calcifié à la base du crâne du jeune pharaon, révélé aux rayons X par ce chercheur, a été causé par un objet contondant utilisé par un assassin rival convoitant le trône ou si le traumatisme a fait suite à un accident de char, une autre thèse également défendue ?

Je peux comprendre que certains lecteurs pourront être surpris par le choix des victimes, quand ils découvriront, pêle-mêle dans mon livre, les enquêtes de plusieurs cas historiques de morts mystérieuses, inscrites dans une logique temporelle plutôt paradoxale. En effet, nous laisserons plus de deux mille ans derrière nous, après avoir couvert les circonstances de la mort d'une reine égyptienne, pour faire le saut vers les 20e et 21e siècles. Ainsi, je tenterai d'expliquer la duperie construite autour des morts de personnages tout aussi suspectes dont six sont liées au contexte de l'assassinat du Président John Kennedy. Je n'ai donc pas recherché forcément une cohérence chronologique traditionnelle. Le clin d'œil à la mort de Cléopâtre et le corollaire des morts suspectes avec le coup d'État contre JFK ne sont que des choix inspirés par mon intérêt personnel pour l'Antiquité et par une connaissance personnelle approfondie du drame historique de Dallas et de ses répercussions.

La source de ma motivation pour écrire ce livre est venue d'une part de la reconnaissance et de l'encouragement exprimés par les lecteurs de mon premier ouvrage, précisément consacré à l'assassinat de JFK, et d'autre part de mon intérêt pour de vieilles enquêtes criminelles complexes non concluantes (« cold cases »), mais qui, à force de pugnacité et de patience, ont resurgies plus tard en affaires classées, grâce à de nouveaux indices qui ont permis à la justice d'identifier et de juger le ou les tueurs. Enfin, pharmacien de formation, il m'a semblé utile de donner au lecteur une interprétation scientifique cohérente des rapports d'autopsies exposés dans ce livre, notamment pour ce qui est des résultats de l'analyse toxicologique prouvant une intoxication médicamenteuse suspecte chez au moins un quart des victimes.

Ce livre ne couvre pas les exemples d'assassinats politiques perpétrés par une organisation de commanditaires connue de nos jours - même si les véritables assassins ne sont pas nommément identifiés et restent dissimulés – parce que l'acte a été formellement revendiqué et publié. De même, cet essai n'expose pas des affaires d'homicides sans que l'on ait des preuves d'une franche duperie, d'une dissimulation ou d'un déni de vérité.

Je suis conscient qu'il serait tout aussi important de parler dans ce livre des crimes, entraînant mort d'homme, commis intentionnellement ou par négligence, par les *lobbies* puissants du complexe militaro-industriel, de l'industrie chimique, de l'industrie agrochimique, ou du « *Big Pharma* ». Par cupidité des gains, ces entreprises ont bien souvent dissimulé les risques sanitaires ou humanitaires et dupé l'opinion publique afin de mener à bien leur forfaiture. Il faudrait alors écrire un tout autre livre pour couvrir ces crimes.

<u>Première partie</u>

Homicides maquillés en suicides

# Cléopâtre VII

## (Alexandrie, Égypte : An 30 avant J.C.)

COMMENÇONS PAR UN clin d'œil à l'histoire antique. Nos livres d'histoire nous ont appris que Cléopâtre VII, le dernier pharaon de l'Égypte ancienne, au cours de la période hellénistique, se suicida en se laissant mordre par un serpent venimeux.

Selon les écrits historiques, Cléopâtre aurait mis fin à ses jours dans son mausolée après avoir appris le suicide de son amant, Marc Antoine, au lendemain de la bataille d'Actium que tous deux avaient perdue au profit des forces du général romain, Octave. Ce dernier conquit l'Égypte devenant ainsi une nouvelle province romaine puis fut consacré premier empereur de Rome, sous le nom d'Auguste, en l'an 27 avant J.C.

Certains historiens de nos jours posent toutefois la question : Cléopâtre s'est-elle vraiment suicidée ?

Plusieurs théories autour de la mort de la dernière reine de la dynastie des Ptolémées ont été avancées. On peut donner caution à trois théories possibles : Cléopâtre se serait suicidée à l'aide d'un poison caché quelque part dans son mausolée ; Cléopâtre se serait laissé volontairement mordre par un cobra venimeux ; Cléopâtre aurait été empoisonnée par Octave.

Chacun de ces trois scénarios est-il concevable ? Il est permis d'opposer aux versions poétiques de la mort de Cléopâtre que la légende a su créer, des circonstances tout à fait différentes, car le statut mythique de la reine a pu être embelli au cours du temps par les nombreux écrivains, historiens, et artistes qui ont été fascinés par sa vie.

Avec beaucoup de sérieux mais aussi avec prudence, certains historiens présentent aujourd'hui une thèse selon laquelle la dernière souveraine régnante de l'Égypte ptolémaïque ne serait pas morte à la suite d'un acte délibéré de sa part mais qu'elle aurait connu un sort plus funeste : un assassinat…

Les écrits historiques de l'époque sont, en réalité, jugés apocryphes par les historiens de nos jours qui cherchent à raconter une histoire vieille de plus de 2000 ans. L'absence de témoins oculaires de la mort de Cléopâtre et de ses deux servantes - qui l'auraient rejointe dans le trépas - ainsi que l'absence d'écrits relatant, à court terme, les circonstances exactes de sa disparition ont contribué à offrir une interprétation libre de ce qui a pu réellement se passer. La plupart de ce que nous savons de la mort de Cléopâtre a dû plutôt émaner des propos d'Octave, ce qui a pu le rendre possiblement suspect. En outre, il reste très peu d'écrits et de vestiges sur les derniers jours de la vie de Cléopâtre à Alexandrie. Les ruines de tous les monuments et palais du dernier pharaon demeurent au fond de la mer.

La plus ancienne source d'informations provient de Strabon, philosophe et historien grec contemporain au moment de la mort de Cléopâtre. Il déclara qu'il n'était pas certain qu'elle ait été assassinée ou qu'elle se soit empoisonnée, mais il y avait, pour lui, deux explications plausibles : un onguent toxique ou la piqûre d'un aspic aurait provoqué sa mort.[1]

Le premier scénario sembla avoir la préférence de Strabon. Dans son ouvrage de géographie, au chapitre XVII, il évoqua le fait que

---

[1] The Death of Cleopatra, a Medical Analysis of the Theory of Suicide by Naja Haje. By Dr William Maloney. August 24, 2010.

Cléopâtre avait pu s'empoisonner avec « un de ces poisons subtils qui tuent par simple contact », c'est-à-dire avec un onguent.[2] De même, Olympos, le médecin personnel de Cléopâtre, émit l'hypothèse selon laquelle elle serait soit morte de la morsure d'un aspic soit des effets d'une pommade toxique.[3] Enfin, selon Galien, la reine se serait mutilée mortellement en mordant profondément son bras.[4]

Bien sûr, l'apport précieux de la criminalistique ou le recours à des conclusions d'autopsie est inexistant dans cette affaire.

De nos jours, les historiens modernes, iconoclastes, essayent de prouver la culpabilité d'Octave, son rival romain, qui aurait ôté la vie à Cléopâtre après sa tragique romance avec Marc Antoine. Mais, pour que ces historiens s'autorisent à incriminer l'ambitieux Octave pour avoir commis un assassinat politique, encore faudrait-il que les trois piliers de toute enquête criminelle - mobile, opportunité et moyens - soient prouvés dans les résultats de leurs recherches historiques.

Analysons donc le contexte historique plus en détails. Quel a été le pouvoir romain en place après la mort de Marc Antoine ? Quelles ont pu être les raisons d'éliminer Cléopâtre si tant est qu'elle ait représenté une menace ? Y a-t-il eu intention de dissimuler le crime en toute impunité (Une hypothèse qui, compte tenu du rapport de force et des enjeux de l'époque, est concevable.) ?

Dans cette affaire, le raisonnement logique ainsi que la connaissance de la toxicologie et de l'herpétologie (la zoologie qui traite des reptiles), constituent la clé de voûte de la thèse de l'assassinat défendue par quelques historiens.

Dans son livre « *The Murder of Cleopatra : History's Greatest Cold Case* » Pat Brown, spécialiste américaine de la psychologie des criminels, traite les circonstances de la mort de Cléopâtre comme

---

[2] Égypte et les pharaons : Cléopâtre VII. Les poisons dans l'histoire. Par Maxime Rouffart, Matteo Bevilacqua et Quentin Van Gyzel. Le 12 décembre 2017.

[3] University of Chicago. The Death of Cleopatra. 2010.

[4] Galen. De theriaca ad pisonem 1964. In: C.G. Kuhn, Claudii Galeni opera omnia. Vol. XIV. Hildesheim: Georg Olms Verlagsbuchhandlung.

une scène de crime typique. Elle fonde son jugement sur des preuves scientifiques, médico-légales, comportementales, archéologiques, culturelles, politiques et historiques.[5] L'enquêtrice a recouru aux techniques et à la méthodologie du profilage criminel d'investigation et de reconstitution du crime pour contester le mythe de longue date selon lequel Cléopâtre serait morte à la suite d'une morsure de serpent venimeux, après avoir appris la mort de son amant, Marc Antoine ; un suicide par chagrin d'amour ou pour éviter l'humiliation de parader comme captive à Rome au côté d'un Octave triomphant.

Brown a examiné, en premier lieu, les sources de Plutarque, de Suétone, et de Cassius Dio relatant les circonstances du décès de Cléopâtre. L'enquêtrice nous rappelle que Plutarque a écrit son récit environ cent ans après la mort de la reine. Ce délai nous laisse à penser que des imprécisions et des incohérences ont pu résulter d'une libre interprétation de la part du biographe grec puisque l'on ignore toujours ses sources réelles. Insatisfaite des descriptions sommaires des anciens auteurs sur cet événement historique, Pat Brown s'est rendue en Égypte, en 2003, dans le but de parfaire son enquête.

La thèse de l'assassinat que l'autrice défend repose sur l'ambition démesurée d'Octave qui l'aurait poussé à supprimer le pouvoir politique menaçant de Cléopâtre en place. Elle suggère également que le futur empereur avait, en plus du mobile, l'opportunité et les moyens pour assassiner sa rivale.

Cléopâtre maintint son règne en Égypte grâce à son intelligence, sa culture et sa finesse diplomatique qu'elle sut mettre à profit en s'accordant les faveurs politiques et sentimentales de Jules César puis celles de Marc Antoine. Les écrits historiques s'accordent tous sur ce point : la reine courtisa les pouvoirs de l'empire romain. Elle s'éprit de Jules César qui lui donna un fils, Ptolémée XV, mieux connu sous le nom de Césarion. Selon Plutarque (Ant. 54, 81, 82), Césarion, perçu par Octave comme une menace pour Rome, fut assassiné par ce dernier très peu de temps après la mort de Cléopâtre. Quelques jours avant l'arrivée d'Octave à

---

[5] The Murder of Cleopatra: History's Greatest Cold Case, By Pat Brown. Prometheus - February 19, 2013.

Alexandrie, la souveraine égyptienne, consciente de la menace politique que représentait son fils, l'avait pourtant fait envoyer en Inde via l'Éthiopie pour sa protection. Mais Césarion fut retrouvé puis assassiné.[6]

Il est permis de penser que les gardes d'Octave sont venus frapper à la porte de Cléopâtre pour l'assassiner avant de tuer son fils. Le dernier acte criminel de l'omnipotent général romain sur la descendance des Ptolémées lui aurait ainsi assuré le contrôle total de l'Empire d'Orient. Le jeune Octave dominait déjà l'Empire Romain en occident, mais Marc Antoine et Cléopâtre représentaient un obstacle majeur puisqu'ils contrôlaient la partie orientale, celle que convoitait Octave. Mais la défaite des deux amants à Actium ne lui garantissait pas encore la mainmise totale sur l'empire. Après la bataille d'Actium et le suicide de Marc Antoine, il ne lui restait plus qu'à assassiner Cléopâtre pour gagner la guerre et asseoir son pouvoir sur l'immense empire de Rome. Puis ce fut le tour de Césarion d'être assassiné, juste après la mort de sa mère, par crainte de futures représailles envers Octave et sa garde rapprochée.

Selon la thèse « officielle » des historiens, Cléopâtre se serait suicidée dès qu'elle avait appris le plan d'Octave de la faire parader en captive à l'occasion de son cortège triomphal à Rome. Or, la souveraine, connue pour son esprit brillant et son remarquable courage - qualités que le peuple romain reconnaissait – aurait pu susciter l'inquiétude du pouvoir de Rome. Elle aurait bien pu entacher la consécration d'Octave au poste de premier empereur en s'attirant la compassion des Romains lors de son retour à Rome. Dès lors que le peuple de Rome était conquis par l'emprise politique et le charme intellectuel de Cléopâtre, Octave, pressentant ce soutien, aurait décidé de supprimer la menace politique en assassinant sa rivale. Certains historiens pensent que le jeune futur empereur aurait ainsi saisi la seule option radicale qui lui assurait le pouvoir absolu sur le vaste empire.

---

[6] The dramatic death of Cleopatra – was it really suicide? By Susan Ardizzoni. Sept 26, 2014

Après avoir évoqué le mobile d'Octave, voyons si le général romain a pu disposer de moyens et avoir l'opportunité pour passer à l'acte.

Revenons aux textes anciens. Selon Plutarque, au lendemain de la bataille d'Actium, se soldant par le suicide de Marc Antoine, Cléopâtre se serait laissée enfermer dans son mausolée jusqu'à sa mort. Octave aurait ordonné à son affranchi, Epaphrodite, d'assurer sa protection afin d'éviter son suicide. La reine aurait néanmoins déjoué la vigilance de la garde d'Octave et se serait tuée après avoir fait porter un message à l'attention d'Octave, demandant qu'on l'enterre à côté de Marc Antoine. Dès réception de la note de Cléopâtre, Octave aurait envoyé immédiatement ses gardes au mausolée où, après avoir fracassé la porte, ils auraient trouvé la reine morte. Selon les textes anciens, on est en mesure de localiser approximativement l'emplacement du mausolée de Cléopâtre et des bâtiments annexes. Le mausolée était relativement proche du palais d'Octave (à quelques centaines de mètres l'un de l'autre). Il n'aurait donc fallu que quelques minutes à la garde pour se rendre du mausolée au palais d'Octave avec le message de Cléopâtre puis, sitôt les intentions de la reine connues, y retourner pour l'empêcher de commettre son acte. Car, si la thèse du suicide par empoisonnement est retenue, Cléopâtre aurait succombé au bout de quelques heures, comme nous le verrons plus loin !

Toujours selon Plutarque, Cléopâtre aurait été retrouvée inanimée à côté de deux de ses servantes, Iras, mourant à ses pieds, et Charmion, redressant la couronne de Cléopâtre, mal ajustée, avant de succomber à son tour. Un eunuque aurait peut-être été une autre victime.

L'autrice et enquêtrice, Pat Brown, s'interroge.[7] S'agit-il donc de trois suicides ? Les circonstances du drame ne suggèrent-elles pas plutôt une scène de crime dans laquelle on aurait fait disparaître également les témoins de la mort de la reine ?

Selon une version des textes anciens, Cléopâtre se serait laissé volontairement tuer par un serpent venimeux, un cobra égyptien

---

[7] The Murder of Cleopatra: History's Greatest Cold Case, By Pat Brown._Prometheus - February 19, 2013.

(Naja haje), caché dans un panier ou une coupe de figues, qu'elle aurait porté à son sein. Le choix du cobra par la reine aurait été symbolique. Dans la mythologie égyptienne, on associait ce serpent à de nombreux dieux et on le représentait sur des urnes sacrées pharaoniques.

De quels moyens Cléopâtre aurait-elle pu disposer pour faire dissimuler clandestinement un cobra dans un panier de figues ? Peut-on croire à la négligence des gardes d'Octave, passant outre à l'examen du contenu de ce panier ? Si nous acceptons la version des anciens textes, le plan inflexible d'Octave consistait à « exhiber » sa captive lors de son retour triomphal à Rome. Il aurait été donc logique qu'il ait tout mis en œuvre pour la garder en vie. Dès lors, il est peu probable qu'il ait baissé la garde et qu'il ait pris des mesures laxistes quant au maintien de la sécurité de sa prisonnière ?

Si l'on accepte l'explication du serpent venimeux, pourquoi Cléopâtre aurait-elle choisi l'option peu commode de cacher un reptile se tortillant dans un panier de figues alors que l'alternative de glisser du poison dans une des figues aurait été plus à sa portée ? Pourquoi, de retour dans le mausolée, les hommes d'Octave n'y ont-ils pas trouvé le serpent (Selon Plutarque, la garde d'Octave n'a pas cherché à le dénicher.) ? Le mausolée de Cléopâtre, dont les entrées et les sorties étaient strictement surveillées, aurait-il été aussi mal conçu pour permettre au cobra de s'y introduire ou de s'en échapper par des brèches dans les murs ?

Le cobra égyptien (Naja haje) est un reptile gros et lourd pouvant mesurer jusqu'à 2 à 3 mètres de long. C'est un serpent bien encombrant pour être dissimulé dans une large coupe ou un panier de fruits comme cela a été rapporté par les historiens. Difficile de croire la légende. Il semble invraisemblable qu'un paysan local, complice, ait pu déjouer l'attention des gardes et introduire un panier contenant ce gros reptile enroulé. Les gardes auraient-ils examiné sommairement la nourriture apportée à la captive sans remarquer la présence du reptile ?

Trois femmes furent ainsi retrouvées sans vie. Il aurait fallu qu'un spécimen énorme de cobra soit capable de libérer suffisamment de venin pour tuer trois femmes dans un laps de temps aussi court. Rappelons-nous ce qu'ont dit les textes anciens : Octave et ses hommes se sont précipités vers le mausolée de Cléopâtre après avoir reçu son message annonçant son intention de se suicider.

Qui plus est, de quelle façon les trois femmes auraient-elles pu se laisser mordre à tour de rôle ?

Pat Brown déplore l'absence de logique, de repères scientifiques et de preuves crédibles dans les anciens récits, notamment dans celui de Plutarque. Ce dernier aurait précisé que Cléopâtre s'était d'abord laissé mordre par le reptile puis que ses deux servantes avaient répété, à leur tour, le geste de la reine après avoir pris le temps de constater sa mort. Comment croire à un tel scénario ? Les deux servantes auraient-elles eu assez de temps pour saisir le serpent, faire en sorte qu'il daigne bien les mordre, à tour de rôle, avant l'arrivée rapide des gardes d'Octave ? Certains experts estiment qu'un tel reptile n'aurait pas pu tuer trois personnes car il aurait injecté tout son venin en mordant la première victime. D'autres affirment au contraire que le Naja haje est connu pour sa capacité d'économiser son venin afin d'attaquer de nouveau, ce qui nous laisse supposer que chacune des trois femmes aurait reçu une quantité répartie de venin, suffisante pour succomber.

Le venin du cobra égyptien est un agent neurotoxique et cytotoxique contenant la lécithinase, une enzyme capable de dissoudre la paroi cellulaire dans l'organisme de sa proie. La pression sanguine artérielle et l'activité électrique des muscles cardiaques se trouvent alors significativement perturbées pour causer une paralysie respiratoire. Le venin de ce reptile a également un effet anticoagulant.[8]

Médicalement parlant, la morsure du cobra est lente et douloureuse. Certains experts affirment qu'il aurait fallu quelques heures pour provoquer la mort de Cléopâtre, car ce spécimen de cobra n'injecterait que 50 % de son venin en une seule morsure. Dès lors, Cléopâtre aurait eu des chances de survivre plus longtemps jusqu'à l'arrivée d'Octave et de ses hommes et sa mort aurait pu être ainsi évitée.[9]

---

[8] Égypte et les pharaons : Cléopâtre VII. Les poisons dans l'histoire. Par Maxime Rouffart, Mattéo Bevilacqua et Quentin Van Gyzel. Le 12 décembre 2017.

[9] The dramatic death of Cleopatra – was it really suicide? By Susan Ardizzoni. Sept 26, 2014

Difficile d'y voir clair dans cette affaire. L'absence d'écrits anciens sur la pratique d'une autopsie impose bien sûr la plus grande prudence avant de soutenir catégoriquement la version de la mort de Cléopâtre par morsure de serpent. Il a été rapporté en outre que la blessure causée par les crocs du serpent n'était pas évidente sur le sein ou sur le bras de la reine. Selon Plutarque, après avoir examiné les trois femmes, le médecin avait déclaré que c'était bien l'inoculation du venin de serpent qui avait causé leur mort … malgré l'absence de signe de morsure. Rien n'est écrit non plus sur la réaction des gardes d'Octave au moment de la découverte des trois femmes agonisantes. Auraient-ils vu les victimes se convulser, vomir, et auraient-ils reconnu les signes d'une morsure de serpent venimeux comme de la bave à la bouche, un gonflement ou une paralysie du visage et des membres ? Rien de cela n'est évoqué dans les textes anciens.[10]

De récentes études suggèrent une autre hypothèse ; celle d'un simple empoisonnement. Cléopâtre aurait succombé après avoir absorbé un mélange de substances médicamenteuses toxiques et elle ne serait donc pas morte d'une morsure de serpent. Les Égyptiens avaient effectivement une connaissance approfondie des nombreux poisons capables de provoquer la mort sans trop infliger de traumatisme physique sur le corps de la victime. Un poison adéquat pouvait provoquer une mort plus rapide et moins douloureuse que le venin du cobra égyptien Naja Haje.

Selon les experts, la morsure de ce cobra peut prendre trente minutes à cinq heures ou plus pour provoquer la mort. Si Cléopâtre s'était laissé mordre par le serpent, sa mort aurait été lente, progressive et douloureuse alors que les neurotoxines d'un

---

[10] The Murder of Cleopatra: History's Greatest Cold Case, By Pat Brown. Prometheus - February 19, 2013.

poison auraient paralysé ses muscles respiratoires bien plus rapidement. En absence de blessure de morsure de serpent apparente sur le corps de Cléopâtre, la thèse du suicide - ou du meurtre - par empoisonnement, plus expéditif, n'est donc pas incohérente.[11]

Rien n'est dit dans les textes anciens sur des antécédents de suicide dans la famille de Cléopâtre. Celle-ci avait été mêlée à des intrigues familiales et à des luttes de pouvoir qui s'étaient souvent terminées en homicide par empoisonnement. Son père, Ptolémée XII, aurait empoisonné sa fille Bérénice IV, sa demi-sœur, et Cléopâtre, elle-même, avait empoisonné son frère Ptolémée XIV afin de régner, seule, sur le trône.

Que Cléopâtre ait eu recours à du poison pour se suicider ne semble donc pas illogique à l'aune de la tradition familiale.

L'emploi d'un mélange de plantes à base d'opium, de ciguë et d'aconits était le plus courant des poisons à l'époque des pharaons.

La grande ciguë cause la mort par paralysie de l'organisme. L'aconit qui renferme des alcaloïdes toxiques dont l'aconitine produit un dérèglement majeur du système nerveux et renforce l'action de la ciguë. Les Égyptiens de l'époque avaient perfectionné le mélange en y associant un antalgique majeur, l'opium, qui en proportion adéquate, permettait de diminuer la douleur et les convulsions. Selon les historiens grecs et romains, Cléopâtre aurait utilisé un onguent toxique ou un instrument pointu, tel qu'une épingle à cheveux, enduit de poison pour se suicider. Le recours à une épingle empoissée de poison aurait été privilégié, car la substance toxique aurait été sans danger jusqu'à son administration dans l'organisme.

Mais des historiens modernes réfutent cette théorie du suicide par l'une ou l'autre des deux méthodes, car, selon eux, la quantité de poison libérée n'aurait pas suffi à tuer trois personnes. Par ailleurs, ce mélange ne pouvait être à effet immédiat compte tenu du temps de libération dans le sang et dans le système nerveux

---

[11] The Death of Cleopatra, a Medical Analysis of the Theory of Suicide by Naja Haje. By Dr William Maloney. August 24, 2010.

des trois femmes. Les gardes d'Octave, arrivés très vite sur place, auraient sans doute appelé un médecin pour tenter de les sauver.[12]

Selon le Dr William Maloney, il est improbable qu'Octave ait eu recours à ce stratagème en ordonnant à sa garde de placer subrepticement le poison dans l'onguent ou sur l'épingle à cheveux à l'insu de Cléopâtre. Le futur premier empereur aurait choisi un poison plus efficace - introduit dans des fruits par exemple - entraînant une mort rapide. Si Cléopâtre et ses deux servantes s'étaient suicidées par le poison, les hommes d'Octave en auraient décelé des traces dans le contenant de l'onguent ou sur l'épingle à cheveux. Or, si l'on ne retrouva aucune trace du poison, par exemple dans un fruit consommé, on peut supposer que les hommes d'Octave, après avoir assassiné les trois femmes, avaient supprimé tous les indices prouvant leur crime.[13]

Même s'il existe des imprécisions sur les circonstances de la mort de Cléopâtre et de ses deux servantes, survenue il y a près de deux millénaires, on peut douter de la crédibilité de la version « officielle » et romanesque des historiens.

L'hypothèse selon laquelle Cléopâtre se serait volontairement donné la mort par morsure d'un serpent ou par empoisonnement est historiquement et scientifiquement peu probable. La logique et les connaissances scientifiques étayeraient la version d'un assassinat plutôt que celle d'un suicide. La mort de la souveraine égyptienne et de deux témoins « encombrants » a bien pu avoir été commanditée par Octave, lui-même, à des fins politiques.

Moyennant un assassinat maquillé en suicide de sa rivale, le futur premier empereur pouvait ainsi prétendre à un retour triomphal, à Rome, puis à régner sur un plus vaste empire, sans adversaire et en toute impunité.

---

[12] Égypte et les pharaons : Cléopâtre VII. Les poisons dans l'histoire. Par Maxime Rouffart, Matteo Bevilacqua et Quentin Van Gyzel. Le 12 décembre 2017.

[13] The Death of Cleopatra, a Medical Analysis of the Theory of Suicide by Naja Haje. By Dr William Maloney. August 24, 2010.

# Frank R. E. Olson

# (New York : 28 novembre 1953)

----------------------------------------------

LE 28 NOVEMBRE 1953, à l'aube, Frank Olson, docteur en biochimie, brillant spécialiste de la guerre biologique à la CIA, vient de tomber du 13e étage de l'immense *Statler Hotel*, dans la 7e avenue de Manhattan. (L'hôtel, jadis le plus grand du monde, renommé depuis *Pennsylvania Hotel*, a fermé définitivement en avril 2020.)

Le responsable de nuit de l'hôtel, Armond Pastore, se précipite dehors et trouve la victime sur le trottoir, vêtue d'un sous-vêtement et d'un short. Il porte son regard vers le haut de l'hôtel et constate qu'un store dépasse du cadre d'une fenêtre brisée du 13e étage et qu'il claque au vent. La victime, toujours en vie, essaye de prononcer quelque chose d'incompréhensible, mais succombe à l'arrivée de l'ambulance et d'un prêtre.[14]

La version officielle du « suicide » sera rendue publique par la police de New York.

---

[14] The New York Times Magazine. What did the C.I.A. do to Eric Olson's father? By Michael Ignatieff. April 1, 2001. Retrieved January 17, 2013.

La CIA avait employé Frank Olson aux laboratoires de l'armée américaine à Fort Detrick dans le Maryland, sur des projets ultrasecrets de guerre biologique, au plus fort de la Guerre de Corée.

Le lieutenant-colonel Vincent Ruwet, superviseur d'Olson, à Detrick, affirma que le chercheur avait « fait une chute en sautant par la fenêtre de sa chambre » à la suite d'une « dépression nerveuse fatale ». Selon le rapport de police, Olson s'était volontairement jeté par la fenêtre de sa chambre et était décédé peu après l'impact au sol.[15]

Il aura fallu 25 ans pour que le rapport de la commission Rockefeller sur les activités domestiques de la CIA dénonce ses recherches et ses expériences sur le contrôle mental, dans le cadre du programme, tristement célèbre, codifié MK-Ultra.

Le projet MK-Ultra du gouvernement des États-Unis avait débuté en 1953 pour se poursuivre pendant plus de dix ans. À l'origine, il visait à mieux comprendre les progrès soviétiques sur la technologie du contrôle mental et à les surpasser.[16] Le projet secret américain consistait à tester des drogues illégales, des agents biologiques et chimiques sur des milliers d'Américains dans le but d'évaluer la modification du comportement humain. Plus précisément, l'intérêt de telles recherches consistait à former des agents de la CIA dans le but d'induire l'hypnose, de dépasser le seuil de tolérance d'individus à la privation, à la torture et à la coercition ou afin de provoquer une amnésie et une confusion mentale.

Selon Sidney Gottlieb, le psychologue qui fit connaître le LSD à la CIA, le choix des sujets expérimentaux (sans avoir pris le soin d'obtenir leur consentement) se portait sur des prisonniers toxicomanes, des travailleurs marginalisés pour leur préférence homosexuelle ou sur des patients atteints d'un cancer en phase

---

[15] The New York Times. Family Plans to Sue C.I.A. Over Suicide in Drug Test. By Seymour Hersh (July 10, 1975).

[16] Smithsonian Magazine. What We Know about the CIA's Midcentury Mind-Control Project? By Kat Eschner. April 13, 2017

terminale. Malgré la destruction de nombreux documents compromettants en 1973, certains furent retrouvés, quatre ans plus tard, rendant possible la création d'une enquête sur les manœuvres du programme et la tenue d'un procès devant la Cour Suprême des États-Unis dans les années 1980. Toutefois, personne ne fut impliqué pour les crimes de MK-Ultra et, malgré l'intérêt public, la protection du gouvernement prévalut sur les droits des citoyens.[17]

Dans l'affaire Olson, plusieurs membres de la CIA et de l'armée, y compris Olson, lui-même, reçurent, à leur insu, une forte dose de LSD. Voyons les faits.

Le soir du 19 novembre 1953, à Deep Creek Lake, dans une région rurale du Maryland, le chimiste de la CIA, Sidney Gottlieb propose à Olson et à plusieurs autres sujets, un digestif, après le dîner. La bouteille de Cointreau qu'on leur offre contient du LSD. Dans les vingt minutes qui suivent l'administration de la drogue, ces « cobayes » ressentent de graves effets indésirables, en particulier chez Olson qui présente des symptômes de paranoïa et de schizophrénie.[18] Olson ressent les terribles effets de l'hallucinogène – un « trip » qui prend fin longtemps après la prise de la drogue psychédélique.

L'illégalité de telles expériences posera à Olson un problème éthique et moral. Pris d'une crise de conscience, il ira informer ses supérieurs de sa volonté de se retirer du programme de recherche des effets de guerre biologique et de quitter le camp Detrick pour consacrer sa vie à autre chose. La réponse de la CIA ne se fera pas attendre. L'Agence décidera de placer Olson dans un établissement psychiatrique pour traiter une « grave paranoïa et une dépression nerveuse ».[19]

---

[17] Today I found out. One of the most shocking CIA programs of all time: Project MKULTRA. By Melissa Blevins. September 23, 2013

[18] The New York Times Magazine. What did the C.I.A. do to Eric Olson's father? By Michael Ignatieff. April 1, 2001. Retrieved January 17, 2013.

[19] The Biology of Doom: America's Secret Germ Warfare Project. New York: Henry Holt & Company. By Ed Regis. 1999

Malgré les révélations dans les années 1970 sur la disparition du chercheur, le gouvernement américain ne cessera de blâmer Olson et de le rendre responsable de sa propre mort. En 1975, le gouvernement admettra qu'Olson avait effectivement reçu une dose de LSD, à son insu, neuf jours avant sa mort, mais, selon le rapport de la Commission Rockefeller, les officiers de l'armée prétendront que le scientifique « avait peut-être eu des antécédents d'instabilité émotionnelle » qui l'avaient poussé au suicide. Toutefois, l'avocat général de la CIA admettra que la mort d'Olson avait bien été « le résultat des circonstances de l'expérience de Deep Creek Lake » et qu'il existait bien un « lien de causalité direct entre cette expérience et sa mort. » [20]

La famille Olson, anéantie par la position du déni du gouvernement américain, se mit très tôt à soutenir la thèse de l'assassinat perpétré par la CIA. Les arguments et les « preuves » des Olson ont reposé principalement sur les circonstances troublantes du décès du scientifique, sur les résultats de l'autopsie et sur l'inconsistance des explications du gouvernement et de la CIA.

Frank Olson était connu par sa famille pour son esprit jovial et bon enfant. Lorsqu'il avait eu sa femme au téléphone, la nuit précédant son décès à New York, celle-ci l'avait trouvé de bonne humeur. Il se réjouissait à l'idée de rentrer chez lui.

Analysons de plus près les circonstances autour de la mort de Frank Olson survenue au *Statler Hotel*.

Lorsque la police et le responsable de nuit de l'hôtel parvinrent à la chambre 1018A de la victime, ils trouvèrent un homme dans la salle de bains adjacente à la chambre, assis sur les toilettes, la tête entre les mains. L'homme s'identifia comme étant Robert Lashbrook, celui qui avait partagé avec Olson la petite chambre à deux lits.

De retour à la réception de l'hôtel, le responsable de nuit demanda à l'opératrice téléphonique si des appels avaient été passés de la chambre 1018A. Celle-ci répondit : « oui, deux

---

[20] The Baltimore Sun. "Six decades later, sons seek answers on death of Detrick scientist". By Matthew Hay Brown. December 8, 2012.

appels ». Elle raconta qu'elle avait prêté l'oreille, car la durée de l'appel était très courte. Quelqu'un dans la chambre avait contacté le standard pour lui demander d'appeler un numéro de téléphone. Ce numéro correspondait à la ligne directe du Dr Harold Abramson, un médecin spécialiste des effets du LSD et l'un des collaborateurs médicaux de la CIA. La standardiste s'était souvenue du court échange : « Eh bien, il nous a quittés », avait dit l'occupant de la chambre. « Eh bien, c'est dommage. », avait répondu Abramson.[21]

Lashbrook admit avoir passé deux appels, mais nia avoir tenu ces propos. Toutefois, on s'étonna qu'il n'ait pas immédiatement contacté le standard téléphonique de l'hôtel pour appeler un hôpital ou la police, dès lors qu'il avait constaté l'absence d'Olson dans la chambre et les bris de la vitre de la fenêtre. On apprit qu'il avait en fait appelé son patron, Sidney Gottlieb et le Dr Harold Abramson.

Lashbrook déclara aux enquêteurs qu'il se trouvait effectivement dans la chambre 1018A, qu'il occupait un des deux lits près de la porte et qu'avant de s'endormir, il avait trouvé Olson, manifestement calme, occupé à laver ses chaussettes. Comme on trouva le corps d'Olson sur le trottoir de la 7e avenue, quatre heures après l'instant où il avait constaté qu'Olson était encore debout, Lashbrook dut expliquer à la police ce qu'il faisait pendant ce laps de temps. Il donna sa version des faits : il s'était réveillé vers 2 heures du matin pour aller à la salle de bains où il avait entendu le bruit d'une vitre brisée et le battement du store de la fenêtre dans la chambre. À peine sorti de la salle de bains, il avait alors constaté que la vitre de la fenêtre de la chambre était brisée et que le lit d'Olson était vide.[22] C'est en allant aussitôt à la fenêtre qu'il avait aperçu le corps d'Olson allongé sur le trottoir de la rue.[23]

---

[21] The Guardian. From mind control to murder? How a deadly fall revealed the CIA's darkest secrets. By Stephen Kinzer. September 6, 2019.

[22] The New York Times Magazine. What did the C.I.A. do to Eric Olson's father? By Michael Ignatieff. April 1, 2001. Retrieved January 17, 2013.

[23] Gentleman's Quarterly. Frank Olson Project. The Man Who Knew Too Much. By Mary A. Fisher. January, 2000

Depuis qu'il est adulte, Eric, l'un des deux fils de Frank Olson, n'a de cesse d'enquêter sur le drame qui a coûté la vie à son père. Il continue de nos jours à essayer de comprendre ce qui a pu se passer dans la chambre qu'il occupait dans la nuit du 28 novembre 1953.

Eric Olson prend la décision de passer une nuit dans la chambre 1018A du *Stadler Hotel*. Cette nuit-là, durant laquelle il lui est impossible de trouver le sommeil, il se pose toutes sortes de questions, mais ne réussit pas à trouver de réponses logiques. Il observe la pièce. Il est frappé par son exiguïté. Il juge qu'elle est tout simplement trop petite pour que son père ait pu prendre l'élan nécessaire pour plonger dans le vide à travers le store baissé et la fenêtre fermée. Il remarque qu'un radiateur devant la fenêtre constitue un obstacle non négligeable et que le seuil de la fenêtre est trop haut pour sauter à travers la vitre dans le vide. Il estime peu probable que son père ait pu se fracasser contre celle-ci, comme la CIA l'a prétendu. Il aurait dû courir en prenant un grand élan afin que son plongeon par la fenêtre l'éjecte loin de la façade du bâtiment sans quoi il ne se serait pas retrouvé sur le trottoir de la 7e avenue. Eric Olson est donc perplexe car la pièce est décidément trop petite pour le long plongeon dans le vide. Qui plus est, il se demande comment son père aurait pu sauter à travers la vitre, car un montant en bois transversal, séparant le haut du bas de la fenêtre à guillotine, aurait bloqué son corps. Pour fracasser la fenêtre sans être arrêté par le châssis, il aurait fallu que Frank Olson la heurte à la perpendiculaire du plan de la vitre ; un vol plané horizontal, en quelque sorte, qu'il n'aurait pas pu réaliser sans l'aide d'un tiers. Puis, Eric Olson imagine un autre scénario : son père aurait lentement enjambé le cadre de la fenêtre après avoir brisé la vitre puis se serait lancé dans le vide, en prenant plus ou moins un grand élan. Mais, il constate que le large encorbellement des tout premiers étages de l'hôtel, faisant saillie au-dessus du trottoir par rapport aux étages supérieurs, l'aurait certainement arrêté dans sa chute et son corps ne se serait pas retrouvé sur le trottoir, mais sur la corniche de l'hôtel.

Enfin, Éric Olson se demande pourquoi la CIA avait donné l'ordre à Lashbrook d'emmener son père - soi-disant dans un état de confusion profonde et à la limite de la psychose – à l'hôtel pour occuper tous deux une chambre au 13ᵉ étage. Compte tenu de l'instabilité émotionnelle de son père, candidat possible au suicide, Éric estime que le choix d'une chambre aux tout premiers étages aurait été plus judicieux.

Lashbrook ne fut jamais soupçonné de la mort d'Olson. On spécula qu'il avait reçu l'ordre de quitter la chambre 1018A et de rester dans la salle de bains, porte de communication fermée, jusqu'à nouvel ordre, puisque c'était bien là où la police l'avait trouvé après la défenestration d'Olson.[24]

Pastore, le responsable de nuit de l'hôtel, demeura très perplexe quant à la faisabilité d'un suicide : « Durant toutes mes années dans l'hôtellerie, je n'ai jamais rencontré un tel cas où quelqu'un se serait levé au milieu de la nuit, aurait traversé une pièce en sous-vêtement, évitant deux lits, pour plonger dans le vide à travers une fenêtre fermée avec le store et les rideaux tirés. »[25]

Si nous retenons la thèse de l'assassinat soutenue par la famille Olson, quel aurait pu être le mobile de ses agresseurs ?

Selon les fils Olson, leur père s'était rendu en 1953 en Grande-Bretagne, en France et en Allemagne de l'Ouest, dans le cadre de son travail pour le compte de la CIA. Au centre britannique des recherches secrètes militaires, à Porton Down, Frank Olson avait pris part à des interrogatoires musclés sur des individus soumis à des agents biologiques développés par lui-même. L'expérience de la CIA avait finalement provoqué la mort de ces pauvres hommes. Selon l'enquête de la famille Olson, le psychiatre William Sargant, craignait que Frank Olson eût des doutes sérieux quant à la pratique de ces expériences meurtrières. Dès lors qu'il avait estimé qu'Olson représentait un risque pour la sécurité du programme de la CIA, le psychiatre avait

---

[24] Gentleman's Quarterly. Frank Olson Project. The Man Who Knew Too Much. By Mary A. Fisher. January, 2000

[25] The Guardian. From mind control to murder? How a deadly fall revealed the CIA's darkest secrets. By Stephen Kinzer. September 6, 2019.

recommandé aux supérieurs d'Olson de ne plus l'autoriser à accéder aux centres de recherche secrets britanniques.[26]

À la faveur de son enquête, Eric Olson réussit à se procurer un document majeur : un manuel d'assassinat de la CIA, datant de la fin de 1953, que l'Agence avait déclassifié, par inadvertance, en 1997. Ce qu'on peut lire dans ce manuel de la CIA glace le sang : « Pour simuler un simple assassinat, l'acte le plus efficace est de feindre l'accident au moyen d'une chute de 20 mètres ou plus sur une surface dure. On peut avoir recours à des cages d'ascenseur, des cages d'escalier, des fenêtres non blindées et des ponts. . . . L'acte peut être exécuté par surprise en saisissant vigoureusement les chevilles du sujet, puis en le faisant basculer par-dessus bord dans le vide ». Le manuel recommandait également « un coup porté à la tempe pour assommer le sujet ou la nécessité de l'étourdir ou de le droguer avant de le laisser tomber dans le vide ».[27]

Selon Gordon Thomas, journaliste britannique et auteur de nombreux ouvrages sur le renseignement, Eric Olson avait appris que, lors d'un séjour à Londres, son père avait rencontré William Sargant, le psychiatre consultant cité plus haut. Ce dernier avait conseillé les services du renseignement britannique sur les pratiques du lavage de cerveau. Frank Olson aurait déclaré avoir visité également des installations secrètes travaillant sur la recherche américano-britannique près de Francfort, en République fédérale d'Allemagne. La CIA y aurait testé des sérums de vérité non pas sur des singes, mais sur des sujets humains, des « biens consommables », comme des espions russes prisonniers ou des ex-nazis. Thomas a affirmé qu'Olson avait avoué à Sargant qu'il avait été témoin de terribles pratiques, peut-être même d'une « expérience terminale » sur un ou plusieurs sujets « consommables ». Après avoir écouté Olson, le psychiatre avait contacté les services du renseignement britannique pour les informer que les allégations du jeune scientifique américain

---

[26] The Baltimore Sun. "Six decades later, sons seek answers on death of Detrick scientist". By Matthew Hay Brown. (December 8, 2012).

[27] The New York Times Magazine. What did the C.I.A. do to Eric Olson's father? By Michael Ignatieff. April 1, 2001. Retrieved January 17, 2013.

mettaient leurs projets en péril et qu'il était préférable de lui refuser l'accès à Porton Down, le centre britannique de recherche sur les armes chimiques.[28]

Eric Olson estime que, si la CIA effectuait des expériences secrètes illégales sur des sujets que l'on sacrifiait par la suite et, dès lors que son père en était convaincu, ni son hospitalisation dans une institution psychiatrique, ni le fait de le laisser, en disgrâce, retourner à la vie civile, n'auraient pu suffire à le faire taire. Il est évident pour Eric Olson que son père représentait un risque pour la CIA, car il pouvait divulguer des secrets d'État liés à des programmes hautement sensibles et compromettants. Il connaissait les secrets les plus profonds et les plus sombres de la Guerre Froide.

Eric Olson est donc convaincu que la CIA a eu le mobile, l'opportunité et les moyens pour tuer son père et que l'Agence a trouvé la ruse pour maquiller l'assassinat en suicide. Car, Éric Olson n'est pas dupe : avoir fait passer la nuit à son père, diagnostiqué pour une paranoïa et une schizophrénie, « sous bonne garde » au 13e étage d'un hôtel, ne pouvait pas être, de la part de la CIA, une simple erreur de jugement regrettable mais au contraire le moyen de l'éliminer dans un lieu qui collait parfaitement aux recommandations de la CIA décrites dans son manuel d'assassinat.

Qu'a donc révélé la seconde autopsie du corps de Frank Olson ?

En 1994, à la demande d'Eric et de Nils Olson, le corps de leur père est exhumé afin de procéder à une nouvelle autopsie. Celle-ci est pratiquée par James Starrs, professeur de droit et spécialiste en criminalité à la *George Washington University*. Pour les deux fils, l'exhumation est justifiée, car un enquêteur, spécialiste des affaires judiciaires, a déclaré qu'il ne pouvait pas réfuter l'explication du gouvernement selon laquelle Olson avait choisi de se jeter par la fenêtre de l'hôtel sous l'effet de la dose de LSD que la CIA lui avait administrée.

---

[28] The New York Times Magazine. What did the C.I.A. do to Eric Olson's father? By Michael Ignatieff. April 1, 2001. Retrieved January 17, 2013.

Les résultats de la seconde autopsie et de l'enquête de six mois qui a suivi ont-ils contredit cette version ?

L'observation de lacérations à la tête et au cou de Frank Olson avait figurée dans le rapport de la première autopsie pratiquée en 1953. Ce fait crédibilisait la version officielle selon laquelle le scientifique avait brisé la vitre de la fenêtre avant de sauter dans le vide. Mais lors de la seconde autopsie, en 1994, aucune lacération à la tête ni au cou n'est observée.[29] Quant à la recherche de toxines dans le corps, les tests ne donnent aucun résultat concluant. En outre, James Starrs fait l'étonnante découverte de deux blessures qui n'avaient pas été décelées lors de la première autopsie : une large blessure à la poitrine et un gros hématome à la tempe sur le côté gauche, une marque distincte d'une hémorragie de la taille du poing. Dès lors, Starrs suppose que la victime a été frappée à la tête avant d'être défenestrée.

La plupart des membres de l'équipe de Starrs écartent un traumatisme à la tête et une blessure à la poitrine causés par la chute. Ils privilégient plutôt la forte probabilité selon laquelle ces blessures auraient été infligées dans la chambre de l'hôtel où Olson se trouvait *avant* la défenestration.[30] Seul, un des pathologistes de l'équipe estime que l'hématome à la tempe a pu se produire quand la tête heurta le cadre de la fenêtre avant la chute. Mais Starrs et tous les autres collègues sont plutôt certains que le coup à la tempe a été porté par un tiers, car si le montant de la fenêtre avait heurté la tête, l'hématome n'aurait pas été si important. La majorité des médecins légistes concluent finalement qu'un individu a assommé Olson pendant son sommeil ou au cours d'une lutte désespérée puis l'a défenestré.[31]

Les révélations de la seconde autopsie poussent Eric Olson à rechercher l'identité des vrais assassins de son père. Selon le *New*

---

[29] Los Angeles Times. Autopsy of Researcher Given LSD by CIA Proves Inconclusive. November 29, 1994.

[30] The Baltimore Sun. "Six decades later, sons seek answers on death of Detrick scientist". By Matthew Hay Brown. (December 8, 2012).

[31] The New York Times Magazine. What did the C.I.A. do to Eric Olson's father? By Michael Ignatieff. April 1, 2001. Retrieved January 17, 2013.

*York Time Magazine*, l'enquêteur H. P. Albarelli retrouve des anciens responsables de l'Agence grâce à ses contacts avec des agents de la CIA retraités en Floride. Ceux-ci affirment connaître l'identité des assassins qui se sont introduits dans la chambre 1018A de l'hôtel Stadler en novembre 1953 dans le but de défenestrer Olson. Mais Albarelli apprend que ces individus n'étaient pas des agents de la CIA, mais des tueurs professionnels associés à Santo Trafficante, le chef de la Mafia, impliqué dans de nombreux assassinats aux États-Unis, et qui opérait sous contrat avec la CIA.

Ces témoignages sont-ils fiables ?

Il est peu probable que ces agents de la CIA, âgés de 70 à 80 ans aujourd'hui, aient accepté de témoigner en personne, tant que l'accord de confidentialité les liait légalement avec la CIA.

L'implication de la CIA dans l'assassinat de Frank Olson est toutefois une évidence pour sa famille. Les responsables du gouvernement lui avaient menti. Ils lui avaient dissimulé des documents et des informations. Ils avaient modifié leurs déclarations à leur convenance. Celles-ci avaient été contradictoires sur bien des points. Ils avaient refusé de divulguer des détails sur le décès. Pour la famille, tout suggérait plutôt un meurtre.[32]

En 1974, le Président Gerald R. Ford présente officiellement les excuses du gouvernement américain à la famille Olson à qui l'on offrira, deux ans plus tard, une compensation de 750 000 dollars. Dick Cheney et Donald Rumsfeld seront les instigateurs de cet accord. (Bien plus tard, ils occuperont des postes de Vice-président et de secrétaire à la Défense respectivement sous l'administration de George W. Bush.)[33]

Malgré les excuses du gouvernement, les fils Olson tiennent toujours la CIA pour responsable de la mort de leur père.

---

[32] The Baltimore Sun. "Six decades later, sons seek answers on death of Detrick scientist". By Matthew Hay Brown. (December 8, 2012).

[33] Frederick News Post. "Lawsuit by family of drugged Detrick employee dismissed". By Danielle Gaines. July 18, 2013.

En 1996, une enquête pour homicide est ouverte par le bureau du procureur du district de Manhattan. Bien qu'il ne soit pas envisageable de porter directement une accusation contre la CIA, on modifie la cause officielle du décès. On ne parle plus de mort par « suicide », mais on retient la conclusion, « pour cause inconnue », codifiée CUPPI (*Cause Unknown Pending Police Investigation*).[34]

En juillet 2013, l'affaire est classée, en partie à cause du règlement financier conclu entre la famille et le gouvernement en 1976. L'accord que la famille avait signé signifiait qu'elle devait désormais renoncer à ses droits de poursuivre le gouvernement.

Six décennies après le décès de son père, Eric Olson cherche toujours à comprendre ce qui a pu se passer, le 28 novembre 1953, dans la chambre 1018a du *Statler Hotel,* et continue d'exiger que la CIA rende compte de l'assassinat. Une action en justice est toujours ouverte, grâce aux efforts du tenace Eric Olson et de ses alliés.

Dans le bureau de James Starrs, une armoire métallique contient les « restes » de Frank Olson - un sac d'os et un crâne meurtri - dans l'attente d'une nouvelle inhumation, une fois l'affaire éclaircie.[35]

En 2017, Eric Olson participe activement à une docu-série distribuée par Netflix sous le titre « *Wormwood* ». Cette série, de haute qualité, est centrée sur l'enquête de la mort mystérieuse de Frank Olson. Pour expliquer les circonstances de la défenestration, un des épisodes avance deux scénarios qui ne sont pas inconcevables.

Vers 2 h 30 du matin, Lashbrook se réveille et sort du lit. Il constate qu'Olson dort profondément dans l'autre lit d'à côté. Il

---

[34] The Baltimore Sun. "Six decades later, sons seek answers on death of Detrick scientist". By Matthew Hay Brown. (December 8, 2012).

[35] Gentleman's Quarterly. Frank Olson Project. The Man Who Knew Too Much. By Mary A. Fisher. January, 2000

se dirige vers la porte de la chambre donnant sur le couloir du 13e étage. Il déverrouille la porte pour laisser l'accès libre puis s'enferme dans la salle de bains. Deux hommes entrent alors dans la chambre où Olson se trouve seul, dans son lit. Olson se réveille et, bien qu'à demi-conscient, il comprend vite qu'il court un danger. Il frappe à la porte de la salle de bains (un filet de lumière lui indique que quelqu'un s'y trouve) et supplie son compagnon de chambre d'ouvrir la porte. Lashbrook n'en fait rien. Les deux hommes s'approchent d'Olson sans un mot. Se sentant menacé, Olson s'arme d'un lampadaire qu'il vient d'allumer et le brandit contre les deux assaillants pour se défendre. Ce scénario se termine par un Olson résigné : il cherche désespérément à lutter contre ses agresseurs, mais il renonce et préfère fuir, coûte que coûte, en sautant par la fenêtre après avoir brisé la vitre au moyen du lampadaire.

Une version alternative reprend la même séquence du premier scénario, mais les deux hommes agressent Olson près de la fenêtre. Le scientifique reçoit à la tempe un très violent coup de matraque. Il perd connaissance et se fait défenestrer par les deux hommes après avoir brisé la vitre avec le lampadaire. Puis, les deux hommes sortent de la chambre, sans avoir prononcé un mot.

Ils viennent d'appliquer à la lettre les consignes recommandées dans le manuel d'assassinat de la CIA qu'Eric Olson avait retrouvé après sa déclassification en 1997.

# Marilyn Monroe

## (Norma Jeane Baker)
## (Brentwood, California, 5 août 1962)

SIX DÉCENNIES SE SONT écoulées depuis la mort tragique de Marilyn Monroe. Les circonstances exactes du décès de l'actrice, à l'âge de 36 ans, restent floues de nos jours. Pour certains, le dossier est clos. Pour d'autres, le mystère reste entier. Est-ce vraiment une affaire résolue ?

Dans la nuit du 5 août 1962, l'actrice légendaire de Hollywood est découverte morte dans son pavillon, au 12305 Helena Drive à Brentwood, quartier huppé de Los Angeles.

La police et les enquêteurs concluent à un « suicide probable » de la star par absorption d'une dose létale d'hypnotiques. Cette conclusion est d'autant plus hâtive qu'on lui connaissait depuis des années des antécédents de troubles mentaux sévères et une dépendance aux somnifères. Au cours de sa carrière, Marilyn Monroe avait eu trop souvent recours à une consommation excessive d'alcool et de barbituriques pour surmonter l'anxiété et l'insomnie. Elle avait également subi un traitement dans un hôpital psychiatrique pour soigner sa dépression.

Les dernières personnes à l'avoir vue en vie ont été Patricia Newcomb, sa publiciste, Lawrence Schiller, son photographe, le Dr Ralph Greenson, son psychiatre et Eunice Murray, sa gouvernante. Newcomb, âgée de 92 ans, est la seule personne encore en vie aujourd'hui.

Analysons la chronologie des évènements survenus dans le pavillon de Marilyn Monroe, dans la nuit du 4 au 5 août.

Le samedi 4 août, vers 16 h 30, le Dr Ralph Greenson arrive au domicile de Monroe pour une séance de thérapie. Il demande que Patricia Newcomb (qui s'est querellée avec l'actrice dans la journée) quitte les lieux, pour le repos de sa patiente, et que sa gouvernante, Eunice Murray, reste la nuit afin de veiller sur la star. Greenson sort du pavillon vers 19 heures.[36][37] Monroe décide de rejoindre sa chambre vers 20 heures. Elle reçoit un appel téléphonique de Peter Lawford, acteur de Hollywood et beau-frère du Président John Kennedy. Il sera l'une des dernières personnes à avoir parlé à la star. En entendant ses propos confus, Lawford comprend qu'elle s'est droguée, qu'elle est sous l'influence de médicaments ou d'alcool. Après avoir raccroché, Lawford tente en vain de contacter le psychiatre de Monroe. Il appelle l'avocat de l'actrice qui, à son tour, contacte la gouvernante, Eunice Murray. Celle-ci lui confirme que tout va bien au pavillon.[38]

Le dimanche 5 août, vers 3 heures du matin, la gouvernante se réveille et va frapper à la porte de la chambre de Monroe. Elle remarque que la porte est verrouillée de l'intérieur sous laquelle

---

[36] Marilyn Monroe: The Biography. Cooper Square Press. ISBN 0-8154-1183-9. By Donald Spoto (2001)

[37] Marilyn Monroe. Three Rivers Press. ISBN 0-609-80553-3. By Barbara Leaming (1998)

[38] Rare Magazine. The Death of Marilyn Monroe Is Still Hollywood's Biggest "Unsolved Mystery" By Gill Moriah, September 11, 2019.

passe de la lumière. Sans réponse à ses appels, Murray sort sur le patio pour regarder par la fenêtre extérieure de la chambre de l'actrice. Elle constate qu'elle est dans son lit, le corps sous un drap. Son visage est posé plus ou moins contre l'oreiller. Elle tient un téléphone dans une main.

Murray appelle d'urgence le Dr Greenson qui arrive sur les lieux peu de temps après. Du patio, il fait irruption dans la chambre après avoir cassé une vitre de la fenêtre et découvre l'actrice sans vie. Personne d'autre ne se trouve dans la chambre lorsqu'il y accède.

Vers 3 h 50, le médecin personnel de Marilyn Monroe, le Dr Hyman Engelberg, arrive au pavillon de Brentwood. Il constate le décès. À 4 h 25, la police de Los Angeles est contactée. Selon les médecins légistes du comté de Los Angeles, arrivés sur les lieux, l'heure du décès est estimée entre 20 h 30 et 22 h 30, la veille. Des flacons vides de somnifères sont retrouvés éparpillés près de son lit. Tout semble confirmer un suicide par surdose de médicaments.

Vers 5 h 50, une ambulance emporte le corps de Marilyn Monroe à la morgue de Westwood Village. L'autopsie pratiquée par les médecins légistes du comté de Los Angeles durera cinq heures.[39]

En absence de preuves tangibles révélant un acte criminel et compte tenu des tentatives de suicide préalables de l'actrice sujette à de fréquentes dépressions, les médecins légistes concluent à une mort par « suicide probable. »

« Le diable étant dans le détail », voyons précisément ce que l'autopsie et le rapport toxicologique ont révélé.[40] [41]

À 10 h 30, le dimanche 5 août, soit environ huit heures après la découverte du corps inanimé de Marilyn Monroe, le Dr Thomas Noguchi procède à l'autopsie. Il est assisté de John Miner,

---

[39] https://www.youtube.com/watch?v=oMzcSkCY-F8

[40] http://www.angelfire.com/stars/mmgoddess/autopsy.html

[41] Los Angeles Times. Miner's Account of Monroe's death. By John W. Miner. August 4, 2005

procureur adjoint du district, spécialisé en droit médical et psychiatrique et du Dr Theodore Curphey.

Les trois hommes étudient tout d'abord le rapport de police et inspectent les conditionnements des tranquillisants trouvés dans la chambre de la victime. L'étiquetage des piluliers mentionne deux produits distincts : de l'hydrate de chloral - un hypnotique et un sédatif puissant qui induit rapidement une narcose - et du pentobarbital - un barbiturique prescrit sous le nom commercial de Nembutal.

Le Dr Noguchi n'est pas sans savoir que l'abus de somnifères a été à l'origine des tentatives de suicide préalables de la victime. Il va donc porter une attention particulière sur la voie d'administration - orale et/ou parentérale - des médicaments trouvés dans la chambre pour orienter son autopsie.

Il commence par l'examen externe du corps. Il sort sa loupe pour examiner chaque centimètre. Le médecin légiste s'appuie sur le postulat selon lequel toute personne autopsiée peut avoir été la victime potentielle d'un homicide. Il cherche donc principalement des marques d'aiguille qui auraient servi à injecter les substances toxiques. Bien sûr, il recherche également des marques éventuelles de meurtrissure sur le corps au cas où la victime aurait subi des violences physiques.

Le rapport de l'examen externe du corps de Monroe indiquera clairement : « aucune marque d'aiguille ». Mais Noguchi nuancera plus tard sa conclusion en rappelant qu'une marque d'aiguille est généralement difficile à détecter sur le corps d'une victime dont la mort remonte à plus de huit heures.

Toujours à l'examen externe, Noguchi vérifie les zones du corps présentant une lividité cadavérique, le « livor mortis ». (La concentration du sang au niveau inférieur du corps aux premières heures de la mort produit des taches violacées.) Il remarque distinctement deux zones du corps qui présentent ces signes. La première zone attestant la lividité est située au visage, au cou, aux bras, à la poitrine et à l'abdomen. La seconde zone, de faible lividité, est localisée dans le dos et à la face postérieure des bras et des jambes et disparaît sous la pression. Pour le médecin légiste, l'apparition de cette double zone de lividité représente un indice capital : le corps a été déplacé au cours des 4 heures qu'a duré le processus du « livor mortis ».

Noguchi vérifie ensuite si le corps de l'actrice a subi des contusions qui pourraient révéler un acte d'agression physique. Il met alors en évidence deux ecchymoses : une légère zone ecchymotique, bleu rougeâtre foncé, au-dessus de la hanche gauche et une autre du côté gauche du bas du dos.[42] À en juger par la couleur, les ecchymoses sont récentes.[43] Lorsque les journalistes lui demanderont plus tard ce qui pouvait avoir causé ces ecchymoses, Noguchi répondra : « Il n'y a aucune explication, mais c'est un signe de violence. »

Une fois l'examen externe terminé, Noguchi procède à l'autopsie proprement dite. L'analyse du contenu de l'estomac est sa première priorité. Elle est en effet primordiale chez un sujet dont la mort est causée par l'absorption – présumée par voie orale - d'une dose létale de somnifères. À l'ouverture de l'estomac, Noguchi, Miner et Curphey ne comprennent pas. Ils ne trouvent aucune présence résiduelle de médicaments, juste une petite quantité de liquide. Une ingestion massive de pentobarbital aurait dû laisser un résidu jaune en raison du colorant des gélules contenant le Nembutal prescrit à l'actrice.

Il nous faut, à ce stade, comprendre l'action pharmacologique de ces deux tranquillisants. Le pentobarbital est un principe actif qui se présente sous forme de petits cristaux blancs, inodores, ou de poudre cristalline, soluble dans l'eau et dans l'alcool. Son goût extrêmement amer justifie le conditionnement en gélule. Selon le rapport officiel de la police, Marilyn Monroe avait pris, par voie orale, 40 capsules de Nembutal, voire plus. Mais on ne retrouve aucune trace de ce principe actif dans l'estomac ni dans les voies digestives !

Certains commentateurs critiques, sans la moindre notion de pharmacologie, ont avancé des arguments farfelus afin d'expliquer l'absence des résidus de couleur jaunâtre dans

---

[42] All That's Interesting. The Tragic Full Story behind The Death Of Marilyn Monroe. By Marco Margaritoff. Published March 22, 2019. Updated August 30, 2020

[43] The Telegraph. Dr Thomas Noguchi: LA coroner confidential. By John Preston. September 10, 2009

l'estomac de la star. Ils ont affirmé que Monroe, pensant accélérer l'absorption du somnifère afin de ne pas rater son suicide, aurait tout simplement ouvert la quarantaine de gélules, versé le contenu dans un verre d'eau et qu'elle aurait bu ce liquide létal ! Mais c'est ignorer le goût extrêmement amer du pentobarbital. Aucun candidat au suicide ne pourrait absorber une telle potion fortement émétique. C'est impossible.

Par ailleurs, à défaut d'avoir vidé toutes les gélules, pour en avaler une quarantaine, l'actrice aurait dû impérativement boire. La nature de la gélule, principalement de la gélatine, est telle que sans eau, malgré la déglutition, la gélule se colle inévitablement à la muqueuse œsophagienne ou dans la trachée. Avaler le tout, sans eau, constitue un risque majeur d'obstruction de l'œsophage, voire, en cas de « fausse route », des voies respiratoires.

Sur une des photographies de la presse de l'époque, le doigt d'un policier, présent dans la chambre de Monroe, est pointé vers des flacons de médicaments sur la table près de son lit. Tous les flacons ont des couvercles revissés ! Si l'actrice avait eu l'intention d'avaler le contenu de tous les piluliers pour se suicider, pourquoi aurait-elle pris le temps de revisser tous les couvercles ? En outre, où se trouve la preuve d'un apport d'eau sur les photographies ? Le rapport de la police ne fait état d'aucun verre ni d'aucune bouteille d'eau trouvés sur les lieux.

Enfin, le Dr Noguchi conclut l'autopsie en prélevant des échantillons de sang, d'urine et des organes (cerveau, foie, rein, estomac et son contenu, intestin) en vue de tests toxicologiques approfondis.

Le lundi 6 août, à 8 h 30, le toxicologue en chef du comté de Los Angeles, Raymond Abernathy, effectue ces tests. Il confirme, dans les échantillons prélevés, la présence d'hydrate de chloral et de pentobarbital, deux hypnotiques correspondant à l'étiquetage des conditionnements vides trouvés dans la chambre de l'actrice.[44] Abernathy analyse tout d'abord l'échantillon de sang de Monroe. Celui-ci révèle une concentration de 45 ppm de pentobarbital. C'est une concentration extrêmement élevée de

---

[44] Danamo's Marilyn Monroe Pages. Chemical Analysis. Just how much drugs did they find in Marilyn's body during the autopsy?

barbiturique ! La quantité toxique de pentobarbital (Nembutal) dans le sang d'un sujet adulte est au minimum 12 ppm et la dose létale est habituellement atteinte entre 15 et 40 ppm.[45] Si la mort survient dès 15 ppm, le taux de 45 ppm trouvé dans le sang de l'actrice correspond donc à presque quatre fois la dose toxique et trois fois la dose létale. Le toxicologue décèle également une concentration massive de pentobarbital dans le foie : 130 ppm.

Raisonnons maintenant par rapport au dosage du barbiturique prescrit. Marilyn Monroe prenait des gélules de 100 mg de pentobarbital. L'absorption de 2 à 10 grammes chez un adulte provoque la mort. Par conséquent, l'actrice aurait dû absorber 20 gélules pour atteindre la dose minimale létale. Puisque le taux retrouvé dans le sang correspond à 3 fois la dose létale (la teneur de 45 ppm décelée dans le sang de Monroe dont il est fait référence plus haut), cela voudrait dire qu'elle aurait absorbé 60 capsules. N'oublions pas d'ajouter la concentration très élevée retrouvée dans son foie !

Passons à l'autre somnifère : l'hydrate de chloral. Le toxicologue en dose 80 microgrammes par ml dans le sang de Monroe. Selon les données sur le surdosage de ce médicament, le seuil toxique de ce sédatif est atteint vers 30 mcg par ml et la mort survient au taux de 100 mcg par ml.[46] [47] Le sang de l'actrice contenait donc une concentration presque 3 fois la quantité toxique mais inférieure à la dose létale. Ramené au dosage prescrit à la star, soit des gélules de 500 mg d'hydrate de chloral, le dosage recommandé pour une action sédative ou hypnotique se situe entre 500 mg et 1000 mg. La dose mortelle par voie orale est connue : elle se situe habituellement à 10 grammes. (Mais des décès sont survenus avec des doses aussi faibles que 4 grammes.)[48] Il faudrait donc absorber 20 gélules pour provoquer la mort. Comme 80 % de la dose létale (80 microgrammes /100

---


[45] PDR. Nembutal. Pentobarbital sodium - Drug Summary

[46] IBM Micromex: Chloral Hydrate and Related Agents.

[47] Sedative-Hypnotic Toxicity Workup - Medscape Reference https://emedicine.medscape.com › article › 818430-workup

[48] Martindale. The Extra Pharmacopoeia.26th edition. Chloral Hydrate. Hypnotics and sedatives. P 898

microgrammes) ont été retrouvées dans le sang, l'actrice aurait donc pris 16 gélules. La concentration d'hydrate de chloral n'a toutefois pas été testée dans le foie.[49]

Ces calculs ne sont pas théoriques car les expertises convergent : le Dr Theodore Curphey présent à l'autopsie, déclare à la presse que l'actrice a dû avaler environ 47 gélules de Nembutal et 17 gélules d'hydrate de chloral pour expliquer la quantité résiduelle de produits dosée dans son sang. C'est également la conclusion du Dr Noguchi qui déclare que le foie de Monroe a stocké le pentobarbital à un taux trois fois supérieur à celui trouvé dans son sang, mais qu'il restait une concentration sanguine relativement élevée correspondant à 40 ou 50 gélules de Nembutal.

A-t-on raison de ne se focaliser que sur la voie orale comme voie d'administration des tranquillisants ? C'est bien là le problème ! Il y a dix voies d'administration possibles d'une substance médicamenteuse dans l'organisme humain. En plus de la voie per os, deux autres modes d'acheminement des deux principes actifs dans l'organisme de Monroe doivent être investigués. Nous allons couvrir la pertinence de ces deux autres voies alternatives dans le cas d'un surdosage.

Restons encore sur la voie orale et essayons d'y voir plus clair. Comme les médecins légistes l'ont constaté, les gélules de pentobarbital et d'hydrate de chloral absorbées oralement en si grand nombre auraient dû laisser des résidus non encore digérés de produit dans l'estomac. Or, le Dr Noguchi et son confrère n'ont rien retrouvé, juste un peu de liquide ! Ce constat les a donc amenés à doser le contenu gastrique, environ 20 centimètres cubes de liquide mucoïde. Même si toutes les gélules avaient été dissoutes, des cristaux de réfraction de l'un ou de l'autre médicament auraient dû être détectés. Le laboratoire de la médecine légale de Los Angeles, fort bien équipé à l'époque, était doté d'un microscope polarisé de type similaire à celui utilisé de nos jours pour la recherche de cristaux de médicament. Là encore,

---

[49] Danamo's Marilyn Monroe Pages. Chemical Analysis. Just how much drugs did they find in Marilyn's body during the autopsy?

les médecins légistes ont été consternés. Ils n'ont retrouvé aucune trace de cristaux dans le prélèvement du liquide gastrique de Monroe !

Les experts en toxicologie et les pathologistes, spécialistes de l'analyse des effets des psychotropes provoquant la mort, s'accordent à dire que, dans tous les cas où un constat de surdosage par voie orale est établi, des traces de médicament sont toujours détectées dans l'estomac.

Dans le cas de Monroe, les médicaments seraient-ils passés dans l'intestin grêle à l'état cristallin ? Les médecins légistes ont bien vérifié ce point, mais ils n'ont trouvé aucune trace de cristaux dans le duodénum. Si la partie inférieure de l'intestin grêle ne présentait pas de traces de médicament, toujours dans l'hypothèse d'une administration orale, le prochain organe que le toxicologue devait examiner était le rein, puisque c'est l'organe d'élimination des médicaments sous forme active ou sous forme de métabolites. Mais, malheureusement, le toxicologue Raymond Abernathy n'a pas jugé utile d'examiner les reins compte tenu de l'absence de traces de tranquillisant dans l'appareil digestif ! Le médecin légiste, Noguchi, déclarera plus tard qu'il aurait dû insister pour faire pratiquer un examen toxicologique sur tous les organes.

Essayons maintenant d'évaluer la facilité avec laquelle Marilyn Monroe a pu se procurer les psychotropes. La star a-t-elle pu avoir à sa disposition une quantité aussi importante de tranquillisants (47 gélules de Nembutal et 17 gélules d'hydrate de chloral) pour se donner la mort ? Aurait-elle pu se constituer progressivement un stock sur plusieurs jours à l'insu de ses médecins ?

Le Dr Engelberg, le médecin personnel de Monroe, a déclaré avoir prescrit à Monroe un renouvellement d'ordonnance pour « cinquante » gélules de Nembutal, le vendredi 3 août, mais, selon les registres de la pharmacie, l'ordonnance a été exécutée pour ne délivrer que 25 gélules de Nembutal, contrairement aux déclarations du Dr Engelberg à la police.

Si Monroe avait absorbé une poignée de gélules toutes les heures de la journée, elle n'aurait pas eu assez d'hypnotique sous la main, pour passer à l'acte, le soir, à moins qu'elle ait disposé d'un stock de plusieurs jours pour se suicider. Dans cette hypothèse, on aurait retrouvé peu de gélules résiduelles dans son estomac, mais des cristaux de médicaments auraient dû y être détectés.

Peut-on expliquer l'absence de traces de cristaux de réfraction dans 20 centimètres cubes de liquide stomacal, sur la muqueuse de l'estomac ou de l'intestin grêle, quand bien même de nombreuses gélules auraient été ingérées sur plusieurs jours ? En admettant que l'organisme de l'actrice ait pu se charger de somnifères ingérés sur plusieurs jours, quel aurait été l'effet de cette accumulation sur le plan pharmacocinétique ?

Le système digestif cesse de fonctionner après la mort. L'estomac de Monroe aurait donc dû contenir des cristaux de somnifères dans les 20 centimètres cubes de liquide prélevés. Pour le pentobarbital, la demi-vie (c'est-à-dire le temps nécessaire pour que la concentration plasmatique d'un principe actif soit réduite de 50 %) est de 15 heures chez un sujet. Chez les personnes présentant une tolérance élevée à cet hypnotique, elle est de 50 heures. Parce que Marilyn Monroe prenait régulièrement ce somnifère, sur une longue période de sa vie, elle avait vraisemblablement développé une accoutumance au produit. Si elle avait réparti les prises sur plusieurs jours, toute dose supplémentaire de Nembutal prise, la veille de son « suicide », aurait eu pour effet une réduction sensible du taux sanguin du médicament, le 4 août au matin ou en soirée, compte tenu de son accoutumance, mais cela n'a pas été le cas puisque ce taux sanguin est resté extrêmement élevé. En outre, Monroe devait également avoir une accoutumance élevée à l'hydrate de chloral en raison d'une tolérance croisée de ce sédatif avec le Nembutal et l'alcool.

Donc, aucun résidu du nombre important de gélules dans l'estomac. Aucune présence de cristaux de médicaments dans l'appareil digestif. Que faut-il en conclure ?

Nous avons vu plus haut que le taux de pentobarbital retrouvé dans le sang de Marilyn Monroe correspondait à 3 fois la dose létale. Compte tenu de la pharmacocinétique de cet hypnotique, ce taux était trop élevé pour expliquer une répartition des prises sur plusieurs jours ou sur plusieurs heures. Par exemple, Monroe aurait pu avaler quelques gélules au coucher, puis, si elle s'était réveillée plus tard oubliant qu'elle les avait déjà prises, aurait pu absorber quelques-unes de plus. Si elle avait voulu se suicider en avalant tout le Nembutal et l'hydrate de chloral dont elle disposait, elle serait morte bien avant que la quantité totale de produits n'ait été complètement digérée dans l'estomac et dans l'intestin grêle. Sans compter que la prise d'une quantité de gélules aussi importante aurait vraisemblablement provoqué des vomissements.

L'absence de cristaux de ces médicaments dans l'appareil digestif de Monroe signifiait donc qu'elle n'avait pas *avalé* les drogues provoquant sa mort.

De ce que l'on connaît des recherches de la médecine légale sur les cas de surdosage aux barbituriques disponibles dans les banques mondiales informatisées, il nous est permis de valider l'impossibilité qu'une dose mortelle de pentobarbital, administrée *oralement* et potentialisée par de l'hydrate de chloral, ait pu être détectée dans le sang de Marilyn Monroe à une concentration aussi élevée. L'actrice serait décédée bien avant que ce pic sanguin ne soit atteint. Elle serait morte avant même que 35 % de la dose totale ingérée ne se retrouve dans son sang. Toujours dans l'hypothèse d'une administration orale, il est tout autant impossible que les 65 % de médicament restant aient disparu sans laisser de résidus dans les voies digestives, car, au préalable, le cœur se serait arrêté, le sang aurait cessé de circuler et les fonctions corporelles se seraient alors interrompues.

Si cette quantité ahurissante de somnifères dosée dans le sang de l'actrice n'a pu résulter d'une administration orale, comment peut-on alors expliquer que de tels taux sanguins aient été détectés ?

On peut les justifier dans l'éventualité d'une administration *parentérale ou rectale*.

En effet, la voie intraveineuse représente la voie d'administration de référence pour une action complète et rapide d'un médicament dans la mesure où celui-ci va directement dans la circulation générale du corps. La voie rectale, quant à elle, présente, certes, les mêmes caractéristiques de diffusion du médicament que la voie orale sauf qu'elle permet d'éviter, en partie, un premier passage hépatique, car les veines hémorroïdales inférieures et moyennes ne rejoignent pas le système veineux apportant le sang au foie. Par ailleurs, si l'estomac supporte mal le médicament, l'administration rectale tend à provoquer moins de nausées que par voie orale et elle évite ainsi la perte de quantité de produit en cas de vomissements.

Le Dr Greenson, le dernier médecin à avoir vu Marilyn Monroe, a admis lui avoir administré des sédatifs. S'il a été impossible de détecter des traces d'hypnotique dans son système digestif alors qu'un taux sanguin a dépassé de beaucoup la dose létale, c'est que la voie orale doit être exclue au profit de la voie parentérale possiblement choisie par le Dr Greenson pour administrer le Nembutal. Mais les médecins légistes, lors de l'examen externe du corps pendant l'autopsie, ont confirmé l'absence de marques d'aiguilles sur le corps de l'actrice. En revanche, ils ont remarqué une contusion et une tuméfaction du rectum. On peut de ce fait concevoir qu'une injection rectale du Nembutal a pu être forcée provoquant la mort de l'actrice.

L'acte a-t-il été commis intentionnellement ? S'agit-il d'un meurtre prémédité ou d'un acte médical accidentel ? (Cette voie était utilisée à l'époque pour administrer des énémas.)

Étudions ces deux hypothèses. John W. Miner, procureur adjoint du comté de Los Angeles et directeur de la section médico-légale spécialisée dans les enquêtes présentant des problèmes médicaux complexes, était également présent lors de l'autopsie de Monroe. Selon Miner dont l'expérience repose sur plusieurs milliers d'autopsies au fil des ans, l'actrice ne serait pas décédée à la suite d'une injection parentérale de somnifère pour deux raisons. D'une part, les médecins légistes n'ont détecté aucune marque d'aiguille sur le corps de l'actrice et, d'autre part, si elle était décédée d'une injection intraveineuse létale ou directement dans le cœur, la mort se serait produite rapidement, avant qu'un métabolisme hépatique n'ait pu se produire.

L'absorption par le gros intestin n'est donc pas à exclure. Le scénario suivant est-il possible ?

Marilyn Monroe aurait ingéré en premier l'hydrate de chloral induisant la sédation ou bien un intrus aurait pénétré dans sa chambre et aurait appliqué de force un tissu imbibé de chloroforme sur le nez. Rendue inconsciente, elle aurait été dans l'incapacité physique de lutter contre l'administration coercitive, par voie rectale, à l'aide d'une grosse seringue ou d'un sac de lavement, d'une solution chargée de Nembutal (équivalente à 30 gélules ou plus diluées dans de l'eau), plongeant l'actrice ainsi dans le coma. Le puissant médicament aurait été administré lentement pour que l'absorption rectale soit progressive. Les tissus du gros intestin auraient forcément réagi au traumatisme causé par la pénétration forcée de la substance toxique ce qui a pu expliquer la réponse inflammatoire produisant une congestion de couleur violette du rectum décelée par les médecins légistes.[50] [51]

Il y a une autre explication plausible soutenant la thèse de l'administration rectale du Nembutal : on a surpris la gouvernante de Monroe, Eunice Murray, à laver les draps de l'actrice très tôt le matin même de sa mort, ce qu'elle n'a pas nié. Il est probable qu'un drap ait pu être souillé par une quantité de liquide ou de matières fécales que l'administration rectale de l'hypnotique aurait laissé échapper.

À moins qu'il ne s'agisse que d'un acte médical qui aurait horriblement mal tourné si la dose de Nembutal avait été incorrectement calculée par le médecin. Cette « exécution » nous rappelle le triste sort de l'empereur Claudius qui, selon Suétone, avait été empoisonné par sa femme Agrippine. Un des stratagèmes pour assassiner l'empereur, après de nombreuses tentatives, avait été de lui administrer un lavement par voie rectale contenant un produit hautement toxique.[52]

Même s'il subsiste de nombreuses zones d'ombre autour des circonstances du décès de Marilyn Monroe, de récentes

---

[50] Los Angeles Times. Miner's Account of Monroe's death. By John W. Miner. August 4, 2005

[51] Radar. Marilyn Monroe Was Killed By Mafia Men Using 'Chloroform Cloth', Deadly 'Syringe'. By Radar Staff. October 23, 2019

[52] Ancient History. Suetonius on the reign of Claudius. Agrippina Sources. By John d. Clare

révélations sur l'enquête et de nouvelles sources de preuves nous laissent à penser que la cause de sa mort n'a pas été un suicide.

Du reste, dans quel état d'esprit Marilyn Monroe se trouvait-elle les jours précédant son décès ?

Toutes les personnes interrogées par les enquêteurs ont déclaré que l'actrice était de bonne humeur le dernier jour de sa vie. Elle projetait de décorer sa maison et avait acheté de nombreux articles, lors d'un récent voyage au Mexique, pour la meubler dont certains venaient d'être livrés le jour de sa mort.

Dans quelles circonstances la police a-t-elle trouvé le corps de Monroe, le matin du 5 août ?

Le Sergent Clemmons de la police de Los Angeles, le premier policier à arriver au domicile de Marilyn Monroe, exprime vite des doutes quant au suicide de l'actrice. Il affirme que la chambre de Monroe semble avoir fait l'objet d'une mise en scène à son arrivée. Il est évident, pour lui, qu'on a tenté de dissimuler une scène de crime, quelques heures auparavant. Clemmons s'étonne, entre autres, que la gouvernante de Monroe, Eunice Murray, ait commencé à laver le linge du lit de Monroe aussitôt le matin même de sa mort.[53] Autre signe indiquant l'éventualité d'un acte criminel : quand on découvre Monroe nue dans son lit, des meurtrissures sur son corps sont apparentes (on les relèvera à l'autopsie), des indices pour la police qu'elle avait tenté désespérément de repousser ses agresseurs.

Selon ses amis proches, la star avait déjà tenté de se suicider plusieurs fois, mais, à chaque tentative, elle avait délibérément pris le soin de laisser une note écrite de sa main pour justifier son geste et on l'avait sauvée à temps. Curieusement, dans la nuit du 4 août 1962, on ne trouve aucune note de suicide dans sa chambre.

La déposition d'Eunice Murray à la police est confuse. Elle affirme dans un premier temps que la porte de la chambre de la star était verrouillée de l'intérieur quand elle était allée vérifier,

---

[53] Calgary Herald. Marilyn Monroe's death scene 'staged'? Podcast reveals new details. By American Media Inc. Radar Staff. October 10, 2019

au cours de la nuit du dimanche 4 août, si tout allait bien. C'est un indice qui fait croire d'emblée à la police que Monroe voulait se suicider, mais, plus tard, la gouvernante revient bizarrement sur son premier témoignage en affirmant, à plusieurs reprises, le contraire. Elle certifiera même par écrit que la porte n'était pas verrouillée.

Il est de notoriété publique que Marilyn Monroe entretenait une liaison sentimentale avec le Président John Kennedy puis avec son frère, Bobby, et avec bien d'autres célébrités. Pendant toute sa vie, la star utilisait son pouvoir sexuel pour dominer les hommes. Au moment de sa mort, elle était au centre d'une lutte de pouvoir et de chantage que la Mafia et le FBI de J. Edgar Hoover exerçaient à l'encontre des deux frères Kennedy.

Le pouvoir sexuel de l'actrice, la corruption et les mensonges d'hommes qui avaient été ses amants, ont pu alimenter les intrigues fondées sur le dessein funeste de ces puissants d'Amérique à même de la faire éliminer parce qu'elle s'apprêtait à publier ces scandales. Dès lors, il est permis de porter des soupçons sur les instigateurs probables de sa mort.[54]

Le FBI et la CIA s'étaient infiltrés dans la vie personnelle de la star. Ces agences l'avaient mise sur écoute téléphonique, dans son pavillon, à son insu, dans le but d'obtenir des informations sur ses rencontres secrètes avec les deux frères Kennedy. Le directeur du FBI, J. Edgar Hoover, cherchait à vérifier si l'actrice pouvait avoir connaissance de secrets d'État confiés sur l'oreiller, sources potentielles de scandale qu'elle aurait pu livrer à l'opinion publique.

Comme le révéla un enregistrement de ces écoutes téléphoniques, la star, furieuse d'avoir appris la rupture choisie par les deux frères Kennedy, dans le but de maintenir leur image publique, avait proféré une menace à leur encontre notamment dès que Bobby Kennedy eut mis fin à sa relation avec elle. J. Edgar Hoover, la Némésis des Kennedy, les avait pourtant bien mis en

---

[54] Radar. Who Killed Marilyn Monroe? New Podcast Promises Explosive Answers. By: Radar Staff. Aug. 12 2019

garde que leurs liaisons avec l'actrice risquaient de ruiner définitivement leur réputation.

Selon le biographe, Lois Banner, Marilyn Monroe aurait adressé un message téléphonique menaçant (intercepté par le FBI) à Peter Lawford, qui avait été chargé par Jack et Bobby Kennedy de « contrôler » l'actrice. Cette dernière s'apprêtait à exercer un véritable chantage. À moins de recevoir la visite de Bobby chez elle dans la soirée du 4 août, elle avait laissé présager la tenue d'une conférence, le lundi suivant, au cours de laquelle elle révèlerait l'existence puis la rupture de sa liaison avec les frères Kennedy.[55] Des biographes, des historiens et des journalistes défendent, de nos jours, la thèse selon laquelle, craignant l'imminence d'un tel scandale, on aurait choisi d'éliminer la star.[56]

Il est aujourd'hui prouvé que Robert Kennedy était à Los Angeles, le 4 août 1962. Selon un récent livre de deux auteurs américains, Jay Margolis et Richard Buskin,[57] des officiers de la police de Los Angeles avaient accompagné Robert Kennedy jusqu'au domicile de l'actrice ce jour-là.

Le FBI et la CIA utilisaient la liaison des deux frères Kennedy avec Marilyn Monroe comme moyen de chantage contre la famille Kennedy et s'assuraient de la complaisance de la police locale qu'ils corrompaient. L'entreprise initiale de raisonner la star aurait pris une tout autre tournure et la situation serait devenue incontrôlable. Le recours à de forts tranquillisants, au lieu de la calmer, aurait entraîné sa mort.[58]

D'autres hypothèses ont été avancées. Selon Sarah Churchwell, professeure de littérature américaine à l'*University of London*, et autrice de « *The Many Lives of Marilyn Monroe* », Bobby Kennedy

[55] Life & Style Magazine. Marilyn Monroe's Famous Final Phone Call Involved Serious Threat to President Kennedy. By Life & Style staff. October 7, 2019

[56] Radar. Marilyn Monroe Once Wiretapped By FBI & CIA Over JFK Affair, Podcast Reveals. By Radar Staff, September 18 2019

[57] Jay Margolis & Richard Buskin, The Murder of Marilyn Monroe: Case Closed. Skyhorse 20 septembre 2016

[58] Life & Style Magazine. 'It Was Murder!' Marilyn Monroe's Death Scene Showed Proof Of 'Police Corruption'. By Life & Style staff. October 21, 2019

et son beau-frère Peter Lawford auraient tenté d'empêcher le scandale, promis par la star, en encourageant son addiction aux tranquillisants. Dans un état quasi hystérique, Monroe aurait fait une surdose accidentelle et serait décédée dans une ambulance sur le chemin de l'hôpital.[59] D'après Donald Spoto, également biographe américain de Marilyn Monroe, la surdose accidentelle se serait produite suite à une confusion quant aux dosages administrés entre ses deux médecins, Greenson, son psychiatre et Engelberg, son médecin personnel qui, tous deux, lui avaient rendu visite dans la nuit du 4 au 5 août. L'actrice aurait absorbé plusieurs gélules de Nembutal, le 4 août, conformément à la recommandation de son médecin personnel qui aurait omis d'en informer son confrère Greenson. Ce dernier lui aurait administré, à la suite, de l'hydrate de chloral par voie rectale. L'association de ces deux sédatifs l'aurait tuée. Craignant des conséquences désastreuses, ces deux médecins et la gouvernante de Monroe auraient pris la décision de simuler un suicide.[60] Toutefois, l'explication de Spoto laisse une ambiguïté : Engelberg n'aurait pas commis l'erreur monumentale de prescrire la quantité phénoménale de gélules de Nembutal absorbée par l'actrice et retrouvée dans son sang, comme nous l'avons vu plus haut.

Dans cette affaire, l'explication d'un suicide voulu par la victime ne tient pas longtemps. Les circonstances du drame fournissent plutôt de forts indices à la faveur d'une administration forcée de somnifères.

Dans de nombreux cas, il est courant qu'une surdose de somnifères auto-administrés par un candidat au suicide, provoque des crampes dans les jambes ainsi que des vomissements. On retrouve bien souvent la victime dans une position qui évoque une agitation désordonnée du corps avant sa mort. Or, la police a trouvé Marilyn Monroe dans son lit, sans traces de vomi, sur le ventre dans une position de « repos », sans signe apparent d'agitation précédant la mort. Dès lors, certains enquêteurs ont spéculé que le corps de l'actrice avait été replacé

---

[59] Churchwell, Sarah (2004). The Many Lives of Marilyn Monroe. Granta Books. ISBN 1 86207 6952.

[60] Spoto, Donald (2001). Marilyn Monroe: The Biography. Cooper Square Press. ISBN 0-8154-1183-9.

sur son lit dans une position qui n'était pas celle au moment de sa mort.[61] On peut se demander d'ailleurs pourquoi, après avoir découvert le corps inanimé de l'actrice, au petit matin du 4 août, les deux médecins ont attendu plus d'une heure, auprès de la victime, avant d'appeler la police. Ceci explique qu'il a été aléatoire de définir l'heure probable du décès sur la base de la rigidité cadavérique car celle-ci était déjà bien installée. C'est l'opinion du Dr Cyril Wecht, l'un des médecins légistes les plus renommés des États-Unis : « les critères scientifiques permettant de se prononcer sur la rigidité cadavérique n'étaient plus valables 6 à 8 heures après la mort [de Monroe] car avec le temps, le 'rigor mortis' s'installe, la température corporelle se modifie et le sang donne moins d'indices. »[62]

Selon l'enquêtrice privée, Becky Aldridge, plusieurs dossiers du Dr Ralph Greenson, le psychiatre de Marilyn Monroe, sont toujours conservés dans un coffre-fort de UCLA, la prestigieuse université de Los Angeles. Les boîtes resteront scellées jusqu'au 1er janvier 2039. Pourquoi diable devrions-nous attendre jusqu'à cette lointaine échéance alors que l'explication officielle nous rappelle que le dossier du décès de l'actrice est classé pour cause de suicide ? Sans doute l'affaire reste sensible : les dossiers pourraient prouver que l'actrice a été tuée par son psychiatre, soupçonné, d'avoir administré, par erreur ou volontairement, une dose létale de pentobarbital et d'hydrate de chloral.[63]

Sur la base des preuves médicales fournies par la criminalistique, tout nous laisse à penser que Marilyn Monroe a été victime d'un homicide volontaire ou involontaire. Mais identifier les coupables demeure une entreprise risquée et les théories foisonnent ! Était-ce un acte de la Mafia qui cherchait à

---

[61] Investigator. Marilyn Monroe's Autopsy Report and Cause of Death. By Michael Kissiah, July 18, 2020

[62] Throomers. Dr. Cyril Wecht Most fascinating man: I See Dead People. By Jim Rooney.

[63] Mysterious box of Marilyn Monroe documents found at UCLA and sealed until 2039 could prove she was MURDERED by her psychiatrist, claims private investigator. By Ross Ibbetson. January 9, 2020

tout prix à nuire aux frères Kennedy, car tous deux tentaient d'éradiquer le Crime Organisé dans le pays ? Le tristement célèbre mafieux, Sam Giancana, qui avait également Marilyn Monroe pour maîtresse, n'avait-il pas dit qu'elle était pour lui une arme précieuse qu'il pouvait utiliser contre le président et le ministre de la Justice des États-Unis ?

J. Edgar Hoover n'avait qu'une obsession au plus fort de sa popularité : tenir les deux frères Kennedy en otage. Le directeur du FBI était bien déterminé à se maintenir à son poste, se croyant intouchable pour avoir résisté, jusque-là, à l'autorité de six présidents américains. Connu pour son insubordination à son supérieur, Bobby Kennedy, alors *Attorney General*, Hoover pressentait que le Président Kennedy allait le limoger au cours de son second mandat (l'assassinat de Dallas changea toutefois le cours des choses).

Quant aux agents de la CIA, ils redoutaient que les secrets d'État ne fussent potentiellement livrés par JFK à sa maîtresse. Ont-ils cherché à faire taire l'actrice qui menaçait de les dévoiler ? Ou bien les deux frères Kennedy, eux-mêmes, pouvaient-ils avoir commandité le meurtre en soudoyant la police locale ?

On a fait en sorte que le drame du pavillon de Brentwood, un homicide volontaire ou involontaire, ressemble à un suicide. Une longue opération de dissimulation du crime a été vraisemblablement entreprise avant l'appel de la police. Par la suite, l'enquête a été volontairement bâclée par une police locale soudoyée.

Le constat de « suicide probable », établi à l'époque, n'est plus crédible de nos jours. De même, on ne peut plus mettre en doute que l'actrice, affligée par des trahisons sentimentales, était déterminée à provoquer un scandale contre les puissants qui exploitaient ses charmes et sa sensualité, le temps d'une passade. Pour autant, les hommes au pouvoir qui ont courtisé cette idole du cinéma ont-ils réussi à la faire éliminer ?

Grâce aux données sur la biotoxicité et la pharmacocinétique des substances hypnotiques retrouvées dans le corps de Marilyn Monroe, les circonstances de son décès s'avèrent de nos jours mieux connues et tendent à privilégier la thèse d'un homicide par accident ou celle d'un meurtre - voire celle d'un assassinat.

# Dorothy M. Kilgallen

## (New York : 8 novembre 1965)

DANS LES ANNÉES soixante, Dorothy Kilgallen fut peut-être l'une des chroniqueuses de presse les plus connues et les plus en vue de l'histoire du journalisme américain. Le journal, *The Post*, la salua comme « la voix féminine la plus puissante d'Amérique ».

Le 7 novembre 1965, elle apparaît pour la dernière fois sur l'antenne de CBS dans l'émission télévisée « *What's My Line ?* » qu'elle anime régulièrement. Selon la version officielle, après avoir bu un cocktail au bar du *Regency Hotel*, tard ce soir-là, Kilgallen regagne sa luxueuse maison à quatre étages, au 45 East 68th St, près de Park Avenue, en plein cœur de Manhattan. Elle y est découverte, morte dans son lit, le lendemain matin. La police conclut à un suicide ou à une mort accidentelle par absorption d'une forte quantité de barbituriques et d'alcool.

Dans les mois qui ont suivi l'assassinat de John Kennedy, à Dallas, le 22 novembre 1963, Dorothy Kilgallen, très affligée par la mort du président qui fut un ami très proche, avait été l'une des rares journalistes américaines à avoir exprimé publiquement son scepticisme quant à la conclusion du rapport de la Commission Warren incriminant Lee Harvey Oswald comme le seul assassin de JFK.

Juste après l'assassinat du président, un avocat de New York, Mark Lane, qui s'était désigné pour assurer la défense d'Oswald, mais dont la requête avait été déboutée, estima que Dorothy Kilgallen était la seule journaliste à avoir ouvertement affirmé qu'elle ne croyait pas à la version officielle du seul meurtrier. La chroniqueuse n'avait de cesse de mener son enquête afin de dénoncer les véritables commanditaires de l'assassinat. Elle avait déclaré notamment que le gouvernement était résolu à étouffer la vérité, coûte que coûte.[64] Dans son livre, l'auteur Lee Israël, a du reste évoqué la menace de Dorothy Kilgallen de divulguer les faits d'un complot autour de l'assassinat de JFK. Une telle provocation de sa part serait devenue intolérable pour les comploteurs et aurait signé son acte de décès.[65]

Voyons en détail les circonstances du décès de la chroniqueuse âgée de 52 ans.

Le moment de sa disparition coïncide exactement avec la date de son annonce tonitruante concernant la future publication des faits dont elle dispose sur l'assassinat de John Kennedy.[66] Elle sait que ses informations vont être explosives et qu'elle risque de se faire tuer. Mais elle est déterminée à dévoiler les résultats de sa propre enquête. Elle annonce publiquement qu'elle va révéler prochainement des faits retentissants sur l'assassinat du Président Kennedy dans un livre intitulé : « Le plus grand scoop du siècle. »[67]

Kilgallen devient le cauchemar du gouvernement, suite à sa propre enquête et aux révélations de plusieurs articles clairement

---

[64] Mark Lane, A Citizen's Dissent (1968)

[65] Israel, Lee. Kilgallen. Dell Publishing Company, New York, 1979.

[66] Heiner. Without Smoking Gun. P 113

[67] David Talbot – Brothers, The Hidden History of the Kennedy Years – 2007

subversifs qu'elle a déjà écrits dans sa chronique de presse. Elle affirme qu'elle a, en sa possession, des preuves tangibles sur l'existence d'un complot derrière l'assassinat de JFK, grâce à des renseignements inestimables qu'elle a recueillis.

Plus précisément, la journaliste avait cherché à élucider le mystère autour de Jack Ruby. Deux jours après l'assassinat de JFK, le monde entier avait vu, en direct à la télévision, Jack Ruby, propriétaire d'un club de strip-tease à Dallas, tirer à bout portant sur Oswald, au cours de son transfert dans un poste de police plus sécurisé. Selon le rapport de la Commission Warren, l'assassin de l'assassin du président avait eu des motifs purement personnels pour passer à l'acte et n'avait bénéficié d'aucune complicité (nous examinerons cette affaire plus en détail dans un prochain chapitre de ce livre).

À propos du meurtre d'Oswald par Jack Ruby, Kilgallen avait affirmé qu'il y avait « quelque chose qui ne collait pas ». Ses sources lui avaient confirmé que Ruby était lié à la Mafia et qu'il avait bénéficié de l'aide de la police locale corrompue pour assassiner Oswald.

Kilgallen avait assisté au procès de Jack Ruby pour le meurtre d'Oswald, en mars 1964, puis en avait fait la chronique dans la presse. Elle avait réussi, de surcroît, l'incroyable prouesse d'obtenir une interview exclusive avec Ruby dans sa prison de Dallas. Elle avait été la seule journaliste à l'avoir fait, en privé, grâce à l'avocat de Ruby, Melvin Belli, qui l'avait autorisée à parler à son client pour deux entretiens d'une durée de 10 minutes chacun.

Dorothy Kilgallen avait réussi par la suite à publier, en exclusivité, la transcription du témoignage de Jack Ruby à deux membres de la Commission Warren lors d'une session dans sa prison. Elle avait alors révélé que Ruby avait supplié les deux représentants de Washington d'être transféré dans une prison hors du Texas où il pourrait parler en toute sécurité, car il se sentait menacé à Dallas. (Sa requête fut rejetée catégoriquement par la commission.)

En 2016, Mark Shaw, avocat et écrivain, publia une biographie sur Dorothy Kilgallen, dans laquelle il prit une position audacieuse sur la disparition de la journaliste. Il estima que sa mort n'était pas due à un suicide ni à un accident, mais à un meurtre. Il basa sa conviction sur les résultats de l'enquête très documentée de la chroniqueuse révélant le camouflage d'un complot d'assassinat de JFK, ce qui, pour l'avocat, l'avait inévitablement menée à sa mort.

Selon la thèse de Shaw, un inconnu avait orchestré la disparition de la journaliste en la faisant boire un cocktail d'alcool contenant une dose mortelle de barbituriques, ajoutée à son insu.[68] Pour Shaw, les écrits très risqués de Kilgallen avançant les preuves d'un complot dans l'assassinat de JFK et son intention de se rendre une seconde fois à la Nouvelle-Orléans pour compléter son enquête l'avaient condamnée. Car la journaliste savait que tout s'était joué à la Nouvelle-Orléans, ville contrôlée par le parrain de la Mafia, Carlos Marcello. Elle devait y rencontrer un informateur secret, mais elle décéda avant d'effectuer son déplacement.

Dès lors qu'on sut qu'elle détenait des documents sensibles relatifs à son enquête de 18 mois sur l'assassinat de JFK, Kilgallen avait reçu des menaces de mort. Dans les dernières semaines de sa vie, parce qu'elle avait refusé de révéler ses sources au FBI, elle était tombée sous la surveillance du Bureau et ses téléphones avaient été mis sur écoute. Selon ses amis, elle aurait déclaré : « si des personnes malintentionnées savaient ce que je sais, cela me coûterait la vie ».

Le dossier secret de l'enquête de Kilgallen ne fut jamais retrouvé. Quelques heures après sa mort - avant l'arrivée de la police - des témoins avaient remarqué la visite d'agents du FBI chez elle qui en étaient sortis avec des dossiers. L'auteur, Mark Shaw, y a vu, ainsi, une collusion possible entre les agents fédéraux et la Mafia.

Les circonstances de la mort de Dorothy Kilgallen sont toujours inintelligibles. Essayons de comprendre ce qui s'est passé.

---

[68] Shaw, Mark. The Reporter Who Knew Too Much. Post Hill Press, New York, 2016

Le matin du 8 novembre, à 12 h 30, son coiffeur, Marc Sinclaire, qui a l'habitude de venir réveiller la journaliste chez elle le matin, ainsi que sa femme de ménage, tous deux bien connus et appréciés pour leur loyauté, la découvrent morte.

Ils suspectent d'emblée la mise en scène d'un meurtre. Ils trouvent Kilgallen, impeccablement assise dans un lit, mais dans une pièce qui n'était pas sa chambre habituelle et dans laquelle elle n'avait jamais dormi. (Une chambre située au deuxième étage alors qu'elle dormait toujours au quatrième). Lorsqu'ils découvrent la journaliste morte dans cette pièce, la lumière est toujours allumée. Ils constatent plusieurs aberrations. Son visage n'est pas démaquillé. Elle porte encore sa perruque, ses boucles d'oreilles et ses faux cils alors qu'elle les enlevait, sans exception, avant d'aller se coucher, selon son coiffeur Marc Sinclaire. Celui-ci s'étonne de ne pas la voir dans son pyjama habituel, mais il remarque qu'elle est seulement revêtue d'un léger peignoir qu'elle n'aurait jamais porté au lit.[69] À ses côtés, un livre est ouvert sur le lit. Les proches de la journaliste en concluent qu'on est censé de penser qu'elle le lisait au moment de « l'accident », mais c'était un livre qu'elle avait fini de lire depuis longtemps et au sujet duquel elle avait discuté avec eux. On ne trouve d'ailleurs aucunes lunettes de lecture près de la défunte alors qu'elle les portait habituellement pour lire, car elle ne pouvait pas s'en passer.[70]

La climatisation de la pièce est toujours en marche, réglée à une température très basse, alors que la journaliste ne dormait jamais avec l'air conditionné.

On ne retrouve aucune note dans son appartement sur l'assassinat de John Kennedy qui devait lui servir pour la publication de son prochain livre explosif. Elle avait pourtant pris la précaution de faire une copie de son dossier qu'elle avait remise à la journaliste Florence Pritchett, sa proche amie et

---

[69] Sara Jordan. Who Killed Dorothy Kilgallen? October 21, 2007. Midwest Today

[70] Flagpole. 2017/03/15/by Donald E. Wilkes, Jr. Circumstances undetermined : Dorothy Kilgallen and JFK's murder

confidente…retrouvée morte, elle aussi, deux jours plus tard, la sauvegarde des notes de Kilgallen à jamais disparue !

La pièce où l'on retrouve la chroniqueuse est dans un état presque « clinique » : pas de traces de vomi ni de désordre apparent.[71]

Que faut-il en penser ? Les proches de Kilgallen et les enquêteurs privés qui se sont penchés sur les circonstances très suspectes de sa mort, vont suggérer l'acte d'un meurtrier qui, en déplaçant le corps de la victime dans la pièce, aurait commis des erreurs monumentales en faisant croire à un « suicide » ou à un surdosage accidentel de somnifères associés à de l'alcool.

L'autopsie a-t-elle confirmé ou contredit cette allégation ?

Le rapport intégral de l'autopsie de Kilgallen restera classé. Mais, grâce au recours du *Freedom of Information Act*, promulgué par le Congrès américain, l'avocat Mark Shaw réussit à mettre la main sur plusieurs documents inédits, y compris sur les résultats du laboratoire de toxicologie.

Une première incohérence saute aux yeux : l'analyse des traces de poudre dans un verre trouvé près de la victime a révélé des résidus d'un seul barbiturique, le Nembutal (pentobarbital). Mais ce n'est pas l'unique barbiturique détecté dans le sang prélevé à l'autopsie, mais un cocktail de trois barbituriques bien distincts : le pentobarbital (le même somnifère prélevé à l'état de traces dans le verre), l'amobarbital et le sécobarbital (équivalent à 15 à 20 gélules), le tout en présence d'un fort taux d'alcool résiduel. Il est clair que l'association dangereuse de ces trois barbituriques, potentialisée par l'absorption d'alcool, a causé la mort.

Pour autant, pouvons-nous affirmer que la journaliste a absorbé sciemment ce cocktail létal ? Kilgallen a-t-elle eu réellement l'intention de se suicider ? Est-elle morte d'une surdose accidentelle ou faut-il y voir un acte criminel ?

On ne décèle aucun signe de lutte dans la chambre ni aucune marque de traumatisme sur le corps de la victime, à l'examen

---

[71] Jesse Ventura – *They Killed Our President* – 2013. Skyhorse Publishing

externe, pouvant évoquer l'intervention d'un tiers la forçant à avaler une grande quantité de gélules.

Le médecin légiste, le Dr James Luke, effectua l'autopsie de Kilgallen en présence des docteurs Sturner et Baden. Selon le Dr Luke, l'effet de l'association barbiturique-alcool avait provoqué une dépression du système nerveux central entraînant l'arrêt cardiaque. Il a conclu que la cause de la mort avait été soit un suicide, soit une surdose accidentelle.

Mais cette opinion médicale a été totalement remise en question par l'enquêteur, Mark Shaw, à l'appui des résultats du laboratoire de toxicologie, en complément du rapport d'autopsie, jamais publiés à l'époque, mais qu'il réussit à se procurer plus tard grâce à la loi sur la liberté de l'information.[72]

Selon le rapport « officiel », la journaliste avait eu recours au Séconal, le seul barbiturique que son médecin personnel, le Dr Baldwin, lui avait prescrit à raison d'une prise de deux gélules de 100 milligrammes, le soir. Que l'on ait dosé du sécobarbital sodique (le principe actif du Séconal) dans son sang n'avait donc rien d'étrange. Mais le Dr Michael Baden, médecin assistant à l'autopsie, s'est étonné, au vu des données du laboratoire de toxicologie, qu'on en ait trouvé autant : un taux sanguin équivalent à l'ingestion de 15 à 20 gélules de Seconal. Baden confirmera plus tard au journal *The Post* que la quantité de barbituriques était « plus que suffisante » pour tuer la journaliste.

En plus du somnifère Séconal, le rapport toxicologique révèle la présence de deux autres barbituriques, dans le sang de la journaliste, nécessitant une ordonnance médicale, mais qui ne lui avait pas été fournie : le Tuinal et le Nembutal.

Le Nembutal a comme principe actif le pentobarbital sodique. Le Tuinal, lui, est un somnifère puissant et dangereux contenant un mélange de deux barbituriques, l'amobarbital sodique et le sécobarbital sodique. À l'époque, les médecins ont toujours mis en garde les patients de ne pas consommer de boisson alcoolisée avec le Tuinal en raison de la potentialité d'effets. Ce médicament dangereux a, depuis, été retiré du marché aux États-Unis et en

[72] Shaw, Mark. The Reporter Who Knew Too Much. Post Hill Press, New York, 2016

Europe compte tenu du fait que le seuil d'efficacité (somnolence induite) du mélange de ces 2 barbituriques est proche du seuil létal. Les zones de tolérance-toxicité-létalité sont encore plus restreintes si l'alcool est associé au Tuinal.

Puisqu'un résidu de poudre de Nembutal (pentobarbital) avait été décelé dans un verre trouvé au chevet de Kilgallen, comme nous l'avons vu plus haut, on peut suggérer que la journaliste ou un tiers avait ouvert les gélules pour verser le contenu dans le verre. Dès lors que l'avocat Mark Shaw a appris que les deux toxicologues, du centre de médecine légale de Brooklyn, avaient consigné, dans leur rapport, la présence, dans le sang de Kilgallen, de deux autres barbituriques (le Tuinal et le Nembutal, les deux marques des produits sont écrites en toutes lettres dans le rapport), il en conclut que quelqu'un avait pu doper intentionnellement la boisson alcoolisée de la journaliste. Parce que les deux toxicologues n'avaient pas jugé utile d'en informer les autorités à l'époque, Shaw y a vu un possible camouflage.

Revenons aux conclusions du rapport d'autopsie. Le médecin légiste, le Dr James Luke, rédigea la cause du décès dans ces termes : « En attente d'une étude plus approfondie. Intoxication aiguë à l'éthanol et au barbiturique. Circonstances indéterminées. » Les termes « Circonstances indéterminées » peuvent laisser supposer que le médecin légiste ne savait pas trop comment se prononcer sur le caractère volontaire ou accidentel de la prise orale de barbituriques.[73] La mention « en attente d'une étude plus approfondie », signifie-t-elle que le médecin légiste attendait les résultats toxicologiques basés sur l'analyse des fluides corporels et des organes de Kilgallen ? Le Dr Luke en avait fait la demande. Il lui paraissait évident de procéder à des tests microscopiques et chimiques de ces fluides afin d'évaluer le niveau de toxicologie pouvant expliquer la mort. Une note manuscrite de son rapport d'autopsie a été d'ailleurs retrouvée. Sous la rubrique « tests microscopiques », il est écrit de la main du Dr Luke : « Aucune

[73] Flagpole. 2017/03/15/by Donald E. Wilkes, Jr. Circumstances undetermined : Dorothy Kilgallen and JFK's murder

pathologie » pour le cœur, l'estomac, les glandes surrénales, le cervelet, le cerveau, et les reins.[74]

Quant aux résultats chimiques, connus du Dr Luke trois semaines plus tard, une note manuscrite de sa main affiche des chiffres et des mots illisibles. Le taux d'alcool est noté ainsi : 0,15 (illisible) dans le sang, 0,15 (illisible) dans le liquide oculaire, 0,1 (illisible) dans le cerveau et Tr dans l'estomac. La concentration en barbituriques est donnée pour UV-2,4 (illisible), eO dans le foie, 1.6 (illisible), eO dans le cerveau, (donnée illisible), même niveau que Séconal, Tuinal. La note se termine par les mots du Dr Luke : « Cause finale de décès : intoxication aigüe à l'éthanol et *aux* barbituriques. Circonstances indéterminées ».

La présence d'un produit aussi dangereux que le Tuinal, non prescrit à Kilgallen, a dû rendre le Dr Luke perplexe. C'était sans doute quelque chose d'inexplicable pour lui. Sa note manuscrite a pu expliquer son embarras quant à la cause réelle du décès et aux circonstances qui l'entouraient. Avait-il choisi de « bâcler » le rapport d'autopsie puis de dissimuler les insuffisances et les erreurs d'appréciation en trouvant une parade avec les mots « circonstances indéterminées » ? On demanda l'avis au Dr Hoffman, membre de l'équipe du service de toxicologique au centre de médecine légale de New York. Pour lui, la concentration en barbituriques - 2,4 pour le foie et 1,6 pour le cerveau - relevée dans le rapport d'autopsie de Kilgallen, correspondait à des quantités importantes de barbituriques.

Dès lors que l'analyse du résidu de poudre dans le verre trouvé à côté du lit de la victime avait décelé des traces de Nembutal (pentobarbital sodique), se posait alors la question : comment Kilgallen avait-elle pu ingérer ce barbiturique spécifique et s'en procurer alors que le seul somnifère qu'on lui avait prescrit était le Séconal (sécobarbital) ?

Cette découverte alimenta bien des rumeurs – étayées par le Dr Hoffman lui-même. Quelqu'un avait-il versé le contenu des gélules de Nembutal dans le verre, à l'insu de la journaliste dans un moment de distraction ? Tout semblait pointer vers la thèse de

---

[74] https://www.markshawbooks.com/assets/docs/61758_2019__petition__amended__16.pdf

l'homicide et discréditer le constat officiel d'un suicide ou d'une surdose accidentelle.

Irait-on vider dans un verre la poudre fortement amère de plusieurs gélules au lieu de les avaler avec de l'eau ? Ce point est discutable : l'illusion du candidat au suicide étant de faire en sorte que le produit – la poudre uniquement, vidée des gélules - ait un effet plus rapide grâce à une absorption accélérée dans le système sanguin. Mais ce serait alors un acte irréfléchi de la future victime, si, de surcroît, elle avait consommé une forte quantité d'alcool. La raison du choix d'une gélule comme forme galénique d'un médicament est justement pour masquer son goût amer (c'est le cas du pentobarbital) qui, à l'ingestion en grande quantité, sans sa gélule de conditionnement, provoquerait le rejet, en partie, du produit par vomissements. Or, aucune trace de vomi ne fut détectée sur la victime, ni dans son lit, ni dans la chambre.

D'autres mystères entourent le rapport d'autopsie. Dans cette nébuleuse, comment expliquer deux autres failles de l'autopsie ?

En 1987, le médecin légiste, Dr Dominick Dimaio, fut appelé à témoigner dans l'affaire Kilgallen. Parce qu'il ne pratiquait pas à Manhattan à l'époque du décès de la chroniqueuse, Dimaio confirma qu'il n'avait pas l'autorité pour pratiquer son autopsie. Or, le certificat de décès de Kilgallen, vingt-deux ans plus tôt, portait sa signature ![75] Le Dr Dimaio déclara qu'il ne savait absolument pas pourquoi sa signature avait été apposée sur le rapport d'autopsie alors que le Dr James Luke avait certifié avoir réellement pratiqué l'examen post-mortem. En outre, le Dr James Luke avait été appelé à venir constater le décès de la journaliste et à entamer la procédure d'autopsie dans sa maison de Manhattan alors qu'il était affecté au Centre de Médecine Légale de Brooklyn à plus de quinze kilomètres de là. Mais, pour des raisons inexpliquées, on le laissa pratiquer l'autopsie. Celle-ci aurait dû être logiquement l'affaire d'un médecin légiste mandaté par le Centre de Médecine Légale de Manhattan, seul centre

---

[75] https://www.dorothykilgallen.com/2013/10/dorothy-kilgallens-autopsy.html

habilité à intervenir puisque la mort s'était produite précisément dans ce district de New York.

Dorothy Kilgallen, sous la pression de harcèlements dont il sera fait état plus loin, avait-elle donné un signal de détresse à son entourage lui laissant croire qu'elle avait réellement l'intention de se suicider ? Peu avant sa mort, que pensaient ses proches et ses amis de son état psychologique ?

L'enquêteur Mark Shaw a réussi à obtenir plus de 50 interviews de témoins sur des bandes-vidéo que la journaliste d'investigation, Kathryn Fauble, avait données concernant la mort de Kilgallen. Fauble avait commencé par interviewer les plus proches confidents de la chroniqueuse, notamment Marc Sinclaire, son coiffeur à temps plein, et son maquilleur, Charles Simpson.[76] [77]

Quand ces derniers l'avaient vue pour la dernière fois, très peu de temps avant sa mort, Kilgallen leur paraissait lucide et cohérente. Ils l'avaient vue joyeuse, sans signe de dépression et ravie à l'idée de pouvoir ébaucher de futurs projets. Comme ils savaient qu'elle n'avait pas connu un épisode dépressif, dans les derniers temps, susceptible de la pousser au suicide, tous deux s'étaient étonnés qu'elle ait pu absorber autant de somnifères. Certes, Kilgallen était restée sur ses gardes et avait pu s'inquiéter de la tournure des événements autour de ses révélations retentissantes sur le complot d'assassinat de JFK. Selon Sinclaire, Kilgallen lui avait effectivement confié qu'elle avait reçu des « menaces » et que, craignant pour sa vie et celle de sa famille, elle avait acheté une arme à feu. Mais le suicide de la journaliste carriériste ne faisait aucun sens aux yeux de ces témoins puisqu'elle était au sommet de sa gloire. Elle était célèbre et connaissait le succès. Elle s'acharnait à découvrir la vérité sur l'assassinat de JFK qui la passionnait et avait projeté de retourner à la Nouvelle-Orléans pour compléter son enquête. Quant à sa santé physique, ses proches la trouvaient en assez bonne forme,

[76] thedorothykilgallenstory.org

[77] thereporterwhoknewtoomuch.com

ne lui connaissaient aucun symptôme de trouble cardiaque, même s'ils savaient qu'elle souffrait d'une artériosclérose coronarienne mineure.

Si l'on écarte le suicide et le surdosage accidentel, qui aurait pu être derrière le meurtre de Dorothy Kilgallen et pour quel mobile ?

Dans son livre, « *The Reporter Who Knew Too Much* », l'avocat et enquêteur Mark Shaw fait valoir, de manière convaincante, l'explication selon laquelle Kilgallen aurait été victime d'un acte criminel, probablement ordonné par le patron du Crime Organisé de Louisiane, Carlos Marcello. Ce dernier craignait les résultats de l'enquête de la journaliste qui annonçait des révélations dans son prochain livre sur le rôle du parrain de la pègre dans les assassinats de John Kennedy et de Lee Harvey Oswald.[78] Kilgallen avait déclaré être convaincue que Marcello avait quelque chose à voir dans l'assassinat de JFK.

Shaw soutient que la mort de la journaliste n'a été qu'une « mise en scène » mal orchestrée. Il avance la théorie selon laquelle le tueur l'aurait accompagnée chez elle et aurait simulé le suicide en plaçant un flacon de somnifère vide et un verre à boire sur la table de nuit de la chambre où on la retrouva morte.

Dans son livre, l'auteur suggère même l'identité du tueur : un journaliste chroniqueur flamboyant, dénommé Ron Pataky, travaillant pour un journal de l'Ohio.  Connu pour une propension aux conflits violents, Pataky, qui était à l'époque un associé de Carlos Marcello, aurait été la dernière personne à avoir vu Kilgallen en vie. Shaw pense qu'il est probable que Ron Pataky espionnait la journaliste pour le compte du FBI, de la CIA et de la Mafia. Ces entités représentant le pouvoir étaient devenues pratiquement hystériques à l'idée que son enquête sur l'assassinat de JFK allait aboutir.

Kilgallen ne fut pas la seule à conclure à l'implication de Marcello dans la mort de Kennedy. En 1979, le *House Select Committee on Assassinations* (HSCA) avait réfuté les conclusions

---

[78] Shaw, Mark. The Reporter Who Knew Too Much. Post Hill Press, New York, 2016

du rapport officiel de la Commission Warren. Le HSCA avait jugé qu'Oswald n'avait pas agi seul et qu'un probable complot était à l'origine de l'assassinat de John Kennedy. Le comité avait conclu que la Mafia avait eu le motif, les moyens et l'opportunité de planifier et d'exécuter l'assassinat du président.

Afin de bien saisir l'ampleur d'un tel coup d'État contre JFK, j'invite les lecteurs à étudier les preuves tangibles et irréfutables que j'ai présentées dans mon livre entièrement consacré à cette tragédie historique et qui seront résumées dans un prochain chapitre de ce récit.[79] [80]

Selon Mark Shaw [81], Ron Pataky aurait reçu l'ordre de mettre fin à la vie de Dorothy Kilgallen ou de la faire tuer par quelqu'un d'autre avant son deuxième déplacement à la Nouvelle-Orléans, car la laisser plus longtemps réunir des preuves accablantes sur la participation de Marcello et de la CIA, avec la complicité du FBI, à l'assassinat de JFK représentait un trop grand risque.

Voyons en détail les circonstances de la rencontre de Ron Pataky avec la chroniqueuse, peu avant sa mort, toujours selon Mark Shaw.

Le 7 novembre, très tard dans la soirée, après la fin de son programme de « *What's My Line ?* » sur CBS, Kilgallen est aperçue au bar du *Regency Hotel*, en compagnie d'un homme. Tous deux ont choisi un coin discret du bar, loin des oreilles indiscrètes. Autour d'un verre, ils semblent tenir une discussion sérieuse, sans laisser trahir de sourires ni donner libre cours à des moments de détente après le travail. À l'appui de plusieurs témoignages sur vidéo, Shaw avance l'explication selon laquelle l'homme, en compagnie de Kilgallen au bar du *Regency Hotel*, était bien Ron Pataky. Compte tenu de l'amitié qu'ils entretenaient entre eux, la chroniqueuse lui aurait confié ses prochaines révélations sur l'affaire JFK.

[79] JFK : Omerta sur un Coup d'État. Philippe J. Cassard. Edilivre, 2019. ISBN : 978-2-414-35755-0

[80] The JFK Assassination Facts They Don't Want You to Know. 2019. Philippe J. Cassard. Independently published. ISBN: 9781092558891

[81] https://www.markshawbooks.com/assets/docs/61758_2019__petition_amended__16.pdf

Plus tard, quand les enquêteurs demandent à Pataky ce qu'il faisait le week-end de la mort de Kilgallen, il répond qu'il se trouvait à Columbus dans l'Ohio et que c'était, là-bas, de son bureau qu'il avait appris la nouvelle. Mais les enquêteurs sont dans l'impossibilité de vérifier son alibi. L'explication de Pataky est contredite par des témoins affirmant, au contraire, qu'ils l'avaient vu en compagnie de Kilgallen au bar du *Regency Hotel*, non loin de la maison de la journaliste, tôt le matin du 8 novembre, peu de temps avant son décès. Pour ces témoins, Pataky ne peut être que l'une des dernières personnes à l'avoir vue en vie.

Nous venons de voir que les conclusions des tests toxicologiques effectués sur les prélèvements biologiques de Kilgallen ont clairement fait ressortir l'association mortelle de trois barbituriques, potentialisée par une boisson alcoolisée. Reste à savoir où et comment ce mélange a pu se faire et qui en a été l'instigateur.

Au bar du *Regency Hotel* ? C'est ce que suggère Shaw dans son livre : Pataky aurait planifié de raccompagner Kilgallen chez elle dès qu'il aurait vu qu'elle commençait à présenter des signes d'ébriété et de confusion après avoir bu un cocktail. Cette boisson aurait été dopée d'une forte dose de barbituriques à l'insu de la journaliste.

Ses collègues et ses amis précisèrent que Kilgallen choisissait toujours son cocktail favori quand ils prenaient un verre ensemble dans les lieux publics : de la pure vodka à laquelle elle ajoutait une eau tonique à base de quinine. Shaw monte alors le scénario selon lequel Pataky, « l'ami » de Kilgallen, qu'il soupçonne d'assassinat dans son livre, aperçu au bar du *Regency Hotel* avec elle, aurait attendu qu'elle quitte la table pour passer un appel téléphonique ou pour aller aux toilettes. Il aurait profité de son absence pour introduire le mélange pulvérulent de barbituriques dans son verre. L'amertume du cocktail rendue par l'eau tonique à base de quinine pouvait parfaitement masquer celle des somnifères. Une fois le mélange toxique bu par la journaliste à son retour au bar, celle-ci manifesta des troubles physiques et mentaux prévisibles. Dans les quarante minutes suivant l'effet de la prise du cocktail létal, elle a dû éprouver, selon toute vraisemblance, une bradycardie accompagnée de vertiges. Pataky, après avoir attendu l'effet du « cocktail », aurait décidé de la raccompagner chez elle en taxi. Même si le trajet pour rejoindre le domicile de la journaliste n'aurait pris que huit minutes à pied, il aurait été impossible à Pataky de la faire marcher.

Toujours selon Shaw, une fois chez elle, en compagnie de Pataky, Kilgallen, dans un stade d'ébriété très avancé, sans savoir qu'elle avait bu un cocktail létal à base de barbituriques, se serait alors arrêtée au second étage de sa maison, incapable d'accéder à sa chambre habituelle située deux étages plus haut. Dans un état nauséeux, elle se serait dirigée tant bien que mal vers la salle de bains où elle se serait effondrée puis serait décédée sur place.

Pataky aurait ensuite simulé le « suicide » en versant le contenu des gélules de Nembutal (pentobarbital) dans un verre qu'il aurait placé près du lit de la chroniqueuse en veillant à laisser coller la poudre au bord du récipient. Mais Pataky aurait commis une erreur, car Kilgallen, à qui le Séconal (sécobarbital) lui avait été uniquement prescrit, n'avait pas d'ordonnance médicale pour se procurer le Nembutal que le toxicologue John Broch dosa plus tard, à sa grande surprise, dans le sang de la journaliste.

Mark Shaw avance une autre hypothèse. Si Pataky n'avait pas empoisonné Kilgallen au bar, il l'aurait fait chez elle après l'avoir raccompagnée, cette fois-ci dans un état de sobriété. Il aurait profité du passage de la journaliste dans la salle de bains pour se changer et lui aurait « préparé », à son insu, son cocktail favori de vodka et d'eau tonique. Il aurait alors vidé le contenu des gélules des trois barbituriques puis versé l'alcool et le tonique dans un verre que Kilgallen aurait bu, à son retour de la salle de bains. Seul le résidu de poudre de Nembutal serait resté collé au bord du verre. (Les trois barbituriques pentobarbital, sécobarbital et amobarbital sous forme sodique sont tous solubles dans l'alcool et dans l'eau, mais Pataky aurait pu laisser, par inadvertance, un peu de poudre de pentobarbital sur le bord du verre.)

Dans les deux cas de figure, Pataky aurait vérifié le pouls de la journaliste, puis constatant sa mort, aurait placé son corps sur le lit et simulé la « mise en scène » dans la pièce telle que son coiffeur a pu la décrire à son arrivée le matin du 8 novembre. Pataky aurait ensuite fouillé dans toute la pièce à la recherche du dossier d'assassinat sur JFK de la journaliste avant de quitter sa maison. James Clement, le majordome de Kilgallen, lui-même résident à un étage supérieur de la maison, déclara avoir entendu une porte, peut-être la porte moustiquaire menant à la cour arrière, se fermer cette nuit-là.

En 2017, après trois ans de recherches, Mark Shaw décide de saisir le bureau du procureur du district de Manhattan, Cyrus Vance, pour relancer l'enquête. Afin d'établir la complicité de Pataky dans la mort de Kilgallen, Shaw fait pression pour qu'une procédure judiciaire vise à faire exhumer le corps de la journaliste et à faire prélever de l'ADN de Ron Pataky, toujours en vie.

L'éminent médecin légiste, le Dr Cyril Wecht, se rangera aux côtés de Mark Shaw et soutiendra la légitimité d'une telle requête. Mais au bout de 8 mois d'enquête, l'équipe de Vance doit fermer de nouveau le dossier…faute de preuves.

Mark Shaw a peut-être tiré des conclusions hâtives. Il n'a émis, somme toute, que des hypothèses sur la cause de la mort de Dorothy Kilgallen et sur l'auteur de son meurtre. Mais il a eu le mérite de décrire un scénario probable dans une affaire non résolue où l'ambiguïté et les nombreuses failles de l'enquête initiale ne peuvent laisser place qu'au doute et à la frustration.

Des réponses ont toutefois permis d'éclaircir une grande partie de ce mystère grâce à la criminalistique. Les résultats de l'autopsie et notamment ceux des tests toxicologiques orientent vers une quasi-certitude que la cause de la mort de Dorothy Kilgallen n'a pas été un suicide ni un accident.

Le suicide n'est pas un scénario viable compte tenu de la gloire professionnelle dont jouissait la journaliste au moment de sa mort et des nombreux projets qu'elle avait à cœur de poursuivre. Un surdosage accidentel ? Cela n'a pas de sens. Même en état d'ébriété, comment aurait-elle pu mélanger trois barbituriques distincts dans un verre dont deux ne pouvaient être à sa portée car non prescrits ?

Reste l'acte criminel comme cause fort probable du décès. Comme nous ne pouvons pas l'affirmer sans l'ombre d'un doute, le mystère persiste donc.

# Robert Boulin

## (Rambouillet : 30 octobre 1979)

LES NOUVELLES DE LA MORT subite de Robert Boulin ont provoqué en France un énorme choc. Décoré de la résistance française pendant la Seconde Guerre mondiale, bourreau de travail, cet homme politique était fort apprécié pour son intégrité et son énergie hors du commun. Ministre du Travail de Valéry Giscard d'Estaing, il était pressenti à succéder à Raymond Barre comme premier ministre.

Le lundi 30 octobre 1979, le remarquable parcours de ce politicien – un record de longévité ministérielle marqué par huit portefeuilles sous trois présidents de la République - est tragiquement interrompu. Le ministre de 59 ans est retrouvé mort, vers 8 h 40 du matin, par des gendarmes, à l'étang Rompu situé dans la forêt de Rambouillet, à environ deux cents mètres de la départementale qui relie Saint-Léger-en-Yvelines à Montfort-L'Amaury. On le découvre agenouillé, le dos tourné vers le ciel, dans une cinquantaine de centimètres d'eau, à sept mètres du rivage, non loin de sa voiture.

L'enquête initiale conclut rapidement à un suicide par noyade après absorption de Valium, un anxiolytique. Il est officialisé dès 9 h 45 par l'Agence France-Presse.[82]

L'explication du suicide est convaincante dans un premier temps. L'entourage politique du ministre défunt, ses enfants et les témoins majeurs – mais pas tous - arrivés immédiatement sur le lieu où son corps est découvert, l'acceptent d'emblée. Le ministre n'avait-il pas été mis en cause quelques semaines auparavant pour avoir abusé de sa position lors de l'achat à un escroc, en 1974, dans des conditions favorables, d'un permis de construire sur un terrain varois à Ramatuelle ?

Sauf que l'épouse de Robert Boulin ne peut se résigner à croire à la version du suicide et reste convaincue qu'un meurtre a été maquillé en suicide.

Cette affaire d'acquisition irrégulière avait nourri une campagne de calomnies visant Robert Boulin, amplement diffusée par la presse. Touché dans son intégrité, « jugé » pour fraude (était-il au courant des illégalités lorsqu'il acheta le terrain ?), il était entré en dépression tant il savait que la révélation médiatique du scandale allait durement ternir sa carrière politique et sa réputation.

À peine l'enquête officielle démarre, sans que l'autopsie n'ait encore lieu, la thèse du suicide est lancée : Robert Boulin, dévasté, avait préféré se suicider par noyade après avoir ingéré une « forte dose de Valium ».[83] Sur le tableau de bord de sa voiture, on trouve une note manuscrite du ministre destinée à sa femme et à ses enfants qu'il embrasse.

Robert Boulin avait toutefois préparé sa contre-attaque. Pour sa défense, il avait déclaré publiquement qu'il savait qui était à l'origine de la campagne de dénigrement à son égard et qu'il détenait des dossiers compromettants sur des personnalités politiques. (Il aurait eu connaissance d'affaires de financement

---

[82] Le Monde. Article du 11 septembre 2015. Trente-six ans après la mort de Robert Boulin : nouveau rebondissement judiciaire.

[83] Le Point. Article du 27 octobre 2017. Les indices qui montrent que Robert Boulin a été tué.

illicite et de corruption de son parti, le RPR.) Déterminé à révéler ce qu'il savait sur ce financement occulte, quelques heures avant sa mort, il avait posté plusieurs lettres adressées à des médias et à des personnalités politiques.[84]

Que contenaient ces mystérieuses lettres ? Selon la version officielle, Robert Boulin aurait écrit neuf lettres annonçant vouloir mettre fin à ses jours. Il aurait argumenté sa défense concernant l'affaire de Ramatuelle puis aurait annoncé qu'il « avait décidé de mettre fin à ses jours… et qu'il préférait la mort à la suspicion ». Dans une note, il aurait écrit : « J'ai décidé de me noyer dans un étang de la forêt de Rambouillet, car j'aimais y faire de l'équitation ».

Pour les journalistes qui s'empressent de relayer les nouvelles, le suicide est évident.

Mais les Français ne sont pas dupes. D'aucuns y voient un meurtre maquillé en suicide compte tenu des invraisemblances, des incohérences, des zones d'ombre, des mensonges, et des erreurs de l'enquête judiciaire.

« Un assassinat ! », clamera, dès le lendemain de la nouvelle, son ami Jacques Chaban-Delmas à la tribune de l'Assemblée nationale. Il ajoutera : « Trouvez qui a donné à la presse les dossiers de Ramatuelle et vous saurez qui est l'assassin ! »

Après avoir consulté les archives du dossier, les membres de la famille de Robert Boulin, leur avocate, et des journalistes d'investigation mettront des années à réunir des témoignages et à mettre à nu les irrégularités de l'enquête initiale que l'on voulait cacher.

Grâce à leur solide contribution, nous sommes amenés à nous interroger : faut-il rejeter la thèse du suicide et sur quelles bases ?

Dans un combat de 40 ans, la famille de l'ancien ministre ne recense pas moins de 75 anomalies dans le dossier : sabotage

---

[84] Le Monde. Article par Eléa Pommiers du 26 octobre 2017. Comprendre l'affaire Robert Boulin : un dossier vieux de trente-huit ans.

d'expertises, disparitions d'éléments indispensables à l'enquête, pourtant sous scellés, (les archives personnelles et les poumons du ministre ayant pu contenir de l'eau, nous le verrons, ne seront pas analysés), mensonges d'enquêteurs ou refus de témoins à comparaître en justice.

Pour faire croire à l'annonce d'un suicide, des soupçons de fausses lettres qui auraient été écrites de la main de Robert Boulin ou tapées sur sa machine à écrire personnelle, semblent peser en faveur de la thèse d'un règlement de comptes politiques. La note laissée dans sa voiture (adressée à son épouse : « le seul amour de ma vie » et à ses enfants : « soyez courageux ») est d'un style inhabituel et présente une faute d'orthographe qui trouble la famille Boulin.[85]

Des personnes en quête de vérité commencent à dévoiler de nouvelles preuves, notamment celles des violences physiques contre l'ancien ministre que la noyade n'aurait pas causées. Selon les partisans de la thèse de l'assassinat, son corps aurait été « placé » dans l'étang. On aurait laissé croire que Robert Boulin s'était noyé, car on avait découvert son corps dans un étang à cinq mètres de la berge, baignant dans 50 centimètres d'eau et 40 centimètres de vase. C'est illogique disent les défenseurs de la thèse de l'assassinat : on sait qu'il était agenouillé, la tête hors de l'eau quand les premiers gendarmes sont arrivés sur les lieux. En pénétrant dans la vase et dans l'eau, le bas de son pantalon et ses chaussures auraient été inévitablement souillés par la vase. Et c'est bien ce qui rend un plongeur perplexe : il n'a trouvé aucune marque de boue sur les chaussures du ministre. Elles étaient propres alors que les pompiers qui ont pénétré dans la vase pour récupérer le corps en sont souillés. Mais on ordonne au plongeur de se taire…[86]

L'enquête officielle a laissé supposer que Robert Boulin voulait se noyer après avoir absorbé une forte dose d'anxiolytique dont

---

[85] Un homme à abattre : Contre-enquête sur la mort de Robert Boulin. Fayard. Par Benoît Collombat. 11 avril 2007

[86] Le Point. Article du 27 octobre 2017. Les indices qui montrent que Robert Boulin a été tué.

l'effet hypnotique allait l'aider à passer à l'acte. Si cela avait été le cas, on aurait dû retrouver le corps du ministre noyé, bouche ouverte. Or sa bouche était fermée selon les témoins arrivés sur place. Il est difficile d'accepter par ailleurs qu'aucune analyse des poumons pouvant contenir de l'eau n'ait été réalisée et que ces organes prélevés aient ensuite disparu.[87]

Une autre erreur a été commise par les auteurs de la simulation du suicide et les a trahis. Les gendarmes sont formels ; ils ont vu les pompiers sortir le ministre de l'étang, les jambes repliées, un indice qu'il aurait pu trouver la mort dans un autre lieu. Une fois la rigidité cadavérique installée, le corps aurait pu être préalablement transporté dans le coffre d'une voiture.

Quant aux violences physiques contre l'ancien ministre, les photographies de l'identité judiciaire montrent des tuméfactions au visage et une entaille au poignet que les experts ne peuvent expliquer. (Cette marque ne fut pas remarquée quand le ministre eut quitté son domicile pour la dernière fois.) Par ailleurs, aucune autopsie du crâne ne fut pratiquée.[88]

Qu'ont fait les experts légistes, il y a quarante ans, ou plutôt qu'ont-ils omis de faire ?

Certes, la précision des méthodes d'investigation scientifique dont disposait la criminalistique à l'époque n'était pas ce qu'elle est aujourd'hui. Mais comment ne pas avoir pensé à analyser des indices aussi essentiels qu'une tache suspecte sur un tapis de sol de la voiture du ministre, des traces de doigts sur la carrosserie, ou des mégots de cigarette ?

Notons par ailleurs une curieuse chronologie dans la communication des nouvelles du décès de Robert Boulin. Les premières recherches sont lancées le 30 octobre à 6 h 25 du matin et le corps est retrouvé à 8 h 40. Or, on sait maintenant que Matignon avait appris la mort environ 6 heures avant la découverte du ministre dans l'étang ! Le Premier ministre

---

[87] Le Monde. Article du 31 octobre 2019. Affaire Robert Boulin : des journalistes écrivent à Macron pour réclamer la vérité quarante-ans après.

[88] L'Express. Article du 13 juin 2018. L'affaire Robert Boulin.

Raymond Barre le confirmera par écrit. D'autres ministres et leurs directeurs de cabinet avaient été également prévenus entre 2 h et 3 h du matin.[89]

Au tout début de l'enquête, la famille Boulin se rassure. Ils ont l'espoir qu'elle sera minutieuse puisqu'elle est garantie par les autorités. Toutefois, très tôt, elle pressent que la cause de la mort du ministre, qui s'apprêtait à révéler publiquement le financement occulte de son parti politique, n'est pas un suicide, mais un assassinat.

L'enquête judiciaire est menée avec une lenteur préjudiciable et est chargée d'erreurs et de grossières lacunes. Si Robert Boulin s'était suicidé en se noyant, de l'eau de l'étang aurait dû pénétrer dans ses poumons. Or, aucune analyse ne pourra être faite sur le contenu des poumons et sur d'autres prélèvements d'organe et milieux biologiques du corps de l'ancien ministre, mis sous scellés à l'Institut Médico-légal, car ces organes finiront par disparaître. La famille portera plainte en 1988 pour destruction de preuves.[90]

Il a été par ailleurs impossible de retrouver des pièces essentielles du dossier de l'enquête telles que les dossiers que Robert Boulin avait emportés en quittant son domicile, la veille de sa mort. Les six enveloppes qu'il avait postées à Montfort-l'Amaury, lieu de sa dernière apparition, et dûment relevées par un postier, ont également disparu.

En 1983, les proches de Robert Boulin déposent une plainte contre X pour « homicide volontaire » En 1991, elle se termine en non-lieu, arrêté que la Cour de cassation confirme en 1992. En 2002, la famille demande la réouverture du dossier. Sa quête sera ignorée.

À la fin des années 2000, plusieurs témoins et journalistes veulent toutefois relancer l'enquête sur l'affaire Robert Boulin

---

[89] Le Progrès. Article du 29 octobre 2019. Suicide ou crime d'État : 40 ans après la mort de Robert Boulin reconstituée.

[90] Le Monde. Article par Eléa Pommiers du 26 octobre 2017. Comprendre l'affaire Robert Boulin : un dossier vieux de trente-huit ans.

afin d'étayer la thèse de l'assassinat politique. C'est le cas d'un journaliste d'investigation, qui, en 2007, au terme de cinq années d'un remarquable travail de contre-enquête, publie son livre « un homme à abattre ».[91]

Une nouvelle demande de reprise de l'enquête est une fois de plus rejetée en octobre 2007. Le procureur général du Tribunal de Paris soutient alors que rien ne peut invalider la conclusion selon laquelle Robert Boulin s'est suicidé.

En 2015, un membre de la famille de Robert Boulin demande au parquet de Versailles la réouverture d'une nouvelle enquête pénale contre X pour « arrestation, enlèvement et séquestration suivie de mort ou assassinat ». La demande de son avocat pour la tenue d'une vingtaine d'audiences reste toutefois sans réponse : on invoque qu'une dizaine de personnes ne peuvent plus témoigner devant un tribunal d'instruction soit parce qu'elles sont décédées soit parce que leur état de santé ne le permet pas.

Enfin, en février 2017, le juge d'instruction demande la divulgation des documents classés secrets sur la mort de Boulin mais le ministère de l'Intérieur répond qu'il n'en détient aucun dans cette affaire.

Revenons sur les événements du 30 octobre 1979.

Les gendarmes sont les premiers témoins à découvrir le corps de Robert Boulin, tôt le matin. Ils seront vite dessaisis de l'affaire. Quant aux pompiers également arrivés les premiers sur les lieux, ils font l'objet d'une mise en garde ; rien ne doit fuiter. Ce sont ces premiers témoins de la scène qui contesteront la thèse du suicide.

Passons chronologiquement en revue les diverses dépositions de ces témoins. Ils n'avaient pu comparaître à l'époque mais ne demandent qu'à être entendus aujourd'hui. (La prudence impose de ne pas citer les noms de ces témoins dans cet essai, car, pour la famille Boulin, l'affaire est encore sensible et n'est toujours pas classée.)

En 2011, un retraité de 70 ans, chef de la brigade mobile de Poissy à l'époque, qui était l'un des tout premiers témoins à voir

---

[91] Benoît Collombat - Un homme à abattre : Contre-enquête sur la mort de Robert Boulin. Fayard. 11 avril 2007

le corps de Robert Boulin à l'étang, sort de son silence et confirme catégoriquement la déclaration qu'il avait faite, le 30 octobre 1979, et qui lui vaudra d'être dessaisi de l'enquête. Il affirme de nouveau avoir repéré une voiture derrière un tas de bois puis, en s'approchant de l'étang, avoir aperçu un corps dans l'eau, agenouillé dans environ 50 centimètres de profondeur, dont la tête semblait être dirigée vers sa voiture. Ce témoin insiste que la tête n'était pas *immergée* et clame de nouveau : « Robert Boulin ne s'est pas noyé… Ce n'est pas possible. Il était pratiquement à quatre pattes, la tête hors de l'eau. Je suis convaincu qu'il essayait de ramper jusqu'à la berge ». Une fois le corps ramené sur la berge, ce témoin avait remarqué des tuméfactions rouges sur tout le visage.

Au cours d'un second interrogatoire, quelques semaines plus tard, ce même témoin confirme avoir vu des griffures rouges sur le visage de l'ancien ministre. Il dit avoir été intimidé à l'époque, qu'on lui avait demandé de changer sa version des faits ou de garder le silence, qu'on lui avait répondu que les marques s'étaient produites quand les pompiers secouristes avaient traîné le corps par terre en le sortant de l'étang après l'avoir fait tomber. Mais cet ancien gendarme reste formel : il avait vu qu'on avait déplacé le corps du ministre sans aucune difficulté.[92]

En 2013, trois témoignages ébranlent de plus belle les fondements de la thèse du suicide.[93] Après avoir participé à la seconde autopsie de Robert Boulin (nous analyserons les conclusions plus loin), un premier témoin, un ancien légiste, ne croît pas du tout à cette thèse.

Le second témoignage vient d'un ancien collaborateur de Jacques Chaban-Delmas. Sa déclaration est retentissante. Selon ce témoin, quelques jours après le décès de l'ancien ministre, Chaban-Delmas lui aurait confié qu'il avait reçu une lettre *posthume* de Robert Boulin annonçant son intention de se suicider, mais que c'était un faux et qu'il était certain qu'on l'avait

---

[92] Ouest-France. Article du 3 février 2011. Un ancien gendarme affirme que Robert Boulin n'est pas mort noyé.

[93] France Inter. Affaire Boulin : de nouveaux témoins sortent du silence. Par Benoît Collombat, le 28 mai 2013

assassiné. Cette lettre ne sera pas versée au dossier judiciaire, car on ne la retrouve pas.

Un troisième témoin, dont la crédibilité n'est pas à mettre en doute, exige qu'on ne dévoile pas publiquement son identité, mais se dit prêt à témoigner devant un juge d'instruction. Ce témoin déclare alors avoir croisé la Peugeot 305 de Robert Boulin (sa voiture personnelle retrouvée tout près de l'étang quelques heures plus tard) dans une rue très étroite de Montfort L'Amaury, le 29 octobre 1979 vers 17 heures. Comme les deux véhicules roulaient au pas pour pouvoir se croiser (cette rue est désormais en sens unique), ce témoin oculaire a reconnu le ministre, assis sur le siège passager avant, et a remarqué deux autres individus, l'un au volant, l'autre sur la banquette arrière. Si 17 heures est bien l'heure mémorisée par ce témoin quand s'est effectué le croisement des deux véhicules, cela signifie que le ministre allait trouver la mort une à trois heures plus tard puisque celle-ci est survenue entre 17 h 30 et 20 h d'après l'expertise médico-légale.

Puis, c'est au tour d'un médecin urgentiste de témoigner en 2016 sur les faits qu'il avait pu observer au lac, 37 ans plus tôt, mais qu'on ne lui avait pas laissé révéler, n'ayant jamais été convoqué au cours de l'enquête initiale. Ce qu'il dit en 2016 devant la juge d'instruction va corroborer le témoignage qu'avait donné l'ancien gendarme de la brigade mobile de Poissy, en 2011.

En 2016, ce médecin réanimateur dit textuellement ce qu'il a aussitôt remarqué à son arrivée sur les lieux du « suicide » de Robert Boulin, le 30 octobre 1979, accompagné des pompiers. Il précise « qu'il était dans l'eau, mais pas dans la position d'un noyé. Il était à quatre pattes, un bras en l'air et un autre vers le bas… On avait l'impression qu'il avait été placé, là, mort, dans l'eau, parce qu'il n'avait pas la position d'un noyé. À priori, il devait être mort avant… Il était presque à genoux… Il était comme assis, c'est-à-dire comme dans une position assise [sic], mais penché vers le bas… Un noyé aurait été à plat sur l'eau… Il n'avait pas la position d'un noyé, pas du tout… Vu sa position dans l'eau, ce n'était pas possible que ce soit un suicide…Son visage était hors de l'eau, ce qui n'est pas courant, non plus, pour un noyé. Normalement, les noyés ont le visage dans l'eau. Son visage était aux quatre cinquièmes hors de l'eau, plein d'ecchymoses. Sa tête était un peu sur le côté, le visage tourné vers la berge… Toute la tête n'était pas sous l'eau… Ce n'est pas la noyade qui l'a rendu comme ça. Ce sont les coups. »

Ce témoignage est de surcroît crédibilisé par la remarque d'un pompier également appelé sur place, le 30 octobre 1979 : « Tiens, on a l'impression qu'on l'a apporté dans une malle…Il était presque à genoux. On aurait dit qu'on l'avait sorti d'une malle ».[94]

Le 28 octobre 2019, à la demande d'un membre de la famille Boulin et de son avocate, une reconstitution est organisée, à l'étang Rompu, dans la forêt de Rambouillet en présence de quelques témoins de l'époque et de journalistes. Cette reconstitution fait penser à celle d'une scène de crime plutôt qu'à celle d'un suicide. Le médecin urgentiste et le gendarme, tous deux arrivés les premiers sur les lieux en 1979, ont voulu être là, de nouveau. Ils confirment une fois de plus leur témoignage : ce n'est pas un noyé, mais un homme ayant reçu des coups qu'ils ont trouvé, disent-ils. Quarante ans après le drame, le médecin urgentiste reste fidèle à sa déclaration de l'époque : « Il était là. Il avait la bouche hors de l'eau. La face, le nez, l'œil… Il était tout sanguinolent… La position du corps n'était pas une position naturelle pour un mort. On aurait dit qu'il avait été transporté dans une malle. Et puis un noyé, il coule, il ne flotte pas.[95] »

La version officielle du suicide de Robert Boulin repose sur l'existence de plusieurs lettres qu'il aurait écrites dans lesquelles il aurait annoncé vouloir mettre fin à ses jours, lettres que des personnalités politiques n'auraient reçues qu'après sa mort. La famille Boulin n'en fut pas convaincue et demanda une recherche d'ADN sur les enveloppes pour le prouver. Elle fut, en outre, perplexe quand elle eut découvert dans le bureau du ministre, à son domicile, un en-tête d'une « lettre de suicide », de quatre pages, falsifiée selon elle. La secrétaire de Robert Boulin, estima

[94] Ouest-France. Article du 8 juin 2016. Affaire Boulin : la thèse de l'assassinat relancée par deux témoignages.

[95] Ouest-France. Article du 30 octobre 2019. Mort de Robert Boulin : la confirmation qu'il n'est pas mort noyé selon sa fille. Propos recueillis par Pierrick BAUDAIS.

que, comme son écriture était facile à imiter, la lettre était un faux, car l'en-tête « Ministère du Travail et de la Participation » (intitulé reflétant la modification voulue depuis avril 1978) aurait dû figurer comme en-tête au lieu de « Ministère du Travail » figurant sur la fausse lettre de suicide retrouvée.[96] Mais le Procureur de la République de Versailles statua, à l'époque, que les lettres dactylographiées avaient bien été écrites à l'aide de la propre machine à écrire de Robert Boulin et que sa note manuscrite d'adieu à sa famille, laissée sur le tableau de bord de sa voiture, avait bien été écrite de sa main selon une expertise graphologique. L'explication du procureur fut totalement rejetée par les membres de la famille Boulin et par un expert en écriture. Ils ont privilégié au contraire l'hypothèse selon laquelle le ministre avait écrit la note manuscrite sous la contrainte ou que sa machine à écrire avait été utilisée par un tiers pour taper les lettres dactylographiées.

Selon le crédo : « un corps humain mort 'parle' toujours à l'autopsie », les résultats de l'expertise médico-légale pratiquée sur le corps de Robert Boulin peuvent-ils invalider la thèse du suicide et susciter la suspicion quant à une probable duperie ?

Selon le rapport de la première autopsie, la mort de l'ancien ministre est survenue en toute fin d'après-midi, le 30 octobre 1979, plus précisément entre 17 heures 30 et 20 heures. On s'empresse de clamer un verdict officiel de « suicide par noyade après *forte* absorption de Valium ». Or le taux sanguin de cet anxiolytique ne sera pas trouvé anormalement élevé lors de l'examen post-mortem et aucune trace résiduelle du produit ne sera retrouvée dans l'estomac.

Que dit le rapport d'autopsie de 1979 sur la localisation les lividités cadavériques ?

Dans cette affaire, il était essentiel de chercher à les localiser sur le corps de Robert Boulin afin de déterminer l'heure approximative de sa mort. Le principe, selon lequel, là où le sang s'accumule par gravité, les lividités apparaissent au bout de 2

---

[96] Le Point. Article du 27 octobre 2017. Les indices qui montrent que Robert Boulin a été tué.

heures pour atteindre leur intensité maximale 12 heures après la mort. Si le ministre, avait trouvé la mort dans un lieu autre que dans l'étang où on l'a découvert, les lividités cadavériques pouvaient donner un indice important sur un potentiel déplacement du corps.

Alors que les lividités cadavériques auraient dû se situer dans les parties inférieures du corps du ministre, s'il s'était noyé dans l'étang, elles furent repérées dans son dos et non sur le ventre. Cette observation constitue un fort indice que la mort s'était installée alors que le corps était couché sur le dos pendant plusieurs heures. Or, ce n'a pas été la position dans laquelle on trouva Robert Boulin dans l'étang. Pour expliquer l'étrange localisation des lividités cadavériques, il est donc permis de suggérer que le ministre avait trouvé la mort ailleurs qu'à l'étang Rompu et que son corps sans vie avait été déplacé avant la mise en scène du « suicide » dans l'eau.[97]

En octobre 1980, Robert Badinter, l'avocat de la famille Boulin, se procure les photographies prises du corps par la police scientifique. Celles-ci révèlent des contusions et des ecchymoses sur le visage. Avant de procéder à la première autopsie à l'institut médico-légal, le procureur de la République avait demandé au médecin légiste de ne pas ouvrir le crâne… en ajoutant : « À la demande de la famille ». Mais celle-ci affirma n'avoir jamais donné ces instructions.

Les photos couleur du crâne sont toutefois parlantes pour le médecin légiste qui procédera à la seconde autopsie en 1984. Elles montrent clairement des traces de coups violents, un visage tuméfié couvert de plaies et d'hématomes, un nez en sang et une lèvre éclatée.

En novembre 1983, la justice demande une exhumation du corps et une nouvelle autopsie qui sera pratiquée un an plus tard. Le médecin légiste en charge de la deuxième autopsie, estime que le premier examen médico-légal a été bâclé puisque le procureur de l'époque avait pris la décision de l'abréger sans avoir fait

---

[97] Le Progrès. Article du 29 octobre 2019. Suicide ou crime d'État : 40 ans après la mort de Robert Boulin.

réaliser une analyse approfondie des poumons pour détecter la présence d'eau alors que, pour conclure à un suicide ou une mort par noyade, un tel examen aurait permis de le confirmer.

En 1984, le médecin légiste constate que le corps exhumé a subi des soins d'embaumement (mais la famille affirme ne pas les avoir requis). Des indices précieux sont, de ce fait, manquants pour mener à bien la deuxième autopsie. Dès lors que les organes internes ont été irrémédiablement altérés, le nouvel examen est illusoire.[98]

La deuxième autopsie fait néanmoins beaucoup parler d'elle : elle révèle deux fractures du visage - au nez et au maxillaire supérieur - non identifiées lors de la première autopsie. Pour les expliquer, on évoque un coup brutal donné au visage ou un choc produit par une chute. Le médecin légiste remarque également une marque qu'il compare à celle d'une « trace de corde circulaire au poignet droit ». Celle-ci est d'ailleurs parfaitement visible sur les photographies de Robert Boulin prises à la sortie du corps de l'eau. Croit-on à une marque faite dans les derniers jours de la vie du ministre ? Non. Robert Boulin avait été massé la veille de sa mort par son kinésithérapeute, mais celui-ci affirme catégoriquement n'avoir remarqué aucune trace au poignet du ministre.[99]

Certains partisans de la thèse du suicide ironisent sur la créativité et l'ingéniosité de ceux qui la réfutent et qui ne voient qu'une duperie permettant de faire passer un assassinat pour un suicide. Ils s'amusent à dire que, si l'on écoutait ces théoriciens du complot, il faudrait croire à l'efficacité et au talent d'un véritable commando d'assassins ciblant Robert Boulin, tel un scénario digne d'un film d'espionnage politique populaire. Ils caricaturent l'imagination débordante de ces complotistes. Ils trouvent ridicule le scénario selon lequel plusieurs lettres manuscrites auraient été écrites en imitant la signature de l'ancien ministre,

---

[98] Le Monde. Article Par Patricia Jolly du 16 septembre 2015. La fille de Robert Boulin a mené 35 ans de combat pour la vérité.

[99] Le Progrès. Article du 29 octobre 2019. Suicide ou crime d'État : 40 ans après la mort de Robert Boulin.

que des lettres annonçant son décès auraient été dactylographiées sur sa machine à écrire, qu'elles auraient été postées à la place des vrais lettres de Robert Boulin, récupérées dans une boîte à lettres de Montfort-l'Amaury avant sa mort. Enfin ils ironisent sur le fait qu'on l'aurait drogué avec du Valium avant de le noyer ou encore qu'un mot d'adieu à sa famille aurait été déposé dans sa voiture.

À l'appui des critiques de la thèse du meurtre, citons d'ailleurs quelques contre-arguments avancés par la magistrature chargée du classement de l'affaire Boulin. Pour expliquer les ecchymoses et les contusions sur le visage de Robert Boulin, le Procureur de la République de Versailles affirme que les pompiers n'avaient pas été assez précautionneux avec le corps quand ils l'avaient sorti de l'eau. Ils l'avaient tiré brutalement par les pieds pour l'amener sur la berge de l'étang et cela avait créé inévitablement des contusions derrière la tête et des ecchymoses sur le visage puisque la tête avait heurté une bordure en pierre. Autre dérobade : selon la présidence de la Chambre d'accusation de la Cour d'Appel de Paris, on pouvait expliquer l'absence de boue au bas du pantalon et sur les chaussures de l'ancien ministre par le frottement sur l'herbe qui avait nettoyé le tout quand le corps avait été traîné sur la berge !

Ces explications ne convainquent pas l'adjoint au maire de Saint-Léger-en-Yvelines, à l'époque. Présent sur les lieux, il affirme que la zone de la berge où le corps avait été traîné était libre de tout rocher ou de bordure de pierre en raison de la nature marécageuse et meuble du terrain. Il rappelle qu'il avait bien remarqué le visage de l'ancien ministre tourné vers le ciel - et non contre terre - lors du déplacement du corps sur la berge. Les observations de l'adjoint au maire sont de plus corroborées par plusieurs gendarmes, présents sur les lieux, qui affirment que le corps avait été *soulevé* de l'étang, porté jusqu'à la berge et certainement pas traîné sur le sol face contre terre.

Toujours selon le Procureur de la République de Versailles qui ne doute aucunement qu'il puisse s'agir d'un suicide, le ministre avait pris le tube de Valium des affaires de son épouse qui admit ne pas l'avoir retrouvé après le départ de son mari du domicile, le jour de sa mort. On peut néanmoins supposer que Robert Boulin avait pu se procurer l'anxiolytique de temps en temps pour calmer ses insomnies quand la campagne calomnieuse dont il était victime battait son plein. Y voir nécessairement une absorption massive du médicament pour aider le ministre à se suicider par noyade reste donc dans le domaine de la pure spéculation. Car, comme nous l'avons vu, le taux de diazepam, le principe actif du Valium, dosé dans le sang de Robert Boulin, n'était pas anormalement élevé d'après le rapport d'autopsie et aucune trace résiduelle n'avait été décelée dans l'estomac.

Quant à la première autopsie, le Procureur de la République à Versailles admet des lacunes et un rapport trop sommaire. Mais il explique que l'autopsie a été pratiquée dans le but précis d'être la moins mutilante possible, selon le souhait de la famille, et que, comme l'on était convaincu de la noyade, il était plus respectueux de ne pas ouvrir le crâne qui allait défigurer le corps. Et il ajoute qu'il n'était pas nécessaire d'analyser non plus les poumons puisqu'une immersion dans l'eau ne faisait aucun doute.[100]

Nous avons vu plus haut que l'étonnant emplacement des lividités cadavériques, au niveau de la face dorsale du corps et non au niveau du ventre, telles qu'elles ont été observées à l'autopsie, pouvait indiquer que la mort avait pu se produire à un endroit autre que dans l'étang Rompu et que, par la suite, on avait pu déplacer le corps pour le mettre dans l'eau et simuler ainsi la noyade. En réponse aux « complotistes », un médecin légiste de la partie adverse trouva la parade : le corps avait pu être tout simplement retourné sur l'étang par un animal ! Le commissaire du SRPJ de Versailles, à l'époque, offrit une explication moins fantaisiste, mais qui détruisit tout de même l'argument des complotistes : la première autopsie avait été longue puisqu'elle avait duré huit heures. Le corps avait pu rester en décubitus dorsal sur la table pendant tout ce temps, ce qui aurait expliqué les lividités cadavériques fixées dans le dos.

Mais les défenseurs de la thèse de l'assassinat continuent à réfuter les arguments de la défense. Ils sont loin de renoncer à une investigation qui aura déjà duré 40 ans et sont toujours à la

---

[100] Paris Match. Article par David Le Bailly du 10 février 2011. Affaire Boulin : L'ancien procureur brise le silence.

recherche de nouvelles preuves étayant la dissimulation d'un assassinat.

Robert Boulin a-t-il été assassiné ? L'enquête est-elle au point mort ? Quelles seraient les nouvelles ouvertures possibles grâce aux technologies les plus modernes de la science forensique d'aujourd'hui ? Par exemple, la recherche d'ADN pourrait-elle détecter l'identité des personnes ayant « traité » les nombreuses lettres et notes de suicide (si on les retrouve) ? Que faut-il attendre de plus dans les prochains mois ?

Le 31 octobre 2019, des journalistes d'investigation ont envoyé une lettre ouverte au Président Emmanuel Macron lui demandant l'ouverture des archives des Services du Renseignement français sur l'affaire Boulin. Une requête a également été officialisée qui déborde le cadre de l'hexagone. On a en effet demandé au président français de faire pression auprès de Donald Trump pour faire lever le secret sur un document concernant la mort de Robert Boulin toujours classifié par la CIA. Mais l'Agence américaine justifie le caractère secret du dossier pour des raisons de défense nationale et de politique étrangère. Elle se refuse jusqu'à présent à révéler le contenu de ce document afin de ne pas nuire aux relations diplomatiques entre les États-Unis et la France.[101]

Selon la famille Boulin, le ministre a été assassiné, car il s'apprêtait à révéler des affaires de financement illicite et de corruption de son parti, le RPR. Elle affirme que, juste avant sa mort, il avait réuni des dossiers confidentiels sensibles dont certains portaient sur des détournements de fonds publics incriminant des grandes sociétés françaises et sur des transactions, notamment avec l'Arabie Saoudite.[102]

La famille Boulin espère toujours de nouvelles révélations, mais les décennies passent, les personnes meurent ou ont la mémoire

---

[101] Le Monde. Article du 31 octobre 2019. Affaire Robert Boulin : des journalistes écrivent à Macron pour réclamer la vérité quarante ans après.

[102] L'Obs. Article par Sylvie Matton du 4 novembre 2019. Les Français ont depuis longtemps compris que Robert Boulin ne s'était pas suicidé.

fragile. Il est fort à parier que les coupables resteront à jamais dans l'ombre d'autant plus que certains dossiers ont disparu comme l'original du dossier de l'affaire Boulin ne laissant plus aux juges d'instruction qu'un CD-Rom et des photos de mauvaise qualité.

# Vincent W. Foster Jr.

## (Fort Marcy, Virginie : 20 juillet 1993)

---

VINCENT FOSTER Jr., éminent avocat de l'Arkansas, fut, de 1991 à 1993, le conseiller adjoint à la Maison- Blanche auprès du Président Bill Clinton dont il était l'ami d'enfance.

Selon la version officielle, Vincent Foster, qui luttait contre une dépression à la suite de très sévères critiques médiatiques portant sur son conseil juridique pour des affaires controversées de l'administration Clinton, se serait suicidé, à l'âge de 48 ans. Son corps fut découvert, le 20 juillet 1993, dans un parc en Virginie, proche de la capitale américaine.

Cinq enquêtes officielles et gouvernementales sur la mort de Foster, dont principalement celle de la police américaine des parcs, ont toutes conclu au suicide.[103] Les arguments soutenant le constat du suicide ont porté essentiellement sur le contenu d'une

---

[103] Enquêtes menées par la police des parcs des États-Unis, le ministère de la Justice, le FBI, le Congrès des États-Unis, l'avocat indépendant Robert B. Fiske et l'avocat indépendant Kenneth Starr.

lettre qu'il aurait écrite, listant ses griefs, ainsi que sur son état de dépression clinique et sur le rapport du médecin légiste.

Pourtant, les circonstances de la mort de cet avocat sont fort troublantes et ont laissé libre cours à diverses interprétations réfutant la thèse du suicide dans le parc. Les allégations selon lesquelles Foster aurait été victime d'un assassinat ou d'un maquillage de son « suicide » sont légion comme nous allons le voir. Rien n'est écarté pas même l'hypothèse selon laquelle Foster aurait commis son suicide… au sein même de la Maison-Blanche, acte fort embarrassant qui aurait nécessité le déplacement du corps dans un autre lieu où l'on aurait simulé une scène de suicide.

Mais restons toujours factuels et essayons de mettre à nu les incohérences et la duperie dans cette affaire.

Selon la version officielle, la dernière fois que Vincent Foster est vu vivant est le 20 juillet 1993, à 13 heures, quand il quitte son bureau de la Maison-Blanche. Le fait qu'on le retrouve mort dans le *Fort Marcy Park* amène le gouvernement à soutenir l'explication selon laquelle l'avocat s'était rendu en voiture dans ce parc isolé, près du fleuve Potomac, pour mettre fin à ses jours en se logeant une balle dans la tête.

En fin d'après-midi, la police découvre Foster mort, un revolver à la main. Pour expliquer l'état dépressif qui l'aurait conduit au suicide, le gouvernement invoque son comportement pendant les jours qui ont précédé sa mort : ses insomnies, son manque d'appétit, son recours à des antidépresseurs et la demande qu'il a faite à sa sœur de lui fournir, à titre non officiel, le nom d'un psychiatre.

Mais les doutes du suicide commencent à envahir les esprits. On est surpris, entre autres, par l'étrange localisation et le positionnement du corps du mort, par la faible quantité de sang autour de la tête percutée par une balle, par la curieuse disposition de l'arme à feu dans la main, par le repérage de ses lunettes, portant encore des résidus de poudre, à une distance d'environ six mètres par rapport au corps, enfin par les radiographies manquantes du crâne prises à l'autopsie...[104]

Dès la découverte du corps, une arme à feu à la main, la police américaine des parcs qualifie, presque immédiatement, la mort de Vincent Foster de suicide. La procédure normale, en cas de mort violente, exigerait pourtant qu'on la traite comme s'il s'agissait d'un homicide jusqu'à ce que tous les doutes soient levés. Mais aucune enquête pour homicide n'est ouverte.

Beaucoup d'incohérences et d'oublis dans l'enquête laisseront les sceptiques perplexes. Pourquoi le procureur spécial, Kenneth Starr, a-t-il donné un verdict de suicide sans apporter publiquement de preuves ? Pourquoi le rapport d'un médecin légiste – récemment découvert aux Archives Nationales américaines – a-t-il contredit la nature des blessures de Foster décrite dans l'enquête fédérale ? Quels dossiers sensibles du bureau de Foster les responsables de la Maison-Blanche ont-ils cherché à supprimer dès l'annonce de son décès ? Pourquoi Bernard Nussbaum, le supérieur hiérarchique de Foster, a-t-il exigé la combinaison du coffre-fort de Foster immédiatement après sa mort avant même la mise sous scellés de son bureau par la police ? Pourquoi les trois experts en écriture, qui ont déclaré faux le message de « suicide » prétendument écrit par Vince Foster - indice capital pour les autorités gouvernementales – n'ont-ils jamais été interrogés par le procureur spécial ? Comment explique-t-on l'absence de terre et d'herbe sur les chaussures de Foster, supposé avoir parcouru, du point où sa voiture était garée, plus de 200 mètres de chemin de terre dans le parc jusqu'à l'endroit où son corps a été découvert ? Comment ses lunettes ont-elles pu être projetées à environ 6 mètres de son corps ? D'où les nombreuses fibres de tapis relevées un peu partout sur ses vêtements et sous-vêtements sont-elles provenues ? Était-ce bien une erreur de manipulation causant la surexposition de tous les films 35 mm pris sur les lieux du « suicide » rendant ainsi leur analyse impossible ? Pourquoi n'a-t-on pas retrouvé la plupart des clichés Polaroid pris par les premiers enquêteurs arrivés sur

[104] The New York Times. By Richard Brookhiser Sept. 28, 1997 analysing The Strange Death of Vincent Foster: An Investigation by Christopher Ruddy.

les lieux ? Comment le corps de Foster a-t-il pu prendre une position semblable à celle « d'un mort dans un cercueil », position étrange d'un suicidé par tir d'arme à feu ? Comment expliquer l'absence d'empreintes digitales de Foster sur le revolver trouvé dans sa main ? Pourquoi n'a-t-on entendu aucun tir d'arme à feu dans le parc ? Pourquoi n'a-t-on pas retrouvé son carnet de rendez-vous (on ignore toujours son emploi du temps, le 20 juillet autour de l'heure du déjeuner) ? Comment les clés de sa voiture, introuvables lors de l'enquête dans le parc, sont-elles apparues à la morgue bien après ? Pourquoi la balle, censée avoir été tirée par l'arme de Foster, n'a jamais été retrouvée ? [105]

De nombreux enquêteurs privés ont travaillé en équipe soudée sur l'affaire Foster afin de tenter d'apporter les preuves de la dissimulation d'un assassinat. Vincent J. Scalise, ancien détective de New York, Fred Santucci, ancien photographe médico-légal de New York, et Richard Saferstein, ancien chef du Laboratoire de Criminologie du New Jersey, ont réuni leurs conclusions dans le *Western Journalism Center of Fair Oaks*, en Californie.[106] Pour eux, l'homicide ne peut pas être exclu compte tenu de l'étrange position des bras et des jambes du corps découvert dans le parc. Cette posture était totalement incompatible avec celle d'un suicidé. Il est tout à fait étonnant qu'un revolver Colt de calibre 0.38 soit trouvé dans la main de la victime, à moitié caché sous le corps, alors que le recul brutal d'une telle arme aurait dû l'éjecter de sa main. En 50 ans d'expérience, l'équipe des enquêteurs n'avait jamais observé une mise en scène d'un suicide, par arme à feu, aussi ordonnée.

Ces enquêteurs se sont étonnés que le revêtement du sol du coffre de la voiture de Foster n'ait pas été inspecté scrupuleusement pour détecter la présence de traces de fibres de moquette, alors que celles-ci avaient été trouvées, en grand nombre, sur son corps et ses habits. Une telle inspection aurait permis de confirmer ou d'invalider le transport éventuel au parc

---

[105] The Progressive Review. Whitewater Part 5: March -July 1997

[106] Citizen News. Vince Foster Murder Suicide Cover-up Part 2, March 5, 2020

du corps de Foster, enroulé dans un tapis, dans le coffre de sa voiture.

Ces enquêteurs se sont montrés tout aussi incrédules devant la prétendue éjection des lunettes de Foster, que la décharge du revolver aurait provoquée sur 6 mètres, à travers des taillis, jusqu'au lieu où elles furent découvertes. Ils se sont étonnés que la balle du revolver, réputée pour causer des blessures considérables, n'ait produit qu'un minimum de projections de sang et de matières cérébrales autour de la tête, ce qui les a laissé supposer, là encore, qu'on l'aurait tué – ou qu'il se serait suicidé - dans un endroit autre que le parc.

Mais les enquêteurs officiels ont évoqué d'emblée le suicide comme la cause du décès de Foster. Le 10 août, soit vingt jours après la découverte du corps, ce sera le constat officiel et final de la police.

Essayons de suivre, de plus près, l'imbroglio incroyable des erreurs, omissions et incohérences du dossier « officiel ». Efforçons nous d'apporter des éléments de réponses capables d'animer un débat public qui aurait dû s'exprimer depuis fort longtemps. Laissons ensuite les lecteurs et les lectrices prendre parti. Au vu des circonstances mystérieuses de cette mort, quelle est la part de vérité ou d'invention ?

Que savons-nous de la dernière entrevue de Vincent Foster à la Maison-Blanche, le 20 juillet 1993 ?

Vers 13 heures, le conseiller juridique annonce à sa secrétaire qu'il sort quelques instants. « Je reviens tout de suite », dit-il. Il vient de déjeuner sur le pouce dans son bureau, mais, en partant, il pense à offrir à sa collègue les quelques M&M restant de son plateau-repas. Puis, on perd sa trace.

On ne le revoit plus malgré le système de vidéosurveillance hyper sécurisé et élaboré de la Maison-Blanche qui ne laisse aucune sortie ni entrée sans contrôle visuel. En effet on ne détecte rien sur la vidéo alors qu'elle aurait dû repérer la sortie de Foster de la résidence officielle des États-Unis pour se diriger vers sa voiture.

Gardons bien à l'esprit que son corps n'a été découvert que vers 18 heures, ce même jour, dans un parc, de l'autre côté du fleuve Potomac en Virginie, à quelques kilomètres de son domicile de Georgetown. Cela a laissé un laps de temps considérable pendant lequel beaucoup d'événements ont pu sceller le sort du conseiller juridique, diront certains, comme l'acte de commettre son assassinat dans un autre endroit puis de transférer son corps dans le parc.

Vers 17 h 30, le conducteur d'une fourgonnette blanche s'arrête à *Fort Marcy Park* près de la *George Washington Parkway* en Virginie… pour se soulager. L'homme vient de garer sa voiture à côté d'une Honda gris clair immatriculée dans l'Arkansas. Il marche à environ 200 mètres de cette voiture dans le parking. Pendant qu'il urine, il remarque le corps d'un homme vêtu d'une chemise blanche et d'un pantalon gris avec des traces de sang sur le visage.[107] Le conducteur de la fourgonnette compte bien appeler les autorités. Il repart dans son véhicule pour aller au *Turkey Run Park,* proche de quatre kilomètres, où se trouvent les employés du service des parcs. Il leur signale la localisation de l'homme inanimé au visage ensanglanté qu'il a aperçu dans le *Fort Marcy Park* et leur demande d'avertir la police.

Il est 18 h quand celle-ci est notifiée. Une équipe technico-médicale se rend dans le parking, fouille l'endroit signalé par le conducteur de la camionnette et découvre le corps. Puis les détectives arrivent sur les lieux. La victime est identifiée ; il s'agit de Vincent Foster Jr. Par mesure de précaution, on ferme tous les accès au *Fort Marcy Park* selon la procédure policière de routine.

On prend plusieurs photos Polaroid de la scène. Le corps fait l'objet d'un examen visuel et l'on procède à un inventaire approfondi des indices physiques sur la victime. Puis, on sonde la zone du parking et examine le contenu de la Honda de Foster. On y trouve un portefeuille avec 300 dollars en espèces, un morceau de papier avec les noms et numéros de téléphone de trois médecins, deux bouteilles de bière vides, un sac en toile, une carte pliée de Washington D.C. et des cassettes. Dès qu'on se rend

---

[107] https://www.wsj.com/edition/resources/documents/gop1.htm (June 26, 1996)

compte de l'identification précise de Foster, conseiller juridique à la Maison-Blanche, on accorde une grande priorité à l'enquête avec toute la prudence qui s'impose.

Le médecin légiste arrive sur place. Il estime que Vincent Foster est décédé entre 15 h 00 et 16 h 00, suite aux blessures à la tête provoquées par l'impact d'une balle de revolver. Il constate que la balle a pénétré le côté supérieur droit du cou, sous la ligne de la mâchoire, a traversé le haut de la langue, a transpercé le cerveau et a fracturé le crâne. La balle n'est pourtant pas ressortie et est restée fichée dans la tête. Le sang s'est écoulé de la plaie d'entrée dans le cou sur l'épaule droite, sur le col et sur la manche droite de sa chemise. Du sang s'est également accumulé dans la bouche.[108]

Y a-t-il eu des témoins dans le parc ? Si oui, qu'ont-ils remarqué ?

Certains témoins ont été intimidés. D'autres ont simplement été ignorés dans les rapports officiels à moins que leurs témoignages ne corroborent le constat de « suicide ».

Mais soyons prudents. Même si, dans cette affaire, les policiers n'ont pas été les premiers à découvrir le corps de Foster, quelques témoins, qui, eux, ont affirmé l'avoir été, ont manqué de crédibilité car il leur a été impossible de donner des preuves tangibles vérifiables.

Une demi-heure avant la découverte officielle du corps de Foster, deux témoins, au *Fort Marcy Park*, ont affirmé avoir vu deux individus à proximité d'une voiture de couleur rouge brun dont le capot était relevé, l'un assis dans le véhicule, l'autre à l'extérieur.[109]

Cette observation sera confirmée par un autre témoin, Patrick Knowlton. Au parc, pendant un court arrêt pour satisfaire un besoin pressant, ce témoin a remarqué un homme, le menaçant du regard, près de la Honda inoccupée immatriculée dans

[108] New Evidence Exposes Vince Foster Murder. By Wesley Phelan. Published in the Oct. 26, 1998 issue of The Washington Weekly.

[109] Citizen's Independent Report Material Errors, Omissions, Inconsistencies, & Curiosa by Hugh H Sprunt. July 20, 1995.

l'Arkansas (celle de Foster). Deux heures plus tard, la police du parc découvrira le corps sans vie du conseiller juridique.

Dans la soirée, le chauffeur de la dépanneuse, envoyé à *Fort Marcy Park* pour enlever la Honda de Foster, a déclaré avoir trouvé la vitre du côté conducteur brisée et du sang sur le tableau de bord et les sièges.[110]

Knowlton a donné plus tard la description physique de l'homme du *Fort Marcy Park* à la police, au FBI, puis à un grand jury chargé d'enquêter sur la mort de Foster.[111] Il a déclaré que l'homme, au regard menaçant, le regardait avec une telle hostilité qu'il s'était senti intimidé. Il avait l'étrange impression que le regard de l'homme lui signifiait de rester à l'écart et de quitter les lieux. Puis, Knowlton a donné de nouveau la description physique du même homme cette fois-ci à un dessinateur travaillant pour le *Daily Telegraph*. Le croquis (publié en Angleterre) sera ignoré par le FBI qui lancera une campagne de harcèlement et d'intimidation à l'encontre de Knowlton. Le procureur Kenneth Starr refusera de l'interviewer, mais la publication de l'esquisse de l'artiste dans le *Daily Telegraph* le forcera finalement à accepter la comparution de Knowlton devant un grand jury au cours de laquelle Starr discréditera néanmoins son témoignage avec une grande hostilité.[112]

Le fait que l'on ait trouvé le corps de Vincent Foster aussi soigneusement positionné – pour un suicidé – doit-il nous faire penser à un acte suspect ?

Le premier témoin à avoir découvert le corps au *Fort Marcy Park* a déclaré sous serment qu'il n'avait pas vu d'arme à proximité de Foster.[113] Il s'était approché du corps, à environ 50 cm du visage,

---

[110] The Progressive Review: 101 Peculiarities Surrounding the Death of Vincent Foster by Richard L. Franklin. July 3, 2014

[111] Washington City Paper: Witness Persecution Program, Patrick Knowlton's Life Sentence for Public Urination by Eric Friedman. May 24, 1996

[112] The Progressive Review: 101 Peculiarities Surrounding the Death of Vincent Foster by Richard L. Franklin. July 3, 2014

[113] Citizen News. Vince Foster Murder Suicide Cover-up Part 2, March 5, 2020

et avait remarqué que ses deux mains étaient placées, paume vers le haut, sans arme visible à ses côtés. Plus tard, la police, arrivée sur les lieux, donna une tout autre description : la paume droite de la main de Foster était apposée contre le sol, le pouce replié à l'intérieur de la main. Un des doigts était posé sur la détente du revolver que la main et la jambe de Foster cachaient partiellement. Par ailleurs, ce tout premier témoin a déclaré que la végétation autour du corps semblait avoir été piétinée.[114] Le FBI a mis une énorme pression sur ce témoin pour qu'il change son témoignage.

Les quelques témoins qui se trouvaient dans le parc ou à proximité, avant l'arrivée des autorités, ont confirmé n'avoir entendu aucun coup de feu. Dans le périmètre, cinq maisons étaient pourtant situées, en moyenne à 150 mètres de la scène. Des hommes au poste de sécurité à l'entrée de la résidence de l'ambassadeur d'Arabie saoudite, à moins de 100 mètres du parc, ont été également formels : ils n'ont entendu aucune détonation d'une arme à feu qui les aurait mis aussitôt sur leur garde. Que Foster ait utilisé un silencieux sur son arme est fort peu probable. Il est également troublant que la police du parc ait clos son enquête sans même vérifier que le revolver dans la main de Foster puisse tirer.

Foster serait-il mort ailleurs que dans le parc ? Au moins quatre témoins oculaires ont aperçu une voiture marron de modèle ancien à l'endroit exact où la Honda de Foster, un modèle récent de couleur blanc-gris clair, sera repérée plus tard en fin d'après-midi. L'heure d'arrivée de la Honda de Foster semble effectivement avoir été tardive comme l'a confirmé un détective : le capot de la voiture était encore chaud. Rappelons-nous : Foster aurait quitté son bureau de la Maison-Blanche vers 13 heures.[115]

Le conseiller juridique avait-il conduit lui-même sa voiture de la Maison-Blanche jusqu'au parc ?

---

[114] "60 MINUTES" REPORT ON THE DEATH OF VINCE FOSTER; Congressional Record Vol. 141, No. 167 (House of Representatives - October 26, 1995)

[115] The Progressive Review: 101 Peculiarities Surrounding the Death of Vincent Foster by Richard L. Franklin. July 3, 2014

Selon toute procédure d'investigation policière, les enquêteurs arrivés sur les lieux auraient dû laisser le moindre indice en place, comme la position exacte du siège du conducteur de la Honda. Foster était très grand ; il mesurait environ 1,96 m. Or, la position du siège du conducteur de la voiture, mentionnée dans le rapport de l'enquête, correspondait à celle d'un conducteur qui aurait mesuré vers le 1,73 m, ce qui a laissé les enquêteurs à penser que le siège avait été poussé vers l'avant. Il aurait été extrêmement inconfortable et dangereux pour le conseiller juridique de conduire sa voiture avec le siège dans une position aussi avancée. Quelqu'un d'autre que Foster avait-il conduit la voiture ou bien un enquêteur, chargé de la fouiller, aurait-il regardé sous le siège conducteur en oubliant de le remettre à sa position initiale ?[116]

Quatre témoins ont signalé la présence, sur le siège passager de la Honda de Foster, d'une mallette dont le contenu aurait pu donner des indices, mais on ne l'a pas retrouvée plus tard. L'avait-on remise aux responsables de la Maison-Blanche ? En outre, le système de radiomessagerie dont disposait Foster a été retrouvé sur les lieux, la mémoire des messages effacée. La police du parc remettra cette pièce matérielle essentielle à l'enquête aux responsables de la Maison-Blanche, quelques heures après l'avoir trouvée.

Selon le FBI, on n'aurait décelé aucune trace de terre sur les chaussures de Foster. Comment alors expliquer l'absence de souillures du sentier qu'il aurait dû emprunter après avoir quitté sa voiture du parking pour aller vers son lieu de « suicide » ?

Une reconstitution a été organisée par l'ancien détective de New York, Vincent J. Scalise, pour tenter de comprendre cette incohérence. Deux hommes portant des chaussures similaires à celles de Foster, après avoir effectué le parcours du sentier que le conseiller juridique était censé avoir emprunté, ont, tous deux, accumulé de la terre sous les semelles. Il faut prêter attention à ce détail. Le sentier menant au lieu où le corps de Foster a été trouvé est en pente relativement raide (environ 45 degrés) et conduit vers

---

[116] The Progressive Review: 101 Peculiarities Surrounding the Death of Vincent Foster by Richard L. Franklin, July 3, 2014

un fossé. Selon un témoin, le trajet du sous-bois jusqu'au fossé avait été manifestement foulé par des pas à plusieurs reprises. Le sol n'aurait pas été tassé si nettement sans que Foster ne monte ni descende la pente plusieurs fois ; il fallait plusieurs individus pour avoir piétiné le chemin de la sorte.

Pourquoi le corps de Foster était-il couvert de la tête aux pieds de fibres de moquette multicolores ? D'où provenaient ces fibres et les a-t-on analysées ?

Ni le siège, ni le plancher du coffre de la voiture de Foster n'ont fait l'objet de recherche de ces fibres, ce qui aurait permis de valider ou d'infirmer l'hypothèse selon laquelle son corps aurait pu être déplacé et transporté dans sa voiture au parc.

Les responsables de la Maison-Blanche ont évoqué le récent remplacement d'une moquette au domicile de Foster, mais personne ne s'y rendit pour vérifier la correspondance des fibres. En revanche, le personnel de la Maison-Blanche avait fait changer la moquette dans l'un des bureaux de la résidence peu de temps *avant* la mort de Foster. Or, le lendemain de sa mort, une moquette presque neuve avait été intégralement enlevée par une équipe de techniciens et placée dans une camionnette qui était repartie à la hâte de la Maison-Blanche ! Bien sûr, cela donna lieu à toutes sortes de théories, en particulier celle selon laquelle Vincent Foster aurait commis son suicide ou aurait été tué au sein même de la Maison-Blanche. On spécula que la moquette avait dû être rapidement enlevée, le lendemain de la mort de Foster, parce qu'elle était souillée du sang du conseiller juridique, victime d'un meurtre ou d'un suicide survenu dans la résidence officielle. Pourquoi enlèverait-on une moquette neuve tout récemment posée ? Mais la vidéosurveillance du poste de garde de la Maison-Blanche n'a rien détecté qui puisse confirmer le transfert de la moquette hors de l'enceinte de la résidence, tout comme la télésurveillance avait été inopérante pour localiser Foster dès sa sortie de son bureau vers 13 heures le 20 juillet 1993.[117] Le mystère sur cet épisode restera entier.

---

[117] The Progressive Review: 101 Peculiarities Surrounding the Death of Vincent Foster by Richard L. Franklin. July 3, 2014

Comment explique-t-on que l'on ait retrouvé les clés de la voiture de Foster *plus tard* à la morgue, alors qu'elles restaient introuvables après la fouille de sa voiture et de ses vêtements au *Fort Marcy Park* ?

Ce fait renforce la thèse selon laquelle quelqu'un d'autre que Foster aurait conduit sa voiture au parc. Il faut bien admettre que la découverte au parc des clés de sa voiture sur son corps aurait évidemment renforcé le verdict du suicide. Mais les officiers de police ont eu beau fouiller soigneusement les poches avant et arrière de son pantalon, ils ne les ont pas trouvées. Pas de clés dans sa voiture non plus alors que son portefeuille et ses cartes de crédit s'y trouvaient.

Plus tard, dans la soirée, les clés ont été découvertes... à des kilomètres de là, à la morgue. Là, les officiers de police, Braun et Rolla, en fouillant de nouveau les poches du pantalon de Foster, ont trouvé deux porte-clés dont l'un regroupait les clés de sa voiture. Lors de la fouille au parc, en tapotant juste les poches du mort, on aurait forcément senti la présence de ces deux gros porte-clés. Selon une chronologie troublante, *avant* l'arrivée des officiers Braun et Rolla à la morgue, le contrôle des entrées à l'institut médico-légal avait identifié l'accès d'un assistant de la Maison-Blanche, Craig Livingstone, et de l'avocat William Kennedy. Ils étaient venus pour « identifier » le corps de Foster, quand bien même celui-ci eût été reconnu avec certitude au parc, à l'aide des photos figurant sur son laissez-passer de la Maison-Blanche et sur son permis de conduire. Certains ont par la suite ironisé en qualifiant ce qui s'était passé à la morgue de « l'épisode des clés magiques ».[118]

Si l'on examine sérieusement les grossières anomalies de l'enquête, l'hypothèse d'un maquillage du meurtre de Vincent Foster en suicide, même si elle semble farfelue pour certains, est crédibilisée par les incohérences autour de l'arme à feu retrouvée près du corps de Foster au parc.

---

[118] The Progressive Review: 101 Peculiarities Surrounding the Death of Vincent Foster by Richard L. Franklin. July 3, 2014

Les nombreux enquêteurs qui ont passé le lieu du parc au peigne fin n'ont jamais retrouvé la balle du revolver avec lequel Foster se serait suicidé. On a découvert le corps, la tête adossée contre un talus. Si Foster s'était logé une balle sous la mâchoire et dans la bouche et si elle était ressortie par le crâne, pourquoi ne l'a-t-on pas retrouvée, fichée quelque part dans la terre ? Sauf si la balle était restée logée dans la tête. L'ambiguïté relative au constat d'une blessure de sortie de balle, entre le rapport de la police et celui de l'autopsie, sera détaillée plus loin.

Toute balle de revolver frappant un crâne humain voit sa trajectoire freinée en raison de la perte de vélocité à travers les tissus et les os. Certains témoins oculaires ont affirmé ne pas avoir vu de blessure de sortie de balle dans la tête de Foster. C'est ce qu'ont déclaré tous les ambulanciers paramédicaux qui ont déplacé le corps. En soulevant Foster pour le placer dans un sac mortuaire, l'un d'eux s'était positionné de telle sorte que la tête du conseiller juridique prenait appui contre son ventre, mais celle-ci n'a laissé aucune trace de sang sur sa chemise blanche. Ce secouriste expérimenté a donc été surpris, car il aurait fatalement découvert une blessure massive si la balle était ressortie par la tête d'autant plus qu'il savait qu'un revolver de gros calibre 0.38 pouvait faire exploser le cerveau et créer une blessure de sortie de balle.

Aucune empreinte digitale de Foster n'a pu être identifiée sur le revolver. Or comme nous l'avons vu plus haut, selon la description de la police, le revolver était positionné dans la paume droite de la main posée sur le sol, le pouce replié à l'intérieur de la main et un doigt sur la détente. Mais le FBI a prétendu que les mains de Foster ne transpiraient pas et qu'en absence de sueur ou d'humidité sur les mains, les empreintes ne pouvaient être interprétées. Or, c'était un après-midi estival, chaud et humide, à Washington D.C., (plus de 39 degrés Celsius et une humidité plutôt inconfortable de 95 %). En outre, on peut s'attendre à ce qu'une hyperhidrose palmaire de la main actionnant une arme à feu puisse se produire chez tout individu nerveux à l'idée de mettre fin à sa vie en un instant. Le laboratoire du FBI a admis toutefois avoir décelé deux empreintes digitales sous la poignée amovible de l'arme qui ne correspondaient pas à celles de Foster.[119]

Lorsqu'une personne se tire dans la bouche une balle mortelle d'arme à feu puissante comme un revolver de calibre 0.38, l'arme, en raison du recul du tir, est généralement éjectée de la main sur une distance pouvant aller jusqu'à 4-6 mètres du corps. Dans des cas rarissimes, l'arme peut rester serrée dans la main du suicidé à la suite d'un réflexe spasmodique provoquant la contraction des doigts autour de l'arme. Toutefois, dans le cas de Foster, on a pu déloger facilement l'arme de la main malgré l'état de « rigor mortis » bien avancé au moment de la découverte du corps.[120] Si la force d'explosion du revolver placé sous le menton n'avait pas fait éjecter l'arme de la main de Foster, comment adhérer alors à l'explication de la police selon laquelle la force du recul avait été en revanche assez violente pour éjecter ses lunettes retrouvées 4-6 mètres de sa tête au bas d'un talus contre lequel son corps avait été découvert ? La mise en scène d'un faux suicide pourrait expliquer cette incohérence. L'explication fantaisiste de certains enquêteurs selon laquelle Foster aurait jeté ses lunettes en bas du talus avant de se suicider a été invalidée, car on a détecté de la poudre d'arme à feu sur ses lunettes !


Si l'on suit le raisonnement de l'enquête officielle qualifiant la cause de la mort de suicide, a-t-on trouvé du sang, des fragments osseux, ou des tissus cérébraux sur les lieux où Foster se serait donné la mort ?

La réponse est sans appel : l'un des indices clés réfutant le constat de suicide est le peu de sang trouvé sur les lieux. La force d'éjection d'une balle d'un revolver aussi puissante que celle d'un calibre 0.38 placé dans la bouche ou sous la mâchoire, est telle qu'elle provoquerait une fragmentation des os du crâne en traversant les cavités sinusales puis le cerveau. Or, on n'a trouvé

---

[119] The Progressive Review: 101 Peculiarities Surrounding the Death of Vincent Foster by Richard L. Franklin. July 3, 2014

[120] The Progressive Review: 101 Peculiarities Surrounding the Death of Vincent Foster by Richard L. Franklin. July 3, 2014

aucun fragment d'os, ni de matière cérébrale sur les lieux.[121] Une telle arme à feu puissante aurait dû créer une énorme cavité en sortie de balle de la tête fortement irriguée et donc produire une grande quantité de sang. Dès que la balle atteint le cerveau, le cœur continue de pomper le sang, qui s'évacue principalement par la bouche, le nez et en sortie du crâne si la balle le traverse. L'hémorragie massive externe peut alors durer jusqu'à deux minutes jusqu'à ce qu'il n'y ait plus de pression de sang. En conséquence, les vêtements de Foster auraient dû être maculés de sang et de matière cérébrale tant que le cœur continuait de battre. Mais ce ne fut pas le cas. La quantité anormalement faible de sang au niveau de la tête, sur l'arme, la chemise, le visage et dans la végétation autour du corps laissa perplexe l'ambulancier quand il eut déplacé le corps. Dès lors, on peut avancer l'hypothèse selon laquelle le cœur de Foster s'était déjà arrêté avant même qu'un tir de balle dans la tête n'ait été exécuté pour simuler le suicide. Soit Foster était mort ailleurs que dans le parc, soit le tir dans la tête s'était produit après sa mort.

La force de recul du Colt 0.38 est telle qu'elle aurait également provoqué des lésions importantes aux dents et dans la bouche en raison de l'explosion. Or, aucune destruction n'a été observée dans la bouche ni aux dents de Foster. Ni le FBI ni la police du parc n'ont pu expliquer le bon état relatif de sa bouche. Il est possible qu'un silencieux ait été utilisé.[122]

Résumons : aucune balle retrouvée, très peu de sang répandu autour du corps et une arme restée dans la main. Est-ce déraisonner que d'en déduire que Vincent Foster avait succombé à la blessure mortelle provoquée par un tir d'arme à feu ailleurs qu'au *Fort Marcy Park* ? On avait ensuite transporté le corps – qui avait déjà perdu une quantité de sang non-négligeable - puis on avait maquillé le suicide en le plaçant allongé, parfaitement droit

---

[121] "60 Minutes" Report on the death of Vince Foster; Congressional Record Vol. 141, No. 167 (House of Representatives - October 26, 1995)

[122] The Progressive Review: 101 Peculiarities Surrounding the Death of Vincent Foster by Richard L. Franklin. July 3, 2014

contre un talus du parc, les bras contre le corps et le revolver à la main.[123]

Les tests de détection de poudre ont révélé des traces de brûlure sur les *deux* mains de Foster. On a réussi à prouver que la décharge de poudre sur les mains indiquait que celles-ci étaient dirigées vers l'*avant* du cylindre d'une arme à feu, ce qui signifiait que les résidus de poudre ne s'étaient pas déposés sur les mains à l'arrière de l'arme (comme ce serait le cas si Foster avait saisi la poignée). Cette observation a fait dire à certains que Foster était en position de défense, les mains devant l'arme, comme pour se protéger, quand il fut touché à la tête par une balle entrée au niveau du cou.[124]

Le revolver placé dans la main de Foster était une arme trafiquée. Elle était composée de deux pièces prélevées sur deux autres canons d'armes à feu et correspondait ainsi à des numéros de série différents. L'arme n'était donc pas traçable. Il est bien connu que les tueurs professionnels utilisent ce genre d'arme à feu.

Aucun membre de la famille de Vincent Foster n'a pu identifier le revolver de calibre 0.38 comme étant une arme qu'il détenait. Elle a reconnu qu'il possédait bien une arme à feu, mais a affirmé qu'elle était de couleur argentée alors que la photographie du revolver prise sur les lieux du « suicide » de Foster a montré clairement que l'arme, placée dans sa main, était de couleur foncée (on peut le vérifier sur Internet). La famille a affirmé également qu'il ne possédait chez lui aucune munition correspondant à un revolver de calibre 0.38. Les seules balles trouvées chez Foster étaient de calibre 0.22.

La couleur bleu foncé du revolver trouvé près du corps a été d'ailleurs confirmée dans les dossiers de la *Colt Arms Company* d'après le numéro du cadre de l'arme. Dans le dossier de la police du parc, l'arme a été effectivement décrite comme un revolver de couleur foncée. Cette description a également été confirmée par

---

[123] Who Killed Vince Foster? By Murray N. Rothbard. March 1994

[124] The Progressive Review: 101 Peculiarities Surrounding the Death of Vincent Foster by Richard L. Franklin. July 3, 2014

les photographies du dossier et par la photographie communiquée par la Maison-Blanche sur *ABC News-TV*, le vendredi 11 mars 1994, en réponse aux rumeurs qui commençaient à circuler concernant la mort de Foster. Alors que l'intention de la Maison-Blanche était de renforcer l'affirmation selon laquelle la mort de Foster était bel et bien un suicide, cette photo n'a pas semblé avoir eu l'effet escompté, car elle a plutôt ravivé les rumeurs sur un acte illicite commis. Sur cette photographie publiée, on peut remarquer qu'il n'y a pas de sang ni de matière cérébrale sur l'arme, sur la main et sur la manche de la chemise. C'est troublant. La plupart des experts en homicide croient à une impossibilité physique étant donné la puissance de recul du Colt 0.38. Si Foster avait mis l'arme sous la ligne de la mâchoire inférieure et avait appuyé sur la détente, le recul de l'arme aurait causé des giclées de sang sur l'arme, sur la main et sur la manche de sa chemise, projections qui seraient alors visibles sur la photo. Le FBI l'a d'ailleurs admis : le rapport de son laboratoire confirma l'absence de sang sur l'arme selon les tests chimiques les plus sensibles.

Sur le nombre important de photographies prises par la police du parc au cours de l'enquête visant à déterminer la cause du décès du conseiller de la Maison-Blanche, la plupart ont été « surexposées ». On a évoqué une malheureuse erreur lors d'une manipulation au laboratoire. Puis ces quelques clichés défectueux ont tout simplement disparu ! De même, un grand nombre de photographies Polaroid, comme celle que le détective John Rolla avait prise du dos de Foster quand on l'eût placé dans un sac mortuaire, ont été, par la suite, introuvables. Ces photographies auraient pourtant permis de confirmer ou de réfuter l'absence de sang à la tête de Foster et sur sa chemise.

Pour essayer d'y voir plus clair, cherchons à savoir si l'autopsie pratiquée sur le corps de Vincent Foster a permis de déterminer sans équivoque la véritable cause de son décès.

L'autopsie prévue officiellement à une date précise a été déplacée de 24 heures. À la nouvelle date, elle a démarré une heure plus tôt que prévu, c'est-à-dire avant l'arrivée de deux enquêteurs qui devaient être présents dès le début de l'examen post-mortem.

Le non-respect de l'heure a été en totale violation des règles du bureau de la médecine légale du comté. Le rapport officiel de l'autopsie pratiquée par le Docteur James C. Beyer a précisé que six personnes avaient assisté à l'autopsie, mais on a négligé de mentionner dans ce rapport qu'elles n'étaient pas toutes présentes lorsque le Dr Beyer commença son travail. Au moment où les enquêteurs étaient arrivés, celui-ci avait déjà bien progressé !

Pour se défendre, le Dr Beyer, mandaté par la Maison-Blanche, a revendiqué que l'autopsie avait suivi une procédure tout à fait standard. Mais, légalement – et il le savait – elle aurait dû débuter en présence des officiers de police qui avaient découvert le corps puis enquêté au parc, car ils étaient susceptibles de donner au préalable des précisions et des témoignages utiles au médecin légiste.

L'autopsie a non seulement été déplacée de 24 heures, mais, à la nouvelle date, un changement d'horaire de dernière minute a également été décidé, ce qui a empêché les enquêteurs de participer intégralement à l'autopsie. Ces modifications temporelles pouvaient laisser amplement le temps au Dr Beyer d'effectuer une grande partie de l'examen médico-légal sans témoins, avant l'arrivée des enquêteurs de la police.

Quand ces derniers se présentèrent finalement à la morgue, le Dr Beyer avait déjà enlevé le palais et la langue de Foster et enfoncé une tige de métal dans le crâne de Foster pour sonder une éventuelle blessure de sortie.[125] Des preuves d'une importance capitale ont été ainsi supprimées laissant un doute quant à la nature exacte des blessures dans la bouche de Foster par rapport à ce qu'avaient observé les enquêteurs de police dans le parc. Plus tard, l'officier James Morrissette déclarera sa frustration : « Avant notre arrivée, la langue de la victime avait été totalement enlevée ainsi que les tissus mous du palais ».[126]

---

[125] The Progressive Review: 101 Peculiarities Surrounding the Death of Vincent Foster by Richard L. Franklin. July 3, 2014

[126] http://www.mega.nu:8080/ampp/foster.html - The Vince Foster Stonewall.

Des interprétations contradictoires majeures ont donc commencé à germer concernant la trajectoire de la balle dans la bouche de Foster. La conclusion du rapport d'autopsie du Dr Beyer confirmait le suicide ; la balle de l'arme à feu avait traversé le palais de la bouche pour ressortir à l'arrière du crâne. Cette conclusion collait parfaitement à la « méthode » d'un candidat au suicide : typiquement, pour ne pas se « rater », introduire le canon de l'arme à feu dans la bouche en l'orientant vers le palais de telle sorte que la balle tirée percute le sommet du crâne, selon une trajectoire vers le haut, « du palais vers la tête ». Un tel positionnement de l'arme pouvait garantir une perte de sang importante et une destruction cervicale suffisante pour causer la mort.

Toutefois, la conclusion du Dr Beyer a été contredite par le Dr Donald Haut, son collègue, dans un autre rapport rendu public. Le Dr Haut, le seul médecin à avoir examiné le corps de Foster au parc de Fort Marcy, a décrit, dans son rapport, une blessure par balle dont la trajectoire allait « du cou à la bouche ». On a découvert une version modifiée du rapport du Dr Haut aux Archives nationales en 1997 qui renforce la controverse sur l'éventualité d'une blessure causée par un tir de balle partant du cou. L'explication du Dr Haut a été corroborée par le témoignage oculaire de l'ambulancier, Richard Arthur. Alors qu'il était à moins de 90 cm de la tête de Foster, il a vu ce qui lui « semblait être une blessure par balle d'entrée sur le côté droit du cou, autour de la mâchoire et sous l'oreille droite.» Le reporter Ambrose Evens-Pritchard a également rapporté que la blessure au cou était bien visible sur l'une des rares photos encore existantes prises par un agent de police du parc peu de temps après la découverte du corps de Foster à *Fort Marcy Park*.

Pourquoi cette divergence est-elle importante ? Parce qu'elle contredit la conclusion officielle de l'autopsie d'une trajectoire de « la bouche vers la tête ». L'orientation du canon de l'arme à feu au niveau du cou serait contraire à celle dans la bouche que choisirait une victime potentielle d'un suicide, car la blessure au cou augmenterait les chances de survie, mais signerait vraisemblablement un état de quadriplégie. Pour certains tueurs à gages professionnels, la trajectoire de pénétration d'une balle de petit calibre du « cou au cerveau » est toutefois une technique privilégiée plus discrète pour limiter les dégâts.

A-t-on repéré une blessure de sortie de balle à l'arrière de la tête de Foster ? Le Dr Julian Orenstein, le médecin qui a authentifié officiellement la cause de la mort de Foster à la morgue, a déclaré qu'il n'avait vu aucune blessure de sortie à la tête de Foster. Cette observation a été corroborée par ceux qui avaient mené les opérations sur le corps au parc de Fort Marcy. Ils ont affirmé avoir vu, en revanche, une petite blessure circulaire au niveau du cou de Foster, juste en dessous de la mâchoire inférieure, qu'ils ont attribuée à une blessure d'entrée de balle de petit calibre.[127]

Cette divergence aurait pu facilement être résolue par la prise de radiographies de la tête de Foster au cours de l'autopsie. Le Dr Beyer a affirmé avoir bien coché la case sur le formulaire du rapport d'autopsie validant ainsi la prise de radiographies, mais quand les agents du FBI eurent réclamé les clichés, le Dr Beyer dut avouer qu'il ne les avait pas pris, car l'appareil de radiographie ne fonctionnait pas correctement, ce que les registres de service de maintenance du système n'ont pu confirmer. L'explication du Dr Beyer a donc laissé planer un doute. Les radiographies auraient vraisemblablement révélé l'absence de blessure crânienne qu'une balle de calibre 0.38 à haute vélocité aurait provoquée ; ce qui aurait fait effondrer la version officielle du suicide comme un château de cartes. Les clichés radiographiques auraient pu en revanche révéler la blessure causée par une balle 0.22 de petit calibre, restée logée dans la tête.[128]

Le verdict d'un suicide expéditif a fait fi d'une autre procédure policière cruciale. C'est encore une preuve médico-légale essentielle qui a été, soit perdue, soit détruite ; celle des marques de lividité cadavérique dont l'examen n'a pas été effectué.

---

[127] The Progressive Review: 101 Peculiarities Surrounding the Death of Vincent Foster by Richard L. Franklin. July 3, 2014

[128] http://www.mega.nu:8080/ampp/foster.html - The Vince Foster Stonewall.

On a trouvé Foster mort en position couchée contre le talus dans le parc. Dans une telle position, l'accumulation de sang se serait installée, par gravité, là où le corps était en contact avec le sol, en créant des marques de lividité. Mais si Foster avait été tué – ou s'était tué - ailleurs que dans le parc, le sang se serait accumulé dans d'autres parties du corps pendant son transport laissant des marques de lividité cadavérique différemment interprétables. Avant d'emmener le corps à la morgue, il aurait été impératif de vérifier la localisation de ces marques pour vérifier si celles-ci étaient bien visibles dans la partie inférieure du corps en contact avec la terre du talus ou bien si Foster avait été éventuellement déplacé d'un autre lieu où il avait trouvé la mort.[129]

Triste constat donc : rapport d'autopsie manipulé, absence de radiographies montrant les blessures réelles à la tête, oubli de repérer les marques de lividité cadavérique du corps avant le transport à la morgue. Seule l'exhumation du corps de Vincent Foster pourrait donner un indice sur la trajectoire de la ou des balles occasionnant des blessures à la tête et au niveau du cou. Elle permettrait de savoir s'il y a eu duperie : un meurtre maquillé en suicide dans le rapport d'autopsie.

Selon la version officielle, Vincent Foster serait tombé au plus profond d'une dépression à la suite de la campagne de dénigrement dont il était l'objet et aurait choisi de se suicider. Pour traiter son état dépressif, Foster avait eu recours à des antidépresseurs, ce que le rapport du FBI a confirmé : « les résultats de l'analyse sanguine révélèrent la présence de trazodone et de diazepam (principe actif du Valium) ». Or, le Dr Anh Hyunh, toxicologue, qui a effectué l'analyse toxicologique du sang de Foster, a déclaré, dans son rapport officiel, qu'il n'y avait aucune trace de ces deux tranquillisants.[130]

---

[129] The Progressive Review: 101 Peculiarities Surrounding the Death of Vincent Foster by Richard L. Franklin. July 3, 2014

[130] The Progressive Review: 101 Peculiarities Surrounding the Death of Vincent Foster by Richard L. Franklin. July 3, 2014

Le rapport officiel du procureur Robert B. Fiske Jr. a signalé que « la profonde dépression de Foster avant son suicide avait impacté son état physique puisqu'il avait perdu beaucoup de poids ». Mais les dossiers médicaux de Foster ont affiché tout le contraire : un gain de poids d'environ 3 kilos pendant la période précédant sa mort. Quant à sa famille, ses amis et ses collaborateurs professionnels, tous, ont été stupéfaits d'apprendre le suicide de Foster. Ils ont déclaré n'avoir perçu aucun signe de dépression, malgré les affirmations de Fiske. Le comportement de Foster pendant les jours et les heures précédant sa mort n'évoquait en rien l'état dépressif de quelqu'un qui, sans projet de lendemain, sans se soucier de sa famille, aurait pris la décision de se suicider.

Environ six heures avant sa mort, il avait envoyé une lettre à sa mère dont le contenu a été par la suite porté à la connaissance de tout un chacun. On n'a trouvé, dans sa lettre, aucun indice laissant penser à un état dépressif. On s'est étonné que quelqu'un, soi-disant déprimé comme l'aurait été Foster, avec l'intention de se suicider, ait pu ébaucher concrètement des projets futurs, si proche du jour de sa mort. Il prévoyait en effet de rencontrer James Lyons, un ami et conseiller résidant à Denver. Foster l'avait appelé quelques jours auparavant pour fixer, au 21 juillet (soit le lendemain de son décès), la date de leur rencontre à Washington D.C. Il est peu probable qu'il se soit donné la mort juste la veille de cette rencontre.

Un autre événement familial a rendu peu crédible le scénario selon lequel le conseiller juridique déprimé aurait projeté de se suicider. Vincent Foster était très proche de sa sœur Sharon Bowman, résidente de l'Arkansas. Il l'avait appelée par téléphone pour l'inviter à venir le rencontrer à Washington, où il lui avait préparé une visite personnelle de la Maison-Blanche après un déjeuner. Il lui avait dit qu'il avait grande hâte de la voir.

Sharon Bowman fera les 1 600 kilomètres pour le rejoindre à Washington, mais arrivera le jour de la mort de son frère. Programmer une telle rencontre, exprimer une joie sincère de revoir sa sœur, ce n'est pas le comportement logique de quelqu'un qui voudrait mettre fin à sa vie en faisant fi d'une grande affection familiale.

Selon l'enquête officielle, on aurait trouvé une note de Foster expliquant les raisons du suicide qu'il allait commettre.

Voyons les circonstances. On l'a découverte dans la mallette de Foster, à son bureau de la Maison-Blanche... déchirée en 28 morceaux ! On a prétendu qu'elle avait été déchirée par Foster, mais aucune de ses empreintes digitales n'a pu être détectée (celles de Bernard Nussbaum, le Conseiller de la Maison-Blanche et le supérieur hiérarchique de Vincent Foster, ont été, en revanche, identifiées). On imagine difficilement que Foster ait porté des gants pour déchirer sa note ![131]

Bernard Nussbaum aurait d'abord constaté que la mallette était vide, après les fouilles de la police au parc. Mais, quatre jours après qu'il ait affirmé qu'elle était vide, la « note de suicide » aurait fait apparition dans la mallette ! Qu'on l'ait trouvée aussi tardivement est fortement suspicieux.[132]

Dans la prétendue « note de suicide », Foster expliquait qu'il trouvait l'atmosphère politique de Washington D.C. insupportable et qu'il envisageait de retourner dans son fief en Arkansas. La note ressemblait plus à une liste de raisons d'y retourner qu'à une « note de suicide » !

Tous les morceaux déchirés - à l'exception d'un coin de la feuille - ont donc été trouvés dans la mallette. Le morceau manquant provenait du coin en bas à droite de la page, probablement l'endroit où figurait la signature de Foster (l'élément le plus difficile à falsifier). Afin de rendre plus difficile la vérification de l'écriture de Foster, les morceaux de la note avaient été déchirés.

Détenait-on réellement la « note de suicide » de Foster ou, comme les critiques de la version officielle l'ont affirmé, était-ce une fabrication élaborée ?

Le 25 octobre 1995, plus de deux ans après la mort de Foster, trois experts en graphologie, cumulant, à eux trois, soixante-dix années d'expérience de consultants en médecine légale, ont tous

---

[131] "60 Minutes" Report on the death of Vince Foster; Congressional Record Vol. 141, No. 167 (House of Representatives - October 26, 1995)

[132] The New York Times. By Richard Brookhiser Sept. 28, 1997 analysing The Strange Death of Vincent Foster: An Investigation by Christopher Ruddy.

conclu que la « note de suicide » était à l'évidence une contrefaçon. Vincent Scalice, expert en homicide du service de la police de New York, Reginald Alton de l'Université d'Oxford, sans doute le plus éminent graphologue au monde à l'époque, et Ronald Rice, enquêteur privé de Boston, ont comparé la prétendue note de suicide à 12 échantillons de l'écriture de Foster. L'examen a révélé qu'au moins deux mains différentes avaient « travaillé » à l'élaboration de la « note de suicide ». Les spéculations ne se sont pas fait attendre : une simple lettre de démission avait été maquillée en lettre de suicide.[133]

Mais que disait la note de Foster en réalité ? Le *Wall Street Journal* a publié une photocopie de son contenu qui évoquait, à tout lecteur sensé, l'intention de Foster de démissionner plutôt que de se suicider[134] :

*« J'ai fait des erreurs par ignorance, inexpérience et surmenage. Je n'ai violé sciemment aucune loi ni règle de conduite. À ma connaissance, personne à la Maison-Blanche n'a enfreint aucune loi ou règle de conduite, y compris dans les actions menées par le Bureau des Voyages.*

*Il n'y a eu aucune intention de faire bénéficier quiconque. Le FBI a menti dans son rapport à l'AG* [l'Attorney General : le ministre de la Justice].

*La presse couvre les avantages illégaux qu'ils ont reçus du personnel de voyage.*

*Le GOP* [le Parti Républicain] *a menti et a fait de fausses déclarations sur ce qu'il savait, sur son rôle et il a dissimulé une enquête antérieure.*

*Le bureau des huissiers a prévu des coûts excessifs, profitant Kaki* [décorateur de l'Arkansas] *et HRC* [Hillary Rodham Clinton].

*Le public ne croira jamais à l'innocence des Clinton et de leur fidèle personnel.*

*Les éditeurs du WSJ* [Wall Street Journal] *mentent sans conséquence.*

---

[133] The Progressive Review: 101 Peculiarities Surrounding the Death of Vincent Foster by Richard L. Franklin. July 3, 2014

[134] http://www.dcdave.com/article1/961127.htm America's Dreyfus Affair Part 1. The Case of the Death of Vincent Foster by David Martin

*Je n'étais pas destiné à travailler à Washington ou d'être sous les projecteurs de la vie publique de Washington. Ici, ruiner les gens est considéré comme un sport.* »

Une personne s'apprêtant à se suicider dans les heures ou les jours qui suivent irait-elle écrire ces derniers mots en vilipendant la politique de Washington ? Ne ressentirait-elle pas plutôt le besoin d'expliquer sa raison de mettre fin à ses jours ? Ne dirait-elle pas à ses proches qu'elle les aimait et qu'elle était désolée de les quitter dans la mort ?

Vincent Scalice, membre certifié de l'*American Board of Forensic Examiners*, a estimé, tout comme les deux autres graphologues, que la note n'était pas une contrefaçon particulièrement bonne. Pour démontrer la facilité de fabriquer une telle contrefaçon, Scalice, a réussi à produire, en quinze minutes, dans son laboratoire de Staten Island à New York, deux « lettres de suicide » avec la signature de Vincent Foster.

Un autre expert en écriture, Anthony Iantosca, a noté une quantité anormalement élevée de « points d'hésitation » sur la « note de suicide » de Foster, c'est-à-dire des petites taches correspondant à une forte concentration d'encre, laissées là où le stylo démarre et où il s'arrête. Selon Iantosca, lorsqu'un document comporte de nombreux « points d'hésitation » de la sorte, c'est un indice de la copie d'une calligraphie[135]. Certains ont expliqué que ces points d'hésitation pouvaient être dus à l'état de perturbation dans lequel se trouvait Foster en écrivant la note, sur le point de se suicider. Mais d'après Scalice, même si cela avait été le cas, le style même de l'écriture de Foster serait resté inchangé : « Votre écriture ne changerait pas dans un état de stress. Elle serait faite un peu à la hâte, elle pourrait devenir un peu moins claire, mais votre style d'écriture ne changerait normalement pas.»[136]

Le Dr Reginald Alton, quant à lui, estima que la contrefaçon était la piètre imitation d'un faussaire non professionnel, tout juste capable de falsifier un chèque.

---

[135] International Academy of Forensic Examiners Institute, Vincent Foster. Anthony Iantosca, Certified Forensic Handwriting Examiner. Board Certified Forensic Examiner. 2006

[136] Unsolved Mysteries. A team of handwriting experts contend the suicide note supposedly written by Bill Clinton's deputy counsel was a forgery.

S'il y a tant d'adeptes de la thèse de l'assassinat, demandons-nous pour quelles raisons aurait-on voulu se débarrasser du conseiller adjoint de la Maison-Blanche auprès du Président Bill Clinton ?

Le « suicide » stupéfia les Clinton. Foster avait prévu une réunion privée avec Bill Clinton le lendemain. Certains y ont vu l'occasion pour Foster de donner sa démission au président.[137]

Une des rumeurs a couru, selon laquelle, si Foster, en tant qu'avocat de Bill Clinton, avait été appelé à comparaître devant la justice sur de nombreux scandales liés à la Maison-Blanche, l'homme sensible et intègre qu'il était aurait témoigné avec honnêteté. La menace d'une éventuelle déposition aurait incité ceux qui la craignaient à le faire taire.[138]

Foster avait été impliqué dans de nombreuses transactions financières douteuses, notamment dans une affaire de licenciement des travailleurs du Bureau des Voyages de la Maison-Blanche et dans le scandale Whitewater (un projet de développement d'investissements dans l'immobilier), qui devenaient embarrassantes pour Bill Clinton et son épouse.

Du reste, dans les jours qui ont suivi sa mort, le bureau de Foster sera « pillé ». Les enquêteurs ont été interdits d'avoir accès aux documents confidentiels dans son bureau tant que le Conseiller de la Maison-Blanche, Bernie Nussbaum ne les ait pas examinés au préalable. Ce dernier, en totale violation des procédures policières, a ignoré les demandes de la police pour que le bureau de Vince Foster soit immédiatement scellé après sa mort.

Les responsables du ministère de la Justice ont notamment accusé Nussbaum d'avoir violé la procédure de perquisition du bureau qui, techniquement parlant, devait être considéré comme une scène de crime potentielle. En outre, Bernie Nussbaum a exigé que la collaboratrice administrative de Foster, Deborah Gorham, lui donne la combinaison du coffre-fort. On peut se

[137] Encyclopedia of Arkansas. Vincent Walker (Vince) Foster Jr. Ernest Dumas Little Rock, Arkansas Last Updated: March 27, 2015

[138] http://www.mega.nu:8080/ampp/foster.html    The Vince Foster Stonewall

demander comment on a pu tolérer une telle ingérence dans une enquête policière.

Enfin, il a été impossible de trouver le carnet de rendez-vous de Foster qui aurait permis de connaître son emploi du temps pendant les cinq heures qui ont précédé sa mort.[139]

La mort de Vincent Foster restera donc un mystère. Ce dont on est certain est que le conseiller juridique avait été l'objet d'attaques politiques dans la presse, notamment dans le *Wall Street Journal*. Celles-ci étaient devenues insoutenables pour cet homme intègre qui avait sombré dans la dépression.

Quelles qu'aient été les raisons de sa disparition, qu'il ait été assassiné ou qu'il ait mis fin à sa vie, au sein même de la Maison-Blanche ou ailleurs, le fait est que le recours à la criminalistique a permis de révéler que Foster n'était pas mort là où son corps avait été trouvé.

Malgré les éléments apportés pour éclaircir cette affaire, certains estiment que la thèse de l'assassinat est peu crédible. Ils sont convaincus du suicide de Vince Foster dans un des bureaux de la Maison-Blanche. Pour dissimuler une situation bien embarrassante et pour éviter un scandale, on aurait fait transporter son corps dans une moquette jusqu'au parc.

Les acteurs chargés de procéder à la dissimulation des circonstances exactes du suicide dans la Maison-Blanche auraient toutefois fort mal évalué les conséquences d'une opération de duperie, maladroitement menée dans le *Fort Marcy Park*. Rien d'étonnant, dans ce cas, que l'on ait alimenté les spéculations les plus tenaces sur le camouflage d'un meurtre.

---

[139] The Progressive Review: 101 Peculiarities Surrounding the Death of Vincent Foster by Richard L. Franklin. July 3, 2014

# Dr David C. Kelly

## (Oxfordshire, Angleterre: 17 juillet 2003)

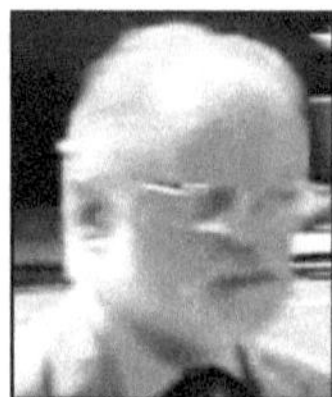

NOUS SOMMES LE 20 MARS 2003 : le Président américain George W. Bush vient de déclarer la guerre en Irak.

Nul ne peut le nier aujourd'hui : elle fut déclarée sous de faux prétextes. Les inspecteurs de l'ONU n'avaient-ils pas démontré l'absence d'armes de destruction massive (ADM) en Irak ?

Rappelons-nous : au Royaume-Uni, le cabinet du Premier ministre Tony Blair avait fourni, fin septembre 2002, un faux dossier des services du renseignement de Grande-Bretagne sur un programme d'armement irakien, capable de lancer des missiles et des ADM « sur la base militaire britannique de Chypre en 45 minutes ».

La duperie des services du renseignement du Royaume-Uni sera promue, en grande fanfare le 5 février 2003, à l'ONU, par le Secrétaire d'État américain, Colin Powell, chargé d'apporter les « preuves » de l'urgence d'engager une guerre contre l'Irak.

Le 29 mai 2003, les médias couvrent la révélation d'un haut fonctionnaire du ministère de la Défense britannique auprès du journaliste de la BBC, Andrew Gilligan, selon laquelle un rapport de septembre 2002 avait été falsifié par le gouvernement de Tony Blair de manière à justifier l'entrée en guerre du Royaume-Uni aux côtés des États-Unis contre le régime irakien de Saddam Hussein.

Bien qu'étant sous le couvert de l'anonymat, le Docteur David Kelly est identifié comme étant le haut fonctionnaire en question et la principale source « secrète » de cette révélation, fuitée par la BBC.

Ce scientifique, expert en guerre biologique, n'est pas moins qu'un ancien inspecteur en armement biologique, mandaté par l'ONU, de 1991 à 1998. Son action au sein de l'ONU lui a valu d'être nominé pour le Prix Nobel de la Paix. Kelly avait effectué 37 missions de contrôle en Irak d'où il était revenu, persuadé de l'absence d'ADM dans le pays. Dès lors, il s'était opposé, avec ténacité, aux gouvernements britannique et américain qui affirmaient tout le contraire.

Convoqué devant la commission des affaires étrangères de la Chambre des Communes, Kelly a nié être la source principale du journaliste de la BBC.

Le 17 juillet 2003, le scientifique, très bon marcheur, quitte son domicile, situé dans l'Oxfordshire, à l'ouest de Londres, après avoir dit à son épouse qu'il allait se promener. Peu avant minuit, ne le voyant pas réapparaître à son domicile, celle-ci alerte la police.

Le lendemain, à 9 h 20 du matin, David Kelly est retrouvé mort, couché face contre terre, à la lisière d'un bois en pleine campagne de Harrowdon Hill, situé à quelques kilomètres de son domicile de Southmoor.

Selon l'enquête de la police britannique, il n'y a aucun doute : c'est un suicide. Le Dr Kelly est mort d'une hémorragie externe. Après avoir ingéré un fort antalgique, il s'est tailladé le poignet, à plusieurs reprises, à l'aide d'un couteau de jardinage. On trouve 3 plaquettes vides de co-proxamol (antalgique puissant) à proximité du corps, mais aucune note de suicide. L'heure du décès est estimée entre 16 h 15, le 17 juillet, et 1 h 15, le lendemain matin.

La commission d'enquête sur les circonstances de la mort du scientifique est confiée à un juge de la cour d'appel, Lord Hutton.

Plusieurs hauts responsables du gouvernement britannique témoignent, y compris le Premier ministre, Tony Blair, pour qui l'affaire est explosive. Tous nient une falsification des rapports des services du renseignement. Des démissions de ministres, pourtant, s'enchaînent. Ce sera, enfin, la BBC qui admettra un dérapage journalistique inacceptable sur la couverture de la menace irakienne simulée par le gouvernement britannique.

Six mois plus tard, la commission d'enquête Hutton statue sur l'innocence de Tony Blair. Le rapport de la commission confirme le suicide par hémorragie externe causée par la section d'une artère du poignet à l'aide d'un couteau. L'acte aurait été « facilité » par l'ingestion, au préalable, d'une dose létale de comprimés analgésiques. Une athérosclérose de l'artère coronaire, non diagnostiquée auparavant, a pu contribuer au décès. Personne n'est impliqué dans la mort du scientifique.

Le 28 janvier 2004, la BBC est fustigée pour avoir été à l'origine de la mort du Dr Kelly et des allégations selon lesquelles le gouvernement britannique aurait « musclé » son rapport sur l'armement irakien devant une opinion publique réticente à l'engagement des Britanniques en Irak. Tony Blair se porte en victime. S'il refuse de démissionner, le président de la BBC et son directeur général, eux, le feront.

Il faudra attendre une décennie plus tard, en octobre 2015, pour entendre Tony Blair présenter ses excuses : il se sent en partie responsable d'avoir laissé courir de fausses informations et d'avoir justifié l'invasion en Irak, aux côtés des Américains, pensant qu'elle réduirait le risque terroriste.

Revenons en juillet 2003. La famille de David Kelly est anéantie par la mort du scientifique. Son épouse évoque l'énorme pression médiatique dont il faisait l'objet. Elle déplore la position éhontée du ministère de la Défense et l'accuse d'avoir levé l'anonymat de son mari comme la principale source du journaliste de la BBC.

Elle blâme le gouvernement pour son harcèlement et ses accusations, d'une extrême agressivité, à l'encontre de son époux, selon lesquelles il aurait présenté les faits de façon exagérée et mensongère.

Après la mort du Dr Kelly, des témoignages abondent au sein même de la commission des affaires étrangères de la Chambre des Communes qui l'avait auditionné. Certains le voient en effet comme un bouc émissaire, désigné par les puissants : l'appareil politique, le renseignement britannique et bien sûr l'omnipotente BBC.

Dans ce climat délétère, on ne clôt pas l'affaire Kelly pour autant et l'heure est venue de rendre des comptes. Des voix s'élèvent exigeant que les circonstances mystérieuses du décès du scientifique soient éclaircies. On émet de sérieux doutes sur le verdict du suicide, conclu dans le rapport officiel de la commission d'enquête Hutton qui ne convainc plus grand monde. D'autant plus que sept ans après la mort du Dr David Kelly, 80 % des Britanniques avoueront ne pas croire à la thèse du suicide, selon un sondage de l'Institut Harris. Certains parleront même d'un crime d'État et exigeront une réouverture de l'enquête.

Des allégations sur l'assassinat du spécialiste britannique en armes biologiques, maquillé en suicide, émanent de personnalités politiques et journalistiques. Norman Baker, un député libéral britannique, mènera son enquête pendant un an, mettant en évidence les incohérences du rapport officiel Hutton dans son livre intitulé « *The Strange Death of David Kelly* », paru en 2007.[140]

Selon Baker, il s'agit d'un meurtre ; un acte d'une énorme portée éthique et politique. Le couteau et l'antalgique auraient été placés près du corps du scientifique pour maquiller le crime en suicide. Le député pose la question : pourquoi le Dr Kelly, aurait-il choisi deux des méthodes de suicide les plus aléatoires ?

C'est bien plus tard, en 2018, qu'est publié un autre livre intitulé « *An Inconvenient Death* » de Miles Goslett, un journaliste

---

[140] Norman Baker M.P. The Strange Death of David Kelly. Methuen Publishing Ltd. Oct. 8, 2007

d'investigation primé, qui, sur la base de nouvelles preuves, pose de multiples questions entourant le mystère de la mort de l'inspecteur.[141] Si le journaliste n'affirme pas d'emblée le constat d'un assassinat, il expose néanmoins, et plutôt magistralement, les contradictions et les incohérences des autorités, coupables d'avoir voulu couper court à une enquête approfondie sur la mort du scientifique.

Car les conclusions de l'enquête de la commission Hutton ont de quoi rendre incrédule !

C'est d'abord le vieux couteau d'élagage émoussé dont se serait servi David Kelly pour se taillader le poignet gauche qui pose problème. Des spécialistes médicaux prennent position. John Scurr, chirurgien consultant de renommée mondiale, spécialiste en chirurgie vasculaire, ne croit pas que Kelly soit décédé de la manière dont le présente Lord Hutton, c'est-à-dire d'une hémorragie externe causée par la section de l'artère ulnaire.

C'est également l'avis du Dr Nicholas Hunt, le pathologiste qui a effectué l'examen post-mortem sur le Dr Kelly. Hunt confirme que c'était le seul vaisseau sanguin coupé qu'il a pu observer. Selon John Scurr et le chirurgien à la retraite, David Halpin, il est peu probable que l'on perde beaucoup de sang si cette très petite artère est sectionnée et a fortiori que s'ensuivent un arrêt cardiaque puis la mort, d'autant plus que la lame du couteau de jardinage de Kelly était émoussée. S'il y a eu crise cardiaque, elle n'a pu être provoquée que par autre chose. L'argument de Scurr est professionnel et logique : à condition d'être droitier, si l'on devait se sectionner le poignet en tenant le couteau dans la main droite, l'artère qui serait coupée en premier ne serait pas l'artère ulnaire (celle enfouie profondément dans le poignet sous l'auriculaire), mais l'artère radiale sous le pouce …et il faudrait mettre de la force pour couper l'artère radiale avec un couteau suffisamment tranchant ou une lame de rasoir.[142] D'ailleurs, quelques mois avant sa mort, un ami et collègue de travail du Dr

---

[141] Miles Goslett. An Inconvenient Death: How the Establishment Covered Up the David Kelly Affair. Publisher Head of Zeus; Reprint edition (March 1, 2019)

[142] The Sun. Death doubts WMD dossier scandal Dr David Kelly 'had wrist slashed by another person' claims medical expert who says death wasn't suicide. By Alahna Kindred. 13 Jan 2019.

Kelly, Mai Pederson, un officier de l'*U.S. Air Force* qui avait rejoint son équipe d'inspection de l'ONU pour la recherche des ADM en Irak, avait déclaré avoir constaté, à plusieurs reprises, la difficulté avec laquelle David Kelly coupait sa viande en raison d'un accident survenu 10 ans plus tôt à son bras droit.[143]

Norman Baker, le député britannique, estime que l'antalgique a été introduit sur la scène du crime après la perquisition de la police au domicile du scientifique. Selon la version officielle, Kelly aurait absorbé 29 comprimés de co-proxamol avant de se taillader le poignet.

Six médecins réfutent les conclusions du rapport d'autopsie. Après une centaine d'heures de contre-expertise, ils concluent qu'une artère sectionnée au poignet ne peut entraîner la mort aussi rapidement et que le sang du scientifique n'était pas suffisamment chargé en dextropropoxyphène (l'un des deux principes actifs du co-proxamol) pour entraîner la mort. Le fait de découvrir le contenant de 29 comprimés sur le lieu du décès de Kelly ne prouve pas son suicide quand bien même une bouteille d'eau eut été trouvée près du corps (le dossier d'enquête a indiqué que le scientifique avait utilisé moins de 400 ml d'eau pour avaler tous les comprimés). L'emballage vide du médicament, laissé près du corps, ne constitue pas plus un indice que tous les comprimés avaient été ingérés.

Le co-proxamol est une combinaison de deux antalgiques, le dextropropoxyphène et le paracétamol. Quand bien même la dose létale peut être atteinte avec un nombre relativement faible de comprimés, selon des critères biologiques individuels bien définis, certains médecins, après avoir étudié le rapport d'autopsie, ont affirmé que la concentration de dextropropoxyphène dans le sang du Dr Kelly était bien inférieure à celle mesurée chez les personnes qui, en revanche, ont utilisé avec succès du co-proxamol pour se suicider.[144]

---

[143] Miles Goslett. An Inconvenient Death: How the Establishment Covered Up the David Kelly Affair. Publisher Head of Zeus; Reprint edition (March 1, 2019)

[144] Belfast Telegraph. Doctors claim cover-up over death of weapons expert Dr David Kelly. By Sam Lister. July 17 2013

Par ailleurs, comment ne pas être perplexe quant au fait qu'aucune empreinte digitale de Kelly n'ait été décelée sur ce qu'il avait dû toucher dans les derniers instants de sa vie : le couteau, la bouteille d'eau, l'emballage des comprimés, sa montre, ses lunettes ou son téléphone portable ? Le port des gants ne pouvait l'expliquer, car il n'en portait pas quand on découvrit son corps.[145]

Selon le rapport officiel, l'hémorragie externe est la cause de la mort de Kelly. Même si l'on n'exclut pas les deux autres facteurs susceptibles d'avoir contribué au décès - le surdosage médicamenteux et l'athérosclérose non diagnostiquée – l'acharnement du biologiste à se « saigner à mort », comme l'affirme Lord Hutton, signifie que l'on aurait dû constater beaucoup de sang répandu autour du corps. Or, deux secouristes sur place, le jour de la découverte du corps de Kelly, s'étonnent du peu de sang écoulé autour de lui, alors qu'une artère au poignet gauche était censée avoir été sectionnée avec la lame émoussée de son couteau de jardin. C'est ce qu'observe également le policier, Graham Coe, à son arrivée sur les lieux. Il est surpris du peu de sang sur le poignet du scientifique et sur ses vêtements.

Un groupe de médecins (incluant, entre autres, l'ancien coroner, Michael Powers, l'ancien coroner adjoint, Margaret Bloom, le professeur de médecine de soins intensifs, Julian Bion, et le radiologue Stephen Frost) lance un mouvement dirigé par le chirurgien David Halpin. Ces médecins proposent une explication : si la petite artère ulnaire, de la largeur d'une grosse allumette, a été sectionnée (ce que le rapport officiel affirme sans équivoque) le vaisseau se serait alors rétracté simplement et aurait cessé de saigner, à moins d'un dysfonctionnement de la coagulation sanguine. Mais ils ne peuvent l'affirmer puisqu'il n'y a eu aucune évaluation quantitative de la perte de sang suite à

---

[145] Miles Goslett. An Inconvenient Death: How the Establishment Covered Up the David Kelly Affair. Publisher Head of Zeus; Reprint edition (March 1, 2019)

l'hémorragie, ni du volume de sang résiduel post-mortem dans le corps. Ces médecins s'étonnent tout de même que le sol feuillu taché de sang à l'endroit où se trouvait le corps, n'ait pas fait l'objet d'une prise d'échantillon pour analyse.

Les observations de ces médecins sont toutefois critiquées par le chirurgien Dr L. C. Bainbridge, qui, lui, affirme que l'âge peut affecter la capacité de constriction de l'artère ulnaire à stopper le saignement. C'est oublier, dit-il, que Kelly ne s'est pas donné la mort sur du bitume, mais sur un sol herbeux, à proximité d'une forêt, donc, dans des circonstances justifiant une flaque de sang de moindre importance en raison de la pénétration dans la terre.

Le certificat de décès indiquant que le scientifique a succombé des suites d'une hémorragie externe est également contesté par le très respecté Dr Fletcher, pathologiste à la retraite et ancien directeur scientifique du ministère de la Santé. Il déclare : « D'après tous les nombreux rapports que j'ai lus, le Dr Kelly n'a pas pu perdre autant de sang pour causer la mort. Il aurait dû perdre trois à quatre litres de sang, or on n'a trouvé qu'une petite quantité sur les lieux. Je ne crois pas qu'un médecin légiste puisse déterminer la cause du décès par hémorragie sur ces bases.[146] »

L'autopsie révèle toutefois que le Dr Kelly souffrait de problèmes cardiovasculaires qu'il ignorait. Les enquêteurs de la commission Hutton s'appuient donc sur l'existence de cette maladie chronique : selon eux, la combinaison du stress, de la perte de sang et du surdosage médicamenteux a pu provoquer une crise cardiaque.

Décrivons maintenant plusieurs incohérences quant au lieu exact où l'on a découvert le corps du Dr Kelly et à la chronologie des événements.

Le Dr David Bartlett, qui signe le certificat de décès, estime que le volume de sang étonnamment faible trouvé près du corps peut expliquer qu'il ait été déplacé. Il dit avoir vu plus de sang par saignement de nez qu'il en a vu autour du Dr Kelly ! Selon lui, le

---

[146] Belfast Telegraph. Doctors claim cover-up over death of weapons expert Dr David Kelly. By Sam Lister. July 17 2013

déplacement du corps est manifeste et signifie une « exécution » dans un autre lieu.

L'opération Mason, l'enquête officielle de la police sur la mort du biologiste, avait commencé neuf heures avant le signal de sa disparition donné par sa famille à la police. Il avait été vu pour la dernière fois, vivant, vers 15 heures, le 17 juillet. Pourquoi le système de recherche par imagerie thermique d'un hélicoptère de la *Thames Valley Police* survolant l'endroit exact où Kelly sera retrouvé trois heures plus tard, n'a-t-il rien détecté ? Son corps aurait été encore suffisamment chaud pour que le système de recherche de l'hélicoptère enregistre sa température. Les mouvements de l'appareil, confirmés grâce au journal de vol publié en vertu de la *Freedom of Information Act* du Royaume-Uni, n'ont pas été clairement expliqués. On a détecté son atterrissage 90 minutes après la découverte du corps et l'hélicoptère n'est resté au sol que 5 minutes avant de redécoller.[147]

L'enquête de Lord Hutton est saisie rapidement par le gouvernement britannique alors que celle du médecin légiste, dont le pouvoir juridique ne peut être contesté, est étrangement annulée. En outre, une vingtaine de témoins oculaires clé ne sont pas appelés à comparaître alors qu'ils auraient pu jeter le doute sur le suicide du scientifique. L'enquête Hutton prend soin d'écarter les témoins qui se trouvaient être les plus proches de l'endroit où l'on a découvert le corps du Dr Kelly, ainsi que des amis de la famille Kelly qui étaient parmi les dernières personnes à l'avoir vu vivant dans les jours précédant sa mort. Ces derniers auraient pu donner des indices sur son comportement psychologique et un avis sur une éventuelle prédisposition au suicide.

Plus précisément, au cours de son enquête, Hutton ne juge pas utile de faire comparaître Alan Young, l'inspecteur en chef de la police de Thames Valley et le sergent Simon Morris, l'officier de police affecté à la recherche de Kelly dès les premiers instants. Le photographe de la police qui aurait pu apporter un éclairage

---

[147] Global Research. Ten Years Ago: The Death of Dr. David Kelly. Murdered on the Orders of Her Majesty's Government? By Dr. David Halpin and James Corbett. July 19, 2013

précieux sur la position du corps, le biologiste médico-légal qui s'était rendu sur les lieux, le pilote et l'équipage de l'hélicoptère de recherche du corps du Dr Kelly (ainsi que 10 personnes présentes à l'autopsie) ne sont pas assignés à comparaître.[148]

Selon le journaliste d'investigation, Miles Goslett, la veuve du Dr Kelly, après avoir témoigné devant la commission Hutton, a préféré garder le silence. Pour elle, cela ne faisait aucun doute : son mari s'était bien suicidé, car, après la campagne de calomnie à son encontre, il estimait que le travail de sa vie était terminé.

Janice Kelly a pourtant avoué que les circonstances entourant la mort de son époux avaient pu laisser naître des doutes chez certains sur le verdict du suicide.[149] Selon John Scurr, spécialiste en chirurgie vasculaire, si Janice Kelly avait rejeté l'explication officielle du suicide, la pension de fonctionnaire de son époux ne lui aurait pas été versée dans les délais habituels. La famille, pourtant consciente des faibles preuves médicales étayant la version du suicide, a ainsi préféré ne pas cautionner la frénésie médiatique sur les circonstances du drame. Janine Kelly acceptera finalement le verdict du suicide afin de percevoir sa pension de réversion.

Le rapport d'autopsie de David Kelly est-il à même de lever toute ambiguïté sur cette affaire ?

Fin 2010, sous la pression publique, le gouvernement britannique est forcé de publier les documents relatifs à l'autopsie. Le rapport de l'examen post-mortem proprement dit, le rapport toxicologique et les photographies du corps sont ainsi divulgués. En janvier 2010, Lord Hutton avait pourtant décidé que tous ces dossiers devaient être maintenus au secret pendant 70 ans ! Les déclarations des témoins devaient également l'être pendant 30 ans à compter de la fin de l'enquête. L'argument de Hutton était d'éviter… « une nouvelle détresse pour la famille du défunt ». Bien sûr, la réticence de Hutton à publier les dossiers n'a

---

[148] Open Democracy. An inconvenient book? Read Miles Goslett on the death of David Kelly. By Peter Oborne.  24 April 2018

[149] Miles Goslett. An Inconvenient Death: How the Establishment Covered Up the David Kelly Affair. Publisher Head of Zeus; Reprint edition (March 1, 2019)

fait qu'alimenter la conviction des sceptiques pour qui la preuve flagrante que quelque chose de suspect devait à tout prix être occulté.

À l'examen du rapport d'autopsie, enfin publié, les voix d'experts médicaux s'élèvent pour réfuter les conclusions de Hutton et dénoncer le manque de rigueur des procédures d'examen médico-légal.

Des divergences entre certaines données du rapport d'autopsie et celles du dossier médical personnel du scientifique sont mises en évidence.

Le médecin légiste, le Dr Nicholas Hunt, qui avait effectué l'autopsie de Kelly, douze heures après la découverte du corps, sept ans plus tôt, avait enregistré un poids de 59 kilos pour 1 m 70. Pourtant, quelques jours avant sa mort, l'expert en guerre biologique avait subi un examen médical au ministère de la Santé et son dossier médical affichait 74 kg pour 1 m 73.

À l'autopsie, le Dr Hunt, avait observé au poignet gauche plusieurs incisions dont la profondeur variait. La plus grande plaie mesurait 6 cm de long. L'artère ulnaire avait été complètement sectionnée. Pour Hunt, il n'y avait aucune preuve pathologique indiquant que la victime avait subi une agression violente avant sa mort ou que son corps avait été déplacé sur le lieu de sa découverte. Il en avait conclu que l'ingestion de comprimés de co-proxamol et une maladie coronarienne préexistante avaient contribué à la mort du scientifique.

Le rapport de toxicologie, quant à lui, avait été rédigé par le médecin légiste Allan Alexander Richard. Celui-ci avait trouvé que les concentrations sanguines de dextropropoxyphène et de paracétamol étaient significativement inférieures aux taux moyens respectifs tels qu'on pouvait les enregistrer chez des victimes ayant absorbé une surdose létale. Il avait ajouté qu'il penchait plutôt pour une mort probable du Dr Kelly *avant* que la quantité intégrale des deux principes actifs contenus dans les comprimés n'ait été totalement absorbée dans le sang, car, si la mort n'était pas intervenue entre-temps, des taux sanguins plus élevés auraient été notés.[150]

---

[150] BBC News. David Kelly death reports: Key findings. 22 October 2010

Dès lors qu'ils n'étaient pas convaincus par les conclusions du rapport de l'examen médico-légal rédigé sept ans plus tôt, des médecins ont mis en doute la méthodologie de l'autopsie et ont réclamé la réouverture de l'enquête. Celle-ci fut refusée, en juin 2011, par le procureur général du Royaume-Uni, Dominic Grieve, car l'enquête Hutton avait déjà rendu son verdict. Ce refus a bien sûr alimenté les rumeurs selon lesquelles une odieuse dissimulation se poursuivait.

Ces médecins contestataires se sont indignés contre la duperie de la commission d'enquête de Hutton depuis le tout début de l'affaire et surtout contre la précipitation de l'avoir ouverte immédiatement après le décès. En effet, moins d'une heure après la découverte du corps du Dr Kelly - et avant même que la victime n'ait pu être officiellement identifiée par un professionnel de la santé – le premier Ministre britannique, Tony Blair, qui voyageait entre Washington DC et Tokyo, avait chargé son Lord Chancellor et vieil ami de l'université, Charles Falconer, de lancer aussitôt une enquête publique, non-statutaire, sur les circonstances de la mort du scientifique.

La décision de Tony Blair avait ainsi placé l'affaire entre les mains du gouvernement, choisissant Lord Hutton pour présider l'enquête. C'était une première en droit anglais : le décès aurait dû faire l'objet d'une enquête confiée à un *coroner*. Au Royaume-Uni, un *coroner* est effectivement le fonctionnaire habilité juridiquement à enquêter d'emblée sur les circonstances et la cause d'un décès, dès lors que son caractère violent peut évoquer un crime, un suicide ou une mort accidentelle.

La rapidité de la décision prise par Tony Blair et Charles Falconer de lancer une enquête publique a surpris plus d'un et a éveillé naturellement des soupçons sur leur possible connaissance prématurée des circonstances entourant la mort du scientifique. Force est de constater que leur précipitation avait pris effet avant même la découverte de son corps par des chercheurs volontaires et avant le constat de son décès !

Le *coroner* de l'Oxfordshire, Nicholas Gardiner, qui aurait dû être juridiquement mandaté d'emblée pour l'enquête a ainsi été écarté. Selon le Dr Fletcher, ancien pathologiste et directeur du ministère de la Santé, celle-ci aurait probablement laissé le verdict ouvert en l'absence de preuves absolues d'un suicide. Comme le souligne le journaliste Miles Goslett, ni Hutton ni son avocat principal n'avaient l'expérience ni la qualification d'un *coroner* pour mener une enquête rigoureuse. En effet, l'enquête d'un *coroner* prend généralement plusieurs mois de préparation et, dans des cas complexes, il peut s'écouler plusieurs années avant que la cause exacte de la mort ne soit rendue. L'enquête Hutton, quant à elle, avait été ouverte le 11 août 2003, 24 jours seulement après la découverte du corps pour se terminer le 24 septembre. Son rapport confirmant le suicide avait ensuite été publié en janvier 2004, soit environ six mois après la découverte du corps de David Kelly ![151]

En octobre 2017, la famille du Dr Kelly a fait exhumer secrètement le corps, enterré quatorze ans plus tôt dans le cimetière de l'église de Longworth, puis l'a fait incinérer. La décision a été prise en secret tant la famille s'inquiétait d'une profanation éventuelle de la tombe par les militants du groupe animant la campagne locale de « *Justice For Kelly* ». Ce groupe s'était insurgé contre l'enquête gouvernementale bâclée et exigeait l'ouverture d'une nouvelle investigation. Ses membres visitaient régulièrement la tombe pour y laisser des fleurs et des notes promouvant leur campagne ainsi qu'une requête pour un permis d'exhumation en vue d'un nouvel examen médico-légal. La décision de la famille de procéder à la crémation du corps de Kelly n'a fait que de raviver les soupçons sur la destruction intentionnelle de preuves cruciales et sur la volonté d'éviter, à tout prix, la conduite de nouveaux tests médico-légaux.[152]

Essayons d'analyser maintenant, avec objectivité, la motivation que David Kelly aurait eue pour se suicider, si l'on donne crédit

---

[151] Express: Did Tony Blair block Dr David Kelly inquest 'within minutes of body being found?' By Jon Austin. March 29, 2018

[152] The Sun. Was David Kelly's secret exhumation an act of mass deception?  By Miles Goslett. 3 Nov 2017

au verdict du gouvernement britannique. Quel était son état psychologique au cours des quelques heures précédant son prétendu passage à l'acte ?

Tout indique que David Kelly préparait ses activités des prochains jours comme à l'accoutumée. Mais son entourage et ses amis avaient remarqué qu'il était fatigué, bien que de bonne humeur.

Le 17 juillet 2003, avant de quitter son domicile pour sa promenade habituelle - dont il ne reviendra pas - le scientifique s'était fait une joie de rencontrer sa fille, Rachel, quelques heures plus tard dans la journée. Le matin, il avait travaillé à son domicile, passé quelques coups de téléphone et répondu à plusieurs e-mails, notamment à des journalistes, les remerciant de leur soutien. Il leur avait annoncé du reste qu'il attendrait jusqu'à la fin de la semaine avant de réagir sur la campagne de dénigrement dont il était l'objet. Il venait juste de réserver un vol à destination de l'Irak où il comptait bien poursuivre son travail au cours de la semaine suivante.[153] En quittant son domicile pour entreprendre sa longue marche habituelle, il s'était arrêté pour parler à une voisine, Ruth Absolom, la dernière personne à le voir vivant. Certains de ses amis avaient cherché à le joindre en vain sur son portable. Celui-ci étant éteint, il n'y a eu malheureusement aucun indice permettant de crédibiliser le verdict du suicide, comme un message annonçant son intention de se donner la mort. Nous savons également qu'aucune lettre de suicide n'a été trouvée sur lui, ni à son domicile.

L'hypothèse du suicide est loin d'avoir fait l'unanimité. Certains ont attribué davantage de crédibilité à une mise en scène d'un suicide pour maquiller un assassinat ou à une crise cardiaque qui serait survenue pendant un interrogatoire musclé. Selon ces incrédules, le Dr Kelly détenait de nombreuses informations sensibles et embarrassantes qu'il s'apprêtait à rendre publiques.

---

[153] Miles Goslett. An Inconvenient Death: How the Establishment Covered Up the David Kelly Affair. Publisher Head of Zeus; Reprint edition (March 1, 2019)

C'est la théorie que Miles Goslett défend selon laquelle le scientifique, devenu un obstacle, aurait pu succomber à un infarctus, compte tenu de sa maladie coronarienne avancée, lors d'un interrogatoire éprouvant mené par les services du renseignement britannique. La scène du suicide aurait ensuite été programmée pour donner l'impression qu'il avait mis fin à ses jours « puisqu'il était très dépressif ». Dans son livre et dans son article au Daily Mail, le 12 janvier 2019, le journaliste a révélé l'entretien qu'il avait eu avec David Broucher, l'ambassadeur britannique à Prague entre 1997 et 2001 au sujet d'une confidence que David Kelly lui aurait faite. Lors d'une rencontre, en février 2003, le scientifique aurait fait la remarque à Broucher qu'il pensait qu'il serait « retrouvé mort dans les bois » si jamais l'Irak était envahi.[154]

Dans cette affaire, les partisans de la thèse de l'assassinat ont-ils osé désigner les commanditaires ?

Dans son livre, Norman Baker, membre du parlement britannique, risque la spéculation suivante. Comme tout bon citoyen britannique, il évite de discréditer les services du renseignement de son pays et pense peu probable que l'exécution du Dr David Kelly ait été commise *directement* par eux. Il suggère plutôt que les services secrets britanniques savaient quelle puissance étrangère avait commis l'assassinat, mais qu'ils avaient été impuissants de le déjouer sur le territoire de Sa Majesté. La puissance étrangère que Baker accuse n'est ni plus ni moins que… les États-Unis.

L'administration du Président George W. Bush voulait convaincre son pays et le monde entier que Saddam Hussein était derrière les événements du 11 septembre 2001 et que l'Irak s'était doté d'armes biologiques et chimiques de destruction massive. Le Dr David Kelly représentait un obstacle pour la CIA dès lors qu'il s'évertuait à nier que ces armes existaient et qu'il se préparait à rendre publiques de nouvelles informations embarrassantes et préjudiciables à la conduite des opérations militaires des alliés

---

[154] Miles Goslett. An Inconvenient Death: How the Establishment Covered Up the David Kelly Affair. Publisher Head of Zeus; Reprint edition (March 1, 2019)

aux côtés des Américains en Irak. On saura plus tard que le directeur de la CIA de l'époque, George Tenet, avait été le vrai instigateur des fausses informations selon lesquelles l'Irak détenait des ADM, que Colin Powell avait lamentablement relayées au cours de sa présentation aux Nations Unies. Dans son récit, Norman Baker rappelle la mise en place, à l'époque, du programme de la CIA d'enlèvement et de torture de personnes « dérangeantes ». Il suggère donc la culpabilité de l'agence américaine dans l'assassinat du Dr Kelly avec, toutefois, la complicité bienveillante du service du renseignement britannique, trop soucieux de maintenir la relation spéciale entre les deux pays et de garantir le soutien à l'alliance de l'OTAN.[155]

De leur côté, les partisans de la thèse du suicide continuent de critiquer les allégations de meurtre en absence de mobile, de moyens et d'opportunités. Ils ridiculisent ceux qui évoquent un scénario tout à fait farfelu. Comment croire, disent-ils, à l'enlèvement du scientifique, en promenade dans les bois, à sa réaction passive pour se laisser entailler le poignet (puisque aucune marque de lutte n'a été observée lors de l'autopsie), à l'acte d'un individu lui faisant ingérer de force les 29 comprimés de l'antalgique, et enfin à la dissimulation du crime sans laisser de trace. Ces adeptes de la thèse du suicide tentent d'expliquer : le scientifique, qui avait pris conscience que son honneur et son intégrité étaient à jamais entachés, avait sombré dans la déprime après son passage humiliant devant la commission des affaires étrangères de la Chambre des Communes. Son monde s'était effondré et le recours au suicide n'était que sa seule sortie.

Les circonstances de la mort de David Kelly semblent donc ne rien prouver d'une façon certaine. Aussi il est dans l'intérêt public de continuer à enquêter, de manière rationnelle et approfondie, sur la mort de cet homme intègre mais complexe qui, soumis à des pressions considérables en raison de sa mission en Irak, était devenu vulnérable.

---

[155] Norman Baker M.P. The Strange Death of David Kelly. Methuen Publishing Ltd. October 8, 2007 & Alter Info. Who murdered UK weapons inspector Dr David Kelly? By Christopher King. 20 May 2010.

Pour autant, le verdict officiel du suicide est-il exact ? C'est méconnaître les connaissances scientifiques du biochimiste qu'il était : n'aurait-il pas choisi une méthode de suicide plus efficace que celle, peu convaincante, avancée par le gouvernement britannique ?

Il est certain que le rapport de l'enquête négligée de Hutton a généré beaucoup d'incertitudes sur ce qui s'est réellement passé. Les théories réfutant le suicide ont soulevé des questions pertinentes, malheureusement restées sans réponse. Le manque de transparence de l'enquête officielle au verdict suspect nous laisse penser que quelque chose devait, à tout prix, être occulté. Aussi il n'est pas déraisonnable de soutenir l'hypothèse de l'assassinat de ce scientifique décidément bien « encombrant ».

# Jeffrey E. Epstein

# (New York : 10 août 2019)

NOUS SOMMES EN JUILLET 2019. Jeffrey Epstein, le richissime financier américain de 66 ans, accusé d'agressions sexuelles sur des femmes, la plupart des mineures, est incarcéré à la prison fédérale de Manhattan dans l'attente de son procès.

Le milliardaire est accusé d'avoir accueilli, pendant plusieurs années, de jeunes adolescentes dans ses luxueuses résidences (à New York, en Floride, au Texas, à Londres et à Paris), pour des séances de « massage ». Prises dans le piège du prédateur sexuel, de nombreuses plaignantes ont révélé avoir subi des rapports sexuels forcés.

Le 10 août 2019, Jeffrey Epstein est découvert mort dans sa cellule de la prison du *Metropolitan Correctional Center* à Manhattan.

À la suite d'une enquête, jugée « approfondie » par la responsable de l'institut médico-légal de New York, le docteur Barbara Sampson, on conclut que le financier s'est suicidé par pendaison. Selon la version officielle, le constat est toutefois nuancé : il s'agit d'un « suicide apparent ». Un des éléments déterminant la version du suicide, sur lequel le Dr Sampson s'appuie, est la « prétendue tentative » de suicide antérieure du délinquant sexuel.

Un mois plus tôt, on avait en effet découvert Epstein blessé et à moitié conscient dans sa cellule. Le constat de légères blessures au cou, bien que sans gravité, avait nécessité son admission à l'hôpital. Le milliardaire américain avait par la suite porté une accusation contre le codétenu de sa cellule, Nicholas Tartaglione, incarcéré pour quatre homicides. Ce dernier avait nié toute agression physique contre lui.[156] Epstein avait pourtant déclaré avoir été victime d'une attaque contre sa vie et avait exprimé des craintes sur l'éventualité d'une récidive dans sa cellule.[157] Dès lors, en échange d'une protection de sa personne, il avait demandé à ce qu'on puisse prélever de son compte bancaire une somme d'argent pour le verser sur celui d'autres détenus.

Mais la procédure judiciaire à l'encontre de Tartaglione n'arrivera pas à prouver l'acte d'agression sur Epstein : les images de vidéosurveillance, à l'extérieur de la cellule des deux détenus, avaient disparu… Une malheureuse « suppression accidentelle à la suite d'une erreur de manipulation » avait-on dit.[158] Malgré tout, depuis la soi-disant tentative de suicide, la surveillance s'était étrangement relâchée. Afin d'éviter une récidive, le règlement pénitentiaire aurait dû imposer une surveillance renforcée. Après son bref séjour à l'hôpital, Epstein aurait dû être replacé dans le cadre d'une procédure de vigilance « anti-suicide », mais cette mesure fut levée le 29 juillet !

Les entraves à la procédure visant à assurer la protection d'Epstein avaient pourtant été dénoncées. Le financier aurait dû être détenu dans une pièce matelassée sous surveillance constante, 24 heures sur 24, sept jours sur sept. Le partage de sa

---

[156] Joelle Goldstein. Jeffrey Epstein Found Injured in NYC Jail Cell as Fellow Inmate Denies Assaulting Accused Pedophile. People. July 25, 2019

[157] Matt Clibanoff. I Do Question Whether It Was a True Suicide Attempt: Victims' Lawyer Worries Epstein Won't Make It to Trial. Law & Crime. July 29, 2019.

[158] Tom Winter. Surveillance video from Jeffrey Epstein's first apparent suicide attempt no longer exists. NBC News. January 9, 2020.

cellule avec un codétenu avait été prévu, mais on avait transféré celui-ci dans une autre cellule, la veille de la mort d'Epstein. Au lieu d'effectuer des rondes prévues toutes les 30 minutes, les gardiens Tova Noel et Michael Thomas, chargés de surveiller Epstein, étaient restés assis à leur bureau à regarder Internet et s'étaient même endormis à leur poste durant près de trois heures, cette nuit-là. Les images de la vidéosurveillance du poste de garde confirmeront, sans équivoque, le comportement de ces gardiens qui avaient baissé la garde sur Epstein en s'assoupissant à leur bureau.[159] Comme par hasard, les deux caméras de surveillance, placées devant la cellule du prisonnier, n'avaient pas été en état de détecter la ronde de nuit habituelle des gardiens dans les couloirs, car celles-ci étaient déficientes : les images d'une caméra avaient été ininterprétables et l'autre caméra avait eu un défaut de fonctionnement. Cela a suffi à faire courir la rumeur selon laquelle quelqu'un avait réussi à s'introduire dans la cellule de Jeffrey Epstein juste avant sa mort.

Voyons maintenant les circonstances troublantes entourant la mort du richissime financier.

Le 10 août, à 6 h 30, le gardien Michael Thomas, découvre Jeffrey Epstein, inanimé, dans sa cellule. Une bande de drap est enroulée autour de son cou dont l'extrémité est attachée à sa couchette. Il n'en faut pas plus pour conclure que le prisonnier s'est donné la mort par strangulation.

Le ministre américain de la justice, William Barr, ordonne une enquête de son ministère et sollicite l'intervention du FBI. Alors que les circonstances exactes de la mort d'Epstein ne sont pas encore élucidées, les procédures ne sont pas pour autant respectées. Le personnel du pénitencier ne songe pas au protocole et cumule les erreurs : il déplace le corps d'Epstein sans même avoir pris le soin de photographier l'emplacement exact où il a été découvert.[160]

---

[159] Ali Watkins. Why Wasn't Jeffrey Epstein on Suicide Watch When He Died?. The New York Times. August 10, 2019.

[160] Adam K. Raymond. 5 Takeaways from the 60 Minutes Jeffrey Epstein Report. New York Magazine. January 6, 2020.

Si l'on admet qu'un gardien puisse s'endormir à son poste, peut-on croire que deux gardiens relâchent leur vigilance et s'assoupissent aux mêmes heures de garde ? William Barr exige tout de même leur suspension et la mutation temporaire du directeur de la prison, réputée pour être l'une des plus sûres du pays. On découvrira par la suite que les deux gardiens ont en fait maquillé les comptes rendus de leur garde de nuit pour cacher leur défaillance.

Le comité judiciaire du Sénat apprend que le FBI enquête néanmoins sur une éventuelle entreprise criminelle du personnel de la prison.[161] Les gardes et les détenus voisins de la cellule d'Epstein pourraient être interrogés.

Le constat du suicide du financier américain commence à prendre du plomb dans l'aile. Plusieurs sondages menés après la mort du milliardaire indiquent progressivement un scepticisme de l'opinion publique américaine : 40 % des Américains en août 2019, 60 % en novembre 2019 puis 80 % en 2020 sont convaincus qu'un assassinat a été commis dans la prison contre Epstein. Ils estiment que le richissime financier représentait une menace, du fait qu'il aurait probablement accablé, dans un procès, un cercle de personnalités puissantes susceptibles d'avoir été associées à ses pratiques sexuelles lors de séances de rapports forcés.[162]

Une position plus pragmatique est celle du Dr Michel Baden, médecin légiste, qui lance la controverse sur la version officielle du suicide. Mandaté par le frère de Jeffrey Epstein, l'expert prétend que le milliardaire américain ne s'est pas suicidé, mais qu'il a été étranglé dans sa cellule. Baden estime qu'il est essentiel de connaître les conditions exactes de la découverte du corps inanimé d'Epstein. Car, on ignore effectivement si on l'a déplacé de la position exacte où il gisait dès qu'on eut pénétré dans sa cellule, puisque aucune photographie n'a été prise au préalable, avant son transport aux urgences. Le corps était-il pendu à la bande du drap ou gisait-il au sol, le drap enroulé à son cou ?

---

[161] Dan Mangan. FBI probing if Jeffrey Epstein's death was the result of a 'criminal enterprise,' prisons chief says. CNBC. November 20, 2019.

[162] Rasmussen Reports. Most Now Think Jeffrey Epstein Was Murdered. January 9, 2020.

L'analyse des vêtements que portait Epstein au moment de sa mort aurait pu révéler des indices, mais, sans photographie de la position exacte du corps près de sa couchette, il est impossible au Dr Baden de déterminer avec certitude la cause du décès. En outre, les photographies auraient pu préciser certains indices utiles pour le médecin légiste à l'autopsie comme l'emplacement précis du nœud coulant de la bande de drap autour du cou.

On aurait dû respecter les principes généraux applicables à toute investigation de scène de crime : imposer qu'aucun déplacement du corps ne soit effectué avant d'avoir consigné tous les indices matériels. C'est ce que le protocole du Bureau fédéral américain des prisons, du reste, exige : une scène de « suicide » dans une prison doit être traitée avec un niveau de protection des indices identique à celui qu'imposerait toute scène de crime.

Depuis combien de temps Epstein était-il mort avant la découverte de son corps ? Si l'on avait noté la rigidité du corps dans la cellule ou observé la façon dont la lividité cadavérique s'était installée, on aurait eu sans doute une bonne indication. L'expert Baden estime, d'après l'autopsie, qu'Epstein était vraisemblablement mort depuis deux heures.

Que savons-nous de l'état psychologique du prisonnier Epstein, le jour de sa mort ? Était-il dans un état dépressif, suicidaire, qui aurait expliqué son passage à l'acte ?

Ses avocats qui l'avaient rencontré peu de temps avant sa mort, avaient noté son « optimisme », décrivant un homme qui ne montrait aucun signe de vouloir mettre fin à ses jours. Selon eux, il était loin de se désespérer, car il savait que, s'il passait en audience pour bénéficier d'une caution éventuelle, il avait une chance d'échapper à la réclusion criminelle à perpétuité. Le frère d'Epstein avait d'ailleurs précisé que, s'il avait été certain qu'il allait être condamné à la prison à vie, oui, un tel scénario aurait pu effectivement l'inciter à projeter son suicide, mais que tant qu'il n'y avait pas eu encore d'audiences du procès, il pouvait espérer une décision en faveur d'une caution.[163]

---

[163] Dan Mangan; Kevin Breuninger. Jeffrey Epstein's lawyers highly 'skeptical' of suicide ruling, say he wasn't 'despairing, despondent' before death. CNBC. August 27, 2019.

Le bureau du médecin légiste de New York a bien ordonné que des centaines de photographies soient prises à l'intérieur de la cellule d'Epstein mais *après* le déplacement du corps ! Une fois publiées, elles ont tout de même permis de jeter un nouvel éclairage sur les circonstances du suicide présumé.

Que voit-on sur ces photos ? On constate un grand désordre dans la cellule : un amas de plusieurs draps orange éparpillés sur le sol ; plusieurs nœuds coulants avec une bande de drap orange attaché à un pied de lit, *à environ 12 cm du sol*, des bouteilles, des piluliers de médicaments sur ordonnance, un stylo à bille (qui aurait pu constituer une arme contre lui ou un gardien). On s'étonne d'y voir également un câble électrique de plus de deux mètres. Ce cordon aurait sans doute mieux servi comme alternative au nœud coulant du drap, car plus solide et plus long pour se suicider !

Dans un programme exclusif du magazine télévisé « 60 minutes », sur la chaîne américaine CBS, le pathologiste Baden a estimé que, d'après les photos prises du corps d'Epstein sur une civière, le point de strangulation que l'on remarque au cou ne pouvait pas correspondre au nœud coulant de la bande de drap à laquelle il s'était pendu, comme l'affirmait la version officielle. En effet, il a été impossible de déceler des taches de sang sur ce nœud coulant, car sa position ne correspondait pas du tout à la marque de la ligature sur le cou qui, elle, était ensanglantée. On n'a trouvé du reste aucune trace de transfert de peau ou de sang sur cette bande nouée du drap. Faut-il croire qu'Epstein, qui mesurait près de 1 m 80 et pesait 84 kilos, se soit pendu à la couchette inférieure au moyen d'une bande de drap peu rigide attachée à 12 cm du sol ? C'est une impossibilité physique à moins qu'il ait replié ses jambes et ait projeté son corps vers l'avant avec une force extrême pour pouvoir s'étouffer. Cela reste un mystère.[164]

L'autopsie de quatre heures pratiquée sur le corps du milliardaire en disgrâce a révélé des détails troublants qui ne sont

---

[164] 60 Minutes investigates the death of Jeffrey Epstein. CBS. January 5, 2020.

pas passés inaperçus pour le Dr Baden. Cet expert médico-légal de 85 ans, on le rappelle, a été le responsable de l'institut médico-légal de New York à la fin des années 70 et a pratiqué plus de 20 000 autopsies au cours de ses 45 ans de carrière.

Quand il passe aujourd'hui en revue les centaines de photographies de l'autopsie à laquelle il était présent, Baden y voit plus un étranglement d'origine criminelle qu'un suicide prématurément conclu. Sur une photographie, il observe que le nœud coulant ne semble pas correspondre aux blessures sur le cou d'Epstein, car la bande nouée du drap, trouvée sur les lieux, est trop large et trop lisse. Les marques visibles au milieu du cou suggèrent plutôt un étranglement exécuté par un tiers. Car, elles sont localisées au niveau de l'os hyoïde, et non pas, sous la mâchoire, entre le menton et la pomme d'Adam comme on pourrait normalement l'observer dans tout acte de pendaison. Baden reste donc perplexe devant la thèse officielle du suicide selon laquelle Epstein aurait fait un nœud coulant avec un drap de lit alors qu'un long câble électrique, plus robuste, se trouvait dans sa cellule, comme les photographies l'attestent.

Les photographies de l'autopsie montrent une blessure importante et ensanglantée au niveau du cou. On remarque trois fractures ; plus exactement, deux, à gauche et à droite du cartilage thyroïdien, ainsi qu'une fracture de l'os hyoïde. Baden estime qu'une telle fracture de l'os hyoïde évoque un étranglement par un tiers approchant la victime par l'arrière. L'expert déclare que des multiples fractures y compris celle de l'os hyoïde sont très inhabituelles chez un suicidé par pendaison : « Cela n'arrive tout simplement pas. Je n'ai jamais vu trois fractures comme celles-ci sur un millier de suicides par pendaison dans les prisons de l'État de New York au cours des 40 à 50 dernières années. Personne [victime pendue] n'a présenté trois fractures [de la sorte] ».[165]

D'après son expérience, Baden estime que les multiples fractures au cou d'Epstein, et, notamment, celle de l'os hyoïde, sont semblables à celles observées chez quelqu'un qui aurait été étranglé avec un fil ou un câble pouvant résister à une énorme

---

[165] Jessica McBride. Jeffrey Epstein's Broken Hyoid Neck Bone: How Common Is It? August 15, 2019.

force de constriction. Cette distinction est statistiquement plus fréquemment relevée dans les cas de meurtre par strangulation, car les pendus qui se suicident présentent, au contraire, une marque très nette juste sous la mâchoire, et rien n'est brisé à la base du cou.[166]

C'est également l'avis professionnel du Dr Cyril Wecht, le célèbre pathologiste judiciaire, qui se range au côté du Dr Baden. Wecht rappelle également un fait troublant : le médecin légiste en chef, Barbara Sampson, n'a ni vu le corps du défunt, ni participé physiquement à l'autopsie ![167]

L'examen externe du corps d'Epstein a révélé par ailleurs d'autres lésions de nature à évoquer une scène de lutte dans la cellule : une coupure à la lèvre, des contusions aux deux poignets, une abrasion sur l'avant-bras gauche et un hématome profond au niveau du muscle de l'épaule gauche.

C'est pourquoi le Dr Baden insiste bien sur les photographies d'autopsie qui révèlent des micro-hématomes au visage notamment au niveau de la bouche et des yeux. Il précise que ces pétéchies correspondent à des petits capillaires éclatés et qu'elles sont particulièrement évocatrices d'un homicide par étranglement. S'il admet toutefois que les hémorragies oculaires sont également possibles dans les cas de pendaison, la cause du suicide ne le convainc pas pour autant. Il soutient que, lors d'une pendaison stoppant l'irrigation des artères, le visage du sujet devient très pâle alors que l'énorme pression au niveau du cou, quand un individu étrangle sa victime, provoque une réaction bien différente : l'éclatement des petits vaisseaux surtout au niveau du blanc des yeux. Sur les photos, Baden perçoit très bien des taches rouges sur la partie de la paupière inférieure gauche d'Epstein.

Malgré la requête de Baden pour obtenir les résultats des autres tests scientifiques effectués lors de l'enquête officielle, les

---

[166] Justin Wise. Sasse calls on DOJ to 'rip up' Epstein non prosecution deal to bring 'co-conspirators to justice. The Hill. August 13, 2019.

[167] On Target by Larry Sparano. Dr. Wecht and Dr. Baden both say Epstein was probably murdered! Nov 1, 2019.

procureurs, adeptes de la version du suicide, ne feront pas suite. Pour l'heure, il nous sera donc impossible de connaître la conclusion des tests d'ADN, ni de l'examen toxicologique sur les prélèvements biologiques du corps d'Epstein (celui-ci aurait pu révéler la présence de substances à un taux sanguin anormal).

Baden sait toutefois qu'une recherche d'ADN a été effectuée sur les coupures d'ongles du défunt et sur les bandes déchirées du drap orange au nœud coulant afin de déterminer l'identité d'un individu susceptible de l'avoir étranglé. Mais, pour l'heure, les procureurs n'ont rien laissé filtrer.

Avant de se donner la mort - si toutefois nous créditons cette thèse - le financier américain a-t-il laissé une note dans sa cellule pour expliquer son désespoir, éventuellement des remords pour les sévices sexuels qu'il avait commis ?

Un mot d'Epstein a été effectivement trouvé dans sa cellule après sa mort, sans évoquer toutefois une repentance ni les raisons du suicide qu'il aurait prémédité. Le contenu de cette note ne portait, en fait, sur aucune manifestation de mauvaise conscience ou de contrition.

Epstein avait rédigé plutôt une liste de griefs concernant les conditions de son incarcération. Elle avait été écrite au moyen d'un stylo à bille dont il avait disposé, ce qui était insensé compte tenu qu'on l'avait mis « sous surveillance pour récidive éventuelle de suicide » ! Dans ce mot, il se plaignait des mauvaises conditions de sa détention et de l'abus de ses geôliers : un garde l'avait enfermé intentionnellement, nu, dans une douche verrouillée pendant une heure ; de la nourriture brûlée lui avait été servie ; il déplorait le manque d'hygiène de sa cellule infestée d'insectes géants rampant sur son corps.[168]

C'est un meurtre et non un suicide. Voilà ce qu'estiment aujourd'hui la plupart des Américains.

---

[168] 60 Minutes investigates the death of Jeffrey Epstein. CBS. January 5, 2020.

Mais qui aurait cherché à tuer ce prédateur sexuel à l'immense fortune et aux nombreuses connexions dans les cercles du pouvoir ?

Sa mort ne pouvait pas mieux tomber pour certaines personnalités célèbres du show-biz, mais aussi du monde des affaires et de la politique, avec lesquelles le milliardaire entretenait des liens étroits. On peut spéculer que celles-ci craignaient de se retrouver dans le collimateur de la justice dans un procès d'Epstein.

Le richissime financier s'était effectivement entouré d'un cercle de personnalités riches, puissantes et de haut niveau. Il les avait invitées à de luxueux voyages à travers le monde et à partager ses déviances sexuelles dans ses réseaux. Les spéculations ont foisonné selon lesquelles plusieurs personnes célèbres qui avaient fréquenté Jeffrey Epstein auraient eu intérêt à le voir mort. On a même jugé probable qu'un participant aux séances organisées par le milliardaire dans le but de se livrer à des rapports sexuels forcés sur de jeunes femmes, la plupart des mineures, aurait arrangé le paiement pour qu'on le réduise au silence.[169]

Le décès d'Epstein a surtout fait scandale aux États-Unis et a pris une tournure politique partisane d'une violence inouïe. Parce que les relations du riche financier incluaient des amitiés avec des présidents américains (tout au long de sa carrière, il avait été photographié avec eux) chaque clan a spéculé que les puissants du camp politique adversaire avaient voulu faire taire Epstein et éviter à tout prix d'éventuelles révélations embarrassantes. Des rumeurs ont couru selon lesquelles des célébrités richissimes et des politiciens omnipuissants avaient pu participer activement aux activités illégales de l'homme d'affaires américain : peut-être certains milliardaires de Wall Street, un haut représentant de la famille royale britannique, un ancien Premier ministre d'Israël...

En août 2019, du côté français, le gouvernement a décidé d'ouvrir une enquête pour entendre des plaignantes, victimes d'Epstein et de ses complices potentiels de nationalité française. Le criminel sexuel faisait en effet des séjours réguliers en France

---

[169] Lulu Ramadan. Jeffrey Epstein: He could buy anything, including his own death. The Palm Beach Post. August 10, 2019.

et possédait un luxueux appartement parisien où étaient organisés des « massages » de jeunes filles et des dîners mondains. À l'heure où ce livre est écrit, les investigations françaises se poursuivent.

Somme toute, quelle que soit la version défendue aujourd'hui - suicide ou homicide - chaque parti reste sur sa position comme le démontre le médecin légiste en chef de New York, Barbara Sampson. Celle-ci a estimé que l'affaire avait été menée avec un souci d'objectivité et d'intégrité et qu'il n'y avait pas lieu de procéder à un second examen. Elle a même obtenu le soutien de certains pathologistes qui ont estimé que la fracture de l'os hyoïde pouvait se produire aussi bien dans des suicides par pendaison que dans des homicides par strangulation.

On s'accorde tout de même sur le fait que beaucoup de questions restent en suspens dans cette affaire et que des anomalies monumentales autour des circonstances du décès du milliardaire – si elles ne s'expliquent pas par le simple hasard – ont de quoi surprendre et qu'elles sont susceptibles d'alimenter la thèse de l'assassinat.

Résumons : la veille de son assassinat, Epstein s'est vu retirer la surveillance prévue pour le protéger de la récidive éventuelle d'une tentative de suicide. On déloge son codétenu de sa cellule, laissant Epstein, seul. Les deux caméras de vidéosurveillance près de sa cellule ne fonctionnent pas. La ronde des gardiens est suspendue. Deux gardiens relâchent leur vigilance et s'assoupissent durant près de trois heures. Les photographies du corps et de l'emplacement exact où on l'a découvert ne sont pas prises. On trouve un câble électrique de plus de deux mètres laissé dans sa cellule qui semble plus propice à garantir la pendaison que la bande de drap orange, avec nœuds coulants, peu robuste, attachée à un pied de lit. Des fractures au cou notamment celle de l'os hyoïde et des pétéchies localisées au niveau du blanc des yeux évoquent un étranglement. Les résultats des tests d'ADN et de l'examen toxicologique sur les prélèvements biologiques du corps d'Epstein ne sont toujours pas rendus publics.

Dès lors, comment peut-on fustiger ceux en quête de vérité quand se sont accumulées autant de bavures et d'irrégularités dans le protocole d'un pénitencier censé être l'un des plus sûrs du pays ? Il est difficile de croire que toutes ces anomalies ont pu se produire de cette façon, par hasard et en même temps. Comment ne pas y voir quelque chose de suspect ?

Dans cette affaire, on peut comprendre la colère des jeunes femmes, présumées victimes du milliardaire dont la mort les a privées d'un juste procès. On ne peut que partager leur indignation devant la gestion d'une enquête hâtive et bâclée qui a généré, jusqu'à ce jour, beaucoup de questions sans réponse.

# Jean D. Seberg

## (Paris : 30 août 1979)

NOUS VENONS DE couvrir la mort suspecte de prétendues victimes par suicide, alors qu'il est plus probable, compte tenu des circonstances fort troublantes de leur disparition, qu'elles soient décédées à la suite d'un homicide maquillé.

Avant de clore cette section, attachons-nous maintenant au cas de l'« incitation au suicide d'autrui », un acte répréhensible, puni en France par la loi. L'article 223-13 du code pénal français prévoit en effet de lourdes sanctions pour le fait de provoquer le suicide d'autrui : trois ans d'emprisonnement et 45 000 euros d'amende lorsque la provocation a été suivie d'un suicide ou d'une tentative de suicide.

Recourir à l'incitation au suicide est en quelque sorte un moyen de « neutraliser » indirectement une personne dont on sait qu'elle est prédisposée au suicide. L'encouragement au suicide est donc une méthode d'exécution indirecte d'une personne dans le but de la contraindre à passer à l'acte quand celle-ci, fragilisée, ne voit pas d'autres options que de se donner la mort pour mettre fin à une souffrance morale comme celle provoquée, par exemple, par un harcèlement intolérable. La participation d'autrui à encourager le suicide est d'autant plus aisée que la victime est connue pour sa propension à sombrer dans des crises suicidaires. C'est pour cette raison qu'elle est condamnable et doit être punie sévèrement par la loi.

Ce moyen d'exécution indirecte, « commode », car occulte, était bien connu dans l'Antiquité gréco-latine. Le suicide forcé, sans doute le plus célèbre, fut celui du philosophe Socrate, condamné à boire un poison à base de ciguë, après son procès l'accusant d'avoir prétendument corrompu la jeunesse d'Athènes.

Dans le cas de Jean Seberg, la plus parisienne des actrices américaines vers la fin des années 70, nous ne pouvons pas nier l'évidence que la fragile comédienne avait décidé de mettre fin à ses jours, dans un ultime effort, après plusieurs tentatives de suicide. Pour autant, parce qu'elle représentait une menace non-négligeable pour des puissants, les circonstances de son suicide doivent être analysées dans le contexte d'un probable encouragement d'autrui à ce que la comédienne, très déprimée dans les derniers jours de sa vie et prédisposée à se donner la mort, passe à l'acte.

Nous allons donc analyser en détail ce qui a pu pousser Jean Seberg, l'actrice incontestablement « dérangeante » aux yeux des puissants, à se suicider. Nous retracerons les circonstances mystérieuses de la mort de cette icône du cinéma, dont la carrière était mieux reconnue en Europe que dans son pays. Enfin nous tenterons de comprendre dans quelle mesure une démarche d'assistanat au suicide a pu être entreprise dans le but de la « neutraliser ».

Le 30 août 1979, Jean Seberg quitte son appartement parisien, au 125 rue de Longchamp, où elle vit avec son compagnon algérien, Ahmed Hasni. Celui-ci déclarera plus tard aux enquêteurs que tous deux s'étaient disputés dans la soirée et que sa compagne était sortie en pleine nuit, sans bagage, emportant avec elle, tout au plus, une couverture, une bouteille d'eau et des barbituriques. Vers 5 heures du matin, Hasni, s'inquiétant de ne pas la voir revenir, prévient la police. L'actrice sera portée disparue pendant une huitaine de jours.

Le soir du 8 septembre, un homme, promenant son chien dans la rue du Général Appert, découvre le corps d'une femme enveloppée dans une couverture sur la banquette arrière d'une voiture non verrouillée. La victime est identifiée : il s'agit de Jean Seberg. On reconnaît sa voiture, garée proche de son appartement. Le corps est dans un état de décomposition avancé. À ses côtés, on trouve une bouteille d'eau minérale, des boîtes de barbituriques vides et une note laissée à l'attention de son fils, Diego Gary, né de son mariage avec Romain Gary, écrivain français et diplomate. Le mot est court : « Diego, mon chéri, pardonne-moi. Je ne peux plus vivre avec mes nerfs. Je rechute. Sois fort. Sache combien je t'aime. »[170]

Le 15 septembre, l'appartement de Jean Seberg et d'Ahmed Hasni est perquisitionné par les enquêteurs de la police. N'ayant décelé aucune trace de violence, ils concluent à un suicide probable de l'actrice.

On déplore la mort d'une star bien trop jeune, à 40 ans, pour disparaître. Sa courte vie a été marquée par une carrière cinématographique brillante, mais inégale, un engagement politique intense (nous reviendrons largement sur son militantisme plus loin), et par des passions romantiques mêlées de tragédies personnelles.

L'une de ses aventures sentimentales se produit au Mexique en 1969 pendant le tournage d'un film : elle tombe amoureuse d'un étudiant révolutionnaire avec qui elle aura un enfant. Mais, au cours de la même période, elle fait l'objet d'une campagne de dénigrement et de harcèlement par le FBI, notamment pour la cause des *Black Panthers* qu'elle soutient et il n'en faut pas moins pour que le FBI sème la rumeur selon laquelle l'actrice va donner

---

[170] Raith, Mark Alan. The Life and Death of Jean Seberg. Reading Eagle. p. 36. (July 19, 1981).

naissance à un bébé noir, dont le père n'est plus ni moins qu'un haut responsable du *Black Panthers Party*. Romain Gary, pourtant, la soutient et déclare à la presse que l'enfant est bien de lui.

Cet épisode va provoquer un profond bouleversement chez l'actrice qui accouchera quatre mois plus tôt que prévu. L'enfant, une fille dénommée Nina Hart Gary, ne survivra pas.

Jean Seberg est dévastée par la perte de l'enfant et sombre dans la dépendance à l'alcool et aux médicaments. Sa santé mentale se détériore et commence pour elle une descente aux enfers. Elle connaît des dépressions à répétition et fait plusieurs tentatives de suicide, notamment aux dates anniversaires du décès de sa fille, dont une, en juillet 1979, quand elle tente de sauter devant une rame de métro parisien.[171]

Juste après la dernière tentative de l'actrice, réussie cette fois-ci, Romain Gary affirme, lors d'une conférence de presse, que, par sa campagne de surveillance et de stigmatisation, le FBI a causé la paranoïa et le désespoir de son ex-épouse qui l'ont conduite au suicide. Gary parle sans ménagement : il impute la responsabilité de sa mort à l'agence du renseignement américain.

À l'autopsie pratiquée en France, le médecin légiste et l'expert toxicologue confirment les premières conclusions du pathologiste de la police. Ils constatent que l'actrice a succombé à une ingestion massive d'alcool, un taux sanguin proche de 8 grammes par litre, et de barbituriques dont la concentration sanguine atteint 20 milligrammes par litre.[172] Malgré ce résultat effarant, l'enquête de police conclura pourtant au suicide.

Que représente un taux sanguin de 8 grammes d'alcool par litre chez l'homme ? Selon les individus, le coma éthylique se produit dès que le taux atteint 2 à 4 grammes. Comme les femmes ont, pour la plupart, une sensibilité aux effets toxiques de l'alcool

---

[171] Lisa A. Flowers. Breathlessly Tragic Tales from the Life Of French New Wave Icon Jean Seberg. Ranker. Updated August 29, 2019

[172] Le Monde. Une information judiciaire est ouverte neuf mois après la mort de Jean Seberg. Publié le 24 juin 1980

supérieure à celle des hommes, et d'autant plus que Jean Seberg était une femme menue, 8 grammes est une quantité stupéfiante. Pour bien saisir également la mesure d'une telle quantité d'alcool absorbée par l'actrice, rappelons qu'actuellement, en France, il est interdit de conduire avec un taux d'alcool dans le sang supérieur ou égal à 0,5 gramme par litre de sang !

La comédienne s'est-elle suicidée, seule ? Ou bien l'ingestion d'une énorme quantité d'alcool, en association avec des barbituriques, causant le coma éthylique et la mort, a-t-elle été forcée par autrui ?

Techniquement, le constat officiel est un suicide, mais un fait capital est néanmoins retenu par la police : aucun contenant de boisson alcoolisée n'est trouvé près de la jeune femme dans la voiture ni dans un périmètre proche (la bouteille d'eau minérale ne révèle aucune odeur d'alcool). On suppose qu'elle aurait pu se débarrasser de la bouteille d'alcool après avoir bu son contenu avant de sortir de son appartement ou quelque part sur le chemin la menant à sa voiture avant d'y monter.

À moins que son corps ait assimilé l'alcool par une autre voie que par ingestion !

La quantité d'alcool dans le corps de Jean Seberg était telle que le coma avait dû s'installer rapidement, la mettant dans l'incapacité de monter seule, sans assistance, dans sa voiture. D'où l'hypothèse avancée par la police française que quelqu'un avait pu être au côté de l'actrice dans la voiture la forçant à se suicider au lieu d'appeler les premiers secours pour lui prodiguer des soins médicaux.

Dix mois après avoir rendu le constat d'un suicide probable, la police continue à s'interroger sur le taux d'alcool phénoménal. Ce fait avéré éveille, chez elle, des soupçons sur l'intervention possible d'un tiers.

Le parquet de Paris ordonne l'ouverture d'une information contre X pour non-assistance à personne en danger en relation avec la mort de Seberg.[173] Parce que les enquêteurs n'ont retrouvé aucun contenant de boisson alcoolisée dans la voiture, l'information judiciaire vise à démontrer que l'actrice ne pouvait s'y trouver seule quand elle se suicida, qu'on aurait pu l'en empêcher et que dans un tel état d'intoxication éthylique, il lui aurait été impossible de marcher, seule, vers sa voiture, encore moins de la conduire, ou même d'ouvrir les portières et de se coucher, nue, puis de s'être enveloppée d'une couverture sur le siège arrière.

La police pense donc à l'éventualité d'un déplacement du corps de l'actrice après sa mort. Mais, dans l'incapacité d'éclaircir les circonstances du décès, de manière satisfaisante, ni de prouver l'implication d'une ou de plusieurs personnes, la contre-enquête de 1980 sera infructueuse.[174]

Quelle conclusion pouvons-nous tirer de cette affaire ? L'icône du cinéma a-t-elle mis délibérément fin à ses jours ou faut-il envisager un meurtre ? Ne serait-ce pas plutôt une incitation au suicide ? L'aurait-on aidée à mettre fin à ses jours, ce qui, compte tenu de ses engagements politiques embarrassant le FBI, s'apparenterait à un « crime », pris au sens large du terme, c'est-à-dire un acte illégal puni par la loi, une infraction grave contre la moralité ?

Qui avait intérêt à ce qu'elle réussisse son suicide ? Difficile de répondre tant le mystère est épais. Plusieurs hypothèses sont avancées : le FBI ? La CIA ? Les services secrets algériens ou les trafiquants de drogue en rapport avec son compagnon, Ahmed Hasni, soupçonné par la police de trafic de stupéfiants ?[175]

À la fin des années 70, Jean Seberg allait souvent en Algérie. Selon le journal El Pais, quelques jours avant de mourir, elle aurait envoyé à Romain Gary une lettre lui demandant de lui porter secours, car, disait-elle, elle ne pouvait plus se dégager du plus

---

[173] The Montreal Gazette. Charges filed in Seberg death. June 23, 1980

[174] Le Monde. Une information judiciaire est ouverte neuf mois après la mort de Jean Seberg. Publié le 24 juin 1980

[175] Paris Match. Été 1979 : Jean Seberg à bout de souffle. Publié le 25/07/2009 par Patrick Poivre d'Arvor

grand réseau de drogue d'Algérie auquel son compagnon était lié. La nuit de sa mort, elle aurait appelé Romain Gary pour lui faire part des menaces de mort dont elle était l'objet. Elle lui aurait dit : « Les gens veulent que je meure, préviens Jacques Chirac ! ». Romain Gary aurait contacté son ami personnel pour lui faire part des angoisses de l'actrice.

Mais l'enquête en restera là malgré une piste de la police française pour retrouver Hasni. Après une cavale, Hasni se fera prendre, finalement, le 26 juin 1980.[176] Bien qu'il soit condamné, le 7 mars 1984, à 2 ans d'emprisonnement pour avoir volé à Jean Seberg 50 000 francs, ses chèques et des documents personnels, Hasni ne sera pas soupçonné dans la mort de l'actrice.

Faut-il voir plutôt l'implication du FBI dans l'incitation au suicide de la jeune femme, connue pour sa détermination à combattre l'injustice dans le climat de tensions raciales de l'époque aux États-Unis ?

Le FBI et, dans une moindre mesure, les médias américains, ont eu sans doute une part de responsabilité dans l'autodestruction de l'actrice. Devenue incontrôlable, multipliant les scandales, celle-ci était devenue leur ennemie jurée.[177] La presse américaine de l'époque posera la question qui dérange : « La rumeur semée par les agents de Hoover a-t-elle conduit à sa mort ? »[178]

Voyons comment le militantisme de Jean Seberg a pu contribuer à ce qu'elle devienne ainsi la Némésis du FBI ?

Jeune militante, elle défend la libération des femmes et les droits des Amérindiens. D'un idéalisme quasi religieux (elle a suivi une éducation puritaine et luthérienne dans l'Iowa), elle défend les droits civiques des noirs américains. En 1967, les violentes émeutes raciales de Watts, à Los Angeles, la bouleversent. Puis, au début des années 1970, son engagement pour la cause des *Black Panthers* provoque la surveillance acharnée du FBI sur sa personne. En 1969, son soutien politique au parti des *Black*

[176] Libération. El Pais : révélations sur la mort de jean Seberg. 5 septembre 1995

[177] Los Angeles Times. FBI Admits Spreading Lies About Jean Seberg. September 14, 1979.

[178] Time magazine. Nation: The FBI vs. Jean Seberg. Sept. 24, 1979

*Panthers* se traduit par une contribution financière : elle verse régulièrement des sommes importantes d'argent, estimées par le FBI à 10 500 dollars (environ 75 000 dollars de nos jours).

Qui plus est, elle tombe amoureuse du président de l'Organisation de l'unité afro-américaine, Hakim Abdullah Jamal, un cousin de Malcolm X, qui la suivra à Paris et exploitera sa célébrité ainsi que sa fortune.[179]

En représailles du militantisme de l'actrice, le FBI détruira sa carrière professionnelle : elle sera mise sur la liste noire non-officielle de Hollywood. D'autres stars américaines de gauche, Jane Fonda entre autres, subiront le même sort, mais résisteront mieux à la campagne de calomnies.[180]

Rappelons ce qui a été dit plus haut pour bien comprendre l'acharnement du directeur du FBI sur l'activiste emblématique qu'a été Seberg. L'attitude de J. Edgar Hoover prend des proportions obsessionnelles quand on l'avertit que la jeune femme, en instance de divorce avec son second mari, Romain Gary, est enceinte d'un second enfant (dont le père biologique est Carlos Navarra rencontré lors d'un tournage au Mexique en 1969).

Le directeur du FBI porte alors la rumeur selon laquelle la paternité de l'enfant revient à un leader des *Black Panthers*, Raymond Masai Hewitt. Une chroniqueuse à potins du *Los Angeles Times* et le magazine *Newsweek* révèlent également le soi-disant scandale durant l'été 1970.[181]

À un moment où elle aurait dû se réjouir d'apprendre qu'elle était enceinte, Jean Seberg sombre dans une grave dépression et tente de se suicider. Son extrême fatigue abrège le terme de la grossesse : elle accouche d'un bébé mort-né ; une fille. Dès lors, s'amorce, chez cette femme naufragée, une longue spirale vers son autodestruction.

---

[179] Time magazine. Nation: The FBI vs. Jean Seberg. Sept. 24, 1979

[180] Lisa A. Flowers. Breathlessly Tragic Tales from the Life of French New Wave Icon Jean Seberg. Ranker. Updated August 29, 2019

[181] Character assassination —Jean Seberg and information control by Margia Kramer and Renee Shafrensky from Jump Cut, no. 28, April 1983, pp. 68-71

Révoltée, elle décide d'exhiber le corps du fœtus dans un cercueil de verre transparent afin de prouver à l'opinion publique qu'il était bien de parenté blanche ; ce que les photographes, à l'inhumation publique au cimetière de Marshalltown, sa ville natale dans l'Iowa, s'empressent de confirmer.[182] Dans une interview en 1974, la comédienne confiera : « Nous avons ouvert le cercueil et pris 180 photographies et tout le monde à Marshalltown, curieux de savoir quelle couleur avait le bébé, a eu l'occasion de le vérifier. »[183]

Romain Gary, toujours grand ami de cette femme au destin tragique, vient à nouveau à sa rescousse et dénonce la diffamation relayée par la presse à scandales, en confirmant qu'il est bien le géniteur de l'enfant.[184] Seberg et Gary poursuivent *Newsweek* en diffamation et obtiennent des dommages et intérêts. Le jugement du Tribunal de Paris ne portera toutefois que sur un dédommagement de 10 fois moins que la somme demandée, invoquant que la diffamation en question n'avait pas causé directement la mort du bébé.


Pouvons-nous croire que Jean Seberg ait représenté une menace pour le FBI en raison de son soutien financier au parti des *Black Panthers* ? Le prétendu scandale de ses relations amoureuses et amitiés interraciales a-t-il contribué à la disparition de la talentueuse comédienne ?

La haine de J. Edgar Hoover envers les noirs, les communistes et les révolutionnaires est bien connue de nos jours. Jugeant intolérable la participation de l'actrice à des causes progressives dangereuses, une surveillance de grande ampleur est alors déclenchée, allant jusqu'à solliciter le concours des ambassades américaines à Paris et à Rome ainsi que la vigilance du service du renseignement américain et de la CIA.


[182] Charles Champlin. Jean Seberg: A Hollywood tragedy, The Modesto Bee, September 16, 1979, pg. F6

[183] All That Interesting. How Iconic Movie Star and Activist Jean Seberg Was Driven To Suicide By A Covert FBI Program. By Lauren Zmirich, Published November 29, 2019

[184] Coates-Smith, Michael; McGee, Garry (2014). The Films of Jean Seberg. McFarland. p. 77

Jean Seberg est ainsi mise sur écoute téléphonique et fait l'objet d'une surveillance constante en France et lors de ses déplacements à l'étranger. Le FBI n'hésite pas à recourir aux techniques de son programme de contre-espionnage COINTELPRO telles que le harcèlement, la diffamation, les filatures et les intimidations.[185] En 1980, le *L.A. Times* publie même les transcriptions de ses appels téléphoniques, sur écoute, passés en Suisse. Cette brutale campagne de dénigrement durera près d'une décennie jusqu'au suicide de l'actrice.

Pour J. Edgar Hoover, autant dire que le comportement d'une jeune actrice blonde aryenne, encore mariée, une « perverse sexuelle », forniquant avec un militant noir, est condamnable. Il sait parfaitement comment exploiter une telle trahison raciale, inacceptable. Pour la « neutraliser », il s'acharnera donc personnellement à ternir son image auprès du public et à exiger, auprès d'Hollywood, qu'aucun grand rôle ne lui soit désormais proposé.

Il est utile de faire ici une courte digression afin de bien mesurer l'ampleur du programme COINTELPRO instauré par le FBI dont nous verrons, plus loin dans ce livre, l'impact sur d'autres victimes haut placées. La perversité de ce programme de « neutralisation » s'est en effet manifestée tout particulièrement à l'encontre du Dr Martin Luther King Jr. qui se retrouva en ligne de mire de l'institution paranoïaque dirigée par J. Edgar Hoover.

Ce programme de contre-espionnage (*COunter INTELligence PROgram*) est né en 1956 à l'époque de la chute du maccarthysme et le FBI y mit un terme en 1971, un an avant la mort de J. Edgar Hoover. La mission initiale de COINTELPRO était d'infiltrer, de pénétrer, de désorganiser et de perturber le Parti communiste américain. La programme a ensuite visé tous les militants radicaux susceptibles de représenter une menace contre la

---

[185] Janet Maslin, Star and Victim, The New York Times, July 12, 1981.

sécurité et l'ordre établi aux États-Unis : partisans des droits civiques, militants sociaux, organisations féministes, et, bien sûr, manifestants opposés à la guerre du Vietnam. Tous étaient l'objet des tactiques du FBI visant à neutraliser leurs mouvements. Des personnages célèbres autres que Jean Seberg subissaient les chantages diaboliques de ce programme comme le Dr Martin Luther King Jr., victime d'un scandale entièrement inventé par le FBI : de prétendus enregistrements audio envoyés à sa femme, « prouvant » que le pasteur avait été pris en fragrant délit avec des prostituées blanches dans son hôtel.

Il a fallu le recours à la *Freedom of Information Act* des États-Unis pour que les campagnes illégales de diffamation du FBI soient révélées publiquement. Dans le cas de Jean Seberg, le Bureau fédéral d'enquête a bien été obligé d'admettre, en 1979, qu'il avait mené une campagne de diffamation contre l'actrice et propagé de fausses rumeurs afin de la discréditer, tout en déclarant que ces tactiques d'intimidation et de harcèlement avaient cessé en 1971 et qu'elles appartenaient dorénavant au passé.[186]

La théorie de la responsabilité directe du FBI dans la mort de l'actrice repose-t-elle, pour autant, sur des bases solides ?

Le 10 septembre 1979, soit deux jours après la découverte du corps de Jean Seberg, Romain Gary accuse sans ambages le FBI de l'avoir éliminée. Aux côtés du fils, Diego, qui pleure la mort de sa mère, Gary donne une conférence de presse et déclare que le FBI est responsable de la mort de l'actrice. Il lance des accusations contre le Bureau fédéral d'enquête qu'il juge directement responsable des crises de dépression mentale, de la dépendance à l'alcool et aux tranquillisants et des tentatives de suicide de son ex-femme. Il condamne l'effet destructif progressif que la longue campagne de harcèlement, de persécution et de diffamation du FBI a provoqué chez la comédienne et il fustige la presse américaine pour sa complicité. Il dénonce les tactiques du FBI dont le but était de punir l'actrice pour son action militante en faveur du mouvement noir aux États-Unis. Pour Romain Gary,

---

[186] Los Angeles Times. FBI Admits Spreading Lies About Jean Seberg. September 14, 1979.

la mort de Jean Seberg n'est pas un suicide en soi, mais un crime déguisé en suicide.[187]

Un an plus tard, Romain Gary se suicidera.

L'accusation sera reprise, en 2009, par Diego, le fils de Gary et Seberg. Dans une interview qu'il accorde au *Times*, il mentionne les menaces de mort que sa mère avait reçues, la forçant à engager deux gardes du corps. Il précise qu'elle se sentait persécutée par le FBI et, comme l'avait fait son père, trente ans plus tôt, il tient l'agence responsable de la rapide détérioration de la santé mentale de sa mère.

Jean Seberg a-t-elle commis un suicide – sans assistance – pour ne plus endurer les harcèlements de J. Edgar Hoover ou a-t-elle été secrètement assassinée par les sociopathes bureaucratiques du FBI ?

L'apparition publique de la star dévastée, brandissant des photographies d'elle auprès du corps de sa fille placé dans un cercueil ouvert afin que le monde puisse voir qu'elle n'avait pas accouché d'un enfant noir comme le FBI le prétendait, a pu sceller son sort.

La riposte spectaculaire de Jean Seberg en exposant publiquement les photos du bébé mort et sa dénonciation éclatante de la responsabilité du FBI pour le « meurtre » de son enfant, ont dû être ressenties par l'agence comme une véritable provocation, un acte de mépris de l'actrice. Dès lors, compte tenu des dérives meurtrières du FBI dans l'histoire, il nous est permis de suspecter des représailles envers l'actrice par le truchement d'une incitation par autrui au suicide dans le but de la « neutraliser » pour de bon.

Jean Seberg se serait donc suicidée pour en finir avec l'hostilité du FBI, défenseur d'une Amérique blanche, qui n'aurait plus supporté les liaisons de complicité intime de la star avec les *Black Panthers*.

---

[187] Wax Poetics. The insidious tale of actress Jean Seberg, FBI's COINTELPRO, and the film Kill! by David Thrussell on November 21, 2014

Pour autant, on ne peut pas totalement rejeter l'hypothèse d'une incitation au suicide de l'actrice. Les commanditaires du FBI dont les machinations diaboliques la poussaient inexorablement à sa destruction en ont certainement tiré profit.

Les enquêteurs français de l'époque ont fait peser des soupçons sur une complicité probable dans le « meurtre » de la comédienne compte tenu de la découverte de plusieurs indices troublants difficiles à interpréter. Citons de nouveau les circonstances étranges entourant la découverte du corps de Jean Seberg dans sa voiture : un corps imprégné d'alcool dont le taux sanguin était tel qu'un état comateux, précipité également par des barbituriques, avait dû la mettre dans l'incapacité de marcher vers sa voiture, d'y monter, et de se positionner sur la banquette arrière pour y mourir.

Quels sont les indices permettant d'évoquer une telle complicité ?

Après avoir marché les cinq minutes de trajet entre son appartement et le lieu de parking de sa voiture, Jean Seberg aurait-elle décidé de se coucher sur la banquette arrière ? Aurait-elle alors vidé une bouteille d'un spiritueux et ingéré une dose létale de tranquillisants ? Puis se serait-elle volontairement camouflée sous une couverture afin de ne plus voir la vie, de ne plus regarder le monde sordide autour d'elle ? Aurait-elle choisi de se dénuder, comme pour marquer un retour symbolique à son apparition physique lors de sa venue au monde ?

Cette hypothèse est très improbable, car, rappelons-le, il a été impossible aux enquêteurs de la police de trouver, dans la voiture de Seberg et dans un proche périmètre, une ou plusieurs bouteilles ou tout autre contenant d'alcool (hormis une petite bouteille d'eau minérale sans doute utilisée par l'actrice pour avaler les barbituriques).

La comédienne aurait-elle reçu une injection parentérale d'alcool éthylique à très forte concentration dans le corps ? C'est bien l'explication qu'a donnée le garde du corps de l'actrice dans le journal *El Pais* selon laquelle la comédienne aurait été assassinée par injection d'une dose mortelle d'alcool.[188]

---

[188] Libération. El Pais : révélations sur la mort de jean Seberg. 5 septembre 1995

Rappelons qu'à l'examen médico-légal, un taux sanguin proche de 8 grammes par litre a été mesuré et que la dose d'alcool mortelle chez l'homme se situe entre 3 et 4,5 grammes par litre de sang.

Il nous est donc difficile d'écarter l'intervention d'un tiers qui « aurait facilité le suicide ». Quelqu'un d'autre aurait pu se trouver au côté de Seberg dans la voiture, l'incitant à passer à l'acte. Fataliste, sans manifester une quelconque résistance, l'actrice aurait cédé à l'ingestion des tranquillisants et à l'imprégnation de son corps d'alcool par voie orale ou par injection. Puis, constatant son décès par coma éthylique, le « participant » aurait enveloppé le corps de la victime dans la couverture et quitté le véhicule en emportant les indices - bouteilles de spiritueux ou seringue - prouvant l'intoxication forcée.

Comment ne pas douter du verdict de l'enquête officielle ? Tout n'a pas été révélé, tant s'en faut. Faut-il évoquer une enquête bâclée ? A-t-on pris les empreintes digitales sur la bouteille d'eau et sur les boîtes de médicaments ? Des empreintes de personnes autres que celles de Seberg auraient-elles été relevées, sans être dévoilées dans l'enquête ? À l'examen externe du corps, a-t-on décelé une marque d'aiguille de seringue ; un indice d'une injection parentérale d'alcool pur ou bien, compte tenu de l'état de décomposition avancée du corps, découvert 10 jours après la disparition de l'actrice, une telle marque d'injection était-elle indétectable ? Faut-il croire à une erreur du dosage toxicologique post-mortem révélant un taux sanguin effarant de 8 grammes d'alcool par litre ? Avancer cette hypothèse serait peu flatteur pour la science médico-légale française, et même insultant pour l'expert toxicologue de l'époque qui, à ne pas en douter, a eu recours à une méthode de dosage fiable et irréprochable.

On a voulu nous faire croire à la version officielle du suicide de Jean Seberg. Malgré la nuance affichée, par prudence, dans le rapport final de l'enquête, « suicide probable », on a vite classé l'affaire et fermé les yeux sur la légitimité de mener une contre-enquête. Ce constat d'apathie en dit long sur l'impunité des puissants capables de détruire des personnes dérangeantes tout en dissimulant les indices du crime.

# Deuxième partie

## Assassinats dont la culpabilité est imputée à un bouc émissaire censé avoir agi seul

Les années 1960 ont fortement marqué des millions d'Américains qui ont vu l'espoir d'un meilleur avenir, pour leur nation et pour le monde, brisé par une série d'assassinats de personnalités de très haut rang : le Président John F. Kennedy, Malcolm X, le révérend Dr Martin Luther King, Jr. et le sénateur Robert F. Kennedy. Ces quatre victimes ont toutes été exécutées selon un stratagème élaboré par de puissants comploteurs qui ont agi en clandestinité.

La deuxième section de ce livre expose le rôle potentiel des institutions gouvernementales américaines, notamment de la CIA et du FBI, dans la disparition de ces hommes politiques dérangeants. Leur entreprise d'enfumage de l'opinion publique s'est faite en reportant la culpabilité des assassinats sur des boucs émissaires.

Pour trois de ces quatre affaires, le verdict officiel a été, au bas mot, expéditif : l'assassin a agi seul, sans complice. De sérieux doutes ont pourtant été émis quant à la rigueur et l'intégrité des enquêtes gouvernementales et des preuves scientifiques incontestables révélant une tout autre réalité ont surgi au cours des décennies qui ont suivi ces quatre épisodes tragiques frappant l'Amérique en moins de trois ans.

Essayons de jeter toute la lumière sur les manipulations machiavéliques qui ont compromis l'intégrité de ces quatre enquêtes et faisons parler la criminalistique dont les conclusions ont été ignorées, dissimulées ou rejetées par les puissants commanditaires de ces assassinats et qui continuent de l'être.

# John F. Kennedy

## (Dallas, Texas: 22 novembre 1963)

HORMIS LE FAIT que John F. Kennedy était le chef du monde libre le plus puissant de la planète au début des années 60, la portée de son assassinat et le mystère qui continue de l'entourer justifient pleinement que l'on analyse les faits de cet événement dramatique sous l'angle de la criminalistique. Grâce aux nombreuses preuves apportées par la criminalistique qui ont dévoilé l'une des plus grandes duperies de l'histoire, nous verrons que le mystère sur l'assassinat de Dallas ne reste pas aussi entier que les livres d'histoire veulent bien nous le faire croire.

L'assassinat du Président John F. Kennedy à Dallas, au Texas, est sans doute le plus grand meurtre politique du 20e siècle tant par la portée de la disparition de cet homme d'État brillant que par la controverse que les nombreuses enquêtes ont suscitée depuis près de 60 ans. Essayer de résumer l'événement et ses conséquences, en quelques pages, relève de la gageure : il faudrait écrire tout un livre, pour exposer ce qui n'a pas encore été dit ou écrit (quand bien même plus de deux mille livres et des milliers d'articles ont été publiés, à ce jour, sur la tragédie de la mort de JFK).

Tâche accomplie pour ma part : j'ai écrit deux livres publiés en français (« JFK : Omerta sur un Coup d'État ») et en anglais (« The JFK Assassination Facts They Don't Want you to Know ») qui tentent d'apporter des réponses aux énigmes de ce drame historique.[189] [190]

Cet évènement, encore profondément ancré dans la mémoire collective, a provoqué un débat passionnel depuis le jour fatidique du 22 novembre 1963 à Dallas. Selon les sondages, d'une constance remarquable sur près de soixante ans, environ deux tiers des Américains restent convaincus qu'un complot a été organisé pour assassiner leur 35e président. Il serait en fait plus exact de parler d'une suite de complots : l'assassinat même à Dallas suivi de l'incroyable camouflage des preuves et d'une odieuse entreprise de désinformation des faits entretenue par les médias qui persistent de nos jours, principalement aux États-Unis.

La version officielle de l'assassinat – ouvertement soutenue par la plupart des grands médias américains – est celle du rapport de l'enquête bâclée de la Commission Warren nommée par le Président, Lyndon B. Johnson, succédant à JFK.

Ce rapport, remis à l'automne 1964, accrédite la thèse de l'assassin unique, un dénommé Lee Harvey Oswald : un tireur solitaire, communiste de surcroît, sans complice, agissant de sa propre initiative. Dans son rapport, la Commission Warren a réfuté toute hypothèse de complot : Oswald tira trois coups de feu - et pas un de plus - dont un atteignit mortellement le président lors du passage de sa limousine, à Dealey Plaza, devant un entrepôt de livres scolaires, le *Texas School Book Depository* (TSBD) où l'assassin était en position de « sniper » au sixième étage. Après la fusillade et une confrontation avec un officier de

---

[189] JFK : Omerta sur un Coup d'État. Philippe J. Cassard. Edilivre, 2019. ISBN : 978-2-414-35755-0

[190] The JFK Assassination Facts They Don't Want You to Know. 2019. Philippe J. Cassard. Independently published. ISBN: 9781092558891

police qui le laissa quitter le TSDB, Oswald prit un bus puis un taxi qui le conduisit chez sa logeuse dans un autre quartier de la ville. Toujours selon la version officielle, environ trois quarts d'heure après avoir tiré sur le président, Oswald porta des coups mortels sur l'agent de police de Dallas, J.D. Tippit, avec son arme à feu, à environ un kilomètre et demi de chez sa logeuse puis se réfugia dans un cinéma à proximité où il fut appréhendé par la police.

La Commission Warren se focalisa sur un coupable idéal ; Oswald avait trouvé un emploi au *Texas School Book Depository* sur le parcours du défilé présidentiel ; il était devenu suspect dès lors qu'il avait précipitamment quitté son lieu de travail après l'assassinat ; il était membre du *Fair Play for Cuba Committee* (Comité de l'Équité pour Cuba, un groupe d'activistes soutenant la révolution cubaine).

La suite est bien connue : de nombreux témoins qui affirmaient une tout autre version ont été intimidés ou menacés par les enquêteurs gouvernementaux. Des historiens et des enquêteurs sérieux se sont opposés, avec ténacité, aux conclusions hâtives de la Commission Warren. Leurs arguments ont reposé sur les conclusions de leur propre investigation et sur des révélations trouvées dans des documents conservés aux Archives Nationales américaines. Ils ont également fortement documenté les témoignages de hautes personnalités de l'époque pour qui un complot de haut niveau était évident : ceux de Robert Kennedy, le frère du président, du médecin personnel de JFK, de son attaché de presse, de ses proches conseillers, et, étonnamment, ceux du Président Lyndon Johnson. Même le chef de la police de Dallas, Jesse Curry, s'est ravisé en affirmant plus tard que deux tireurs étaient impliqués à Dealey Plaza.

Mais les médias américains, en grande majorité, se sont bien gardés de couvrir les doutes et les convictions de ces témoins. Ils ont préféré jouer le jeu des agences gouvernementales en occultant le complot, entretenant ainsi la duperie du peuple américain.

Les exemples d'apathie des médias américains, voire de censure des positions ou des témoignages gênants, car opposés à la version officielle du gouvernement américain sur l'assassinat de JFK, sont légion. Ces médias ont soutenu publiquement les enquêtes « démontrant » que la version officielle du gouvernement sur l'assassinat était bien celle qu'il fallait retenir dans l'Histoire.

Ce déni de vérité, qui perdure de nos jours, remonte à plusieurs décennies. Au tout début de la Guerre Froide (fin des années 1940), la CIA avait entamé un programme secret appelé « *Operation Mockingbird* » dont le but était de recruter des agences de presse et des journalistes américains pour en faire des espions chargés de s'infiltrer dans le cercle des médias américains et de les influencer.[191] L'interaction du renseignement américain avec les médias a bien été documentée par le Congrès qui s'exprima, en 1976, dans ces termes : « La CIA maintient actuellement un réseau de plusieurs centaines d'individus dans le monde qui lui fournissent des renseignements et qui tentent d'influencer l'opinion en ayant recours à une propagande masquée. Ces individus fournissent l'accès, au profit de la CIA, à plusieurs journaux et revues, services de presse, stations de radio et de télévision, éditeurs de livres commercialisés, et même à des supports de médias étrangers... Le comité s'inquiète que le recours à des journalistes américains et à des entreprises de médias en vue d'opérations clandestines constitue une menace pour l'intégrité de la presse. »[192]

Le déni de vérité sur l'assassinat de JFK, honteusement entretenu par les grands médias américains, a laissé place, aujourd'hui, à l'indifférence des journalistes investigateurs. On est passé à autre chose. Cette histoire est trop ancienne pour tenter de se livrer de nouveau à une synthèse complète, critique, objective et approfondie de l'assassinat du Président Kennedy.

---

[191] Mary Louise. "Operation Mockingbird: CIA Media Manipulation". 2003

[192] United States Senate. Final Report, Select Committee to Study Governmental Operations with Respect to Intelligence Activities. April 1976

Le complot contre John Kennedy fut pourtant un véritable coup d'État. Comment peut-on l'affirmer ?

Le 22 novembre 1963, à Dallas, John Kennedy fut pris en embuscade par ses ennemis, ceux qui critiquaient sa faiblesse pour lutter contre le communisme et qui le voyaient comme un traître des États-Unis. De nombreux documents confirment que John Kennedy avait concrétisé sa stature d'homme de paix par des décisions courageuses : désengagement du Vietnam ; réduction drastique de la menace de l'armement nucléaire ; détente, rapprochement et dialogue fréquent non seulement avec Nikita Khrouchtchev, mais également avec Fidel Castro. Car c'est bien Cuba qui est au cœur du mystère de l'assassinat de JFK.[193] Nous allons y revenir amplement plus loin.

Si le président était populaire aux yeux du peuple américain et du monde, les deux frères Kennedy suscitaient, en revanche, la haine parmi les puissants de l'*Establishment* et les « faucons » de Washington qui méprisaient la tradition démocratique américaine qu'ils incarnaient. JFK allait être facilement réélu pour un second mandat. Ses ennemis craignaient l'éventualité que son frère, le populaire Robert Kennedy, pût tenter, à son tour, d'assurer la continuité de l'ère Kennedy en obtenant un cumul de deux mandats tant la dynastie des Kennedy, visionnaire d'une paix durable, était populaire. Il était inconcevable, pour ces élites de l'opposition, de tolérer ce népotisme et l'omniprésence politique du clan Kennedy, pendant treize années de plus. Devant ce scénario tant redouté, les nombreux ennemis de John Kennedy devaient tout faire pour l'éliminer et leurs mobiles ne manquaient pas.

L'Amérique, au temps de John Kennedy, vivait dans un état de Guerre Froide quasi permanent. Souhaitant se désengager du Sud-est asiatique, le président n'hésita pas à demander à ses généraux de prévoir un plan de retrait du personnel militaire américain du Vietnam à partir de décembre 1963. Ses chefs militaires étaient sous le choc. Pour le renseignement militaire et les factions de l'industrie de l'armement américaine, partisans de

---

[193] James W. Douglass. JFK and the Unspeakable: Why he died and why it matters. Touchstone 2010

la continuité et du renforcement de l'engagement au Vietnam afin d'y mener une guerre financièrement juteuse, se retirer du Sud-est asiatique était impensable.

Le mandat inachevé de Kennedy fut riche en rebondissements : fiasco de la Baie des Cochons (la tentative d'invasion militaire de Cuba par des exilés cubains), neutralité du Laos, risque nucléaire mondial en 1962, lors de la Crise des Missiles de Cuba - évité grâce au sang-froid et au courage des deux frères Kennedy. Se référant à sa volonté de ne se retirer du Vietnam qu'après sa réélection en 1964, JFK avait confié à ses conseillers : « Vous devez comprendre que je ne peux pas me permettre de cumuler autant de défaites en une année. »

Outre les propos des proches et fidèles conseillers de JFK, un document archivé de la Maison-Blanche confirme le projet de Kennedy d'un retrait total de l'implication américaine au Sud-Vietnam. Le 11 octobre 1963, le président signa un *National Security Action Memorandum*, le NSAM 263, prévoyant le retour de mille premiers conseillers militaires vers la fin de 1963. L'ordre de Kennedy ne sera jamais ratifié ; son assassinat survint six semaines plus tard. Moins d'une semaine après l'assassinat de Dallas, le nouveau président Johnson prit, à contre-pied, l'initiative de Kennedy du retrait du Vietnam ! Il signa, à son tour, un *National Security Action Memorandum*, le NSAM 273 ; un engagement militaire musclé au Sud-Vietnam afin de lutter contre la « conspiration communiste ». La suite historique est connue : cet investissement massif dans la guerre au Sud-est asiatique durera douze ans et ôtera la vie à environ deux-millions de Vietnamiens et à 58 000 soldats américains.[194]

Les « faucons » de Washington voulaient en finir avec la politique d'apaisement envers les communistes de Cuba et de l'Union Soviétique que préparait le président pour l'entériner au cours de son second mandat. William Attwood, l'assistant de l'ambassadeur américain aux Nations-Unies, se vit confier la mission de se mettre discrètement en rapport avec le leader cubain. Fidel Castro était-il intéressé par un dialogue avec John

---

[194] James W. Douglass. JFK and the Unspeakable: Why he died and why it matters. Touchstone 2010

Kennedy ? Une réponse positive viendra de Castro, sous l'influence de Khrouchtchev qui l'avait incité à développer une relation de confiance avec Kennedy. En janvier 1986, Attwood confia à deux journalistes britanniques, qu'il pensait que des soupçons de complot contre JFK pesaient sur certains agents contestataires de la CIA et sur des exilés cubains anti-Castro.[195] Il était convaincu que « les négociations secrètes avec Cuba avaient été, pour les comploteurs, 'la goutte d'eau qui avait fait déborder le vase' » et que « ce fut à ce moment qu'ils décidèrent de tuer Kennedy ».

Le rapprochement de John Kennedy et de Nikita Khrouchtchev fut gardé dans le plus grand secret : en juillet 1993, respectant le *Freedom of Information Act*, le Département d'État américain répondit à la demande d'un journal canadien en publiant la communication épistolaire, privée et confidentielle, entre les deux leaders de la Guerre Froide - une correspondance confidentielle qui débuta en septembre 1961 pour durer deux ans.[196] Ennemis d'hier, ces deux hommes exprimaient, dans 21 lettres archivées, leur volonté de créer de bonnes conditions pour une coexistence pacifique essentielle et durable entre leurs deux pays.

La haine contre le président et son frère, Robert Kennedy, *Attorney General* sous son administration, se manifestait de toutes parts. Wall Street, les magnats de l'industrie pétrolière, de l'industrie de l'acier, de l'industrie de l'armement, les gros éditeurs de la presse, les « faucons » du Pentagone, la CIA et la Mafia, tous caressaient l'espoir de voir le président évincé. Il leur était inimaginable de supporter quatre ans de plus sous la domination du clan Kennedy. Les opposants de JFK voyaient en lui un traître de la nation, un ennemi du grand capitalisme, un danger pour la sécurité militaire et le « prestige du pays ». Leurs commentaires – les réunions du Conseil de Sécurité Nationale à la Maison-Blanche étaient toutes enregistrées secrètement par le président - l'ont attesté. Le 20 juillet 1961, le président sortit furieux d'une de ces réunions, consterné de s'être fait demander

---

[195] David Talbot – Brothers, The Hidden History of the Kennedy Years – 2007

[196] James W. Douglass. JFK and the Unspeakable: Why he died and why it matters. Touchstone 2010

par le *Joint Chiefs of Staff*, le Général Lemnitzer, et par le directeur de la CIA, Allen Dulles, d'approuver un plan d'attaque nucléaire contre l'Union Soviétique. Quand il fut sorti de la salle de réunion, on l'entendit lancer sèchement à son Secrétaire d'État : « et nous nous appelons l'espèce humaine ! » [197]

Défiant le président, Curtis LeMay, l'*Air Force Chief of Staff*, sans doute le « conseiller » militaire le plus hostile à son égard, estimant que le blocus de Cuba, lors de la Crise des Missiles, était aussi mauvais que les accords de Munich en 1938, avait osé déclarer « Je ne vois pas d'autre alternative qu'une intervention militaire directe, tout de suite. » [198]

*Cui bono* ? À qui le crime a-t-il donc profité ? Les mobiles des ennemis de John Kennedy ne manquaient pas : la CIA, la Mafia, les Anti-Castro, l'industrie pétrolière, l'industrie de l'acier, l'industrie de l'armement, les forces militaires des États-Unis, tous estimaient que JFK avait dérangé l'ordre de ce pouvoir élitiste et qu'il devait le payer de sa vie.

Parce que la Commission Warren n'avait pu prouver, sans l'ombre d'un doute, les mobiles, les moyens et l'opportunité d'Oswald, l'assassin présumé, ceux qui avaient une opinion contraire et qui ne voyaient dans le rapport Warren qu'une duperie, mirent leur ardeur, pendant des décennies, à avancer les preuves solides et irréfutables d'un complot et de son camouflage.

La dernière enquête menée par le gouvernement américain sur l'assassinat du Président Kennedy fut celle du *House Select Committee on Assassinations* (HSCA) en 1977. Au bout de deux ans et demi d'investigation, la conclusion du comité évoqua un complot : « Sur les bases des preuves dont il dispose, le comité considère que le Président John F. Kennedy fut probablement assassiné à la suite d'une conspiration. Le comité n'est pas en

---

[197] McGeorge Bundy, Danger and Survival, 354; Dean Rusk, As I Saw It 246-247

[198] James W. Douglass. JFK and the Unspeakable: Why he died and why it matters. Touchstone 2010)

mesure d'identifier l'autre tireur ni l'ampleur de la conspiration. » [199]

Le HSCA se basa sur les résultats d'une étude acoustique menée à Dealey Plaza, le lieu de l'assassinat. Des experts en acoustique purent en effet identifier quatre coups de feu dont l'un provenait du « *Grassy Knoll* », le tertre herbeux, face à la progression de la limousine, et non pas uniquement de l'entrepôt des livres scolaires. Le comité écarta la complicité des gouvernements cubains et soviétiques, celle des services secrets, du FBI et de la CIA également. Toutefois, il n'exclut pas l'implication possible de personnes liées au Crime Organisé ou à des groupes anti-Castro. Le comité fut convaincu qu'Oswald avait eu des complices ou qu'on l'avait manipulé pour être le bouc émissaire. Tout proche de toucher la vérité, *le House Select Committee on Assassinations*, dut néanmoins couper court à son investigation en raison d'énormes pressions politiques, d'un manque de fonds et de temps.

Bien des années après avoir remis leur rapport, quelques membres de la Commission Warren émirent pourtant des critiques sur son enquête. Le doute portait principalement sur la blessure dans le dos du Président Kennedy située bien plus bas que sa blessure à la gorge, contrairement à ce que le rapport affirmait, et sur l'implication d'Oswald avec le FBI et la CIA. Allen Dulles, l'ancien directeur de la CIA, limogé par Kennedy après le fiasco de la Baie des Cochons, mais qui fut, par ironie du sort, membre très actif de la Commission Warren, mit toute son ardeur pour duper le public américain. La Commission Warren mena en fait une méthode d'investigation totalement éhontée puisqu'elle procéda en sens inverse : au lieu de prouver le mobile, les opportunités et les moyens de Lee Harvey Oswald à commettre l'assassinat, elle désigna d'emblée le coupable puis se fourvoya dans une entreprise « ingénieuse » afin de coller les indices et les preuves sur une conclusion préconçue ! Alors qu'elle le savait pertinemment bien, elle camoufla les faits qu'Oswald et Ruby (son assassin) se connaissaient, qu'Oswald avait eu des

---

[199] Findings of the Select Committee on Assassinations in the Assassination of President John F. Kennedy in Dallas, Tex., November 22, 1963, Section C

liens avec le renseignement américain et que le fait de tirer trois coups de feu en 5.6 secondes du *Texas School Book Depository* était une impossibilité.

Pour mener à bien le complot contre John Kennedy, il fallut d'énormes moyens financiers afin d' « acheter » les exécuteurs de son assassinat. Le *District Attorney* de la Nouvelle-Orléans, Jim Garrison, qui investigua l'assassinat de JFK, jusqu'à intenter un procès contre ses commanditaires, déclara, le 21 septembre 1967, que « l'assassinat du Président Kennedy avait été commandité et financé par une poignée de millionnaires richissimes de l'industrie pétrolière. » Le plus hostile de ces magnats du pétrole texans était H.L. Hunt, l'homme le plus riche de la planète à l'époque.[200]

Parce que la presse n'en parla pas, beaucoup d'Américains sont restés dans l'ignorance et peu ont su que l'attentat réussi de Dallas était le troisième et dernier projet d'élimination de John Kennedy. Deux tentatives précédentes avaient effectivement échoué à Chicago et à Tampa lors des déplacements du président ! Ces tentatives d'assassinat furent rapportées, fin 1994, par le *JFK Assassination Records Review Board*.

La conspiration pour assassiner John Kennedy était bien réelle dans ces deux villes et les services secrets le savaient.[201] Les deux scénarios du complot d'assassinat à Chicago et à Tampa furent pratiquement identiques à celui de Dallas et suivirent le même modus operandi : piéger un tireur solitaire militaire aigri ou pro-Castro, manipulé pour qu'on en fasse un bouc émissaire.[202] Le voyage du président à Chicago fut annulé par l'administration Kennedy à la dernière minute. Le Congrès américain avait pourtant été informé de ces menaces selon le communiqué suivant : « Un agent des services secrets fit savoir au Congrès qu'une menace réelle était lancée à l'égard du président par un groupe d'individus. » Le terme employé par l'agent des services

---

[200] Joachin Joesten. How Kennedy Was Killed (Dawnay, Tandem; 1968

[201] Vince Palamara, Survivor's Guilt

[202] Waldrom Lanar and Hartmann, Thom – Ultimate Sacrifice – New York: Carroll & Graf, 2005

secrets, « par un groupe d'individus », est la parfaite définition légale d'une conspiration !

Le 18 novembre, seulement quatre jours avant que le président ne soit abattu à Dallas, les autorités découvrirent une autre menace sérieuse d'attentat, à l'occasion de sa visite à Tampa, en Floride. John Kennedy, lui-même, apprenant la menace qui pesait contre lui, décida néanmoins qu'il ne pouvait pas se permettre d'annuler son déplacement. Quoi qu'il en fût, la Commission Warren ne sut rien des complots précédant Dallas, car on les lui avait cachés.[203]

John Kennedy fut ainsi traqué méthodiquement dans les dernières semaines de sa vie. Il n'eut malheureusement aucune chance de survivre à l'attentat de Dallas tant sa protection était insuffisante. Dans la ville texane, les mesures de sécurité requises des services secrets furent totalement inadéquates comme nous allons le voir.

Alors que la protection officielle de JFK dans les autres villes américaines et lors de ses déplacements à l'étranger consistait à entourer la limousine de neuf agents de police à moto - trois à l'avant, un de chaque côté et quatre à l'arrière du véhicule - la formation des motards fut curieusement modifiée, à Dallas, le 22 novembre 1963. Quatre motards, seulement, escortaient le président dans les rues de la ville texane, positionnés à l'arrière de la limousine alors que cinq autres motards précédaient la voiture ouvrant le cortège, bien loin devant. Dès lors, le président n'était plus à l'abri des tireurs embusqués, ni de face ni sur les côtés.[204] Puisque le temps était ensoleillé, le dôme en plexiglas de la limousine avait été enlevé (bien que celui-ci n'eût pas été à l'épreuve des balles). La voiture des photographes de presse, qui précédait habituellement la limousine présidentielle, était reléguée à la huitième place à l'arrière du défilé. Le médecin personnel de JFK se retrouva à la queue du défilé et fut mis dans l'impossibilité d'intervenir à temps pour prodiguer des premiers

---

[203] Walt Brown, Ph. D. – The Warren Omission

[204] Jesse Ventura – They Killed Our President – 2013. Skyhorse Publishing, Inc.

soins d'urgence. Les agents des services secrets chargés de la protection présidentielle ne purent avoir accès aux marchepieds de la limousine et furent dans l'impossibilité de courir près du véhicule comme le protocole l'exigeait, car on les avait enjoints de s'en éloigner dès le départ de l'aéroport Lovefield de Dallas (une vidéo de l'époque, sur Internet, décrit l'incroyable décision de leurs supérieurs).[205] Ce ne fut qu'au moment où JFK s'affaissa dans la voiture, atteint mortellement à la tête, que l'agent des services secrets, Clint Hill, décida de bondir sur la plateforme arrière de la limousine.

Dans les faits, un abus d'alcool avait, à coup sûr, provoqué un manque de réactivité chez neufs agents des services secrets de JFK car ils avaient fait la fête, la veille, dans les cabarets de Forth Worth, jusqu'à quatre heures du matin.[206] Leur état physique et mental pouvait, de ce fait, expliquer leur incapacité de réagir à temps à Dealey Plaza, le lendemain matin.

La ville de Dallas avait décidé de faire dévier l'itinéraire du défilé présidentiel pour le faire passer sous les fenêtres du *Texas School Book Depository* ; une faille de plus dans le protocole de sécurité à Dallas. L'auteur de ce changement aurait été Earl Cabell, le maire de Dallas, dont le frère, le Général Charles Cabell, directeur adjoint de la CIA et responsable des opérations clandestines, avait été limogé par le Président Kennedy. Au lieu de faire passer le cortège en sortie du centre-ville, tout droit sur Main Street, en direction du *Dallas Trade Mart* où JFK devait prononcer un discours, on le fit détourner à angle droit sur Houston Street puis en épingle à cheveux sur Elm Street. Cette manœuvre obligeait la longue limousine à réduire considérablement sa vitesse à sept km à l'heure avant de continuer dans la zone d'embuscade où, dans Elm Street, des tireurs d'élites s'étaient positionnés.

Le gérant du *Texas School Book Depository*, Roy Truly, aurait dû recevoir de la police l'ordre d'interdire à quiconque l'accès aux

---

[205] https://www.youtube.com/watch?v=XY02Qkuc_f8

[206] Robert J. Groden and Harrison Edward Livingstone. High Treason: The assassination of JFK. What really happened? The Conservatory Press, 1989

fenêtres des étages supérieurs du bâtiment. Or, Truly n'avait reçu aucune instruction dans ce sens. Lors du passage du défilé présidentiel, d'après des témoins oculaires, des observateurs se trouvaient non seulement aux fenêtres du sixième étage où Oswald était censé avoir guetté la limousine, mais aussi à l'étage en dessous.

James Fetzer résume parfaitement les nombreuses failles de sécurité lors du voyage du président à Dallas : « Il y eut violation de plus d'une douzaine de mesures de protection du président par les services secrets au cours du défilé à Dallas. Absence de protection militaire. Fenêtres des bâtiments non sécurisées. Motards en retrait de la voiture. Agents non positionnés sur les plateformes de la limousine. Voitures du défilé en ordre incorrect. Changement de parcours prévoyant un crochet à plus de 90 degrés. Ralentissement puis quasi arrêt sur Elm Street. Arrêt du véhicule au moment des premiers tirs. Réponse immédiate inexistante des agents. Limousine nettoyée du sang et des matières cérébrales du président devant l'hôpital Parkland avant même que son décès ne soit prononcé (éliminant ainsi des indices pour l'enquête). Limousine démontée puis reconstruite aussitôt, le lundi 24 novembre, jour des obsèques de JFK. Pare-brise remplacé. » [207]

La limousine, représentant la scène du crime, aurait dû être laissée aux experts de la police scientifique. Mais elle fut expédiée à bord d'Air Force One, à destination de Washington, le jour de l'assassinat, puis à l'usine Ford de Detroit, moins de trois jours plus tard, sous l'ordre du Président Johnson. Elle fut démantelée, son intérieur dégarni puis remplacé et le pare-brise démonté (on distingue bien l'impact d'une balle sur les photos prises lors de l'assassinat).[208] Les preuves, notamment celles de la trajectoire balistique et des éclaboussures de sang, avaient disparu à jamais et bien intentionnellement...

[207] Fetzer Ph.D. "Smoking Guns" in the Death of JFK et "Murder in Dealey Plaza"

[208] Douglas P. Horne, referencing Doug Weldon. "Photographic Evidence of Bullet Hole in JFK Limousine Windshield Hiding in Plain Sight. June 2012

Deux jours avant l'assassinat, deux policiers en patrouille avaient remarqué des individus qui se livraient à des exercices de tir, derrière la palissade en bois sur le « *Grassy Knoll* » surplombant Dealey Plaza. Les deux policiers avaient accouru aussitôt sur les lieux, mais au moment d'atteindre la palissade, les suspects avaient déjà pris la fuite dans une voiture garée dans le parking adjacent. Le FBI, informé par les policiers, ne crut pas utile d'en aviser la Commission Warren.[209]

Selon le rapport Warren, en octobre 1959, le très jeune Oswald quitta le corps des Marines pour aller en Union Soviétique. Deux ans et demi plus tard, il revint aux États-Unis, une épouse russe à ses côtés. Pour la Commission Warren, c'était un être violent, sociopathe, affichant ostensiblement un intérêt pour le leader communiste cubain, Fidel Castro. En août 1963, on le vit distribuer des tracts procommunistes « Ne touchez pas à Cuba » dans les rues de la Nouvelle-Orléans pour le mouvement *Fair Play for Cuba Committee*.

Toujours d'après le rapport Warren, Oswald se serait rendu à Mexico pour essayer d'obtenir un visa pour Cuba. Les photos détenues par la CIA sur son séjour dans la capitale mexicaine disparaîtront.[210] Quelques semaines plus tard, Oswald, de retour à Dallas, assassinera le leader du monde libre et sera arrêté le jour même de l'assassinat. Il niera avoir commis ce crime et clamera son innocence avec constance. Entouré de journalistes et de policiers, il sera abattu, deux jours plus tard, en direct, devant les télévisions, par un tenancier de night-club, Jack Ruby, lors de son transfert dans les locaux de la police centrale de Dallas. Un acte sous l'emprise de l'impulsion du moment conclura la commission.

Grâce au travail de la commission « *Assassination Record Review Board* », nous savons que la CIA et le FBI connaissaient bien Oswald, un fait que les deux agences avaient caché de la

---

[209] Lamar Waldron, The Hidden History of the JFK Assassination, Counter Point Berkeley, 2013

[210] Anthony Summers. Conspiracy. Who Killed President Kennedy, Gollancz, May 1980

Commission Warren (tout comme la CIA lui avait caché les complots qu'elle préparait pour assassiner Fidel Castro).[211] Intrigué par le monde secret du renseignement, Oswald s'était engagé dans le corps des *U.S. Marines* et avait été envoyé à Atsugi, la base aérienne américaine au Japon, qui abritait les avions espions U2 de la CIA, un de ses programmes les plus secrets. Il y avait occupé un poste d'opérateur de radar, de septembre 1957 à novembre 1958. Puis, la CIA et l'ONI (*Office of Naval Intelligence*), voyant en lui le potentiel d'un faux transfuge, l'avaient envoyé en Union Soviétique où la CIA pouvait le suivre.[212] Deux ans et demi plus tard, on l'avait fait revenir aux U.S.A. sans qu'on le soupçonnât d'avoir renoncé à sa citoyenneté américaine (il avait remis son passeport à l'ambassade des États-Unis en Union Soviétique : un geste symbolique de déloyauté envers son pays). De retour au pays, avec son épouse russe et leur petite fille, Oswald fut accueilli en homme libre par des responsables du gouvernement américain. Alors que cela se passait au cours d'une période très tendue de la Guerre Froide, non seulement aucune poursuite ne fut lancée contre lui, mais on lui accorda, de surcroît, un prêt financier pour l'aider à se réinsérer dans le pays qu'il avait trahi. On lui remit également un nouveau passeport, vingt-quatre heures après en avoir fait la demande.

Un représentant des Opérations Spéciales de la CIA, William Robert Plumlee, affirma, dans sa déposition sous serment, avoir connu Oswald au centre ONI, dès 1957 et qu'il ne faisait aucun doute pour lui qu' « Oswald était un agent du renseignement militaire ». « Ce n'est pas une allégation, c'est un fait. Je le sais à la fois grâce à mon expérience personnelle et aux témoignages de mes supérieurs.» avait-il dit. [213]

En 1975, Richard Schweiker, le sénateur de Pennsylvanie, qui coprésida le *Senate Sub-Committee*, chargé d'enquêter sur l'assassinat de John Kennedy, résuma le parcours mystérieux d'Oswald en ces termes : « Il avait toutes les empreintes digitales

---

[211] Interview of Jefferson Morley by Jacob M Carter – Before History Dies. 2015

[212] Interview of David Talbot by Jacob M Carter – Before History Dies. 2015

[213] Plumlee William Robert Plumlee, interview with author Jesse Ventura, 12 June 2006

des services du renseignement. » Il affirma que la défection d'Oswald en Union Soviétique, en 1959, était « bidon », et qu'il avait participé, en réalité, à une opération de renseignement dans un programme de faux déserteurs.[214]

À son retour en Amérique, Oswald semblait dépenser plus que son salaire ne lui permettait.[215] Aujourd'hui, il est impossible d'avoir accès aux déclarations fiscales d'Oswald alors que celles de Jack Ruby, son assassin, ont été publiées.

Jesse Curry, le chef de la police de Dallas, admit qu'Oswald « semblait avoir été formé aux techniques d'interrogatoire, tant il résistait parfaitement, et avec calme, aux questions des policiers.»[216] Cette confiance qu'Oswald affichait avec audace pouvait s'interpréter comme celle d'un inculpé qui se savait protégé par ses liens avec les services secrets américains. Entre son arrestation du vendredi après-midi et son assassinat le dimanche matin, on lui attribua ces commentaires : « Appelez donc le FBI et dites-leur que vous détenez Lee Oswald... On saura maintenant vraiment qui je suis... J'attends que quelqu'un se présente pour m'apporter une assistance juridique... » [217]

Car, sachons-le, ce fut bien une opération secrète menée par la CIA, destinée à piéger Oswald en le faisant passer pour un manifestant pro-Castro afin de lui « faire porter le chapeau » pour l'assassinat de John Kennedy. Qui plus est, Oswald était également un informateur du FBI. Un employé du FBI, William Walter, qui travaillait au bureau de la Nouvelle-Orléans, en 1963, déclara au *House Select Committee on Assassinations* qu'Oswald avait bien occupé « une position d'informateur dans notre

[214] David Talbot, Brothers, The Hidden History of the Kennedy Years – 2007 p 381

[215] Robert J. Groden and Harrison Edward Livingstone. High Treason: The assassination of JFK. What really happened? The Conservatory Press, 1989

[216] Jim Marrs – Crossfire: The Plot that Killed Kennedy (Carroll & Graf: 1989), citing Dallas Morning News, Nov. 6, 1969

[217] The Last Words of Lee Harvey Oswald: compiled by Mae Brussell

bureau. » Le propriétaire d'un bar à la Nouvelle-Orléans, Orest Peña, lui-même un informateur du FBI, affirma qu'« il avait vu Oswald en compagnie de l'agent du FBI, de Brueys, à plusieurs reprises. »[218] Ce dernier l'avait menacé physiquement avant sa comparution devant la Commission Warren. Il l'avait averti de ne rien dire sur ce qu'il avait remarqué.

Comme nous l'avons vu, Oswald fut appréhendé par la police dans un cinéma (le *Texas Theater*), peu après le double meurtre présumé de John Kennedy et de l'agent de police Tippit. Selon un scénario possible, Oswald avait rendez-vous, dans le cinéma, avec son contact du renseignement ou avec Jack Ruby, lui-même, qui habitait à proximité. John Martino, l'associé des parrains de la Mafia, Carlos Marcello et Santo Trafficante, confia à un ami qu' « Oswald devait rencontrer son contact au Texas Theater. On devait le rencontrer là et le faire sortir du pays. » [219]

Quel aurait pu être le mobile de Lee Harvey Oswald ? Pour quelles raisons Oswald, affiché comme communiste, aurait-il tué un président qui cherchait à améliorer les relations avec l'Union Soviétique et Cuba ?

La Commission Warren n'a jamais pu établir un mobile solide pour conclure à la culpabilité d'Oswald. Personnage ambigu, il se faisait passer pour un pro-Castro alors qu'il entretenait des liens directs et constants avec un groupe anti-Castro ! Rien ne transpirait de ses mots ni de ses écrits qu'il fût un admirateur de Castro ou qu'il eût une haine contre John Kennedy. Bien au contraire, il admirait le président. Ceux qui le côtoyaient l'affirmaient : George de Mohrenschildt, l'ami protecteur d'Oswald, disait que ce dernier avait un grand respect pour John Kennedy, qu'il l'admirait pour ses positions sur les droits civiques et que, par son dynamisme et sa jeunesse, il représentait un espoir et une force capable de changer le pays. Après son arrestation, Oswald avait d'ailleurs déclaré à la police : « Ma

---

[218] James W. Douglass, JFK and the Unspeakable, Why He Died and Why it Matters, A Touchstone Book, 2008

[219] Lamar Waldron, The Hidden History of the JFK Assassination, Counter Point Berkeley, 2013

femme et moi aimons la famille du président. Ce sont des personnes intéressantes....Je ne suis pas un protestataire : rien ne m'irritait au sujet du président. »[220] Marina Oswald, elle-même, avait précisé que son mari lui avait dit qu'il « aimait et approuvait le président » et qu'il « croyait que pour les États-Unis, en 1963, John Kennedy était le meilleur président que le pays pût espérer avoir. »[221] Oswald avait également dit à sa femme : « Certains blâment le président pour avoir perdu Cuba alors qu'en réalité il veut poursuivre une politique meilleure et tolérante à l'égard de Cuba, mais il n'est pas libre de la mener comme il le souhaite. »

Tout au long de son arrestation, Oswald se posa en victime d'avoir été choisi comme bouc émissaire et ne cessa de clamer son innocence pour les deux meurtres dont il était accusé : « Je n'ai pas tiré sur John Kennedy... Je n'ai pas tué le Président Kennedy ni l'officier Tippit. Si vous voulez m'inculper pour avoir frappé un policier, lors de mon arrestation, oui, là, je me déclare coupable pour ce geste, mais je n'ai tiré sur personne...Je n'ai jamais tué personne. »

Les propos d'Oswald furent analysés, au cours de sa détention, par des techniques modernes de détection du stress dans la voix. Tout indiquait qu'il disait la vérité. L'analyse du test d'évaluation physiologique du stress conclut très clairement qu'Oswald ne mentait pas quand il niait avoir tué le président.[222] Alors que l'homme le plus puissant du monde libre venait d'être abattu et que l'on rejetait la faute sur Oswald, n'a-t-on pas trouvé illogique qu'il ait clamé son innocence, qu'il ait affirmé n'être qu'une victime et qu'il n'ait pas revendiqué, avec fierté, le crime du siècle, ni manifesté le contentement d'avoir réussi l'impossible ?

Ce n'était pourtant pas faute d'avoir demandé une assistance légale. Oswald en fit la requête plusieurs fois devant la télévision nationale. Un avocat de New York, Mark Lane, s'était bien

220 Anthony Lewis- Warren Commission Finds Oswald Guilty and Says Assassin and Ruby Acted Alone. The New York Times 27 September 1964

221 James W. Douglass, JFK and the Unspeakable, Why He Died and Why it Matters, A Touchstone Book, 2008

222 George O'Toole; The Assassination Tapes: An electronic probe into the Murder of John F. Kennedy and the Dallas Cover-up. Penhouse Press, 1975

désigné pour assurer sa défense, mais sa représentation fut déboutée par les autorités.

Aucun témoin ne put localiser formellement Oswald sur la scène du crime. Jesse Curry, le chef de la police de Dallas, l'admit lui-même, beaucoup plus tard, après le drame de Dallas. Il croyait que l'accusation était peu convaincante et qu'il n'y avait aucune preuve attestant un tir effectué par Oswald. « Nous n'avons pas de preuve qu'Oswald a tiré avec un fusil. Personne n'a été capable de le voir dans le bâtiment avec un fusil dans les mains.» [223]

Gardons bien en tête que les tirs sur la limousine présidentielle se produisirent précisément à 12 h 30, lors du passage du défilé présidentiel à Dealey Plaza. Les détails de la chronologie des faits, minute après minute, ont toute leur importance dans ce qui suit.

Vers 11 h 40 - 11 h 45, Oswald se trouve au sixième étage sur son lieu de travail, le *Texas School Book Depository*. Vers 11 h 50, un contremaître l'aperçoit au téléphone au premier étage. Vers midi, quatre témoins le repèrent au réfectoire, au second étage.[224] À 12 h 15, Mrs Carolyn Arnold, une secrétaire du *Texas School Book Depository*, voit Oswald (elle est formelle sur l'heure exacte) quand elle entre dans le réfectoire pour aller boire : « Je ne me souviens pas exactement de ce qu'il faisait », dira-t-elle, « mais je sais juste qu'il était assis, là, sur un siège, sur le côté droit de la salle. Il était seul comme bien souvent et semblait prendre un snack. Je ne lui ai pas parlé, mais je l'ai très bien reconnu. » Arnold ne sera pas appelée à déposer devant la Commission Warren. [225]

Un témoin dans la rue, Howard Brennan, déclarera avoir vu, également vers 12 h 15, deux individus à la fenêtre du sixième étage dont l'un avait un fusil. Il lui sera impossible d'identifier Oswald lors de sa déposition à la police, mais précisera ce que les deux hommes portaient (des vêtements de style et de couleur

<hr>

[223] Jim Marrs - Crossfire: The Plot that Killed Kennedy (Carroll & Graf: 1989), citing Dallas Morning News, Nov. 6, 1969

[224] Lamar Waldron, The Hidden History of the JFK Assassination, Counter Point Berkeley, 2013

[225] James W. Douglass, JFK and the Unspeakable, Why He Died and Why it Matters, A Touchstone Book, 2008

totalement différents de ceux que portait Oswald ce jour-là).[226] Un autre témoin, employé au *Texas School Book Depository*, Bonnie Ray Williams, témoignera ne pas avoir vu Oswald au sixième étage à 12 h 15.

Il était, par ailleurs, impossible pour Oswald de savoir à l'avance que le défilé présidentiel, dont le passage à Dealey Plaza avait été programmé publiquement à 12 h 25, allait avoir cinq minutes de retard ! Sans ce retard, Oswald n'aurait eu que dix minutes pour sortir le fusil démonté de sa cachette, le remonter, ajuster et ouvrir le feu.[227] Il est inconcevable qu'il ait pu monter jusqu'au sixième étage, afin de se positionner en tireur embusqué à la fenêtre, dans un espace de temps aussi court.

Environ deux minutes après les derniers tirs (12 h 30), le policier, Marrion L. Baker, arrête brusquement sa moto devant le *Texas School Book Depository* et se précipite dans le hall du bâtiment où il rencontre Roy Truly, le superviseur du dépôt scolaire. Tous deux prennent l'escalier jusqu'au deuxième étage où, 75 à 90 secondes après les tirs, ils entrevoient, à travers une porte vitrée du réfectoire, Oswald buvant un Coca-Cola, près d'un distributeur de boissons. Après avoir informé Baker qu'Oswald est l'un de ses employés, Truly et le policier continuent la fouille du bâtiment aux étages supérieurs.[228] Plus tard, Baker décrira que Oswald lui avait semblé calme dans le réfectoire.

Mrs R. Reid, gestionnaire administratif du dépôt de livres, avait été témoin de la même scène, quelques instants plus tôt : Oswald, une bouteille de Coca-Cola à la main. Tout comme l'agent Baker, elle affirma, dans son témoignage, qu'Oswald n'était pas hors d'haleine à ce moment précis : « Il ne m'a pas traversé l'esprit qu'il ait pu avoir un rapport avec [l'attentat] tant il était très calme. »

Si l'acte d'avoir assassiné le président des États-Unis avait été commis par Oswald, dans les toutes dernières minutes, les émotions et l'effort d'avoir descendu rapidement quatre étages -

---

[226] Jesse Ventura – They Killed Our President – 2013. Skyhorse Publishing

[227] Anthony Summers- The Kennedy Conspiracy (Sphere Books: 2007, 63)

[228] Anthony Summers - The Kennedy Conspiracy. Sphere Books: 2007, 64)

une respiration rapide ou une transpiration – l'auraient sans aucun doute trahi. Il est improbable qu'Oswald ait pu dévaler, 75 à 90 secondes après le dernier tir, les 72 marches des étages, séparant sa position putative de tireur embusqué au sixième étage du second étage où il avait été aperçu, un coca à la main.

Après le dernier coup de feu, Victoria Elizabeth Adams qui, du quatrième étage, avait descendu les escaliers jusqu'au premier étage pour aller voir ce qui se passait dehors, affirmera avoir pris le même parcours qu'Oswald, que cela lui avait pris 20 à 60 secondes, et qu'elle n'avait rien entendu ni rencontré quiconque dans l'escalier. [229]

Résumons : Oswald avait donc été localisé par plusieurs témoins au réfectoire quinze minutes avant les tirs. Personne ne l'avait vu à la fenêtre du sixième étage, mais au second, deux minutes après les coups de feu. Cela signifie qu'on ne peut pas retenir, dans le cas d'Oswald, les conditions d'opportunité de commettre le crime.

Sans mobile ni opportunité apparents pour tuer John Kennedy, Oswald aurait-il pu disposer, néanmoins, de moyens pour exécuter l'acte, sans complice ?

Les enquêteurs de la Commission Warren retrouvèrent une carabine Mannlicher Carcano et un papier d'emballage censé avoir contenu l'arme démontée, au sixième l'étage d'où Oswald aurait tiré trois coups de feu sur la limousine présidentielle. Ils affirmèrent qu'Oswald avait acheté le fusil par correspondance, sous un nom d'emprunt, et qu'il l'avait transporté dans ce paquet en se rendant à son travail, le matin du 22 novembre 1963, quand Bull Frazier, son ami et collègue, l'avait pris en voiture. Oswald lui avait expliqué que le sac d'emballage contenait des tringles à rideaux.

Le fusil Mannlicher-Carcano était une arme désuète difficilement et incomplètement démontable. À l'arrivée au *Texas School Book Depository*, Frazier fut formel : Oswald portait le paquet le long du corps, une extrémité sous l'aisselle et l'autre

---

[229] Lamar Waldron, The Hidden History of the JFK Assassination, Counter Point Berkeley, 2013

extrémité dans le creux de la main. Il aurait été physiquement impossible de tenir le paquet de cette manière s'il avait contenu le fusil démonté, car en raison de la dimension du corps et du canon, l'arme aurait forcément dépassé et traîné par terre, même pour un homme de taille supérieure à celle d'Oswald. Une fois dans le *Texas School Book Depository*, personne n'aperçut Oswald avec le fusil, le matin du 22 novembre.[230]

Comme preuve de la culpabilité d'Oswald, les enquêteurs de la Commission Warren retrouvèrent des fibres sur la crosse de la carabine qu'ils estimèrent être celles provenant de la chemise qu'Oswald portait quand il fut arrêté au *Texas Theater*. Mais la chemise qu'il avait sur lui au moment de l'assassinat était totalement différente puisqu'il l'avait changée chez sa logeuse avant de se diriger vers le cinéma. [231]

La commission Warren présenta d'autres « preuves » de la culpabilité d'Oswald : une empreinte partielle relevée sur la gâchette du Mannlicher-Carcano et une autre empreinte partielle de la paume de sa main sur le corps du fusil. La correspondance avec les empreintes d'Oswald fut extrêmement douteuse. En outre, ces empreintes partielles ne furent pas décelées par le FBI lors de la saisie du fusil, mais quelques jours plus tard après son décès. Selon Paul Groody, le directeur des pompes funèbres où reposait la dépouille d'Oswald, des responsables du gouvernement étaient passés à la chambre funéraire et avaient exigé qu'ils soient laissés seuls auprès du cercueil. Après leur départ, Groody avait vu des taches d'encre sur les mains d'Oswald qu'il n'avait pas remarquées auparavant. La police de Dallas admit également avoir effectué un complément d'empreintes sur la dépouille d'Oswald.[232] Qu'elles aient pu être apposées, par transfert, sur l'arme après le crime, ne semble pas improbable.

---

[230] Lamar Waldron, The Hidden History of the JFK Assassination, Counter Point Berkeley, 2013

[231] Robert J. Groden and Harrison Edward Livingstone. High Treason: The assassination of JFK. What really happened? The Conservatory Press, 1989

[232] Michael T. Griffih – Was Oswald's Palm Print Planted on the Alleged Murder Weapon? 2012

Oswald fut également testé pour des traces de nitrate résiduelles sur la joue droite, mais les tests furent négatifs ; ce qui prouvait qu'Oswald n'avait pas récemment tiré avec une carabine.[233]

La Commission Warren affirma que le Mannlicher-Carcano appartenait à Oswald en se basant sur deux photographies de lui posant avec ce fusil dans son jardin. Dès que la police les lui eut montrées, Oswald réagit avec méfiance : « Je vais pouvoir démontrer, en temps utile, que ce n'est pas moi sur la photo ….Celle-ci n'est pas la mienne, mais le visage est bien le mien…La photo a été composée par superposition de ma tête. L'autre partie de la photo n'a absolument rien à voir avec moi et je n'ai jamais vu cette photo auparavant. Je m'y connais très bien en photographie et je pourrai vous démontrer que ce n'est pas moi…»[234]

Ces deux photos furent analysées par un grand nombre d'experts. Tout indiquait un montage photographique. Les ombres, par exemple, n'étaient pas logiques : l'ombre sous le nez d'Oswald se trouvait dans une direction totalement différente de celle de l'ombre projetée par son corps. L'arrière-plan sur les deux photos était strictement identique alors que la position du corps d'Oswald avait changé entre les deux clichés ; une impossibilité photographique.

Donc récapitulons : absence de mobile ; insuffisance de preuves d'opportunité et de moyens pour commettre l'assassinat. Tout ceci ne fait pas d'Oswald un coupable et la carence en preuves indéniables l'aurait certainement exonéré dans un procès.

Oswald fut rapidement accusé d'avoir tué l'agent de police J. D. Tippit au cours de sa cavale. Là, encore, en absence de mobile, de moyens, et d'opportunité, on peut fortement douter qu'il ait pu physiquement exécuter le meurtre.

La version gouvernementale conclut rapidement que Tippit avait été abattu par Oswald, car ce dernier s'était réfugié dans un cinéma de la banlieue d'Oak Cliff (où, du reste, Jack Ruby résidait

---

[233] Jesse Ventura – They Killed Our President – 2013. Skyhorse Publishing

[234] The Last Words of Lee Harvey Oswald: compiled by Mae Brussell

non loin). En patrouille, Tippit avait repéré un suspect marchant dans la rue. L'agent de police était alors sorti de sa voiture et, s'apprêtant à dégainer son arme, avait été abattu par l'homme qui avait fait sur lui feu à deux reprises. Il avait pris délibérément le temps de viser sa cible en tirant un dernier coup à bout portant dans la tête.

Lors de son témoignage devant la Commission Warren, la logeuse d'Oswald, Earline Roberts, affirma qu'Oswald était rentré chez elle vers 13 h 00. Elle fut formelle quant à l'heure exacte puisqu'elle regardait les événements à la télévision. Elle déclara avoir vu une voiture de police, avec deux policiers en uniforme à bord, s'arrêter devant son pavillon pendant qu'Oswald se trouvait brièvement dans sa chambre. Elle entendit la voiture klaxonner deux fois avant de repartir. Quand Oswald fut sorti de la maison, sa logeuse l'aperçut à 13 h 04 près d'un arrêt de bus, tout proche de chez elle.

Selon les témoins sur les lieux du crime, l'agent Tippit fut abattu entre 13 h 06 et 13 h 10. Il était physiquement impossible pour Oswald de parcourir à pied, dans le court instant de deux à six minutes, la distance d'un kilomètre et demi séparant sa location du lieu du meurtre de Tippit (lors d'une de mes nombreuses visites à Dallas, j'ai moi-même vérifié cette impossibilité en chronométrant le temps de marche pour couvrir ce parcours).[235]

Le témoin, Acquilla Clemons, mentionna la présence de deux hommes agressant Tippit, dont l'un, armé, « petit et trapu » ne correspondait pas aux descriptions physiques d'Oswald, mais la police de Dallas ignora sa déposition.[236]

L'arme d'Oswald, censé avoir tué le policier, posa un énorme problème aux enquêteurs gouvernementaux, car on retrouva sur la scène du crime des douilles éjectées de deux armes différentes (Western-Winchester et Remington-Peters). L'officier Tippit fut atteint par trois balles dont deux provenaient d'une arme automatique. Quatre coups en totalité avaient été tirés. Mais

---

[235] Jim Garrison; On the Trail of the Assassin: My Investigation and Prosecution of the Murder of President Kennedy. Sheridan square 1988

[236] John Simkin; Acquilla Clemons: Biography. Spartacus Educational, 30 Sept 2012

Oswald possédait un revolver Smith and Wesson Special, de calibre 0.38, celui qu'il était allé chercher chez sa logeuse avant de se rendre au *Texas Theater*.[237] Les revolvers n'éjectent pas de douilles de balles ; on les déloge du barillet. La police affirma pourtant, devant la commission Warren, que l'arme d'Oswald contenait six balles non utilisées dans le barillet, lors de son arrestation dans le cinéma, mais ce fait ne changea pas l'avis de la commission qui s'acharna à lui imputer ce second meurtre.[238]

L'agent de la CIA, John Martino, en lien avec la Mafia, avait connaissance du projet réservé à Oswald ; celui de le faire passer pour un agent de Castro afin de faire porter sur lui la responsabilité de l'assassinat de JFK. Peu de temps avant sa mort, Martino fit la confession suivante : « les anti-Castro avaient manipulé Oswald qui ne savait plus très bien pour qui il travaillait. Il n'avait aucune idée de la raison pour laquelle on l'employait réellement. Il devait rencontrer son contact dans le *Texas Theater*. On devait le rejoindre dans ce cinéma, le faire sortir du pays puis l'éliminer. Mais Oswald changea le cours des choses en voulant s'échapper du cinéma et ils durent faire appel à Jack Ruby pour le tuer. »[239] Les conspirateurs de l'assassinat de Kennedy avaient tout à gagner en éliminant Oswald avant sa dénonciation d'un complot contre le président.[240]
Mais Lee Harvey Oswald ne fut pas le seul bouc émissaire dans cette affaire. Le piège tendu à Oswald eut également des répercussions sur l'Union Soviétique qui se retrouva indirectement impliquée. L'ennemi de la Guerre Froide fut effectivement victime d'une fausse accusation selon laquelle les Russes étaient à l'origine du complot d'assassinat parce qu'ils avaient employé le communiste Lee Harvey Oswald. Le 18

---

[237] Michael T.Griffith; "Did Oswald Shoot Tippit?" A review of Dale Myer's book "With Malice: Lee Harvey Oswald and the Murder of Officer J.D.Tippit" 2002

[238] Gary Fannin, The Innocence of Oswald, 2015

[239] Larry Hancock. Someone Would Have Talked (JFK Lancer 2010), jfkfacts.org. The Mary Ferrell Foundation

[240] Robert J. Groden, The Killing of a President, Vicking Studio Books, 1993

novembre 1963, l'ambassade soviétique, à Washington, reçut une lettre mal typographiée et remplie d'erreurs grammaticales.[241] Elle provenait de Dallas, était datée de neuf jours plus tôt et signée « Lee H. Oswald ». La lettre mentionnait les récentes rencontres d'Oswald à l'ambassade soviétique de Mexico avec Valery Vladimirovirovich Kostikov, le directeur du KGB, chargé des assassinats politiques dans l'hémisphère occidental. Il fallut attendre 1999 pour que cette lettre, incriminant l'Union Soviétique de complicité avec les agissements d'Oswald, soit révélée au peuple américain. La réponse des Soviétiques ne fut en effet révélée qu'à la fin du vingtième siècle, après la chute de l'Union Soviétique. Cette réponse aux insinuations du gouvernement américain fit partie des documents, hautement confidentiels, que détenaient les Soviétiques sur l'assassinat de John Kennedy pendant toutes ces années. Contre toute attente, elle fut remise quarante ans plus tard, en main propre, au Président Bill Clinton par le tout premier président de la Fédération de Russie, Boris Yetsin, lors de leur rencontre, en Allemagne, en juin 1999.

Somme toute, le Président Johnson et l'Union Soviétique, conscients en 1963 que la révélation « bidon » d'un complot communiste visant à assassiner Kennedy aurait provoqué des pressions énormes et le risque de l'entrée en guerre des États-Unis contre l'Union Soviétique, préférèrent temporiser. Les propos de Johnson, lors de son entretien avec le sénateur Richard Russell, membre de la commission Warren, l'attestèrent : « Nous devons sortir cette question [l'assassinat de Kennedy] de ce contexte…Ils disent que Khrouchtchev et Castro ont fait ceci ou fait cela, mais tout cela nous amènera à une guerre qui coûtera la vie à quarante millions d'Américains dans l'heure. »[242]


Rappelons maintenant les faits et avançons les preuves permettant d'affirmer aujourd'hui que des éléments hostiles à

---

[241] James W. Douglass, JFK and the Unspeakable, Why He Died and Why it Matters, A Touchstone Book, 2008

[242] James W. Douglass, JFK and the Unspeakable, Why He Died and Why it Matters, A Touchstone Book, 2008

JFK, issus des agences du renseignement, des exilés anticastristes ou du Crime Organisé, ont été complices d'un véritable coup d'État contre le Président Kennedy, assassinat qu'ils ont camouflé par la suite.

Nous avons la preuve que la CIA s'efforçait à faire croire qu'il existait un lien entre Oswald et un pays communiste, Cuba ou l'Union Soviétique, afin d'accuser les dirigeants de ces pays d'avoir tué John Kennedy. La CIA – du moins, certains agents rebelles de l'agence - cacha sa complicité dans l'assassinat. D'autres complices ont, sans doute, apporté leur aide aux commanditaires du crime : le FBI, les exilés anti-Castro et la Mafia. Tous voyaient, en Kennedy, un traître coupable du fiasco de la Baie des Cochons, de la tentative de rapprochement avec Fidel Castro et de l'Union Soviétique et du retrait amorcé du Vietnam. Le président représentait à leurs yeux l'obstacle à toute invasion de Cuba pour la reconquête des biens américains et des avoirs des anti-Castro que le dictateur cubain avait confisqués.

Dans les premiers jours de son mandat, en 1961, le jeune président, encore inexpérimenté, avait appris, trop tard, que la CIA avait fomenté, à son insu, l'invasion de la Baie des Cochons. Ce plan secret d'invasion de l'île de Cuba, pour se débarrasser de Fidel Castro, avait été préparé par la CIA, avant l'investiture de John Kennedy, sous l'administration précédente du Président Eisenhower et de son Vice-président Nixon.

Allen Dulles, le directeur de la CIA, fut limogé par Kennedy peu de temps après le fiasco de la Baie des Cochons. Par la suite, Dulles allait devenir – par ironie du sort - l'un des sept membres de la Commission Warren chargé de superviser l'enquête sur l'assassinat de JFK !

Kennedy démit également de ses fonctions le Général Charles Cabell, le directeur adjoint de la CIA et principal architecte de la tentative d'invasion. À l'époque de l'assassinat de Kennedy, le frère de Charles Cabell, Earl, n'était d'ailleurs pas moins que le maire de Dallas. Certains y virent la complicité du frère « revanchard », car Earl Cabell contrôlait la police de Dallas et avait pu faciliter ainsi l'arrestation de l'assassin présumé, Lee Harvey Oswald.

Le but de la CIA était de se débarrasser de Fidel Castro (alors qu'elles n'étaient pas autorisées par le Président Kennedy, ces pratiques étaient conjointement menées avec l'aide de la Mafia) puis de reconquérir ce qui avait été perdu à Cuba afin d'assurer de nouveau les intérêts américains. Ce programme, tournant à l'échec, fut alors détourné de son objectif initial pour attenter à la vie du président. Quelques années plus tard, le *District Attorney* de la Nouvelle-Orléans, Jim Garrison, présenta la conclusion de son enquête : l'assassinat de Kennedy était le résultat d'un complot bien organisé, fomenté à la Nouvelle-Orléans par des divers personnages liés à la CIA. Son enquête approfondie permit en effet de mettre en évidence la forte association entre Jack Ruby, Carlos Marcello, le grand patron de la Mafia locale, David Ferrie, son pilote qui servit à ses déplacements pour les opérations anti-Castro (un chapitre sera consacré plus loin à sa mort dont les circonstances restent mystérieuses), Guy Banister, un ancien agent du FBI en contact avec la pègre de la Nouvelle-Orléans, notamment avec Carlos Marcello. Tous avaient des accointances avec la CIA, rendue furieuse par la position hésitante du Président Kennedy qui avait abouti à la débâcle de la Baie des Cochons.[243] Garrison confia à la presse : « Le Président Kennedy fut assassiné pour une raison. Parce qu'il travaillait pour la réconciliation avec l'Union Soviétique et Cuba... Le président périt parce qu'il voulait la paix. »

La CIA voulut faire croire qu'Oswald avait passé des appels téléphoniques aux ambassades de Cuba et de l'Union Soviétique à Mexico. La duperie de la CIA consistait à fabriquer un « faux Oswald », un imposteur, fortement désireux d'aller en Russie ou à Cuba ; un coup monté pour compromettre le vrai Oswald, un gauchiste, et pour le désigner comme bouc émissaire dans l'assassinat de JFK.[244] Les images de caméras de surveillance enregistrant les mouvements des visiteurs et les écoutes téléphoniques des deux ambassades par la CIA, qui cherchait à

---

[243] Donald E. Wilkes Jr, Professor of Law. "Destiny Betrayed: the CIA, Oswald and the JFK Assassination. December 7, 2005

[244] James W. Douglass, JFK and the Unspeakable, Why He Died and Why it Matters, A Touchstone Book, 2008

rendre crédible l'imposture, furent interceptées par le FBI. Tout d'abord, la CIA nia l'existence de ces enregistrements vidéo et audio. Mais quand les enquêteurs de la *House Select Committee on Assassinations* eurent révélé les preuves du FBI sur la duperie du pseudo Oswald (à savoir l'enregistrement de la voix et de la photographie d'un homme corpulent, sans aucune ressemblance physique avec Oswald), la CIA mentit. Elle prétexta que sa surveillance photographique avait tout simplement raté le passage d'Oswald (le vrai), compte tenu que les enregistrements se faisaient sporadiquement et que les bandes audio des appels téléphoniques avaient fait l'objet d'une destruction de routine.[245]

Le mensonge était effectivement l'arme dont se servait Allen Dulles, l'ex-directeur de la CIA, pour maintenir le secret à tout prix. Il s'était adressé aux membres de la commission Warren pour leur dire comment il fallait réagir s'ils étaient questionnés sur les contacts d'Oswald avec le FBI et la CIA : les représentants de ces agences devaient, bien sûr, mentir sous serment.

Comment ne pas s'indigner devant le cynisme de Dulles qui, pour la cérémonie d'inauguration du siège de la CIA, en Virginie, choisit de faire inscrire le verset biblique (Saint Jean VIII-XXXII) sur le mur du hall principal : « Vous connaîtrez la vérité et la vérité vous rendra libres » !

Quant au FBI, le Bureau avait connaissance des liens entre Oswald, Ruby et les agences du renseignement américain. La complicité du FBI dans le camouflage du coup d'État fut sans doute intentionnelle, compte tenu de la haine viscérale que portait son directeur, J. Edgar Hoover, à l'encontre des deux frères Kennedy.[246] Hoover n'avait pas mis plus de 24 heures après l'assassinat du président pour déclarer qu'Oswald était le tueur, sans apporter la moindre preuve. Bien qu'il eût exprimé quelques doutes sur les preuves substantielles de la culpabilité d'Oswald, Hoover resta pourtant convaincu de la nécessité de l'incriminer. D'après la retranscription de l'appel de Hoover au Président

---

[245] David Talbot – Brothers, The Hidden History of the Kennedy Years – 2007

[246] Dick Russell. On the Trail of the JFK Assassins .Skyhorse Publishing: 2008

Johnson, le 23 novembre 1963, le directeur du FBI s'était dit alarmé du manque de preuves : « Les preuves qu'ils détiennent à l'heure actuelle sont loin d'être solides...Le cas est trop mince pour inculper Oswald...Cet homme nie toujours tout. Il ne sait rien sur rien... ».[247] Hale Boggs, du Congrès américain et aussi membre de la Commission Warren, ne cacha pas ses mots sur l'attitude de J. Edgar Hoover : « Les mensonges de Hoover auprès de la commission ont été incroyables : il a menti sur Oswald, sur Ruby, sur leurs compères, les balles tirées, le fusil, sans compter le reste... ».[248]

L'enquête du *District Attorney* de la Nouvelle-Orléans, Jim Garrison, fut entravée par la CIA et le FBI qui avaient tout intérêt à dissimuler les preuves. Le bureau de Jim Garrison fut mis sur écoute téléphonique ; le procureur fit l'objet de calomnies ; l'extradition à la Nouvelle-Orléans qu'il requit pour les témoins ayant fui dans d'autres États fut bloquée et ses demandes pour faire comparaître certains témoins furent rejetées par les juges.[249] Garrison perdra finalement le procès en raison de preuves insuffisantes d'inculpation. Des fuites de dossiers s'étaient produites au profit des avocats de la défense de Clay Shaw, complice présumé dans l'assassinat de John Kennedy. Les auteurs de ces manœuvres - des informateurs du FBI et de la CIA – s'étaient retrouvés au sein même de l'équipe de Garrison.

C'est en se fondant sur le livre du procureur Garrison que le metteur en scène, Oliver Stone, compila, dans un film de trois heures, les inexactitudes, les absurdités, les erreurs de procédure et les mensonges patents de la Commission Warren. Le film « JFK » qui eut un succès mondial retentissant, conclut à la même thèse défendue par Garrison : un complot d'assassinat de JFK organisé puis dissimulé conjointement par la CIA, les exilés anti-Castro, le syndicat du Crime Organisé et par le pouvoir militaro-

---

[247] "White House Transcripts of President Lyndon B. Johnson" November 23. 1963)

[248] Bernard Fensterwald & Michael Ewing; Assassination of JFK: Coincidence or Conspiracy? Kensington Pub Corp 1977

[249] Joan Mellen. A Farewell to Justice: Jim Garrison, JFK's Assassination and the Case That Should Have Changed History. Potomac Books : 2005

industriel… Dans ce complot, Oswald devait être impliqué pour être appréhendé sous l'étiquette d'un sympathisant de Castro afin d'amener le public et les autorités de l'Amérique, révoltés par une telle tragédie, à condamner le gouvernement Castro et à le renverser par la force.[250]

Il est incontestable que la CIA travaillait étroitement avec la Mafia. Au cours de ses auditions, vers le milieu des années 1970, le *Church Committee* découvrit que la CIA avait passé un contrat avec des personnes importantes du Crime Organisé dans le but d'assassiner Fidel Castro.[251] Beaucoup d'historiens pensent aujourd'hui que l'association CIA-Mafia joua certainement un rôle dans le meurtre du Président Kennedy en faisant passer Oswald comme bouc émissaire. En 1979, les enquêtes du Congrès conclurent que JFK avait été tué à la suite d'une probable conspiration fomentée depuis plus d'un an par quatre parrains de la Mafia : Santos Trafficante, Carlos Marcello, Johnny Roselli et Sam Giancana. Ces auteurs des tentatives d'assassinat de Castro, afin de récupérer leur emprise du jeu et de la prostitution à Cuba, avaient le mobile, les moyens et l'opportunité d'assassiner le Président Kennedy.[252] Quand ce dernier eut refusé la couverture aérienne, lors du débarquement de la Baie des Cochons, un membre de la Mafia déclara alors : « Kennedy vient de signer son acte de décès. »[253]

Malgré leur emprise, les caïds de la Mafia ne pouvaient toutefois forger un tel projet d'assassinat sans le concours des agences du renseignement américain. Seules les agences gouvernementales étaient à même de planifier le meurtre et de le dissimuler : manipuler Lee Harvey Oswald, le faire passer pour

---

[250] Lamar Waldron & Thom Hartmann. Ultimate Sacrifice. New York: Carroll & Graf, 2005

[251] "Alleged Assassination Plots Against Foreign Leaders". Interim report of the Select Committee to Study Governmental Operations with Respect to Intelligence Activities, The United States Senate .Final Report April 23, 1976

[252] Lamar Waldron, The Hidden History of the JFK Assassination, Counter Point Berkeley, 2013

[253] Interview de David Scheim par Jacobs M.Carter – Before History Dies – 2015

un bouc émissaire, lui épingler des « preuves » de culpabilité.[254] Le mobile de la Mafia, pour s'allier au complot d'assassinat, était manifeste. La procédure judiciaire menée avec persistance par Robert et John Kennedy à son encontre était sur le point d'aboutir à son démantèlement. Des centaines de personnes au sein de la Mafia allaient, soit comparaître devant la justice et être condamnées, soit mises sous surveillance très étroite, ce qui allait rendre leurs opérations illicites impossibles. L'acharnement des frères Kennedy contre le Crime Organisé dura ainsi jusqu'à la mi-1963.

La Mafia avait également un autre mobile pour s'attaquer à John Kennedy. Elle considérait avoir été trahie par les frères Kennedy qui n'avaient montré aucune reconnaissance après le pacte qui avait été conclu entre la Mafia et le patriarche Joe Kennedy : une aide significative apportée par la Mafia concrétisée par l'achat de voix cruciales dans l'Illinois, ce qui aurait aidé son fils aîné à gagner l'élection présidentielle en 1960.[255] Edward Becker, un proche de Marcello, rapporta les propos du parrain au sujet de Robert Kennedy : « Ne t'inquiète pas sur le sort de ce fils de pute. On va s'occuper de lui. » Mais quand Becker eut rétorqué que des représailles terribles résulteraient si Robert Kennedy était assassiné, Marcello répondit en invoquant un vieux proverbe italien : « Si on veut tuer un chien, on ne coupe pas sa queue, on coupe sa tête. »[256] Le *House Select Committee on Assassinations* reçut la déposition de Becker sous serment et, après avoir enquêté, jugea son récit crédible.

Une conversation édifiante fut également interceptée, peu de temps avant l'assassinat de Kennedy, entre Santo Trafficante et son ami et homme d'affaires, Jose Aleman, qui, plus tard, témoignera sous serment devant le Congrès [257]:

---

[254] Robert J. Groden and Harrison Edward Livingstone. High Treason: The assassination of JFK. What really happened? The Conservatory Press, 1989

[255] Jesse Ventura – They Killed Our President – 2013. Skyhorse Publishing

[256] Lamar Waldron, The Hidden History of the JFK Assassination, Counter Point Berkeley, 2013

[257] Frank Ragano and Selwyn Raab. Mob Lawyer. Waldron and Hartmann. Ultimate Sacrifice

Trafficante : « As-tu vu comment son frère s'en prend à Hoffa ? Crois-moi, ce type Kennedy s'attire des ennuis et il aura ce qu'il mérite. »
Jose Aleman : « Kennedy sera réélu. »
Trafficante : « Tu ne me comprends pas. Kennedy ne tiendra pas jusqu'à l'élection. On va le descendre. »

Un autre épisode révéla la collaboration étroite entre des ultranationalistes de l'extrême droite richissimes et la Mafia dans la planification du complot d'assassinat. La police de Miami avait mis sur écoute Joseph Milteer, un farouche partisan de la suprématie des blancs. Moins de deux semaines avant l'attentat de Dallas, Milteer avait parlé à un informateur de la police de Miami sous couverture, William Somersett, au sujet d'un « projet d'assassiner le président avec un fusil à longue portée du haut d'un bâtiment ». Sur l'enregistrement audio de la police, Milteer déclarait, très ouvertement, que les autorités « interpelleraient quelqu'un dans les quelques heures qui suivraient et qu'ils le jetteraient comme appât au public. » Il avait ajouté que l'assassinat avait été planifié de telle sorte que « la responsabilité serait imputable aux communistes… ou à Castro. ». Milteer avait donné des précisions troublantes : « ce complot était fomenté à la Nouvelle-Orléans et probablement aussi à Miami. Il y avait un tas d'argent impliqué dans le projet provenant non seulement de l'extrême droite, mais également d'hommes puissants qui pouvaient apporter leur contribution tel un politicien de Louisiane en accointance avec Carlos Marcello et Guy Bannister. » La police de Miami remit les enregistrements aux services secrets et au FBI. Ce fut en 2006 que les propos de Milteer furent publiés grâce à des témoins crédibles révélant la relation directe de Milteer avec Guy Banister et autres associés de Carlos Marcello.[258]

Le rôle prépondérant de Jack Ruby dans le Crime Organisé est bien documenté. Il travaillait à Dallas, la ville contrôlée par Carlos

---

[258] Lamar Waldron, The Hidden History of the JFK Assassination, Counter Point Berkeley, 2013

Marcello qui s'apprêtait à recevoir la visite de John Kennedy. Précédemment, Ruby avait apporté une aide au parrain, Santo Trafficante, à Cuba et avait collaboré avec la Mafia de Johnny Roselli à Chicago. Ruby avait joué également un petit rôle dans le réseau de drogue de Marcello et de Trafficante. Comme les relevés des appels téléphoniques de Ruby l'ont prouvé, les patrons de la Mafia avaient plus d'une douzaine d'associés en commun avec Ruby. Le nombre des appels longue distance de Ruby culmina en novembre 1963. On traça ses appels à des associés de la Mafia. Il avait les bons contacts avec la police de Dallas pour faire en sorte d'impliquer un bouc émissaire dans l'assassinat de Dallas et de l'éliminer. Selon des dossiers gouvernementaux, Ruby connaissait au moins sept cents des douze cents policiers de la ville de Dallas dont beaucoup étaient corrompus.[259]

Un contrat fut ainsi dicté par le parrain Marcello obligeant Ruby à éliminer Oswald qui allait, tôt ou tard, rendre compte aux autorités policières du complot d'assassinat. Robert Kennedy connaissait les agissements de Ruby et enquêta aussitôt sur lui après l'assassinat de son frère.[260] Selon un mémorandum du FBI, en date du 24 novembre 1963, quelques heures seulement après l'élimination d'Oswald, l'enquêteur de Robert Kennedy, Walt Sheridan, présenta la preuve selon laquelle, à Chicago, un proche associé de Jimmy Hoffa avait payé Ruby pour sa contribution dans l'assassinat de JFK.[261] La Mafia avait par ailleurs laissé croire à Oswald qu'il s'en sortirait en vrai héros aux yeux du peuple américain, qu'il serait tiré d'affaire et sorti de prison à l'instar des grands chefs mafieux qui bénéficiaient de l'indulgence de juges corrompus.

Selon plusieurs témoins, Jack Ruby connaissait Lee Harvey Oswald. Peu avant l'assassinat de John Kennedy, quatre danseuses du cabaret de Jack Ruby avaient affirmé avoir vu

259 Lamar Waldron, The Hidden History of the JFK Assassination, Counter Point Berkeley, 2013

260 Jacob M. Carter – Before History Dies – 2015, Interview of David Talbot

261 David Talbot – Brothers, The Hidden History of the Kennedy Years – 2007

Oswald parler à Ruby, assis à une table de son night-club. Jack Ruby était même allé les présenter à Oswald.[262]

Bill Chesher, un garagiste qui s'occupait de l'entretien de la voiture de Ruby et Robert Roy, un autre mécanicien, attestèrent que tous deux avaient vu Oswald dans la voiture de Ruby. Robert Oswald admit également que son frère, Lee, et Jack Ruby se connaissaient. [263]

Le profil d'agent de la CIA était évident chez Oswald. On retrouva un appareil de photo d'espion dans ses affaires personnelles, un carnet de notes portant des références à des armes à feu et à des méthodes de reproduction photographique microscopique utilisées en espionnage ainsi qu'un cryptogramme visant à masquer des renseignements et des numéros de téléphone dont l'un d'eux permit de remonter à Jack Ruby.[264]

Sans son rapport final publié en 1979, le *House Select Committee on Assassinations* remit des conclusions retentissantes : « Le meurtre d'Oswald par Ruby n'était pas un acte spontané, mais avait requis de la préméditation.» Le comité estima peu probable que Ruby ait pu pénétrer dans le sous-sol de la police sans complicité. Le fait que les portes d'accès de la police – normalement fermées à clé – étaient restées non verrouillées, le long de la cage d'escalier menant au sous-sol, renforça les soupçons du comité.[265] Il a été également prouvé que le *Dallas Police Department* dissimulait des renseignements pertinents à la Commission Warren au sujet de l'entrée de Ruby sur le lieu du transfert d'Oswald vers sa future prison.

La veille, Ruby avait traqué Oswald avec constance au poste de police, s'efforçant de trouver un policier capable de l'éliminer. L'association de Ruby avec des centaines de policiers rendait cette tâche possible. L'officier de police, Billy Grammer, estimant que

---

[262] Richard Belzer & David Wayne, Hit List, MJF Books New York, 2013

[263] James diEugenio, "JFK: The Ruby Connection" Citizens for Truth about the Kennedy Assassination

[264] Hoke May. "Simple Enciphering System Used to Encode Oswald Notebook – DA. New Orleans States-Item, 13 May 1967

[265] HSCA Final Assassination Report, House Select Committee on Assassinations p 157-158

le meurtre avait bien été planifié et que Ruby ne pouvait pas ne pas passer à l'acte, eut ces propos : « ce n'était pas un acte spontané. » [266]

Le dimanche matin du 24 novembre 1963, le transfert d'Oswald dans une autre prison accusait un retard d'une heure par rapport à l'heure initialement prévue. À 11 h 21, Ruby, armé d'un revolver Colt Cobra, réussit à se mêler à la foule des journalistes dans le garage de la police et, dès qu'Oswald eut été en vue, lui porta un coup mortel dans l'abdomen. Quand on eut transféré le blessé au *Parkland Hospital*, Ruby, en état d'arrestation, sembla extrêmement agité, nerveux et constamment à l'affût de savoir si Oswald était mort ou vivant. Ce ne fut qu'après avoir appris sa mort prononcée à 13 h 07, qu'il se calma selon les révélations du biographe de Carlo Marcello, John H. Davis.[267]

Selon l'opinion de certains témoins présents dans le sous-sol du garage, Oswald aurait pu survivre à la grave blessure causée par le tir de Jack Ruby, mais, avant l'arrivée de l'ambulance, la police avait transporté le blessé dans un bureau, pour le placer sur une table et procéder à une réanimation cardio-pulmonaire par compression thoracique. Cette procédure aurait dû être totalement proscrite chez Oswald, blessé grièvement au flanc gauche de l'abdomen. La balle avait traversé plusieurs organes vitaux et la procédure de réanimation cardio-vasculaire n'avait fait qu'aggraver l'hémorragie interne.[268]

Nous reparlerons plus loin de Jack Ruby dans un chapitre consacré aux conditions de sa détention dans la prison centrale de Dallas, aux revers de son procès puis aux circonstances mystérieuses entourant sa mort.

---

[266] Robert J. Groden and Harrison Edward Livingstone. High Treason: The assassination of JFK. What really happened? The Conservatory Press, 1989

[267] Lamar Waldron, The Hidden History of the JFK Assassination, Counter Point Berkeley, 2013

[268] Robert J. Groden and Harrison Edward Livingstone. High Treason: The assassination of JFK. What really happened? The Conservatory Press, 1989

Prenons maintenant toute la mesure de la condamnation de ce coup d'État en abordant les preuves physiques, balistiques, médicales, photographiques et acoustiques, telles qu'elles ont été ignorées dans le rapport Warren et par ses ardents défenseurs.

Parmi les nombreux badauds et policiers présents à Dealey Plaza pour voir passer le défilé présidentiel, la majorité des témoins réagirent, après les derniers tirs, en se précipitant immédiatement vers le « *Grassy Knoll* » et la clôture en bois délimitant le parking du dépôt ferroviaire, là où, leur semblait-il, étaient partis les coups de feu. Les photographies et les films vidéo de l'époque le prouvent sans conteste.

Plus de cinquante témoins eurent cette réaction spontanée parce qu'ils avaient entendu des coups de feu et vu de la fumée en provenance du tertre herbeux. À coup sûr, un second tireur devait être posté à cet endroit, face à la progression de la limousine présidentielle, pour que ces témoins réagissent de la sorte.

La commission Warren ignora ou minimisa les réactions d'au moins 21 policiers et agents des services secrets dont les sens, stimulés par leur expérience des tirs d'armes à feu, ne pouvaient les trahir. Elle se borna à attribuer ces tirs à un phénomène d'écho et préféra se focaliser sur des témoins sélectionnés qui, eux, assuraient que les tirs ne provenaient pas du tertre herbeux, mais du *Texas School Book Depository* derrière la progression de la limousine.

Le témoin Lee Bowers, bénéficiait d'un point d'observation idéal : la tour d'aiguillage du dépôt ferroviaire, près de Dealey Plaza. Juste avant le passage de la limousine, Bowers affirma avoir vu nettement ce qui se passait derrière la palissade en bois.[269] Vers 11 h 55, il remarqua un break Oldsmobile 1959, maculé de boue rougeâtre, sans marque particulière qui aurait pu l'identifier comme une voiture de police, s'engager lentement dans le parking du dépôt ferroviaire, derrière le « *Grassy Koll* », comme pour explorer le secteur, puis quitter le parking. Vers 12 h 15, une Ford noire 1957 arriva sur les lieux. Le conducteur

---

[269] Lamar Waldron, The Hidden History of the JFK Assassination, Counter Point Berkeley, 2013.

semblait parler dans un micro ou un talkie-walkie. La voiture fit un grand tour du parking puis repartit. Elle fut suivie, vers 12 h 20, par une Chevrolet Impala blanche de 1961, aux vitres sales, qui quitta le parking vers 12 h 25. À 12 h 28, immédiatement avant les tirs, Bowers remarqua deux hommes près de la palissade qui n'étaient pas des cheminots qu'il connaissait. Au moment où les coups furent tirés, à 12 h 30, Bowers vit un flash de lumière et de la fumée près de la palissade, là où les deux hommes s'étaient postés. Un des hommes se tenait debout sur le pare-chocs de la voiture dont l'arrière touchait la palissade. Juste après les tirs, la police trouva plusieurs empreintes de pieds dans la boue à cet endroit. La commission Warren questionna Bowers, l'intimida, et lui dit qu'il se trompait.

Trois cartouches éjectées furent trouvées près de la fenêtre du sixième étage du *Texas School Book Depository* où Oswald était censé être posté. Une balle rata sa cible. Cette balle heurta la chaussée d'Elm Street. Un passant, Jim Tague, fut légèrement blessé à la joue par un des éclats du revêtement de la rue.

Ce tir manqué posa un énorme problème à la Commission Warren. Comme elle devait maintenir sa version du tireur unique, il lui fallait se conformer au nombre de trois tirs et pas un de plus. Elle avança alors l'explication selon laquelle une seule balle avait traversé à la fois le corps de Kennedy et celui du gouverneur du Texas, John Connally, assis devant le président, provoquant de multiples blessures.[270]

Le rapport Warren échafauda alors la théorie de la « Balle Unique » ou, plutôt, de la « Balle Magique », comme ses détracteurs aiment l'appeler ironiquement : une seule balle censée avoir traversé la gorge du président puis frappé le gouverneur, le blessant à la poitrine, au poignet et dans la cuisse. Pour incriminer Oswald, il fallait, à la Commission Warren, inventer cette théorie afin de justifier que cette balle avait été tirée du dépôt de livres scolaires.

---

[270] Sherry P. Fiester, Enemy of the Truth, Myths, Forensics and the Kennedy Assassination, JFK Lancer Productions & Publications. 2012

Quant à la balle qui frappa le président à la tête, les experts en balistique sont formels : elle fut tirée de face (tout comme la balle qui traversa sa gorge) en provenance, soit du « *Grassy Knoll* », soit du viaduc proche. Le film d'Abraham Zapruder (l'admirateur de Kennedy rendu célèbre pour avoir tourné une vidéo amateur de 26 secondes de la scène de l'assassinat), montre que Kennedy fut rejeté violemment vers l'arrière et vers la gauche à l'impact de la balle mortelle. La trajectoire officielle de cette balle frappant la tête du président correspondait à une blessure d'entrée et était incompatible avec un tir provenant de la fenêtre du sixième étage du dépôt de livres scolaires.

Lee Harvey Oswald était un piètre tireur. C'était ce que ses compagnons militaires estimaient à l'époque de son engagement dans les *Marines*. Son dossier prouvait que son score aux tirs était un point au-dessus du minimum et Oswald manquait parfois non seulement le centre de la cible, mais la cible elle-même. On voulut pourtant faire croire qu'un aussi piètre tireur, muni d'une carabine obsolète de la deuxième guerre mondiale – la Mannlicher Carcano trouvée au sixième étage du *Texas School Book Depository* - dont le viseur se trouvait faussé après chaque tir, et, de surcroît, sur une cible mouvante, pouvait surpasser la performance des champions de tir qui furent incapables de réussir l'exploit de tirer trois coups en six secondes - le constat du Warren Report pour la performance attribuée à Oswald. Carlos Hathcock, un des meilleurs combattants des *Marines*, confirma avoir effectué une multitude de tirs à Quantico – la base du *Marines Corps* des États-Unis – dans les mêmes conditions (fusil et munitions identiques) que celles dans lesquelles Oswald était censé avoir opéré. Hathcock résuma l'impossible tâche : « Laissez-moi vous dire ce que nous avons fait à Quantico. Nous avons tout reproduit : l'angle, le champ de tir, la cible mouvante, les contraintes de temps, les obstacles... Je ne sais plus combien de fois nous avons essayé, mais il nous a été impossible de dupliquer ce que la Commission Warren prétendit qu'Oswald pût réussir. » Puis il conclut : « Donc, si moi-même suis incapable de le faire, comment peut-on croire qu'un type non qualifié sur le champ de tir a pu le faire. »[271]

De plus, beaucoup de témoins à Dealey Plaza confirmèrent que deux des tirs étaient très rapprochés ; une double détonation (bang – bang-bang). C'est impossible avec cette carabine de surplus militaire de la Seconde Guerre mondiale, car il faut, après chaque tir, réarmer l'arme et viser de nouveau la cible mouvante.

Rappelons de nouveau qu'afin de rejeter l'existence d'un second tireur, la Commission Warren devait limiter à trois le nombre de tirs sans quoi il aurait été impossible à Oswald de réarmer son fusil à temps. Puisque deux des tirs étaient très rapprochés, une autre arme avait été actionnée par un autre tireur qu'Oswald.

Craig Roberts, vétéran de guerre et ancien tireur d'élite, affirma que le coup mortel avait été causé par une balle de forte vélocité, un missile frangible, compte tenu du processus technique créé par l'impact et de la pression hydrostatique à l'intérieur du crâne du président tel qu'on le vit exploser sur le film de Zapruder. Or, les balles du fusil Mannlicher Carcano, avec lequel le suspect, Oswald, aurait tiré, étaient de vélocité moyenne et correspondaient à des munitions non frangibles.[272]

Il y eut une énorme confusion quant au modèle exact du fusil retrouvé au sixième étage du *Texas School Book Depository*. Selon la version officielle du gouvernement, on trouva un fusil Mannlicher-Carcano que l'on attribua à Oswald parce qu'on avait eu la « preuve » de son achat par correspondance. Or, plusieurs experts en armes à feu ont formellement décrit le fusil découvert au sixième étage, comme étant un Mauser 7.65 millimètres, muni d'une lunette télescopique.[273] Le shérif adjoint Eugene Boone, l'officier Seymour Weitzman du bureau de la police de Dallas, le capitaine Will Fritz, chef de la brigade des homicides, tous, ont témoigné, sous serment, que le fusil retrouvé était bien un Mauser, une arme de pointe efficace, alors que le Mannlicher-

---

[271] Jesse Ventura – They Killed Our President – 2013. Skyhorse Publishing, Inc

[272] Roberts Craig – Kill Zone: A Sniper Looks at Dealey Plaza – 1994. Consolidated Press

[273] Gary Savage – JFK: First Day Evidence. The Shoppe Press: 1993. p 158

Carcano était une « pièce de musée ».[274] Dans la confusion, on a même décrit le fusil comme étant un fusil britannique 0.303 avec lunette télescopique.

Jesse Curry, le responsable de la police de Dallas, fut critiqué pour les manquements et l'inefficacité de ses services lors des événements du 22 novembre 1963. C'est une fois à la retraite qu'il décida de parler sans contrainte : « Je me trouvais dans la voiture de tête du cortège, juste devant la limousine présidentielle, et j'ai aussitôt suspecté que le premier coup venait de face et non pas de l'arrière où se trouvait Oswald. Je ne peux pas dire que je crois à un seul tireur. » [275]

Résumons le nombre de balles tirées dans la zone de tirs. La Commission Warren conclut qu'une même balle avait été tirée du haut vers le bas, qu'elle avait pénétré dans la nuque du président, qu'elle était ressortie à l'avant de la base du cou après avoir déchiré la trachée et, enfin, qu'elle avait traversé le corps du gouverneur Connally à plusieurs endroits. Mais selon l'observation des médecins quant à l'origine bien distincte des blessures - causées par l'entrée ou la sortie du projectile - la balle, qui frappa le dos de Kennedy (à quatorze centimètres environ du col du veston) et non la nuque, provenait de l'arrière. La perforation du veston et celle de la chemise coïncidaient.

Quelques secondes plus tôt, une balle était arrivée de face, avait traversé le pare-brise de la limousine et avait atteint la gorge du président. La balle dans le dos de JFK n'était donc pas celle qui avait pénétré dans sa gorge puisqu'on constata, à l'autopsie, qu'elle n'était pas ressortie du dos.

On a pourtant dissimulé au peuple américain le mépris de Gerald Ford, membre de la Commission Warren (il est devenu, plus tard, le 38e président des États-Unis). Dans un document officiel (conservé dans les coffres pendant une trentaine d'années, puis révélé par l'*Associated Press* en 1997), précisant l'endroit de la blessure causée par l'entrée de la balle dans le dos de JFK, on peut remarquer la fraude commise par Gerald Ford : la correction à

---

[274] Jesse Ventura – They Killed Our President – 2013. Skyhorse Publishing, Inc

[275] Anthony Summers. The Listener: 9 March 1978

l'encre, signée de sa main, plaçant l'entrée de la balle quelques centimètres plus haut dans le dos de Kennedy (près de la nuque) contrairement à ce que le rapport Warren avait mentionné initialement. Ford avait corrigé la position pour mieux coller à la théorie de la « Balle Unique » qui plaçait la trajectoire de la balle entrant dans la nuque pour ressortir au niveau de la gorge !

Car c'est une autre balle qui atteignit John Connally. Dans sa déposition, celui-ci défendit, avec conviction, que la première balle qui l'avait frappé n'était pas celle qui avait atteint le président à la gorge. Juste après avoir entendu le tir, il avait eu en effet le temps de se retourner vers la droite pour entrevoir le président qui portait les mains à son cou et ce fut quand le gouverneur s'était remis en position droite qu'il s'était senti atteint, à son tour, par une autre balle.

L'éminent médecin légiste de Pittsburgh, Cyril Wecht, ancien président de l'*American Academy of Forensic Sciences*, fit un témoignage retentissant devant le *House Select Committee on Assassinations*. Il ironisa sur les conclusions absurdes de la Commission Warren : une balle unique censée avoir traversé quinze obstacles, sept couches de peau, environ trente-huit centimètres de tissus, déchiré le nœud de la cravate du président, enlevé dix centimètres de la côte de Connally, pulvérisé le radius pour se retrouver presque intacte, sans qu'on ait pu y relever une trace de sang ou de matière organique, sur un brancard au *Parkland Memorial Hospital* où l'on traitait Kennedy et Connally.

Voici ce que Cyril Wecht répondit à la question qu'on lui posait : était-ce bien son opinion qu'aucune balle - la même balle référencée 399 – ne pouvait infliger les blessures à la fois au Président Kennedy et au gouverneur Connally ? [276] «...Mon opinion est qu'aucune balle n'a pu causer toutes ces blessures, pas seulement la [balle] 399, mais quelque balle que ce soit et tout fragment de balle dont nous avons connaissance dans cette affaire...J'ai soulevé des questions quant à la blessure à la tête [du président] et la possibilité de deux tirs presque simultanés, en synchronisation : un premier tir frappant le président à l'arrière de la tête et un second tir sur le côté droit avant de son crâne. »

---

[276] Cyrilwecht.com/journal/archives/jfk/index.php

Puis Wecht ajouta : « Le panel est de l'avis unanime qu'il y a bien eu une trajectoire légèrement ascendante pour la balle qui traversa le [dos du] Président Kennedy. Ceci est capital : comment est-il possible qu'une balle, soi-disant tirée de la fenêtre du sixième étage, ait pu frapper le président dans le dos et suivre une trajectoire légèrement vers le haut ? Rien n'a pu provoquer un changement de trajectoire. Mais, en dépit de cette légère direction ascendante, selon la théorie de la 'Balle Unique', la balle serait ressortie du cou du président et aurait alors effectué un plongeon – telle une montagne russe - pour continuer sa course dans le corps de John Connally, suivant un angle de vingt-cinq degrés d'inclinaison.» [277]

De surcroît, les preuves photographiques – le film de Zapruder notamment– ont confirmé totalement l'impossibilité qu'une seule balle ait pu atteindre à la fois le Président Kennedy et le Gouverneur Connally dans un intervalle de temps de 1 seconde à 1 seconde et demie. On voit sur le film qu'au moment précis où John Kennedy est touché, le gouverneur ne répond pas à l'impact de la balle : il tient toujours son chapeau à la main droite. Selon la théorie de la « Balle Unique », le poignet de Connally aurait dû être frappé par cette balle, brisant les os et sectionnant complètement le nerf radial, mais on ne détecte pas de trace de sang sur la manchette de sa chemise ! [278] Cette balle ne fut pas retrouvée sur le propre brancard de Connally, comme la Commission Warren l'attesta, mais elle fut repérée par l'ingénieur en chef, Darrell Tomlinson, à côté de deux civières laissées sans surveillance pendant quelques minutes dans le hall de l'hôpital.

La chemise déchirée du gouverneur Connally, qui aurait pu donner des indices sur la trajectoire des balles et sur le profil des projections de sang, lui fut retournée bien lavée et repassée ! Les experts en balistique ne pouvaient plus rien y déceler d'utile.

[277] Robert J. Groden and Harrison Edward Livingstone. High Treason: The assassination of JFK. What really happened? The Conservatory Press, 1989

[278] Robert J. Groden and Harrison Edward Livingstone. High Treason: The assassination of JFK. What really happened? The Conservatory Press, 1989

Par ailleurs, les médecins retrouvèrent, dans le poignet et la cuisse de Connally, de nombreux éclats de balle dont le poids total surpassait très nettement le poids des fragments manquants de la « Balle Unique » ! Le Dr Milton Helpern, médecin légiste en chef de la ville de New York, en précisa les détails : « Avant qu'elle n'ait été tirée, le poids initial de cette balle, à l'état intact, était de l'ordre de 160 à 161 grains [10.38 à 10.42 grammes]. Le poids de la balle retrouvée sur le brancard du *Parkland Hospital*, selon la Commission Warren, était de 158.6 grains [10.27 grammes]. Cette balle n'était, en aucune manière, déformée. Je ne peux pas concevoir qu'après avoir traversé tant de tissus osseux, cette balle n'ait pu perdre que 1.4 à 2.4 grains de son poids d'origine et qu'elle soit ressortie presque intacte sans avoir été déformée.» [279]

Grâce aux bandes d'enregistrement de la Maison-Blanche publiées au cours des récentes années, nous savons maintenant que le Président Lyndon Johnson, lui non plus, ne croyait pas aux conclusions de la Commission Warren. Le 18 septembre 1964, l'entretien téléphonique entre le Président Johnson et le sénateur Richard Russel, lui-même membre de la Commission Warren, fut édifiant. Il apporta une forte caution sur la supercherie autour de la théorie de la « balle unique ». Le sénateur expliquait son dilemme qui l'opposait aux autres membres de la commission : « Ils essayent de prouver que la balle qui frappa Kennedy en premier était la même balle qui transperça le corps de Connally à plusieurs endroits… La commission croit que c'est la même balle. Eh bien, moi, je n'y crois pas ». À cela, Johnson répondit « Moi non plus. » [280]

La balle mortelle qui frappa John Kennedy à la tête, alors que la limousine roulait au pas, vint de face, pénétra sa tempe droite causant une sortie massive de matières cérébrales à l'arrière du crâne et fit projeter son corps vers l'arrière et vers la gauche. Un jeune étudiant en médecine, William Allen Harper, trouva, le

---

[279] Robert J. Groden, The Killing of a President, Vicking Studio Books, 1993

[280] White House tapes of September 18, 1964 at 7.54 pm cited in Donald E. Wilkes, Jr. Professor Law in "JFK Killer Not Alone"

lendemain, sur la chaussée de Dealey Plaza, un morceau d'os crânien mesurant cinq cm par sept cm. On détermina par la suite que le morceau d'os, provenant de la partie occipitale, avait été projeté à cent mètres à l'arrière gauche par rapport à la position assise du président, directement dans l'axe d'un probable tir du « *Grassy Knoll* », ce qui indiquait que le coup mortel avait bien été tiré face à la limousine. Le morceau du crâne, appelé le « *Harper Fragment* », fut remis, pour analyse, au chef du service de pathologie du *Dallas Parkland Hospital*. Celle-ci révéla la présence de plomb suggérant des traces d'impact de balle.

Grâce à l'impressionnant travail de Sherry Fiester, enquêtrice experte en scènes de crime et en balistique, une reconstitution extrêmement détaillée du crime à Dealey Plaza a permis d'affirmer que « la blessure à la tête du Président Kennedy avait été causée par un tir venant de face ». Sur les bases de son étude de l'orientation des projections de sang permettant de déterminer la trajectoire d'un tir d'armes à feu, Sherry Fiester prouva incontestablement ce fait. Sa conclusion fut, par ailleurs, corroborée par le témoignage des deux motards de police, Bobby Hargis et B.J. Martin, qui, escortant la limousine sur ses flancs, légèrement en retrait, furent éclaboussés par le sang et la matière cérébrale du président.[281]

A minima, le nombre de tirs fut donc de cinq : quatre balles blessant grièvement les deux occupants de la limousine et une balle perdue ; un nombre bien supérieur à celui défendu par la Commission Warren sans quoi elle ne pouvait incriminer un seul tireur.

La conjonction des tirs venant de face et de l'arrière, par rapport à la progression de la limousine, prouvait, indéniablement, l'existence d'au moins deux tireurs et donc un complot contre le président américain qui se trouva embusqué au milieu de tirs croisés.

---

[281] Sherry P. Fiester, Enemy of the Truth, Myths, Forensics and the Kennedy Assassination, JFK Lancer Productions & Publications. 2012

La blessure à la gorge et la blessure mortelle à la tête de Kennedy étaient-elles, anatomiquement parlant, des blessures d'entrée ou de sortie ?

L'expertise des médecins intervenant sur le président grièvement blessé au *Parkland Hospital* reposait sur le principe selon lequel, dans un corps humain, la blessure d'entrée provoquée par une balle est petite, de taille plus ou moins égale à celle de la circonférence de la balle et a une apparence lisse tandis qu'une blessure de sortie est beaucoup plus large du fait de l'« explosion » causée par la balle laissant un orifice déchiqueté et irrégulier.

Lors d'une conférence de presse, le Dr Malcolm Perry, le premier chirurgien à traiter le président, au *Parkland Hospital*, affirma qu'une balle d'entrée avait touché sa gorge, renforçant ainsi la preuve d'un tir venant de face.

Mais, au cours de l'autopsie du président, qui allait être pratiquée tard dans la nuit du 22 novembre 1963, au *Bethesda Naval Hospital*, dans le Maryland, une fois la dépouille transférée de Dallas, à bord d'*Air Force One*, le commandant en chef de l'hôpital, l'Amiral Calvin Galloway, ordonnera aux docteurs de ne pas intervenir sur la blessure à la gorge.

Quant à la blessure à la tête, vingt-deux témoins, à Dealey Plaza et au *Parkland Hospital*, affirmèrent avoir vu une blessure massive à la tête, au niveau postérieur droit du crâne du président ; preuve que le coup fatal avait été tiré, face à la limousine. Pas moins de huit médecins, entourant le président au *Parkland Hospital*, certifièrent que l'éclatement crânien correspondait à une blessure de sortie. Cette constatation fut fondée sur leur solide expérience dans le traitement des blessures par armes à feu. [282]

À l'arrivée de JFK dans la salle de traumatisme du *Dallas Parkland Hospital*, le chirurgien, Robert McClelland, s'était positionné pendant de longues minutes, directement derrière la tête du président, alors que ses collègues lui prodiguaient des

---

[282] Aguilar, Gary L., M.D. John F. Kennedy's Fatal Wounds: The Witnesses and the Interpretations. From 1963 to the Present. August 1994, Electronic Assassinations Newsletter

soins intensifs. Des décennies plus tard, il maintiendra sa conviction que le coup fatal porté à la tête du président ne pouvait provenir que de face puisque la blessure qu'il avait pu observer pendant plusieurs minutes, à l'arrière de la tête, était, sans aucun doute, une blessure de sortie de balle : « Toute la partie postérieure droite de sa tête et de son cerveau avait disparu » dit-il. Puis il ajouta : « Quelqu'un resté assis dans l'axe de la tête du président, comme je l'étais, observant l'arrière de celle-ci pendant une douzaine de minutes, à 45 centimètres de distance d'un trou massif de 10 à 15 centimètres de diamètre, ne pouvait se tromper. »[283]

Pratiquement toutes les photographies et les radiographies prises au cours de l'autopsie de JFK, à Bethesda, furent conservées aux Archives Nationales. Une fois « déclassifiées », dans les années 1990, par *l'Assassination Records Review Board*, elles furent examinées par d'éminents experts.

Une incroyable supercherie fut alors révélée : la partie arrière du crâne de Kennedy était intacte sur les photographies et les radiographies ! Pourtant, un large fragment de la partie occipitale de la tête – le « *Harper Fragment* » - avait été éjecté de la boîte crânienne puis retrouvé, le lendemain de l'attentat, à Dealey Plaza. Les experts conclurent donc que les radiographies avaient été maquillées afin de masquer la blessure de sortie massive à l'arrière de la tête.[284] Les techniciens du corps médical qui avaient pris les photos lors de l'autopsie déclarèrent, sous serment, que les photographies disponibles aux Archives Nationales ne correspondaient aucunement à celles qu'ils avaient développées.

L'autopsie du président à Bethesda s'effectua dans des circonstances très suspectes : des officiers militaires américains la contrôlaient ; deux amiraux de la Marine et un général de l'Armée de Terre, qui, tous deux, n'avaient pas de qualifications médicales ! [285] L'autopsie fut confiée à deux médecins

---

[283] Interview of Robert McClelland by Jacob. M. Carter – Before History Dies – 2015

[284] James W. Douglass, JFK and the Unspeakable, Why He Died and Why it Matters, A Touchstone Book, 2008

[285] David Talbot – Brothers, The Hidden History of the Kennedy Years – 2007

pathologistes n'ayant jamais pratiqué d'autopsie sur des corps blessés par balles d'armes à feu ! Des médecins militaires qui assistèrent à l'autopsie furent intimidés et menacés de cour martiale si leurs témoignages déviaient des consignes de leur commandement.

Ce qui dépasse l'entendement fut la réaction du Médecin Commandant Humes à l'issue de l'autopsie qu'il avait pratiquée : il brûla tout simplement l'original de ses notes !

L'autopsie fut réalisée dans un but de camoufler les blessures révélant la provenance de tirs face à la progression de la limousine. Les photographies truquées de l'autopsie, ne présentant aucune section manquante de la partie arrière du crâne, ont, depuis, été largement publiées et sont accessibles sur Internet. L'expert légiste, Dr Cyril Wecht, expliqua la supercherie : « Le cuir chevelu part dans ce cas en gros morceaux. Il est lacéré en raison de l'effet explosif du missile et de la fracture de la calotte crânienne sous-jacente. Les photographies [falsifiées] de l'arrière de la tête du président ne présentent aucune lacération du cuir chevelu. Les lacérations devraient être absolument visibles. » Or, l'analyse de ces photographies prouve leur absence. Le cuir chevelu est complètement intact, à l'exception d'un très petit trou. Puis le Dr Wecht reprend : « Les radiographies de la tête du président ne présentent aucun défaut osseux de large taille dans sa partie postérieure... C'est totalement absurde. Vous ne pouvez pas falsifier ces blessures. Vous ne savez pas à quoi vous allez faire face... vous ne pouvez pas reconstruire la structure d'un crâne s'il présente des fractures. Si vous essayez de rassembler les morceaux disloqués et de replacer le cuir chevelu par-dessus pour les masquer, vous pouvez peut-être le faire et prendre des photographies une fois le cuir chevelu superposé, mais une radiographie révélera toujours les lignes de fracture. En essayant de juxtaposer les morceaux disloqués, il n'y a aucun moyen d'opacifier les lignes de fracture. » [286]

---

[286] Robert J. Groden and Harrison Edward Livingstone. High Treason: The assassination of JFK. What really happened? The Conservatory Press, 1989

Le Dr David W. Mantik, expert en radio-oncologie et docteur en physique, examina, lui aussi, les radiographies du crâne de John Kennedy, prises lors de l'autopsie puis conservées aux Archives Nationales, afin de déterminer leur authenticité. Il utilisa un densimètre optique pour mesurer les niveaux de luminosité correspondant à différentes parties des radiographies officielles. Selon ce procédé, les parties d'un corps les plus denses produisent naturellement des images plus blanches et les cavités produisent des images plus sombres. Mantik fut surpris par le contraste frappant des radiographies, entre le devant et l'arrière du crâne de Kennedy, également visible à l'œil nu. En mesurant la densité optique de ces radiographies, il fit une découverte étonnante. La partie blanche postérieure du crâne transmettait presque mille fois plus de lumière que la partie sombre. Il y avait bien trop de densité osseuse visible dans la partie postérieure par rapport à la partie antérieure. Dès lors, les radiographies ne pouvaient être qu'une composition d'images. Les résultats des tests de densité optique révélèrent ainsi une infâme manipulation : on avait placé un patch sur la radiographie d'origine afin de couvrir la partie postérieure du crâne, correspondant au vide laissé par l'éjection du « *Harper Fragment* » découvert à Dealey Plaza.[287] Mantik avait ainsi mis en évidence la supercherie ; la dissimulation d'une blessure de sortie de balle.

Prenons conscience également que le cerveau de JFK ne fut jamais retrouvé… Certains pensent que les Archives Nationales le conservent ou qu'il a été enterré avec le président à l'*Arlington Cemetery*, selon les souhaits de la famille Kennedy. Dans une émission de télévision, le Dr Cyril Wecht, déplora que le cerveau n'ait pas fait l'objet de tests d'imagerie de micro-coupes pour déterminer l'origine des blessures et qu'il ait disparu : « Je suis très méfiant. Je crois à une sinistre affaire menée à très haut niveau afin de dissimuler les preuves post-assassinat et de s'assurer que le cerveau ne fasse pas l'objet d'un examen. On n'a pas pu visualiser l'intérieur [du cerveau]. C'est comme s'il n'avait jamais existé. » [288]

---

[287] David W. Mantik, M.D, Ph. D." The JFK Autopsy Materials: Twenty Conclusions after Nine Visits". November 20-23, 2003:assassinationresearch.com/v2n2/Pittsburgh.pdf

Pouvons-nous encore émettre des doutes quant à cette supercherie ? Une autre preuve sera révélée par les experts en armes à feu. En analysant les radiographies du président, ils identifièrent des fragments de balle logés dans la tête. Le type de balle correspondait incontestablement à une munition à effet explosif. La balle fatale ne pouvait avoir été tirée du fusil Mannlicher Carcano, l'arme imputée à Oswald, car cette carabine obsolète de la deuxième guerre mondiale ne pouvait tirer que des balles à gaine de cuivre d'usage militaire sans fragmentation à l'impact.[289] La vélocité de la balle fut également un autre indicateur : la carabine qu'Oswald était censé avoir utilisée tirait des balles de faible vélocité (environ 2000 pieds par seconde) alors que le certificat de décès, le rapport d'autopsie et le rapport de la Commission Warren concordaient sur le fait que le président avait été tué par des balles de forte vélocité (2600 pieds par seconde et au-delà).

La dépouille du président ne se présenta pas dans les mêmes conditions à l'arrivée au *Bethesda Naval Hospital* qu'à son départ du *Dallas Parkland Hospital*. Le type de cercueil et l'enveloppe mortuaire du corps étaient différentes selon la communication du personnel de chaque hôpital ; un indice que le corps avait été transféré dans un autre cercueil, à l'insu de Jackie Kennedy et du personnel hospitalier de Dallas.[290]

Paul O'Connor, le technicien de la morgue du *Bethesda Naval Hospital*, qui assistait les médecins lors de l'autopsie, déclara avoir réceptionné, à Bethesda, le corps dans un sac mortuaire qu'il ne pouvait absolument pas confondre avec le drap en caoutchouc dans lequel il avait quitté le *Dallas Parkland Hospital*. Il certifia également que le corps était arrivé au *Bethesda Naval Hospital*, séparément de la famille, dans un simple cercueil d'expédition, vingt minutes *avant* l'arrivée à l'hôpital de Jacqueline Kennedy, à bord de l'ambulance transportant un cercueil en bronze en

[288] Robert J. Groden and Harrison Edward Livingstone. High Treason: The assassination of JFK. What really happened? The Conservatory Press, 1989

[289] Jesse Ventura – They Killed Our President – 2013. Skyhorse Publishing

[290] http://jamesfetzer.blogspot.fr/2012/03/what-happened-to-jfks-body-cover-up-on.html

provenance d'*Andrews Air Force Base* où *Air Force One* avait atterri. Un autre assistant militaire, responsable de la réception du corps de Kennedy à Bethesda, Dennis David, confirma que le corps était arrivé dans une ambulance noire, sorte de corbillard, qui transportait un cercueil en métal gris au lieu d'être en bronze.

Aubrey Rike, un assistant ambulancier, et son collègue, Dennis McHuire, confirmèrent la déposition de O'Connor et de David : ils avaient enveloppé la dépouille du président dans un drap en caoutchouc au *Parkland Hospital* et non pas dans un sac mortuaire et l'avaient placée dans un cercueil de haut de gamme en bronze quand il avait quitté Dallas, sans similitude avec un quelconque cercueil d'expédition. Ils affirmèrent, en outre, que la grande partie du cerveau de John Kennedy n'était plus dans sa boîte crânienne. O'Connor déclara que les photographies qu'on lui avait montrées bien après l'autopsie « ne ressemblaient en rien...» Celles qu'il avait vues durant l'autopsie montraient une blessure bien pire qui s'étendait sur toute la partie arrière de la tête. »

En mars 1975, ABC fut la première chaîne de télévision à montrer au public américain, dans son émission *Good Night America*, le film de Zapruder (l'horrible cliché 313 du tir mortel) : le corps du président violemment rejeté vers l'arrière et vers la gauche. Cette émission fut un tournant de l'enquête sur le crime de Dallas. Elle permit un regain de l'intérêt du public pour l'assassinat et provoqua l'ouverture de quatre enquêtes du Congrès sur la probabilité d'un complot. Ce fut à cette même époque que le metteur en scène, Oliver Stone, basa son film « JFK » sur l'argument central selon lequel la blessure mortelle de Kennedy était une blessure d'entrée (tir de face) et qu'il y avait bien eu conspiration (au moins deux tireurs). Le cinéaste se servit du film Zapruder comme la clé de voûte pour reconstituer l'attentat et sur laquelle reposait l'explication du complot.

Grâce à l'analyse minutieuse du film, image par image, et à sa synchronisation, on prouva, sans l'ombre d'un doute, que Kennedy et Connally n'avaient pas été touchés par une même balle (théorie de la « Balle Magique ») et que les deux coups de feu consécutifs, soi-disant tirés du fusil d'Oswald, n'avaient pu être actionnés en une seconde et demie d'intervalle, à moins qu'ils aient été tirés par deux hommes. Oswald, quand bien même il aurait tiré, était dans l'impossibilité de réarmer son fusil, viser sa cible et faire feu en moins de 2.5 secondes. Les tests des tireurs d'élite les plus expérimentés l'avaient prouvé.

Un photographe de l'*Associated Press*, Ike Atgens, prit plusieurs clichés de la limousine lors du passage du défilé devant le bâtiment des livres scolaires. Avant leur publication, la Commission Warren tronqua une des photos. Sans recadrage, on aurait pu voir, quand la première balle frappa le président, que la fenêtre du sixième étage où Oswald était censé être en position de *sniper* était masquée par un grand arbre. Le cliché original fut ensuite détruit par les autorités.[291]

Une autre vidéo fut tournée par Orville Nix, qui se trouvait de l'autre côté d'Elm Street où Zapruder filmait. Son film montrait très clairement que le tir à la tête du président venait de face, le repoussant violemment vers l'arrière. Ce fut à ce moment précis que plusieurs témoins virent un nuage de fumée au niveau du « *Grassy Knoll* ».

Le photographe du *Dallas Morning News*, Tom Dillard, se trouvait huit voitures derrière la limousine présidentielle. Dillard prit une photo du *Texas School Book Depository*, quelques secondes après les tirs ; une vue sur tout le sixième étage. Cette photo, largement publiée depuis l'assassinat, fut reproduite, mais recadrée à l'extrême gauche, pour tronquer la fenêtre du coin sud-ouest du sixième étage. L'expert photographe, Robert Groden, réussit à se procurer la photo originale non tronquée. Suite à ses travaux d'expert sur le négatif, la silhouette de la tête d'un homme trapu est visible. Malgré le grain grossier de la photo, on peut distinguer le contour de la tête, le front, l'ombre des orbites des yeux, les joues et les épaules. La présence d'une seconde personne à cet étage apporte un indice majeur sur l'existence d'une complicité : l'ensemble du sixième étage était, en effet, composé d'une très large pièce, sans mur ni cloison de séparation, avec juste des piliers de soutien. Cette immense pièce est encore

---

[291] Robert J. Groden and Harrison Edward Livingstone. High Treason: The assassination of JFK. What really happened? The Conservatory Press, 1989

visible de nos jours pour qui visite le musée du *Texas School Book Depository* occupant tout cet étage. Quiconque se trouvant au coin sud-ouest du sixième étage, le 22 novembre 1963, à 12 h 30, ne pouvait ignorer la présence d'un tireur embusqué sur ce même l'étage de l'autre côté, à la fenêtre opposée et vice versa. Cette photo prouva ainsi la présence d'au moins deux personnes au sixième étage au moment des tirs.[292]

Sur les photographies « officielles » de l'autopsie, aucune blessure de sortie de balle à l'arrière du crâne n'apparaît. Comme nous l'avons vu dans la section couvrant les preuves médicales, les experts conclurent que la blessure de sortie à l'arrière de la tête avait été « colmatée ». C'est ce que l'agent spécial du FBI, James Sibert, déclara après l'autopsie : « Si je me souviens bien, l'arrière de la tête n'avait rien à voir avec la photo qui est bien trop nette. Juste derrière, là où il y avait une blessure massive, c'est maintenant net. Ma première impression a été que l'arrière de la tête avait pu être reconstruit. »[293] Dès qu'on eut montré la version officielle des photos de l'autopsie à ceux qui avaient vu les blessures infligées à la tête du président à Dallas ou à Bethesda, tous déclarèrent : « Ce ne sont pas les blessures que j'ai vues. » [294]

Les documents rendus publics par l'ARRB, *l'Assassination Record Review Board*, en 1998, révélèrent que les médecins, qui avaient pratiqué l'autopsie du Président Kennedy, auraient pu examiner deux cerveaux différents selon la source des photographies.[295] Ils affirmèrent que les photographies archivées n'étaient pas celles du cerveau de Kennedy, car elles révélaient beaucoup moins de lésions que celles observées sur le président. Celles-ci avaient été maquillées physiquement pour faire disparaître la blessure massive de sortie à l'arrière du crâne.[296]

---

[292] Robert J. Groden, The Killing of a President, Vicking Studio Books, 1993

[293] Parker. First on the Scene: Interviews with Parkland Doctors

[294] Horne, Inside the Assassinations Records Review Board

[295] George Lardner Jr., Archive Photos Not of JFK's Brain, Concludes Aide to Review Board. Washington Post. November 10, 1998

[296] Deb Riechmann, Newly Released JFK Documents Raise Questions About Medical Evidence, Washington Post, November 9, 1998

Selon le témoignage de l'ancien agent du FBI, Francis X. O'Neill Jr., présent le 22 novembre 1963, dans la salle d'autopsie au *Bethesda Naval Hospital*, très peu du cerveau de Kennedy restait dans sa boîte crânienne – environ moins de la moitié. Il ne se souvenait pas que la taille du cerveau fût aussi importante que le montraient les photographies archivées qui, elles, laissaient voir un cerveau plus ou moins entier. De plus, des photographies complémentaires prises par le photographe de la *Navy*, John Stringer, au cours d'un autre examen du cerveau, vraisemblablement le matin du 25 novembre, révélaient un cerveau pratiquement entier. Le Dr David W. Mantik, l'expert en radio-oncologie dont j'ai parlé plus haut, confirma cette anomalie : « Les radiographies officielles ne montrent pas l'état du crâne ou du cerveau tel qu'on le vit au *Parkland Hospital* ».[297]

Une chirurgie clandestine fut ainsi pratiquée au *Bethesda Hospital* au cours de l'autopsie. Elle consista en une large incision de la blessure à la tête, au niveau temporo-pariétal, afin de créer la preuve d'une sortie de balle. Pour l'arrière du crâne, la manipulation consista à éliminer la position et la dimension de « l'explosion » au niveau occipital et à créer une « lésion » de petite taille pour simuler une blessure d'entrée.[298]

En 1978, l'enquête du *House Select Committee on Assassinations* conclut que plus de trois coups de feu avaient été tirés à Dealey Plaza, en contradiction avec la version gouvernementale officielle de 1964, qui, elle, n'en détermina que trois. Cette disparité fut mise en évidence grâce à l'analyse scientifique des tests d'acoustique réalisés sur la bande sonore de la radio d'un motard de police. Celui-ci, serrant de près l'arrière de la voiture

---

[297] David W. Mantik, M.D, Ph. D." The JFK Autopsy Materials: Twenty Conclusions after Nine Visits". November 20-23, 2003:assassinationresearch.com/v2n2/Pittsburgh.pdf

[298] Brian Rooney. "Burying the Truth. Book Review of Doug Horne's Epic Effort. April 2010. JFK: Deep Politics Quarterly

présidentielle, avait laissé, par oubli, sa radio de communication en mode de réception, ce qui avait permis d'enregistrer tous les bruits à Dealey Plaza, y compris les coups de feu. L'analyse scientifique des impulsions sur les bandes sonores révéla au moins six coups de feu tirés de deux lieux différents (devant et derrière, par rapport à la progression de la limousine) et un espace de temps entre deux impulsions, correspondant à des coups de feu, bien trop court pour les attribuer aux tirs de Lee Harvey Oswald. On détermina que l'une des impulsions, en provenance du « *Grassy Knoll* », était suivie d'une autre impulsion survenant moins d'une seconde plus tard. Pour quatre impulsions sur les six enregistrées, il y eut une forte présomption pour que des tireurs embusqués soient positionnés face à la limousine présidentielle au point de jonction entre le pont ferroviaire et la palissade en bois. De l'étude ressortit également la probabilité d'un coup de feu tiré par un homme embusqué au deuxième étage du *Dal-Tex Building,* immeuble voisin du *Texas School Book Depository*, situé derrière par rapport à la progression de la limousine.[299]

En 1976, trois experts, Robert Groden, le Dr Mark Weiss et le Dr Ernest Aschkenasy, présentèrent, au *House Select Committee on Assassinations,* une preuve supplémentaire de l'origine des coups de feu. Leur étude consistait à synchroniser les sons, émis par les coups de feu détectés sur la bande d'enregistrement, avec les images du film de Zapruder. Les sons des deux derniers coups de feu étaient choisis comme points de synchronisation possibles avec le cliché du film captant le tir percutant la tête du président. Les résultats des tests pour déterminer la provenance des tirs furent édifiants. Par rapport au déplacement de la limousine présidentielle, le premier et le second tir provenaient de derrière. Le troisième tir était parti vraisemblablement du « *Grassy Knoll* », donc de face et sur la droite et le quatrième d'un point situé derrière. Pour les deux premiers et les deux derniers coups de feu, les salves avaient été tirées dans un laps de temps trop court entre chaque coup pour les imputer aux tirs de « l'arme d'Oswald ». En

---

[299] Robert J. Groden and Harrison Edward Livingstone. High Treason: The assassination of JFK. What really happened?The Conservatory Press, 1989

synchronisant le son du troisième tir avec l'image du coup fatal, toutes les autres impulsions attribuées à des tirs correspondaient parfaitement au déroulement des images du film de Zapruder et ce troisième tir coïncidait avec la provenance du « *Grassy Knoll* » et non pas avec celle du *Texas School Book Depository*.

Les résultats de cette étude acoustique permirent au *House Select Committee on Assassinations* de conclure leur enquête dans ces termes : « Selon les preuves dont il dispose, le comité estime que le Président John F. Kennedy a été probablement assassiné du fait d'une conspiration. Le comité n'a pas été en mesure d'identifier l'autre tireur ni l'ampleur de la conspiration. »[300] Le conseiller en chef de ce comité, le Professeur G. Robert Blakey, exprima, par la suite, sa frustration quand il eut dû couper court à son enquête : « Ils veulent juste que l'affaire disparaisse. Ils veulent la voiler avec suffisamment d'incertitudes et de questions pour qu'elle ne continue pas à troubler le peuple…Il y eut conspiration pour tuer mon président et le vôtre et, pour une raison qui me dépasse totalement, on ne veut pas que l'on poursuive l'enquête. »[301]

Les sbires du directeur du FBI, J. Edgar Hoover, mirent leur ardeur à contrôler les dépositions des témoins et à les harceler pour qu'ils les modifient si elles ne collaient pas à la version officielle du tireur unique.[302] Certains témoins furent choqués de voir à quel point les enquêteurs du FBI avaient modifié leurs propos ou les avaient remplacés par ceux qu'ils n'avaient jamais exprimés lors de leur déposition.[303]

Quelques mois après les événements de novembre 1963, à Dallas, et même au cours des années suivantes, un nombre non-négligeable de témoins gênants, en lien direct avec l'assassinat de JFK, furent éliminés dans des circonstances mystérieuses. Des

---

[300] US House of Representatives,"Report of the Select Committee on Assassinations, Ninety-fifth Congress, second session" 1979

[301] William E Kelly, "Dealey Plaza Echo Analysis-Acoustical Forensics 101," November 22, 2010: jfkcountercoup.blogspot.com/2010/11/dealey-plaza-echos.html

[302] Jim Marrs, Crossfire. The Plot That Killed JFK

[303] Sylvia Meagher; Accessories After The Fact: The Warren Commission, the Authorities and the Report. Random House 1988

enquêteurs sérieux se penchèrent sur les morts suspectes de témoins - non naturelles, maquillées en suicide ou en accident - survenues après l'assassinat de JFK et constatèrent qu'il était impossible qu'elles ne fussent que de simples coïncidences.[304]

Richard Charnin, expert en mathématiques appliquées, publia, dans le *London Sunday Times*, les résultats de son étude statistique basée sur la corrélation des morts suspectes avec l'assassinat de JFK, telles qu'elles étaient survenues chez des témoins appelés à comparaître dans les quatre enquêtes sur l'assassinat (Commission Warren, procès du procureur Jim Garrison, *Church Senate Intelligence Committee, House Select Committee on Assassinations*).

En se basant sur les taux statistiques de mortalité annuelle, provoquée par des causes majeures, chez 1400 témoins essentiels en rapport avec l'assassinat de JFK, Charnin estima que l'on pouvait s'attendre à la survenue de 214 morts au cours de la période allant de 1964 à 1978 (196 morts naturelles et 18 non naturelles). Or, dans la réalité, les faits avaient été tout à fait différents : au moins 85 morts non naturelles, c'est-à-dire environ cinq fois plus, (50 homicides, 8 suicides, 24 accidents et trois inconnues) avaient frappé la population des témoins et autres personnes clés dans l'affaire de l'assassinat de John Kennedy pendant la période étudiée.[305]

Dès lors, Richard Charnin résuma son étude : « L'analyse statistique est incontestable. Ce n'est pas un exercice théorique. C'est la preuve mathématique qu'une conspiration a bien eu lieu, basée sur des statistiques de mortalité historique des témoins. J'ai prouvé mathématiquement ce que beaucoup ont longtemps soupçonné. La mort non naturelle de dizaines de témoins liés à l'assassinat de JFK ne peut pas être juste une coïncidence. »

Quand bien même les sceptiques ne voient, dans l'incidence de ces morts suspectes et inexpliquées, ayant un lien possible avec l'assassinat de JFK, qu'une théorie farfelue, la preuve statistique

[304] Richard Belzer and David Wayne; Hit List, An in-Depth Investigation into the Mysterious Deaths of Witnesses to the JFK Assassination. Fine Communications 2013

[305] Richard Charnin, "JFK Assassination; A probability Analysis of Unnatural Witness Deaths". 18 May 2012

de la survenue d'une mort brutale chez des témoins gênants en rapport avec l'événement de Dallas est substantielle. Passons en revue brièvement quelques cas.

Le meurtre de l'agent de police Tippit, dans des circonstances douteuses, la mort mystérieuse de Jack Ruby (qui sera traitée dans un autre chapitre) et l'exécution commanditée de Lee Harvey Oswald par Ruby, font, bien sûr, partie de ces statistiques. D'autres témoins et des gros bonnets du Crime Organisé, acteurs majeurs dans la préparation du complot des anti-Castro contre John Kennedy, ont subi le même sort.

William B. Pitzer, *lieutenant-commander* de la Marine des États-Unis, chargé du service de l'audio-visuel à l'hôpital militaire de Bethesda où fut pratiquée l'autopsie scandaleuse de John Kennedy, en savait trop. On l'avait fait venir dans la salle d'autopsie pour gérer les épreuves photographiques. Il ne lui avait pas pris longtemps pour s'apercevoir que les blessures du président avaient été falsifiées. Une semaine plus tard, en observant de plus près les clichés d'un film vidéo pris lors de l'autopsie, il remarqua une petite blessure d'entrée de balle au niveau droit du front du président et une blessure beaucoup plus large à l'arrière de son crâne. Pitzer était déterminé à prouver que Kennedy avait été frappé par une balle venant de face, d'une direction différente de celle retenue officiellement.[306] Le 29 octobre 1966, alors qu'il se préparait à dévoiler publiquement le maquillage des photographies de l'autopsie, Pitzer fut retrouvé mort, dans une mare de sang, dans son bureau du studio de télévision au *Bethesda Hospital*. Ce n'était pas, à l'évidence, un suicide comme la version officielle tentait de le faire croire, mais un « assassinat de sécurité nationale ». On attribua sa mort à un acte volontaire qu'il s'était infligé à l'aide d'une arme à feu dans un moment de dépression. Plus de trente ans après l'assassinat du président, Daniel Marvin, un lieutenant-colonel des forces spéciales de l'armée des États-Unis, put éclaircir les circonstances du meurtre de Pitzer. Pour Marvin, il n'y avait aucun doute : le meurtre avait été commandité par la CIA.[307] Les preuves

---

[306] Richard Belzer & David Wayne, Hit List, MJF Books New York, 2013 p 153-154

[307] Dan Marvin. "Bits and Pieces: A Green Beret on the Periphery of the JFK Assassination" May 1995

contredisant le suicide furent légion. L'analyse des traces de tir sur la victime révéla qu'elle ne pouvait avoir tiré l'arme à feu.[308] Le FBI pratiqua des tests à la paraffine qui décelèrent des traces de poudre non pas sur les mains de Pitzer, mais sur sa blessure à la tête, ce qui signifiait qu'elles provenaient du revolver dont le coup de feu avait été tiré à un mètre du corps de la victime et non à bout portant.[309]

Lee Bowers, comme il a été dit précédemment, fut l'un des principaux témoins à affirmer que plusieurs coups de feu avaient été tirés du « *Grassy Knoll* ». Du haut de la tour d'aiguillage du dépôt ferroviaire, ce cheminot avait remarqué des mouvements suspects de voitures dans le parking, derrière la palissade en bois, juste avant le passage de la limousine présidentielle. Il avait également vu un flash de lumière et de la fumée près de la palissade où deux hommes s'étaient postés.

Le 9 août 1966, Bowers fut tué dans un accident de voiture. Sur une route en pleine ligne droite, son véhicule dévia puis s'écrasa contre un mur. Des témoins oculaires, notamment un officier de la patrouille routière du Texas, déclarèrent avoir vu une autre voiture forcer le véhicule de Bowers à quitter la route.[310]

Mary Pinchot Meyer, femme brillante et séduisante, eut une aventure sentimentale sérieuse avec le Président Kennedy. À sa mort, elle fut convaincue du complot d'assassinat et résolue à le prouver. Elle confia à ses amis qu'elle connaissait des personnes à la CIA et qu'elle pensait que l'agence, aidée de la Mafia et des

---

[308] Heiner. Without Smoking Gun

[309] Allan R.J. Eaglesham & R. Robin Palmer. The Untimely Death of Lieutenant Commander William B. Pitzer: The Physical Evidence. January 1998

[310] John Simkin. "Lee E. Bowers: Biography". Spartacus Educational

exilés cubains, était derrière l'assassinat.[311] Chaque matin, elle avait l'habitude de faire son jogging le long du canal de Georgetown à Washington. Le 12 octobre 1964, on la retrouva morte tout près du canal. Deux balles avaient été tirées à bout portant, l'une à l'arrière de la tête, l'autre dans le cœur. La police locale conclut rapidement à un homicide, sans doute à la suite d'une agression sexuelle. Environ quarante minutes après le meurtre, la police procéda à l'arrestation d'un Afro-Américain, près du canal, et l'inculpa de meurtre. Mais cet homme, plutôt de classe moyenne, se trouva un avocat qui le disculpa totalement. Dès lors, on mit fin à l'enquête sans donner suite. Toutefois, d'anciens tueurs repentis de la CIA, qui avaient été chargés d'éliminer, sous contrat, des individus gênants, révélèrent que la mort de Pinchot Meyer ressemblait fort à un scénario habituel d'élimination par la CIA.[312]

Sam Giancana, patron de la Mafia de Chicago, participa aux tentatives d'assassinat de Fidel Castro préparées par la CIA. Le *Church Committee* du Sénat américain le fit comparaître en justice, mais lui proposa une immunité conditionnelle. En contrepartie de sa déposition confirmant son implication dans les projets échoués de la CIA pour tuer Castro et ses liens avec Jack Ruby, Carlos Marcello et Trafficante dans l'assassinat de JFK, on lui offrit la liberté, une nouvelle identité et la somme de cent-mille dollars. La nuit précédant sa comparution à Washington, Giancana fut assassiné chez lui : un impact de balle derrière la tête et cinq autres autour de la bouche ; un message très clair dans le langage mafieux : le sort réservé à quiconque oserait parler.[313]

Johnny Roselli, membre influent de la Mafia, lui aussi acteur majeur dans la préparation du complot des anti-Castro, devait

---

[311] Peter Janney's. Mary's Mosaic. 2012

[312] Richard Belzer & David Wayne, Hit List, MJF Books New York, 2013 p 151

[313] Craig Roberts & John Armstrong. JFK: The Dead Witnesses (Cumberland Press International: 1994), p 105

témoigner, en juin 1975, devant le *Church Committee*. Pour l'amener à parler du pacte de la CIA avec le Crime Organisé en vue d'assassiner JFK, le comité s'engagea à lui accorder un programme de protection. À soixante-dix ans, Roselli, résigné, redoutant l'extradition, finit par donner le nom de Santo Trafficante, l'acteur majeur impliqué dans l'assassinat de JFK et admit également son rôle dans le complot d'assassinat.[314] Un an plus tard, alors qu'il s'apprêtait à témoigner de nouveau, on retrouva Roselli dans les eaux de la baie de Miami, son corps décomposé et un impact de balle dans la tête. On l'avait garrotté, poignardé et on lui avait scié les bras et les pieds. On repêcha les restes de son corps dans un tonneau de pétrole qui avait perdu son lest. Un des membres du *Church Committee*, Gary Hart, commenta le massacre ; « On tua Roselli de toutes les façons possibles de tuer. »[315]

George de Mohrenschildt, pseudo agent de la CIA, fut appelé à comparaître devant le *House Select Committee on Assassinations* en raison de l'amitié qu'il avait entretenue avec Lee Harvey Oswald. Selon James Southwood, un vétéran du renseignement militaire chargé de suivre Oswald déclara : « Tous les renseignements que je détenais sur Oswald provenaient de George de Mohrenschildt qui les fournissait à la 112e unité du renseignement militaire. »[316]

Un tir d'arme à feu tua George de Mohrenschildt au visage, trois heures après avoir révélé les liens d'Oswald avec la CIA. On conclut au suicide. Mais le protégé d'Oswald avait cru bon d'écrire un manuscrit décrivant Oswald et leur relation amicale que le *House Select Committee on Assassinations* publia en totalité. Il avait écrit, entre autres, que « Lee était innocent dans l'assassinat…et l'on avait prouvé qu'il était plutôt admirateur de Kennedy. »[317]

---

[314] Lamar Waldron, The Hidden History of the JFK Assassination, Counter Point Berkeley, 2013

[315] David Talbot – Brothers, The Hidden History of the Kennedy Years – 2007

[316] Dick Russell. The Man Who Knew Too Much. P 456

[317] HSCA, House Select Committee on Assassinations P186, 132

Melba Christine Marcades (alias Rose Cheramie), l'une des strip-teaseuses du cabaret de Jack Ruby, fut victime d'un meurtre commandité pour avoir informé publiquement de l'imminence de l'assassinat de JFK.

On la trouva blessée, sur le bord d'une route en Louisiane, le 21 novembre 1963, la veille du déplacement de John Kennedy à Dallas. Elle expliqua au personnel de l'hôpital qu'elle avait été éjectée de force d'une voiture conduite par deux hommes qui travaillaient pour Jack Ruby. Les aides-soignants furent en peine de comprendre pourquoi Cheramie était dans un état d'agitation extrême, au bord de l'hystérie, mais ils finirent par comprendre ce qu'elle essayait de dire ; elle n'avait de cesse de clamer qu'elle était au courant qu'un complot pour assassiner le Président Kennedy était en préparation. Le médecin hospitalier qui la suivait signala que « Cheramie était absolument certaine que Kennedy allait être assassiné, à Dallas, le lendemain. Elle le répétait constamment auprès des médecins et des infirmières à son chevet. » Selon ce médecin, Cheramie avait précisé que l'ordre d'exécuter le contrat avait été donné, à la Nouvelle-Orléans, par le Crime Organisé.[318] Mais on ne prit pas au sérieux les rumeurs de Cheramie. Elle était connue pour son addiction à la drogue et avait fait partie d'un petit cercle lié au trafic d'héroïne des mafieux Marcello, Trafficante et de la *French Connection*. On avait découvert également qu'elle avait facilité des passes d'héroïne pour le compte de Ruby. Une fois remise de ses blessures, on la laissa sortir de l'hôpital. En 1965, son corps fut découvert, sur le bas-côté d'une route, après avoir été heurté mortellement par une voiture.

Aujourd'hui, il existe encore des milliers de documents, classés confidentiels, en rapport avec l'assassinat de John Kennedy que le gouvernement dissimule au peuple américain.

Que cache la CIA ? Qu'a-t-elle à craindre que le peuple américain puisse découvrir ? Pourquoi cet acharnement à

---

[318] Lamar Waldron, The Hidden History of the JFK Assassination, Counter Point Berkeley, 2013

maintenir le secret sur un assassinat survenu, il y a près de soixante ans ?

Selon les termes du *President John F Kennedy Assassination Records Collect Act* de 1992, on s'attendait à ce que tous les dossiers secrets sur l'assassinat de JFK fussent rendus publics au plus tard le 26 octobre 2017, avec, toutefois, une réserve : celle d'un veto du président américain et de la décision d'un report du délai de publication si des raisons de sécurité nationale l'emportaient.[319]

Que s'est-il donc passé le 26 octobre 2017 ? Pour faire court, la publication fut loin d'être complète et l'annonce fit plutôt l'effet d'un « pétard mouillé ». On apprit que des documents supplémentaires pouvaient être révélés plus tard, en avril 2018. Mais leur intégralité ne fut pas publiée à cette date, car, sous la pression de la CIA et du FBI, le Président Trump prit la décision d'accorder un nouveau délai.

Il fallut attendre le 15 décembre 2021 pour que l'administration Biden autorise, enfin, la publication de ces dossiers gouvernementaux secrets liés à l'assassinat du Président John F. Kennedy. Mais la divulgation en totalité ou en partie ne porta que sur 10 % des documents !

Si les agences ne proposent pas un nouveau report, pour des raisons de « sécurité nationale », les quelque quinze mille documents « classifiés » restants devraient être divulgués le 15 décembre 2022 par le Président Biden.

Parmi ceux publiés récemment, quels ont été les documents les plus révélateurs ? Qu'avons-nous appris ?

L'ancien journaliste du Washington Post, Jefferson Morley, résume la déconvenue : « Les nouveaux dossiers renseignent plus précisément sur les opérations de surveillance de la CIA concernant les voyages d'Oswald, ses tendances politiques et sa vie personnelle au cours des quatre ans précédant l'assassinat de JFK. Les dossiers affichent la volonté de la CIA d'occulter, du public et des investigateurs, les détails de la surveillance qu'elle exerçait sur Oswald avant l'assassinat, ce qui nous laisse penser

[319] https://www.congress.gov/bill/102nd-congress/senate-bill/3006

que l'enquête de l'assassinat de JFK fut contrôlée et pas nécessairement bâclée. »[320]

La manœuvre gouvernementale pour dissimuler les preuves d'une conspiration fut, dans une certaine mesure, pire que le crime de Dallas, aussi révoltant qu'il put l'être. À l'annonce de l'assassinat de JFK, le peuple américain réagit avec stupeur, colère, mais aussi avec incrédulité, puis il comprit plus tard qu'on lui cachait les ramifications secrètes d'un probable complot. Après plus d'un demi-siècle de mensonges, il est évident que le gouvernement américain renâcle à fournir une explication crédible sur l'assassinat de John Kennedy.

Malgré ce déni de vérité, l'accès à la plupart des dossiers historiques, de source sérieuse, non encore filtrés par le gouvernement, est désormais disponible, notamment sur Internet, et nous permet de mieux comprendre l'énigme de ce crime historique.

En absence de conclusions tangibles, après quatre enquêtes gouvernementales, le meurtre de JFK demeure sans doute l'assassinat politique le plus mystérieux dans l'histoire. Des preuves de culpabilité solides accablent toutefois les nombreux ennemis de John Kennedy qui avaient un intérêt politique et financier à l'éliminer. Tout porte à croire que le président fut assassiné, principalement parce que, activiste pour la paix en fin de mandat, il s'était opposé au maintien des rapports hostiles entre les États-Unis et Cuba et qu'il recherchait un rapprochement avec l'Union Soviétique.

Dès lors que les échecs de déstabilisation de Fidel Castro étaient à répétition, les agences gouvernementales et les services de sécurité nationale des États-Unis, avec l'aide du Crime Organisé, prirent la décision de changer de stratégie en dirigeant les complots non plus contre le dictateur cubain, mais contre Kennedy. En imputant son assassinat aux Cubains, ces agences pensaient avoir un prétexte pour envahir Cuba et reprendre leurs activités lucratives de l'époque pré-Castro sur l'île. Mais, dans le

[320]https://www.salon.com/2018/01/01/the-new-jfk-files-reveal-how-the-cia-tracked-oswald_partner/

but d'éviter un affrontement nucléaire avec les Soviétiques dont le soutien à Cuba était infaillible, l'administration du Président Johnson préféra pratiquer une dissimulation massive du coup d'État mené par les vrais auteurs de l'assassinat. Elle choisit donc de cautionner le subterfuge des agences gouvernementales et des services de sécurité nationale qui avaient échafaudé le plan de faire porter l'accusation sur un bouc émissaire pour duper le peuple américain et le monde. Comme il était impensable que ce sinistre scénario pût être découvert, une opération de camouflage fut entreprise par ces agences, investies d'un pouvoir de contrôle considérable sur le déroulement de quatre enquêtes gouvernementales successives.

# Malcolm X

## (New York, 21 février 1965)

------------------------------------

L'AUDUBON BALLROOM, une salle de spectacle au cœur du ghetto noir de Harlem, à New York, se remplit de 400 personnes, ce dimanche 21 février 1965, pour écouter El-Hajj Malik El-Shabazz, plus connu sous le nom de Malcolm X, le dirigeant de l'*Organization of Afro-American Unity*.

Alors qu'il vient de monter sur le podium et d'adresser sa salutation traditionnelle, « salam alaikum », une bagarre éclate dans les premières rangées de sièges du public où l'on entend quelqu'un crier : « Sors ta main de ma poche ! ».[321]

C'est une diversion : les gardes du corps de Malcolm X quittent l'estrade pour se rendre compte de la situation. Laissant le militant afro-américain sans protection sur le podium, ils se concentrent sur l'agitation de la salle. Ils n'ont pas remarqué qu'un homme est sorti des rangs, muni d'un fusil à canon scié,

[321] Biography Newsletter. The Assassination of Malcolm X. By Tim Ott. Feb 7, 2020

enveloppé dans son trench-coat. Puis, vient une seconde diversion : une bombe fumigène est amorcée dans les rangs du fond de la salle. Comme on s'y attend, les têtes ne sont plus tournées vers l'orateur, mais ont pivoté pour constater le tapage à l'arrière. On ne voit pas l'homme se ruer en direction du prêcheur dont les derniers mots seront : « Du calme, là-bas ! ». L'assaillant actionne le fusil et le touche en pleine poitrine.

Ce n'est pas fini : deux autres hommes se précipitent sur l'estrade et déchargent les balles de leurs armes semi-automatiques. Ils sont venus de l'endroit de la salle où deux hommes se sont chamaillés. Selon des témoins, quatre assaillants auraient, entre temps, pris la fuite par les portes latérales en tirant des coups de feu derrière eux.[322]

Le leader nationaliste noir dont le corps vient d'être criblé de vingt-et-une balles de revolver et d'une décharge de plomb de fusil, s'effondre sur l'estrade, devant son épouse. Betty Shabazz, enceinte, qui s'est d'abord jetée sur ses enfants pour les protéger, se précipite, après coup, vers lui, en hurlant : « Ils ont tué mon mari. »

On conduit Malcolm X au *Columbia Presbyterian Medical Center* voisin, mais les tentatives de reprise d'activité cardiaque échouent. Le militant politique de 39 ans est déclaré mort à 15 h 30.

Figure de proue du mouvement des droits civiques aux États-Unis, Malcolm X - nom qu'il adopta à la place de Malcolm Little, pour symboliser son identité africaine volée selon la pratique esclavagiste du nom imposé par le maître - était un homme dérangeant.

Depuis le début des années cinquante, il suit les enseignements d'Elijah Muhammad, le chef de la *Nation of Islam*. Ceux-ci ont un effet marquant sur le chef religieux afro-américain qui est nommé ministre de cette organisation pendant dix ans. Mais le combattant antiraciste, au parcours politique tumultueux, devient une figure dérangeante, en raison de ses engagements et

---

[322] All that Interesting. The Assassination of Malcolm X. By Natasha Ishak. Published May 27, 2019

de ses appels à la résistance, à l'autodéfense, et au séparatisme racial entre les Américains noirs et blancs.

Les deux hommes finissent par avoir des différents majeurs. Malcolm X condamne publiquement Elijah Muhammad pour ses opérations lucratives, ses affaires illicites et son infidélité extraconjugale en violation directe des enseignements islamiques et l'accuse d'être jaloux de sa popularité.[323] À l'automne 1963, ils ont un profond désaccord à la suite de l'attitude choquante de Malcolm X à l'annonce de l'assassinat du Président John Kennedy. Celui-ci avait alors suggéré qu'il ne fallait pas s'étonner de l'assassinat parce que le président avait tout fait pour ne pas l'éviter et qu'il avait été l'architecte de sa propre chute. Malcolm X avait alors utilisé un vieux proverbe anglais : « Les poulets revenant au perchoir [du poulailler] ne m'ont jamais rendu triste. Cela m'a toujours fait plaisir », une signification proche de : « Qui sème le vent récolte la tempête ».[324]

Pour Elijah Muhammad, c'est une controverse de trop, le signal que le militant est devenu incontrôlable. Le schisme entre les deux hommes s'amplifie et aboutit à la suspension de Malcolm X de ses fonctions dans la *Nation of Islam*.

En mars 1964, Malcolm X quitte la *Nation of Islam* et, deux mois plus tard, fonde deux nouvelles organisations : la *Muslim Mosque, Inc* et l'*Organization of Afro-American Unity*, un groupe non-religieux œuvrant pour unir les noirs américains dans leur lutte pour les droits humains.

Malcolm X devient progressivement un dangereux concurrent pour la *Nation of Islam*.[325] Il est, dès lors, l'objet de harcèlement, de diffamation et de multiples menaces de mort. De nombreux membres de la *Nation of Islam* le voient comme un traître de l'organisation et estiment qu'on doit le tuer. Au cours de l'année qui suit l'éviction de Malcolm X de la *Nation of Islam*, plusieurs

---

[323] The New York Times. Feud within the Black Muslims; Elijah Muhammad, leader of the separatist Negro sect, faces a revolt in his ranks. His disciple, Malcolm X, leader in New York, has set up a rival 'Black Nationalist' political movement. March 22, 1964

[324] The New York Times. "Malcolm X Scores U.S. and Kennedy". December 2, 1963. p. 21.

[325] All that Interesting. The Assassination of Malcolm X. By Natasha Ishak. Published May 27, 2019

tentatives d'assassinat contre sa vie, ont lieu à New York, Boston, Chicago et à Los Angeles.[326] Une semaine avant sa mort, sa maison est détruite dans un incendie provoqué par une bombe. Malcolm X, sa femme et ses 4 enfants, alors que l'explosion s'est produite pendant qu'ils dormaient, sortent toutefois indemnes de leur maison. Personne ne sera inculpé pour cet incident. Devant les journalistes, les propos de Malcolm X : « Je vis comme un homme qui est déjà mort. » traduisent bien le sentiment d'une résignation devant la fatalité.[327] Deux mois avant l'assassinat, Louis Farrakhan, le chef de la *Nation of Islam*, avait écrit que Malcolm X était « un homme digne de mourir.»[328], propos qui poussent Betty Shabazz à l'accuser publiquement de son rôle dans le meurtre de son mari. En mai 2000, tout en regrettant que les propos qu'il avait tenus aient pu inciter à tuer Malcolm X, pour autant Farrakhan se défend d'avoir ordonné l'assassinat.

Bien que l'on ait associé son combat à celui d'autres leaders afro-américains, comme le Dr Martin Luther King Jr., Malcolm X, en véhiculant un message d'extrémisme, représentait une alternative, à l'opposé de l'intégration raciale pacifique voulue par le pasteur baptiste afro-américain. Contrairement aux manifestations non-violentes du célèbre militant pour les droits civiques de la communauté noire aux États-Unis, prônant l'égalité de tous les citoyens, la position de Malcolm X restait campée dans un schéma raciste anti-Blanc. Il revendiquait la légitime défense et la libération des Afro-Américains « par tous les moyens nécessaires », propos qui lui valurent de nombreux ennemis, blancs comme noirs.

Revenons à la scène du crime. Alors que la confusion bat son plein dans l'*Audubon Ballroom,* dès la fin de la fusillade, la police de New York, alertée tardivement, arrive sur les lieux.

---

[326] Center for Contemporary Black History. The Malcolm X Project at Columbia University. The life of Malcolm X.

[327] Biography Newsletter. The Assassination of Malcolm X. By Tim Ott. Feb 7, 2020

[328] CBS 60 minutes. Farrakhan Admission on Malcolm X. May 10, 2000.

Un des assaillants, Thomas Hagan, alias « Talmadge Hayer » a été considérablement ralenti dans sa fuite après avoir reçu une balle à la jambe, tirée par l'un des gardes du corps de Malcolm X. Il est sauvé de justesse par un policier du lynchage de la foule dans la rue. Les autres assaillants ont réussi à s'échapper.

Hayer, qui vient donc d'être interpellé sur les lieux, est accusé d'homicide. La police ne mettra que deux heures, après la fusillade, pour déclarer le meurtre de Malcolm X par des *Black Muslims*, partisans de la *Nation of Islam*, l'organisation avec laquelle il s'était querellé, un an plus tôt.[329]

Hayer reconnaît son rôle dans l'assassinat du leader de la communauté musulmane noire. Les preuves contre lui sont accablantes : on a retrouvé une cartouche 0,45 d'un pistolet dans sa poche et on a décelé son empreinte digitale sur la bombe fumigène.[330]

Puis, dans les jours qui suivent l'assassinat, la police arrête Norman Butler et Thomas Johnson, deux autres membres de la *Nation of Islam*, soupçonnés de complicité. Aucune preuve physique ne lie pourtant ces deux hommes à l'assassinat. La police n'a que des dépositions de témoins oculaires qui se souviennent vaguement de la présence de ces deux hommes dans la salle et du fait qu'ils étaient armés.

Le 25 janvier 1966, le procès des trois accusés débute. Johnson et Butler clament leur innocence. Hayer, lui, déclare qu'ils ne sont effectivement pour rien dans la fusillade. Il nomme, par contre, quatre hommes, tous membres de la *Nation of Islam*, qui auraient planifié le meurtre de Malcolm X, depuis mai 1964.[331] Il précise qu'ils viennent de la branche de la *Nation of Islam*, situé à Newark, dans le New Jersey et non pas de celle de Harlem. Dans une longue déclaration écrite, sous serment, Hayer explique comment il a été recruté par deux comploteurs, Benjamin Thomas et Leon

---

[329] Critical reading. The Assassination of Malcolm X. By Daniel J. Kurland. 2000

[330] ThoughtCo. The Assassination of Malcolm X. By Jennifer Rosenberg. Updated July 09, 2019

[331] Time. The Enduring Mystery of Malcolm X's Assassination. By Josiah Bates. February 20, 2020

Davis, et que deux autres hommes, William Bradley (alias Willie) et Wilber Kinly, les ont ensuite rejoints.

Hayer admet qu'il a bien tiré avec le pistolet 0,45 dont on a retrouvé une cartouche sur lui et précise que Davis a utilisé un pistolet Luger semi-automatique. Quant à Bradley, il s'était assis à une rangée derrière eux, muni d'un fusil à canon scié. Et c'était Kinly qui avait provoqué l'agitation en déclenchant la bombe fumigène.[332]

Norman Butler, arrêté par la police, mais innocenté par Hayer, a bien un alibi. Au procès, son médecin vient témoigner à la barre pour le confirmer : blessé à la jambe, Butler se reposait chez lui, au moment de l'assassinat. Pour autant, il est condamné, comme les deux autres membres de la *Nation of Islam*, après que le jury a estimé qu'Hayer ne cherchait qu'à faire libérer ses complices.[333]

Le 10 mars 1966, les trois hommes, Hayer, Butler et Johnson sont reconnus coupables de meurtre au premier degré et sont condamnés à la prison à perpétuité. Quant au leader de la *Nation of Islam*, Elie Muhammad, il nie toute implication dans l'assassinat, mais déclare que « Malcolm X avait obtenu exactement ce qu'il avait prêché. »

Les trois accusés ne purgeront pas l'intégralité de leur peine et obtiendront une libération conditionnelle. Butler, qui, depuis, a pris le nom de Muhammad Abdul Aziz, est libéré en 1985 et Johnson, alias Khalil Islam, deux ans plus tard, mais décédera, en 2009, après avoir maintenu son innocence jusqu'à sa mort. Quant à Hayer, qui se fait dorénavant appeler Mujahid Halim, il obtient également une libération conditionnelle, en avril 2010, malgré l'indignation de quelques Afro-Américains, après avoir purgé une peine de 44 ans d'emprisonnement et exprimé des profonds regrets pour sa participation à l'assassinat de Malcolm X.

Dans cette affaire, les résultats de l'autopsie du corps de Malcolm X ne nous apprendront pas grand-chose. Le rapport de l'autopsie préliminaire révèle que le défenseur des droits de

---

[332] ThoughtCo. The Assassination of Malcolm X. By Jennifer Rosenberg. Updated July 09, 2019

[333] Time. The Enduring Mystery of Malcolm X's Assassination. By Josiah Bates. February 20, 2020

l'homme afro-américain est mort de multiples blessures par balles de deux calibres différents ainsi que par les plombs du fusil de chasse.[334] Le corps a reçu 21 blessures dont sept dans la poitrine, trois dans les bras, quatre dans les cuisses et les jambes et dix blessures causées par les explosions du fusil de chasse. Deux plombs ont atteint le cœur et l'aorte, ce qui confirme, sans équivoque, que c'est bien le coup de fusil à canon scié qui a tué Malcolm X et non les balles des armes de poing.

Tentons maintenant d'explorer les failles dans l'enquête de la police de New York et de comprendre les motivations de ceux à qui la disparition de Malcolm X pouvait bénéficier.

Au fil des décennies, des zones d'ombre ont continué à planer sur les circonstances exactes de l'assassinat du militant des droits civiques. De nombreux débats et des théories, selon lesquelles non seulement certains membres de la *Nation Of Islam*, mais également d'autres individus liés à des agences gouvernementales américaines, étaient impliqués dans la planification du meurtre, ont enflammé les esprits.

Aussi étrange que cela puisse paraître aujourd'hui, la police ne crut pas utile de sécuriser la scène du crime dans l'*Audubon Ballroom* pour procéder à une analyse médico-légale approfondie. En fait, la salle fut tout simplement nettoyée et on laissa les trous de balle encore bien visibles dans les murs et l'estrade.[335] Selon Liz Mazucci, membre du *Columbia University Center for Contemporary Black History*, l'enquête fut honteusement bâclée. L'*Audubon Ballroom*, qui devait être occupée pour une soirée dansante, à peine quelques heures après l'assassinat, ne fut pas passée au peigne fin, ce qui élimina toute possibilité de rechercher des indices.[336]

Par ailleurs, la police ne mit pas beaucoup d'ardeur dans leur enquête à trouver l'identité des vrais assassins qui, à leur avantage, avaient su créer la confusion dans la salle pour se

---

[334] Critical reading. The Assassination of Malcolm X. By Daniel J. Kurland. 2000

[335] CNN. What really happened to Malcolm X? By Zaheer Ali. February 17, 2015

[336] Time. The Enduring Mystery of Malcolm X's Assassination. By Josiah Bates. February 20, 2020

fondre dans la foule. Les failles évidentes de la police font toujours l'objet d'un débat public aujourd'hui. Elles ont laissé planer le doute sur les circonstances exactes de l'assassinat et ont favorisé l'émergence d'un grand nombre de théories.

Certaines théories attribuent la responsabilité potentielle de l'assassinat à plusieurs groupes dont la CIA et le FBI.[337] Malcolm X se savait d'ailleurs ciblé par ces deux agences et ne cachait pas ses propres soupçons quant au fait qu'elles souhaitaient sa mort. Trois mois avant l'assassinat, lors d'une interview à l'Université d'Oxford, en Angleterre, il avait confié à l'activiste britannique, Tark Ali : « Ils vont bientôt me tuer. » Quand Ali, sous le choc, lui avait demandé qui allait le tuer, le militant politique répondit qu'il « était convaincu que ce serait, soit la *Nation of Islam*, soit le FBI ou les deux. »[338]

Pour la communauté noire de Harlem, l'assassinat de Malcolm X semblait avoir été signé par la police de New York et le FBI, car elle soupçonnait leur complicité dans la lutte contre les appels à la résistance et à l'autodéfense du militant afro-américain.

Constatons les faits : les manifestations des noirs musulmans à Harlem justifiaient habituellement la présence de dizaines de policiers pour assurer la sécurité. Or, au moment de l'assassinat de Malcolm X, on nota une quasi-absence de policiers à l'extérieur de l'*Audubon Ballroom* : seulement deux agents de police étaient postés à l'étage, près d'une porte menant à la salle.[339] Ce jour-là, la sécurité avait supprimé la procédure de fouille, habituellement requise, lors des réunions de la *Nation of Islam*, ce qui avait permis à des assassins armés d'entrer dans la salle sans être détectés. Comment ne pas trouver ce fait troublant ? Malcolm X n'avait jamais refusé la protection de la police d'autant plus qu'il venait de subir des menaces de mort et que sa maison venait d'être ravagée par un incendie causé par une explosion, une semaine plus tôt qui avait failli lui coûter la vie.

---

[337] ThoughtCo. The Assassination of Malcolm X. By Jennifer Rosenberg. Updated July 09, 2019

[338] All that Interesting. The Assassination of Malcolm X. By Natasha Ishak. Published May 27, 2019

[339] Biography Newsletter. The Assassination of Malcolm X. By Tim Ott. Feb 7, 2020

Compte tenu des opinions dérangeantes de Malcolm X et de son affiliation à la *Nation of Islam,* des agents du FBI et du département de la police de New York (NYPD) avaient reçu l'ordre de surveiller de près les activités de l'activiste afro-américain dès le début de sa notoriété publique. Le NYPD disposait à l'époque d'une unité spéciale dédiée, le *Bureau of Special Services,* dont la mission consistait à infiltrer de nombreuses organisations politiques subversives de New York, dont celle de Malcolm X.[340] Dès mars 1953, le FBI avait ouvert un dossier sur Malcolm X et l'avait étroitement surveillé au cours de la décennie suivante, grâce à l'infiltration de ses informateurs au sein même de la *Nation of Islam,* la *Muslim Mosque, Inc* et l'*Organization of Afro-American Unity.*

Ce programme de surveillance est à l'origine des théories selon lesquelles le FBI, informé des menaces d'assassinat contre Malcolm X, aurait laissé le complot se fomenter, en feignant de ne rien voir ; une complicité indirecte du FBI et du NYPD, en quelque sorte, pour manquement au devoir d'assurer, au militant afro-américain, une protection adéquate. J. Edgar Hoover, le directeur du FBI, ne s'était-il pas adressé à ses troupes, en juin 1964, en leur enjoignant de mettre un terme aux agissements du leader nationaliste noir : « Faites quelque chose contre Malcolm X... Assez de cette violence noire à New York. » ?

Ces soupçons sont fortement étayés par ce que nous savons des pratiques du programme de contre-espionnage du FBI. Malgré la condamnation de Hagan, de fervents partisans de Malcolm X, ont estimé que le gouvernement était bien l'un des principaux suspects dans son assassinat.[341] Selon le site en ligne de *Nation of Islam,* l'assassinat de Malcolm X aurait pu s'inscrire dans le programme du COINTELPRO (acronyme de *COunter INTELlligence PROgram*), créé par le FBI, à l'initiative de J. Edgar

---

[340] Time. The Enduring Mystery of Malcolm X's Assassination. By Josiah Bates. February 20, 2020

[341] Newsone. Who Really Killed Malcolm X? Amid Conspiracy Theories, Louis Farrakhan Says He Didn't Do It. By Bruce C.T. Wright. February 21, 2018

Hoover ; une guerre, soutenue par des moyens secrets, contre des organisations politiques subversives et dissidentes.[342]

Il ne faisait aucun doute pour la *Nation of Islam* que J. Edgar Hoover était un ennemi s'acharnant contre l'Amérique noire au cours des années soixante. L'assassinat du Dr Martin Luther King Jr. (que nous couvrirons dans le chapitre suivant), lui aussi victime des harcèlements du programme de contre-espionnage COINTELPRO, survint trois ans plus tard.[343] Les propos de Hoover ne nous laissent pas douter qu'il entretenait une haine envers ces deux hommes qu'il souhaitait voir disparaître. Lors d'une réunion avec le Président Lyndon B. Johnson, le directeur du FBI avait déclaré à leur propos : « Nous n'aurions aucun problème si nous pouvions amener ces deux gars-là à se battre, si nous pouvions les amener à s'entre-tuer ... »[344]

En 2015, la citation dans le *Boston Globe* de Peniel Joseph, professeur d'histoire à la *Tufts University*, fondateur et directeur du *Center for the Study of Race and Democracy*, résuma parfaitement l'absence de consensus quant aux vrais responsables de l'assassinat : « Les agences du renseignement du gouvernement fédéral ont-elles joué des rôles d'omission ou de commission ? Nous aimerions avoir davantage de preuves afin de le savoir pour de bon. Il est grand temps que nous obtenions toutes les informations disponibles. Il est important de comprendre et de ne pas répéter ce genre d'état de surveillance inconstitutionnel qui régnait à cette époque ».

Tout récemment un rebondissement dans cette affaire a heureusement permis de rectifier la version officielle que l'Histoire avait retenue de la disparition de ce combattant antiraciste pour les droits de l'homme.

---

[342] Noi.org. Malcolm X Assassination & FBI COINTELPRO. What Really Happened and Why? Exposing the truth

[343] Newsone. Who Really Killed Malcolm X? Amid Conspiracy Theories, Louis Farrakhan Says He Didn't Do It. By Bruce C.T. Wright. February 21, 2018

[344] Business Insider, France. The life and assassination of Malcolm X, the controversial civil rights activist whose death remains a mystery. By James Pasley February 20 , 2020

C'est en février 2020 qu'est lancée une nouvelle enquête sur l'assassinat de Malcolm X. Le procureur du district de Manhattan, Cyrus Vance Jr., décide effectivement d'enquêter sur de nouveaux indices que la série documentaire Netflix, « Qui a tué Malcolm X ? » venait de révéler dans une enquête minutieuse, en six épisodes, notamment sur les véritables auteurs présumés du meurtre du leader noir légendaire !

Plusieurs investigateurs, non satisfaits de la version officielle des autorités, selon laquelle le mobile de l'assassinat reposait sur des querelles entre deux organisations de noirs musulmans rivales, ont en effet voulu rouvrir le dossier. Un de ces historiens, Zaheer Ali, a longtemps estimé qu'il fallait toujours « garder à l'esprit l'assassinat de Malcolm X comme un exemple de complicité d'État, de duplicité ou d'actes contre la communauté noire. »[345]

Car trop de questions ont été laissées sans réponse. Pourquoi le gouvernement s'est-il refusé d'enquêter sur les agissements des autres suspects ? Pourquoi certains détails dans les fichiers du FBI, déjà publiés sur cet assassinat sont-ils restés occultés ? Qu'attend le département de la police de New York pour publier tous ses dossiers sur l'affaire ? La police a-t-elle bâclé l'enquête ? Pourquoi la justice a-t-elle condamné, à la hâte, Johnson et Butler, à 20 ans de prison, sachant qu'ils clamaient leur innocence, que ce dernier avait un solide alibi et que la description du principal assaillant, recueillie par des témoins fiables, ne correspondait pas à celle des deux inculpés ?

Le bureau du procureur du district de Manhattan a donc examiné de nouveau toute l'affaire avec une volonté de transparence. Il a chargé deux procureurs très respectés pour mener cette nouvelle enquête en collaboration avec l'*Innocence Project*, une organisation, à but non-lucratif, dont les efforts d'exonérer des personnes inculpées à tort comme l'ont été Butler et Johnson ont été loués par les procureurs.[346]

---

[345] Time. The Enduring Mystery of Malcolm X's Assassination. By Josiah Bates. February 20, 2020

[346] Time. The Enduring Mystery of Malcolm X's Assassination. By Josiah Bates. February 20, 2020

Le documentaire de Netflix, « Qui a tué Malcolm X ? » est donc à l'origine de cette nouvelle démarche judiciaire. Des pistes, ignorées jusque-là, sont explorées dans cette docu-série dans le but de mieux comprendre les mobiles qui ont conduit à la disparition du dirigeant musulman et de tenter d'identifier ses vrais assassins.   Trois hypothèses sont alors avancées : [347]
- Le FBI aurait été le principal acteur de l'assassinat.
- La structure du pouvoir blanc en Amérique aurait conspiré pour l'abattre.
- Certains membres de la *Nation of Islam* et anciens « frères » de Malcolm X auraient été également derrière le complot.

La série documentaire est une plongée dans une enquête sérieuse et captivante : elle met à jour des révélations exceptionnelles provenant des documents classifiés du FBI et de l'interview des témoins clé de l'époque disponibles aujourd'hui. Elle explore également des pistes d'enquête négligées sur plusieurs années.

L'historien, Abdur-Rahman Muhammad, qui anime le programme de Netflix, a mené assidûment sa propre enquête sur trente ans. Non convaincu de la culpabilité de Butler et de Johnson, il revient sur les circonstances exactes de l'assassinat de Malcolm X, à travers des interviews avec d'anciens membres de la *Nation of Islam*. Au cours de ses nombreuses visites aux archives, il a passé au peigne fin des documents judiciaires, des dossiers d'enquête et des articles de journaux, vieux de plusieurs décennies.

Dès le premier épisode de la docu-série, Muhammad donne le ton : « La première fois que j'ai vu les blessures par balle, je me suis dit : 'Pourquoi est-ce que l'on ne veut pas aller au fond des choses ?' Alors j'ai commencé à me poser des questions. ... Quelle est la véritable histoire ? »[348]

Muhammad n'est pas le seul à penser que tout n'a pas été dévoilé. La fille de Malcolm X, Ilyasah Shabazz, elle aussi, n'a pas

---

[347] The Atlanta Journal-Constitution. Who shot Malcolm X? Questions loom 55 years after civil rights icon's assassination. By Stephanie Toone. Feb 21, 2020

[348] NPR. Malcolm X Doc Prompts 'Reexamination' Of Iconic Leader's Assassination Investigation. By Vanessa Romo. February 11, 2020

cessé de croire que « ces enquêtes pouvaient apporter clarté et transparence, sur cet acte criminel dévastateur contre ma famille et tous les fidèles dévoués d'un Malcolm bien-aimé. Mon père a vécu sa vie à la recherche de la vérité. Il mérite que nous, tous, également, ayons le même dévouement à faire jaillir la vérité. »[349]

Voyons en détail ce que révèle l'enquête du documentaire Netflix.

Plusieurs questions interpellent l'historien, Muhammad : l'absence de policiers en faction dans l'*Audubon Ballroom* et à l'extérieur, le jour de l'assassinat. Leur arrivée tardive et nonchalante sur les lieux. Il fait valoir le fait que ces failles ont favorisé la fuite des vrais assaillants et l'interpellation, par erreur, de Butler et Johnson, accusés, par la suite, du meurtre, alors que les deux hommes avaient des alibis.[350]

Grâce à l'enquête du documentaire de Netflix, la trace de l'ancien condamné, Butler, est finalement retrouvée. Aujourd'hui, âgé de 81 ans, il clame toujours son innocence, au cours d'une interview sur laquelle nous reviendrons plus loin.

Puis, le documentaire rappelle le témoignage de Mudjahid Abdul Halim, (connu, à l'époque de sa participation au meurtre, sous le nom de Talmadge Hayer ou Thomas Hagan). Celui-ci, repenti, avait confirmé que Butler et Johnson, n'avaient rien à voir avec l'assassinat, et qu'ils avaient été condamnés à tort puisque leur alibi prouvait qu'ils se trouvaient ailleurs que sur les lieux du crime ce jour-là. Le documentaire nous précise également le nom de quatre participants, soupçonnés d'avoir participé au meurtre. Ce 21 février 1965, Benjamin Thomas, Leon Davis, Wilbur Kinly (que l'historien suppose tous décédés depuis) et William Bradley, avaient effectivement accompagné Halim. Ce dernier les avait d'ailleurs dénoncés, à l'époque, comme nous l'avons vu plus haut. Mais, fait nouveau révélé dans le programme, ces quatre suspects venaient d'une mosquée de la *Nation of Islam* à Newark,

---

[349] CNN. The assassination of Malcolm X is being reinvestigated after questions raised in a Netflix series. By Christina Zdanowicz. February 12, 2020

[350] AP News. Netflix series explores the assassination of Malcolm X. By Russell Contreras. February 22, 2020

dans le New Jersey, et n'avaient aucune association avec la mosquée de la *Nation of Islam* à Harlem, comme l'enquête du NYPD de l'époque le prétendait. Butler et Johnson, qui eux étaient bien des membres de la mosquée à Harlem, avaient donc été victimes de la fausse piste, creusée intentionnellement par la police de New York, aboutissant à leur inculpation et à leur incarcération pour le meurtre de Malcolm X. Pourtant, les autorités connaissaient, depuis fort longtemps, l'identité des vrais assaillants. C'était un secret de Polichinelle.[351]

Au cours de son enquête, l'historien, Muhammad, tombe sur un indice troublant : un fichier, jusque-là tenu secret par la police, décrivant l'homme, au fusil de chasse, comme un individu « trapu, à la peau sombre ». Or, cette description physique ne correspond pas à Johnson, qui, lui, a la peau claire.[352]

Puis l'historien découvre que l'homme « trapu, à la peau sombre », est en fait William Bradley, alias Al-Mustafa Shabazz, qu'Hayer avait identifié, dix ans après son incarcération, comme celui qui avait tiré le coup mortel du fusil de chasse.[353] De plus, le document de la police découvert par Muhammad, prouve que Bradley était bien membre de la mosquée de Newark, alors que Johnson revendiquait son appartenance à la mosquée de la *Nation of Islam* à Harlem.

Dans le quatrième épisode du programme (rappelons que ce n'est pas une fiction, mais bien une enquête menée sur les lieux de cette affaire), l'historien rassemble les pièces du puzzle. La piste conduisant à William Bradley n'a jamais été suivie à l'époque, car la police de New York n'avait pas jugé utile – ou avait délibérément décidé de s'abstenir – d'enquêter sur les agissements de cet homme. L'historien en conclut que Bradley avait été protégé par la police (alors qu'elle avait inculpé et écroué deux innocents à sa place), et découvre qu'il l'est toujours

---

[351] Middle East Eye. Puppets and puppet masters: Investigating the assassination of Malcolm X. New Netflix documentary series seeks to uncover true perpetrators behind the hit on the legendary leader. By Azad Essa. 21 February 2020

[352] The Wire. The Murder of Malcolm X. By Joel Whitney. 22 July, 2020

[353] The Guardian. Malcolm X assassination: 50 years on, mystery still clouds details of the case. By Garrett Felber. 21 February 2015

aujourd'hui, car il vit tranquillement à Newark. Des archives de film vidéo le montrent dans son quartier : sorte de gentil papy qui s'intéresse à sa communauté. Ce profond sentiment d'injustice pousse l'historien à aller surprendre le vieux Bradley à son adresse de Newark, mais, devant sa maison, il hésite puis renonce. Quelques jours plus tard – et c'est un moment fort du programme – l'historien est sous le choc : il vient d'apprendre qu'il n'aura plus l'opportunité de rencontrer Bradley puisqu'il vient de mourir. Bien que dépité, il décide d'aller à ses obsèques à la mosquée de Newark. Au cimetière, il s'indigne de voir une foule d'admirateurs lui rendre un hommage solennel, comme si l'on honorait ce vieux tueur « pour ses bienfaits » prodigués à la communauté de son quartier. Bradley était même apparu furtivement sur une vidéo pour soutenir la campagne du maire de Newark en 2010, Cory Booker. Le maire, que l'on voit interviewé par l'historien dans la série, confirme qu'il connaissait bien Al-Mustafa Shabazz (Bradley) et qu'il était bien respecté, mais avoue qu'il est abasourdi d'apprendre, de la bouche de l'historien, les fortes rumeurs de sa complicité dans l'assassinat de Malcolm X.

Rachel Dretzin, coréalisatrice avec Phil Bertelsen du documentaire Netflix, qui a mené son enquête sur près de trois ans, a déclaré au *New York Times* qu'elle avait des doutes sur le sérieux de l'enquête menée à l'époque : « Ce qui nous a intrigués a été le fait que l'assassin probable de Malcolm X, au fusil de chasse, vivait bien en vue à Newark, et que de nombreuses personnes connaissaient sa complicité, sans, pour autant, qu'il fasse l'objet d'enquêtes et de poursuites.»[354]

Comment le *New York Police Department* a-t-il réagi à ces récentes révélations ? L'explication qu'il a donnée, a été, c'est le moins qu'on puisse dire, bien faible. Il a justifié son refus de rendre publics les dossiers sur l'affaire pour, soi-disant, des questions de sécurité. Une telle révélation aurait pu porter

---

[354] The New York Times. Who Really Killed Malcolm X? Fifty-five years later, the case may be reopened. By John Leland. Published Feb. 6, 2020

atteinte à la vie privée des policiers et mettre ainsi leur sécurité en danger, s'est contenté de dire le NYPD.[355]

Autour de l'assassinat de Malcolm X, une atmosphère de suspicion et de méfiance avait toujours régné entre la communauté noire et les forces de l'ordre. Comme le rappelle David Garrow, historien des droits civils et lauréat du prix Pulitzer : « La grande majorité de l'opinion blanche, à l'époque, estimait qu'il s'agissait d'un crime d'un noir perpétré par des noirs, et peut-être d'un crime extrémiste de noirs sur un noir. »[356]

Le documentaire Netflix va même plus loin en suggérant l'implication du FBI dans l'affaire. Dans un des épisodes, l'historien, Muhammad, estime que le FBI avait ses empreintes digitales partout sur le meurtre de Malcolm X et que le rôle joué par les forces de l'ordre avait été sous-estimé. En rappelant que deux des trois hommes, condamnés pour le meurtre de Malcolm X, étaient innocents, Muhammad insiste sur le fait que le FBI le savait et que l'agence fédérale avait camouflé des preuves pouvant disculper ces deux hommes.

Le constat de Muhammad s'est basé sur ses interviews avec des vétérans de la *Nation of Islam*, des historiens et des lauréats du prix Pulitzer. Tous ont penché en faveur de cette omerta gouvernementale qui ne pouvait pas être accidentelle. Dans un épisode clé, Muhammad rappelle que le directeur du FBI, J. Edgar Hoover, redoutait la figure charismatique du militant controversé des droits civiques, capable d'« unifier et électrifier le mouvement nationaliste noir », d'autant plus qu'il voyait très mal le ralliement possible de Malcolm X à Martin Luther King Jr., pour travailler ensemble et unir leurs forces.[357]

La complicité du FBI est une explication également reprise par Karl Evanzz, auteur du livre *The Judas Factor : The Plot to Kill Malcolm X*. Grâce à l'enquête qu'il a menée sur 15 ans et à

---

[355] The Guardian. Malcolm X assassination: 50 years on, mystery still clouds details of the case. By Garrett Felber. 21 February 2015

[356] The New York Times. Who Really Killed Malcolm X? Fifty-five years later, the case may be reopened. By John Leland. Published Feb. 6, 2020

[357] The Wire. The Murder of Malcolm X. By Joel Whitney. 22 July, 2020

l'examen de plus de 300 000 pages de documents déclassifiés du FBI et de la CIA, Ezanzz dévoile l'implication de John Ali, un ancien agent informateur d'une agence gouvernementale de renseignement, le « Judas » auquel l'auteur se réfère dans son livre. Celui-ci avait réussi à s'infiltrer dans la *Nation of Islam* pour prendre le poste de secrétaire national, grâce à l'amitié qu'il avait entretenue avec Malcolm X dans le passé.[358] Evanzz, en s'appuyant sur des sources solides et ses interviews avec plus de 200 personnes impliquées dans le mouvement *Black Power*, suggère que la CIA, elle aussi conspiratrice, avait manipulé puis fait taire le dirigeant nationaliste noir.

Roland Sheppard, qui est l'un des rares témoins toujours en vie, contemporain de Malcolm X et ardent fidèle à ses réunions à Harlem, était présent dans l'*Audubon Ballroom*, au moment de l'assassinat. Dans son livre, *Why the U.S. Government Assassinated Malcolm X and Martin Luther King, Jr. ?*, Sheppard expose les agences gouvernementales et explique leur mobile pour assassiner Malcolm X. Il rappelle l'obsession de J. Edgar Hoover de le discréditer, car il craignait l'émergence de la stature internationale du leader noir, notamment en Afrique, en Asie et en Amérique latine, n'hésitant pas à recourir aux tactiques du FBI dans son programme COINTELPRO.[359]

La docu-série de Netflix se termine sur un autre scoop : grâce au *Freedom Information Act*, l'historien découvre, dans des documents déclassifiés du FBI, le rôle de Gene Roberts, un agent de sécurité, censé d'avoir protégé Malcolm X à l'époque. Roberts avait en fait été recruté comme agent du *Bureau of Special Services* afin d'infiltrer l'organisation de Malcolm X. Dans la panique qui avait suivi la fusillade dans l'*Audubon Ballroom*, l'« agent de sécurité » s'était précipité sur le corps du leader noir pour tenter un bouche-à-bouche, malheureusement inefficace. Roberts n'était pas le seul « infiltré » dans l'*Audubon Ballroom* avant l'assassinat.

---

[358] The Judas Factor: The Plot to Kill Malcolm X. By Karl Evanzz (Author). Thunder's Mouth Pr; 1st edition (November 1, 1992)

[359] Why the U.S. Government Assassinated Malcolm X and Martin Luther King, Jr. By Roland Sheppard (Author). ReMarx Publishing (September 6, 2014)

Neuf informateurs du FBI s'étaient également mêlés à la foule, comme les documents déclassifiés du FBI l'attestent.

L'historien s'indigne du fait que Roberts n'avait jamais été appelé à témoigner au procès, alors que le FBI détenait des milliers de documents sur Malcolm X et sur son assassinat dont certains auraient pu prouver l'innocence de Johnson (décédé depuis en 2009). Le FBI le savait bien : Muhammad, l'historien, en a la preuve indéniable puisqu'il a retrouvé, dans les dossiers du FBI, une photo de William Bradley qui correspondait bien à la description physique, qu'en faisait l'agence de renseignement, un homme « trapu et de peau sombre », détenteur du fusil à canon scié.

La docu-série se termine par un échange émouvant entre l'historien et Thomas Butler, tous deux assis sur un banc dans un parc. Butler, condamné puis libéré en 1985, retrouvé grâce à l'enquête du documentaire de Netflix, confie qu'il a perdu 20 ans de sa vie en prison pour un crime qu'il n'a pas commis et que, pour lui, à 81 ans, c'est le constat d'une vie détruite. Il a plus ou moins perdu le contact avec sa famille et ne connaît pas ses petits-enfants, car « le fossé a été la prison ». Quand l'historien lui promet qu'il fera tout son possible pour, enfin, le disculper en déposant une requête pour rouvrir le dossier, Butler répond qu'il ne croît plus en rien, mais lui souhaite, tout de même, bonne chance.

Même face à l'omnipotence des vrais coupables, ne plus croire en rien, aujourd'hui, n'est pourtant pas le constat de défaitisme auquel on pourrait s'attendre dans cette affaire. Celle-ci connaît en effet un nouveau rebondissement spectaculaire, relayé très récemment par les médias américains et internationaux.

Le 21 février 2021, on apprend qu'un nouveau témoignage, met en cause la police de New York et le FBI dans l'assassinat de Malcolm X. Il fait rebondir, de plus belle, les chances que la nouvelle enquête sur son meurtre, ouverte de plus d'un an par le procureur du district de Manhattan, Cyrus Vance, à la demande des filles de Malcolm X, puisse aboutir.

Les médias révèlent, ce jour-là, l'existence d'une lettre écrite, le 25 janvier 2011, par Ray Wood, un ancien officier afro-américain du NYPD.

Celui-ci avait confié, sur son lit de mort, l'intégralité de ses aveux aux soins de son cousin, Reginald Wood Jr., et l'avait exhorté de conserver sa confession pendant dix ans après sa mort puis de la rendre publique.[360]

Dans cette lettre, Ray Wood a admis qu'il exerçait la fonction d'agent de police en civil le jour de la mort de Malcolm X et qu'il participait à des opérations subversives, qui, avec du recul, lui semblaient honteuses, car nuisibles à la communauté noire. Il a avoué avoir été embauché par le NYPD, en 1964, pour un travail qui consistait à « infiltrer les organisations de défense des droits civiques des noirs » dans le but d'y trouver des preuves d'activités criminelles, permettant au FBI de discréditer les membres de ces organisations et d'arrêter ses dirigeants. Pour ce faire, il avait été contraint par ses supérieurs de piéger et de neutraliser deux des gardes du corps de Malcolm X, en les accusant faussement de crimes afin de les arrêter quelques jours seulement avant l'assassinat.

L'ancien agent du NYPD a précisé en outre dans sa lettre, que : « C'était ma mission d'attirer les deux hommes dans un crime fédéral, afin qu'ils puissent être arrêtés par le FBI et empêchés d'assurer la sécurité de Malcolm X le 21 février 1965…Mes actions au nom du département de la police de la ville de New York avaient été menées sous la contrainte ». Même s'il était envahi de remords, Ray Wood a tenté de se justifier dans sa lettre : « Après avoir été témoin de brutalités répétées de la part de mes collègues, j'ai tenté de démissionner. Au lieu de cela, on me menaçait d'arrestation pour trafic de marijuana et d'alcool si je ne donnais pas suite aux missions. J'aurais pu subir des conséquences néfastes si je n'avais pas suivi les ordres de ma hiérarchie. »

La réaction de la famille de Malcolm X aux nouvelles allégations de l'ancien officier du NYPD, s'est faite par l'entremise de sa fille, Ilyasah Shabazz. Celle-ci a déclaré, lors d'une conférence de

---

[360] ABC News. New claims surrounding Malcolm X assassination surface in letter written on former NYPD officer's death bed. By Julia Jacobo. February, 21, 2021

presse, qu'elle avait toujours vécu dans l'incertitude quant aux circonstances de la mort de son père : « Toute preuve permettant de mieux comprendre la vérité derrière cette terrible tragédie doit faire l'objet d'une enquête approfondie. »

Les autres réactions à la publication de la lettre de Wood ne se feront pas attendre. Le bureau du procureur du district de Manhattan déclarera : « L'examen de cette affaire, par notre bureau, est actif et régulier. »

Quant à la réaction du NYPD, son porte-parole déclarera, dans un communiqué, que « tous les documents sont disponibles concernant cette affaire » au bureau du procureur du district et que le NYPD « reste prêt à apporter sa contribution à cet examen, de quelque manière que ce soit. »

Pour ce qui est du FBI, il ne daignera pas répondre à la demande des médias de commenter les allégations de Wood.

Quand bien même nous avons eu connaissance des circonstances de la mort de Malcolm X, cinquante-sept ans plus tard, la crainte que cette affaire ne s'enlisât, sans connaître enfin les noms de ses vrais assassins, n'a pourtant pas été fondée. S'il on a cru que le refus des autorités à rendre compte pouvait l'emporter, c'était sans compter sur l'ardeur du procureur du district de Manhattan à conclure son enquête.

En effet, l'affaire connaît de nouveau un énorme rebondissement. Le 17 novembre 2021, justice est enfin rendue. Grâce à la montagne de preuves avancées, après 22 mois d'enquête, par l'équipe de Cyrus Vance, assistée par l'organisation, *The Innocence Project*, connue pour sa lutte contre les erreurs judiciaires, les deux hommes, Muhammad Aziz, âgé de 83 ans et sorti de prison en 1985, et Khalil Islam, libéré en 1987 et mort en 2009, sont enfin juridiquement innocentés par la Cour suprême de New York.[361]

Le procureur Vance évoque toutefois que son enquête s'est heurtée à de sérieux obstacles : mort de témoins, d'enquêteurs, d'avocats, ainsi que d'autres suspects potentiels ; perte de

---

[361] The New York Times. 2 Men Convicted of Killing Malcolm X Will Be Exonerated After Decades. By Ashley Southall and Jonah E. Bromwich. November 17, 2021

documents clés et de preuves matérielles, telles que les armes meurtrières, qui, dès lors qu'elles étaient indisponibles, ne pouvaient plus être testées.

L'enquête finale a révélé le rôle troublant et prépondérant joué par le FBI et par la police de New York que Cyrus Vance a incriminés sur la base du contenu de nombreux dossiers retrouvés par son équipe et que ses prédécesseurs ne disposaient pas en 1965. Vance a jugé que les rapports du FBI et du NYPD, dissimulés à l'époque, étaient des preuves clés qui, si elles avaient été remises au procès de l'époque, auraient probablement conduit à l'acquittement des deux hommes. Une fois divulguées, ces pièces cruciales, compromettantes, ont révélé l'existence de témoignages impliquant d'autres suspects ainsi que des notes sur la présence d'agents infiltrés dans la salle au moment de la fusillade. Les accusions portées par la lettre posthume de Ray Wood, l'ancien agent du NYPD, à l'encontre de sa hiérarchie, dont nous avons parlé plus haut, ont bien été validées par l'enquête.

Le procureur a également retrouvé des dossiers du NYPD révélant qu'un journaliste du New York Daily News avait reçu un appel, le matin de la fusillade, prévenant que Malcolm X allait être assassiné sur le lieu de son discours, dans l'*Audubon Ballroom*. L'équipe de Vance a aussi révélé que le tout-puissant patron du FBI, J. Edgar Hoover, avait ordonné à ses informateurs de ne pas révéler leur accointance avec le FBI s'ils devaient parler à la police de New York et aux procureurs.[362]

Devant la Cour suprême, ce seront des excuses au nom des autorités judiciaires américaines que présentera Vance. Les mots de repentance seront lâchés : « décennies d'injustice », « violations inacceptables de la loi et de la confiance de l'opinion publique », « l'un des moments les plus douloureux de l'histoire américaine moderne », « devoir de reconnaître la gravité de cette erreur. »

La justice a-t-elle véritablement été rendue ? Parce que Muhammad Aziz et Khalil Islam n'ont pas eu le droit à la justice

[362] The New York Times. Highlights From the Push to Exonerate 2 Men in Malcolm X's Killing. November 18, 2021.

qu'ils méritaient, nous ne pouvons que nous indigner contre les responsables de l'assassinat qui sont passés au travers d'une enquête et qui ont esquivé les poursuites judiciaires, un demi-siècle plus tôt. Dans cette affaire, l'impunité des puissants, là encore, s'est inscrit dans un processus de corruption totale qui nous semble bien trop familier.

Comme nous venons de le voir dans les deux affaires d'assassinat de JFK et de Malcolm X, les agences du renseignement américain sont soupçonnées d'avoir eu le mobile, les moyens et l'opportunité de mener à bien ces assassinats et de détourner l'attention publique vers des boucs émissaires. Nous avons bien noté ce scénario avec Lee Harvey Oswald, victime ciblée dans le complot d'assassinat de John Kennedy. Les deux membres de la *Nation of Islam*, Butler et Johnson, injustement condamnés pour le meurtre de Malcolm X et déclarés innocents aujourd'hui, ont été également des boucs émissaires, désignés comme coupables par les puissants, sous prétexte qu'ils avaient agi seuls, en soutien d'un prétendu règlement de comptes, entre clans de religieux noirs musulmans.

Malheureusement les médias traditionnels américains, dans leur apathie, ont trop souvent légitimé, au cours des décennies, les explications non-convaincantes de ces agences du renseignement sur ces assassinats.

Comme nous allons le voir dans les deux chapitres suivants, selon un scénario identique et un modus operandi bien rodé, deux autres assassinats politiques majeurs s'inscriront tristement dans l'histoire sombre de cette période des années soixante en Amérique : ceux du Dr Martin Luther King Jr. et du Sénateur Robert Kennedy.

Pareillement à l'enquête sur l'assassinat du Président Kennedy, nous verrons que les détails de l'autopsie pratiquée sur son frère et de celle sur Martin Luther King Jr., connus aujourd'hui grâce à des dossiers déclassifiés, ont contribué à la révélation de la supercherie des puissantes agences du renseignement américain, résolues à masquer leur implication dans ces deux assassinats.

# Dr Martin Luther King Jr.

## (Memphis, Tennessee: 4 avril 1968)

LE 4 AVRIL 1968, l'Amérique est un pays traumatisé et la douleur de son peuple atteint le monde entier. Son histoire sera tristement marquée à jamais. En fin d'après-midi, le Dr Martin Luther King Jr. (MLK), le leader noir américain du mouvement des droits civiques, vient d'être abattu, à Memphis, dans le Tennessee.

Une seule balle a suffi : celle d'un tireur embusqué qui a frappé MLK au bas du visage alors qu'il venait de sortir sur le balcon du premier étage du *Lorraine Motel,* un modeste motel de la ville. En compagnie de ses associés, Ralph Abernathy, Andrew Young et Jesse Jackson, King venait de quitter sa chambre avec l'intention de parler à des membres de la *Southern Christian Leadership Conference* qui s'étaient regroupés dans le parking face au balcon.

Les trois compagnons de MLK tentent désespérément de le sauver. Une photographie historique, prise juste après le tir, les montrera, tous, tendre leur bras vers la direction d'où était parti le coup de feu, de l'autre côté du parking, à l'arrière d'une rangée de maisons.

Le leader afro-américain décédera une heure plus tard à l'hôpital Saint-Joseph, à l'âge de 39 ans.

La mort de l'icône noire provoquera des ondes de choc tant en Amérique que dans le monde entier et restera l'un des tournants les plus tragiques de l'histoire américaine moderne.

La veille du drame, les associés de King l'avaient trouvé agité, fatigué, usé. Dans une église de Memphis, il avait essentiellement concentré son dernier discours, sombre et solennel sur la mort et les menaces contre sa personne. Parlant à ses fidèles de la prémonition de ce qui pouvait lui arriver, le pasteur, tourmenté, avait évoqué la fatalité qu'il était prêt à accepter : « Il se peut que je ne puisse pas y arriver avec vous… Mais je veux que vous sachiez, ce soir, que nous, en tant que peuple, arriverons à la Terre Promise. » Présent dans l'assemblée, le révérend Jesse Jackson déclarera plus tard que « Martin avait prononcé le discours le plus brillant de sa vie… Je voyais des hommes pleurer. »[363]

La mort de King est à peine annoncée que des signes précoces d'émeutes sont déjà pressentis. Le Président Lyndon Johnson ordonne le déploiement de quatre mille membres de la Garde Nationale dans la ville de Memphis, tombée sous couvre-feu. Des émeutes se produisent dans une centaine de villes à travers le pays et quelque quinze mille personnes sont arrêtées, marquant ainsi la plus grande période de troubles civils de l'histoire des États-Unis depuis la guerre de Sécession. À Washington D.C., le Président Johnson dépêche 13 600 soldats fédéraux pour combattre les émeutiers. Les *Marines* ont également positionné des mitrailleuses dans la capitale sur les marches du Capitole.

Depuis le milieu des années cinquante, le leader charismatique des droits civiques avait fait croisade pour l'égalité des droits des noirs en Amérique. Son aura internationale avait été pleinement reconnue en 1963 lors d'une marche imposante vers Washington D.C. où il avait prononcé son discours, désormais célèbre, « J'ai

---

[363] ATI. The Full Story Of Martin Luther King Jr.'s Assassination And Its Haunting Aftermath. By Marco Margaritoff. April 2, 2018

fait un rêve ». Puis, en 1964, l'attribution du prix Nobel de la paix, pour ses efforts du maintien de la non-violence contre la ségrégation raciale, avait consolidé sa stature d'homme exceptionnel dans le monde occidental.

Peu après le tir touchant mortellement King, la police de Memphis se précipite sur les lieux et commence à enquêter. Des témoins lui ont déjà signalé un suspect - un homme blanc - qu'ils ont vu s'enfuir d'une pension en face du *Lorraine Motel*, après le coup de feu, puis quitter le secteur, à bord d'une Ford Mustang blanche.

Les policiers de Memphis trouvent un paquet près de la porte d'un bâtiment juxtaposant la pension. Il contient un fusil Remington 0.30-06, des munitions, une paire de jumelles et d'autres articles.[364]

Le FBI se saisit de l'affaire. Les enquêteurs retrouvent la trace du suspect et celle de la Mustang, abandonnée à Atlanta en Géorgie, à six heures de route de Memphis. L'homme a pris le bus Greyhound en direction de Détroit puis a rejoint le nord du Canada en taxi.[365] La police pense initialement que trois hommes, Eric S. Galt, Harvey Lowmeyer et John Willard, sont également impliqués dans l'attentat. Dans un appartement à Atlanta, elle découvre les empreintes digitales de Galt. Les agents du FBI poursuivent leur enquête et concluent qu'ils sont probablement à la recherche d'un seul suspect qui aurait utilisé ces pseudonymes.

Le 19 avril, l'analyse des empreintes digitales du suspect révèle son identité : il s'agit de James Earl Ray, 40 ans, évadé, un an plus tôt, d'un pénitencier de l'État du Missouri, alors qu'il purgeait une peine pour attaque à main armée.[366] Le FBI produit des preuves supplémentaires : Ray s'était enregistré, le 4 avril, dans une pension de *South Main Street* à Memphis et avait loué, à l'arrière, une chambre au premier étage, près d'une salle de bains

[364] Mary Ferrell Foundation. The Martin Luther King Assassination.

[365] Britannica. Assassination of Martin Luther King, Jr. By Jeff Wallenfeldt.

[366] Stanford University. Assassination of Martin Luther King, Jr.

commune dont la fenêtre donnait sur la piscine et le balcon du *Lorraine Motel*.

Les agents du FBI révèlent que le fusil Remington 0.30-06, trouvé près de la pension, a été acheté à Birmingham en Alabama par Harvey Lowmeyer, l'un des pseudonymes qu'aurait utilisés Ray. Selon le FBI, les empreintes digitales sur le fusil et sur les objets trouvés dans le paquet sont bien celles de James Earl Ray.[367]

Plus d'un mois s'écoule sans que Ray ne soit localisé. Après son arrestation, on connaîtra le parcours du fugitif.

Une fois arrivé au Canada, il se cache dans la ville de Toronto pendant plus d'un mois et réussit à se procurer un passeport canadien en usurpant l'identité d'un homme, dénommé Ramon George Sneyd.[368]

Puis la cavale de Ray est remarquable. Le 6 mai, il s'envole pour Londres où il échange son billet de retour au Canada contre un vol à destination du Portugal. À Lisbonne il compte s'embarquer, à bord d'un bateau, dans l'espoir de gagner la Rhodésie (aujourd'hui Zimbabwe). Il aurait choisi ce pays connu pour son opposition à l'extradition de personnes poursuivies par la justice des États-Unis. Mais Ray rate son embarquement et décide alors de retourner à Londres, le 17 mai.

Le 1er juin, la *Royal Canadian Mounted Police* trouve, sur le faux passeport canadien, une forte ressemblance entre Ray et George Raymon Sneyd, dont le nom est désormais inscrit sur la liste de surveillance des aéroports.

Le 8 juin, à l'aéroport d'Heathrow, près de Londres, alors qu'il tente d'acheter un billet pour Bruxelles, James Earl Ray est arrêté. Il est en possession de deux faux passeports canadiens et d'une arme à feu chargée.

Le 19 juillet 1968, James Earl Ray est extradé vers les États-Unis pour être jugé à Memphis.

James Earl Ray est accusé du meurtre de King. Bien que le procès initial ait été mené sans contre-interrogatoire, ni

---

[367] Mary Ferrell Foundation. The Martin Luther King Assassination.

[368] Britannica. Assassination of Martin Luther King, Jr. By Jeff Wallenfeldt.

contestation de la défense, les charges pèsent lourd contre lui.[369] Il aurait appris, des médias locaux, que le leader noir du mouvement des droits civiques occuperait une chambre au *Lorraine Motel* pendant son séjour à Memphis – précisément, la chambre 306, selon la communication de la presse. Ray aurait loué, sous le pseudonyme de John Willard, la chambre 5B de la pension, de l'autre côté de la rue, faisant face au motel. Il aurait choisi la fenêtre de la salle de bains commune de la pension qui offrait la meilleure vue sur la chambre 306 du *Lorraine Motel*. De là, il aurait surveillé l'activité à l'arrière du motel à l'aide de jumelles achetées, au préalable, dans un magasin d'articles de sport.

Comme nous le verrons plus loin, il n'y aura pourtant aucun témoin oculaire capable d'affirmer avoir vu Ray tirer de la fenêtre de la salle de bains. Mais les enquêteurs spéculeront sur la base de vagues témoignages des résidents de la pension. Ceux-ci auraient affirmé avoir entendu, juste avant le tir, quelqu'un marcher à plusieurs reprises dans la salle de bains. Selon la police, Ray avait pris appui avec son fusil sur le rebord de la fenêtre au-dessus de la baignoire pour ajuster son tir.

Convaincu par son avocat que plaider coupable était le seul moyen d'éviter la peine de mort, Ray avouera l'homicide. Le 10 mars 1969, il plaide coupable de meurtre au premier degré et est condamné à 99 ans de détention au pénitencier de Brushy Mountain dans le Tennessee. Mais trois jours après sa condamnation, il se rétracte et rejette catégoriquement l'accusation !

James Earl Ray passera le reste de sa vie à affirmer qu'il n'était qu'un acteur mineur, piégé dans un complot d'assassinat de Martin Luther King.[370]

Les appels de Ray pour un nouveau procès, en 1997, sont rejetés. Il trouve, néanmoins, un soutien inattendu venant de la famille

---

[369] Britannica. Assassination of Martin Luther King, Jr. By Jeff Wallenfeldt.

[370] ATI. The Full Story of Martin Luther King Jr.'s Assassination and Its Haunting Aftermath. By Marco Margaritoff. April 2, 2018

King. La veuve de MLK et son fils, Dexter, entament une campagne pour la réouverture du dossier de Ray lors d'un nouveau procès. Ce dernier avait convaincu Dexter King, lors d'une visite en prison, que ce n'était pas lui qui avait assassiné son père. Nous reviendrons en détail, plus loin, sur ce second procès qui s'est tenu pendant la dernière année de la vie de Ray.

James Earl Ray décédera en prison, le 23 avril 1998, à la suite d'une l'hépatite C, à l'âge de 70 ans. Des médecins diront, plus tard, qu'il avait contracté l'hépatite C, à la suite d'une transfusion sanguine, alors nécessaire à son rétablissement après l'attaque au poignard dont il avait été victime, dans la bibliothèque de la prison – vingt-deux coups infligés par trois détenus. Avant de mourir, Ray avait fait une demande de greffe d'organes, mais celle-ci avait été rejetée par une décision de justice.

Dans ce qui suit, nous allons prendre connaissance des faits renforçant les soupçons de négligence et de contrôle de l'information, qui ont pesé lourd sur le gouvernement et les médias. La suspicion a été fondée sur l'insuffisance du suivi des indices dans un procès bâclé et sur l'enfumage du peuple américain en lui faisant croire que la culpabilité de l'assassinat du Dr Martin Luther King ne reposait que sur un seul homme.

Les « preuves » médico-légales à charge contre Ray, mises en avant par l'accusation dans le procès, ont été loin d'être solides (elles ont été approfondies par la suite et auraient pu l'exonérer du crime, comme nous le verrons plus loin). Les témoignages oculaires contribuant à sa condamnation à la prison à perpétuité, ont été peu fiables. La soi-disant preuve du procureur de l'époque l'amenant à confirmer un verdict de culpabilité de meurtre au premier degré, sans complicité, a été peu convaincante car rien dans les arguments de l'accusation présentés devant le jury n'a pu prouver, sans l'ombre d'un doute, que James Earl Ray, et lui seul, avait tué King.

Car depuis sa décision de se rétracter et de revendiquer son innocence, Ray a pu apporter, pour sa défense, des éléments fort troublants. Il ignorait que Martin Luther King était à Memphis. Il avait rencontré un trafiquant d'armes, du nom de « Raoul », dans un bar de Montréal, en 1967, qui avait exercé sur lui une grande influence. Selon Ray, cet homme lui avait dicté ses actes pendant des mois. Il lui avait donné de l'argent pour acheter une Ford Mustang et un fusil Remington puis lui avait enjoint de louer une chambre dans une pension de Memphis, en face du *Lorraine Motel*, pour remplir « un contrat ».[371] Mais Ray prétendit qu'il avait renoncé à passer à l'acte : il avait rendu le fusil à Raoul. Il précisa que c'était bien ce dernier qui avait tiré, à l'étage de la pension, sur le leader des droits civiques puis s'était débarrassé du fusil.

Pour expliquer que l'arme, retrouvée par la police à l'endroit où Raoul l'avait abandonnée, portait ses empreintes, Ray se posera en victime : on l'avait piégé et accablé de fausses preuves dans le but de l'impliquer dans un complot d'assassinat de King.[372]

Bien qu'il dît n'avoir eu aucun rôle dans l'assassinat, les allégations de Ray furent toutefois incohérentes : selon certaines sources, l'apparence physique de Raoul ne correspondait pas à la description que Ray en avait faite et ce dernier fut incapable de nommer des témoins oculaires susceptibles de confirmer ses rencontres avec Raoul. Dès lors, le tribunal rejeta l'annulation du plaidoyer de culpabilité que Ray avait tenté de négocier.[373]

Pour autant, un dernier procès pour exonérer Ray, sera ouvert, en 1999 peu de temps après sa mort, à la demande de la famille King et portera sur les nombreux témoignages confirmant l'existence du mystérieux Raoul dont Ray avait parlé au premier procès, quatre ans plus tôt. Voici les développements les plus significatifs de ce procès posthume.

En présence de l'avocat de la famille King, William Pepper, deux témoins, Dexter King et Andrew Young, ancien ambassadeur des Nations unies et proche de MLK, affirment avoir fait la rencontre de Loyd Jowers, le propriétaire d'un restaurant, le *Jim's Grill*, situé au rez-de-chaussée de la pension, en face du *Lorraine Motel*. Jowers est finalement retrouvé puis

---

[371] Mary Ferrell Foundation. The Martin Luther King Assassination.

[372] Britannica. Assassination of Martin Luther King, Jr. By Jeff Wallenfeldt.

[373] Quartz. Who really killed Martin Luther King Jr.? His family says the wrong man went to prison. By Molly Rubin. April 3, 2018

appelé à comparaître. Quand William Pepper, cherchant à identifier Raoul, lui présente une série de photographies, Jowers désigne d'emblée, sur une photo, l'homme, appelé Raoul, et confirme que c'était bien ce dernier qui lui avait apporté le fusil pour le laisser dans son restaurant.[374] D'autres témoins confirment l'identification de Raoul sur la photo. Sidney Carthew, de la marine marchande britannique, fait une déposition enregistrée sur bande vidéo dans laquelle il déclare qu'il avait rencontré Raoul sur son navire, à Montréal, pendant l'été 1967. Ce dernier lui avait proposé de lui vendre des armes. Il était accompagné d'un homme que Carthew pensait être Ray. Raoul est également reconnu sur la photo par trois autres témoins : Glenda et Roy Grabow de Houston, ainsi que par un producteur de télévision britannique, Jack Saltman. Ce dernier raconte qu'il a réussi à localiser Raoul en 1995. L'homme vivait tranquillement avec sa famille dans le nord-est des États-Unis. En 1997, la femme de Raoul avait d'ailleurs affirmé, dans une interview donnée par une journaliste du *Lisbon Publico*, que des agents du gouvernement lui avaient rendu visite, trois fois sur une période de trois ans et avaient mis le téléphone de la famille de Raoul sur écoute.

Mais en dépit des témoignages de ces personnes, la plupart des enquêteurs continueront à considérer « Raoul » comme un fantôme de la création de James Earl Ray. Même William Pepper, concédera : « Nous n'avons jamais trouvé personne qui a pu placer James en présence de Raoul ou Raoul en présence de James. Nous n'avons pas pu y arriver. »

Que l'existence et l'identité de « Raoul » aient été confirmées ou pas, toujours est-il que des enquêteurs sérieux ont cru fermement qu'un individu avait dû influencer et manipuler Ray, sinon ce dernier, sans gros moyens financiers, n'aurait jamais pu, à lui seul, commettre un des plus grands crimes du siècle puis s'échapper jusqu'en Angleterre via le Canada sans l'aide d'un complice.

---

[374] Probe Magazine. The Martin Luther King Conspiracy Exposed in Memphis. By Jim Douglass. Spring 2000

Comme nous l'avons vu, aucun témoin oculaire crédible ne fut capable d'identifier Ray comme le tireur posté à la fenêtre de la salle de bains de la chambre louée. De même, personne ne put formellement affirmer que c'était bien de cet endroit que le coup était parti. Comme nous allons le voir en détails, il est fort probable que le tir provenait de la zone boisée, en contrebas, ou du haut d'un bâtiment voisin.

Le révérend Samuel B. Kyles, ami du Dr King, et l'avocat de King, Chauncy Eskridge, se trouvaient avec MLK sur le balcon du *Lorraine Motel* quand celui-ci fut abattu. Tous deux avaient aussitôt porté leur regard en direction de la pension d'en face, sans toutefois remarquer le mouvement de quiconque dans cette zone.[375]

Dans l'édition spéciale de *Time Magazine* du 31 mars 2008, le journaliste Madison Gray, rapporta les propos de Jesse Jackson, Andrew Young, James Bevel et de Samuel Kyles, quatre proches collaborateurs de Martin Luther King Jr. : « Bien que nous ayons été témoins de tout ce qui s'était passé, aucun responsable de la police de Memphis ou de l'État du Tennessee, aucun agent du FBI ne nous a jamais posé une seule question. Donc, vous voyez, si nous quatre n'avons pas été interrogés dans la soi-disant enquête sur l'assassinat, alors clairement cette enquête était biaisée. »

Les enquêteurs du gouvernement ne trouvèrent qu'un seul témoin oculaire censé avoir vu Ray porter le coup mortel sur King avec un fusil. Charles Stephens était avec sa femme dans la chambre 6-B de la pension qui jouxtait à la fois la salle de bains commune et la chambre louée par Ray. Cet homme prétendit avoir vu Ray quitter la salle de bains vers 18 heures. Mais Stephens, connu pour sa propension à l'alcool, avait été surpris par un officier de police de Memphis, dans un état d'ébriété poussé. Dès qu'il eut surgi dans la pension, peu de temps après le coup de feu, le policier remarqua qu'il pouvait à peine se tenir debout.[376] Les trois descriptions de l'assassin présumé que donna Stephens à la police ne ressemblèrent en rien à l'apparence

---

[375] The Murder of MLK. The State's Case against James Earl Ray. By Martin Hay. 20 July 2013

[376] The Murder of MLK. The State's Case against James Earl Ray. By Martin Hay. 20 July 2013

physique de Ray. En fait, deux descriptions portaient sur un homme afro-américain. Stephens admit finalement qu'il n'avait pas bien examiné l'homme en fuite et qu'il n'avait désigné Ray comme le tueur de King que parce qu'on lui avait dit de le dire afin de recevoir, en contrepartie, 130 000 dollars du FBI.[377] La femme de Stephens, quant à elle, témoigna avoir effectivement vu un homme dans le couloir de la pension, juste après le coup de feu, mais, parce qu'elle l'avait bien regardé alors qu'il sortait de la salle de bains, elle était formelle qu'il ne pouvait s'agir de Ray. Le même témoignage sera confirmé par la propriétaire de la pension, Bessie Brewer, et deux de ses autres clients.

L'inspecteur de police de Memphis, N.E. Zachary, commit un parjure au cours de l'audience. Il affirma, à tort, avoir été le premier officier de police à découvrir un paquet enroulé dans un couvre-lit contenant le fusil à pompe Remington Gamemaster 30.06 ainsi qu'une mallette, près de la porte de la *Canipe Amusement Company*, un bâtiment situé à côté de la pension.[378] En fait, le lieutenant de police, Judson E. Ghormley, avait découvert, bien avant Zachary, le paquet contenant les effets personnels de Ray et le fusil, moins de deux minutes après le coup de feu - un laps de temps beaucoup trop court pour incriminer Ray. Si celui-ci avait porté le coup mortel à King, il lui aurait fallu le temps de sortir de la salle de bains, d'aller dans sa chambre pour rassembler ses affaires, d'envelopper le fusil et ses effets personnels dans un paquet, de quitter sa chambre, de descendre les escaliers puis de sortir de la pension. Il aurait mis encore du temps à déposer le paquet à l'embrasure de la porte de la *Canipe Amusement Company* avant de s'enfuir. Il lui était impossible de réaliser ce parcours dans le temps-record de moins de deux minutes, sans se faire remarquer.[379] Demandons-nous, par

---

[377] http://whatreallyhappened.com/RANCHO/POLITICS/MLK/mlk.html. The Death of Martin Luther King

[378] The Murder of MLK. The State's Case against James Earl Ray. By Martin Hay. 20 July 2013

[379] http://whatreallyhappened.com/RANCHO/POLITICS/MLK/mlk.html. The Death of Martin Luther King

ailleurs, pourquoi Ray, en abandonnant ce paquet avec ses affaires personnelles sur le lieu du crime, aurait laissé autant de preuves l'incriminant !

En 1978, au terme de l'enquête menée par le comité du Congrès américain sur l'assassinat de MLK, le *House Select Committee on Assassinations* (HSCA), les experts émirent l'hypothèse selon laquelle Ray aurait jeté le paquet dans un moment de panique, probablement déclenché par le fait qu'il avait vu un véhicule de la police, garé dans le parking d'une caserne de pompiers jouxtant la pension et qu'il s'était senti clairement exposé pendant sa fuite.[380] Cette hypothèse fut néanmoins contredite par Emmett Douglass, le conducteur de la voiture de police en question, qui affirma s'être garé à environ 18 mètres en recul du trottoir, là, où il n'aurait pas été visible de la pension d'où Ray s'était enfui. On pouvait d'autant moins souscrire à cette hypothèse que, le jour de l'assassinat, un massif de petits arbustes, bordant l'allée conduisant à la caserne des pompiers, aurait bloqué la vue de Ray sur la voiture du policier, garée le long du trottoir à cet endroit. Le massif de buissons fut du reste coupé et entièrement dégagé par la municipalité, le lendemain matin (nous reviendrons sur l'impact de cette intervention plus loin) !

Ray ne nia pas avoir loué, sous le nom de John Willard, la chambre 5-B qui avait vue sur le balcon du motel mais il précisa qu'il l'avait louée à la demande de Raoul, l'homme qui l'avait piégé dans le but de lui faire endosser la responsabilité de l'assassinat.[381] Ray affirma n'avoir passé qu'environ quinze minutes dans la pension. La logeuse expliqua au procès qu'elle avait remarqué, dans la chambre 5-B, une chaise devant la fenêtre à la place d'une commode qui avait été déplacée et que, assis sur cette chaise, il était possible de voir le *Lorraine Motel*. Le témoignage de la logeuse fut toutefois contredit par les enquêteurs qui prouvèrent le contraire : en s'asseyant sur la chaise à cet angle de la pièce, il était impossible de voir le balcon

---

[380] National Archives. Findings on Martin Luther King, Jr. Assassination. Page 331

[381] The Murder of MLK. The State's Case against James Earl Ray. By Martin Hay. 20 July 2013

du motel où King se tenait, à moins de se pencher par la fenêtre. On ne décela aucune empreinte digitale de Ray sur la commode, ni sur la chaise, et, du reste, nulle part dans la pension. En outre, quand les enquêteurs fouillèrent la salle de bains pour la première fois, ils remarquèrent des marques au fond de la baignoire correspondant à des empreintes ou à des traînées de chaussures. Ils constatèrent également que la fenêtre était restée ouverte et que l'écran anti-insecte en maille métallique avait été repoussé et était tombé dehors. Le procureur de l'État en conclut que Ray s'était juché sur le rebord de la baignoire, avait repoussé l'écran avec son fusil, pour pouvoir poser le canon sur le rebord de la fenêtre puis avait tiré le coup de feu. Mais les marques de traînées de chaussures dans la baignoire ne prouvaient pas automatiquement la culpabilité de Ray. Le HSCA admit en effet qu'il était impossible d'éliminer l'éventualité que ces marques aient été plutôt laissées par des policiers chargés de vérifier les angles de tir possibles, immédiatement après l'assassinat.[382] L'affirmation du procureur selon laquelle l'écran métallique anti-insecte de la fenêtre avait été repoussé avec le fusil fut par ailleurs contredite par l'examen du FBI qui conclut n'avoir détecté aucune trace d'aluminium, ni de rayures de peinture sur le fusil. De même, aucun résidu de poudre du fusil ne fut décelé sur le bord de la fenêtre sur lequel l'arme aurait pris appui.

Ce ne sont pas les seules contradictions apparentes de la thèse gouvernementale quant au tir du fusil imputé à Ray. Un tireur embusqué aurait été dans l'impossibilité de se jucher sur le rebord de la baignoire pour mieux ajuster son tir. C'est ce que confirma une équipe de journalistes d'investigation français du magazine Paris-Match qui se rendit dans la salle de bains de la pension, en avril 1968, afin de simuler la position putative du tireur. Ces journalistes remarquèrent que le rebord étroit de la baignoire, adossée au mur, était fortement incliné : la position de quiconque, debout, en équilibre sur le rebord, afin de pointer un fusil en direction du motel, se serait révélée impossible. Dans cette position précaire, l'individu non seulement aurait pu glisser dans

---

[382] National Archives. Findings on Martin Luther King, Jr. Assassination. Pages 15-112-292

la baignoire, mais, si haut perché, aurait également été exposé à la vue de quiconque de la rue en contrebas.[383]

Voyons maintenant si les conclusions de l'autopsie pratiquée sur le corps du Dr Martin Luther King Jr. ont apporté des indices susceptibles de disculper James Earl Ray comme l'assassin désigné d'emblée.

La force du tir du fusil fut d'une extrême violence : la balle mortelle eut suffisamment de vélocité pour arracher la cravate du corps du pasteur.

Le docteur Jerry T. Francisco, qui pratiqua l'examen post-mortem, expliqua que le décès avait été causé par « une blessure par balle située au niveau de la moelle épinière cervicale et thoracique ». Le rapport d'autopsie précisa que la balle, qui avait percuté le côté droit du cou, juste sous le menton, avait provoqué de graves blessures : une fracture de la mâchoire, une lacération de l'artère vertébrale, de la veine jugulaire et de l'artère sous-clavière droite. En poursuivant sa course, la balle avait provoqué une section totale de la moelle épinière cervicale inférieure et thoracique supérieure, ne laissant aucune chance de survie. Le médecin légiste découvrit également un hématome intra pulmonaire au niveau du lobe supérieur droit.[384]

Les médecins de la morgue avouèrent avoir été choqués de constater l'état général fort diminué du leader du mouvement des droits civiques. Alors qu'il n'avait que 39 ans à sa mort, il avait le cœur d'un homme de 60 ans, principalement en raison du stress qu'il avait enduré vers la fin de sa vie.

Au tribunal, le médecin légiste Francisco déclara que l'angle de pénétration de la balle d'entrée avait suivi une trajectoire « du haut vers le bas » et qu'elle devait correspondre à un tir en provenance de la pension. Mais il fut trop hâtif dans son jugement, sans faire cas du fait qu'il n'avait pas cherché à savoir quel avait été le positionnement exact du corps de King au

---

[383] The Murder of MLK. The State's Case against James Earl Ray. By Martin Hay. 20 July 2013

[384] The City of Memphis Hospitals. Autopsy protocol. Affidavit of Drs Sprunt and Francisco. April 11, 1968

moment de l'impact de la balle car MLK s'était penché au-dessus de la rambarde du balcon, en train de parler aux gens dans le parking du bas lorsque la balle le percuta au cou. Comme le précisa le HSCA, onze ans plus tard, le Dr Francisco avait omis, en disséquant la blessure, de déterminer l'origine exacte de la trajectoire de la balle comme il aurait dû le faire.[385]

Selon la version officielle gouvernementale, après avoir tiré le coup de feu, Ray serait sorti précipitamment de la pension et aurait pris la fuite à bord d'une Ford Mustang blanche garée à quelques mètres du lieu où il aurait jeté son paquet contenant le fusil et quelques affaires personnelles. Mais on avait repéré deux Mustangs blanches, garées dans *Main Street*, dans l'après-midi du 4 avril. Certains témoins avaient en effet remarqué une autre Mustang blanche, qui n'était pas celle de Ray, quitter le lieu de l'assassinat, à peu près au même moment.

Ray admit être parti en voiture, juste après avoir quitté sa chambre, pour faire réparer un pneu crevé. Il précisa qu'il avait garé sa Mustang préalablement, devant le restaurant *Jim's Grill*, situé sous la pension et qu'il ne l'avait pas parquée, plus au sud, près du magasin *Canipe Amusement Company*, où la seconde Mustang blanche avait, elle, été repérée. L'affirmation de Ray fut confirmée par Loyd Jowers, le propriétaire du Jim's Grill, qui avait remarqué une Mustang blanche, portant des plaques d'immatriculation hors de l'État du Tennessee, garée directement devant son restaurant cet après-midi-là.[386] Toujours selon sa déposition, Ray situa vers 17 h 45 l'heure à laquelle il était sorti de sa pension et avait démarré sa Mustang garée au nord de Main Street, pour rouler sur une courte distance à la recherche d'une station-service. Le pneu crevé de sa voiture n'avait pu toutefois être réparé, faute de temps du garagiste. Ray précisa que, après avoir fait le plein d'essence, il avait décidé de retourner à la

---

[385] National Archives. Findings on Martin Luther King, Jr. Assassination. Page 289

[386] The Murder of MLK. The State's Case against James Earl Ray. By Martin Hay. 20 July 2013

pension, mais qu'il avait renoncé à s'en approcher parce qu'il avait repéré une voiture de police bloquant l'intersection de la rue menant à la pension. Ray expliqua son geste : on le recherchait pour son évasion de prison et il était en cavale. Il avait jugé plus prudent de quitter le centre de Memphis et c'était, peu après, à bord de sa voiture, qu'il avait appris à la radio que Martin Luther King venait d'être abattu.

Le gérant de la station-service confirma à un enquêteur de l'équipe de défense de Ray qu'il l'avait vu effectivement, au moment du coup de feu, à son garage, situé à une courte distance de la pension. Peut-être fut-ce une coïncidence, mais ce pauvre témoin fut poignardé peu de temps après avoir témoigné ! [387]

Dans leur déposition au FBI, deux témoins, Ray Hendrix et William Reed, corroborèrent l'alibi de Ray, prouvant qu'il avait très probablement quitté le secteur du *Lorraine Motel*, à bord de sa Mustang, peu de temps *avant* le coup de feu (rappelons que MLK fut assassiné vers 18 h 00), et non immédiatement après, comme certains passants l'avaient affirmé parce qu'ils avaient vu un suspect s'enfuir à bord d'une Ford Mustang blanche.

Le jour de l'assassinat, Hendrix et Reed, après avoir dîné au *Jim's Grill*, étaient sortis du restaurant vers 17 h 30, devant lequel Reed avait remarqué une Ford Mustang blanche garée. Les deux hommes s'étaient ensuite dirigés à pied jusqu'au coin de Main Street et de Vance Street. Au moment précis où ils allaient traverser, une Mustang blanche, conduite par un homme aux cheveux noirs, tourna le coin de rue. Reed reconnut la Mustang qu'il avait vue garée devant le *Jim's Grill* (celle de Ray). Puis, toujours dans le même secteur, peu de temps après, Hendrix et Reed virent une seconde Mustang blanche, similaire à celle de Ray, avec un seul occupant masculin à bord, rouler dans la même direction que celle que Ray venait juste de prendre. Les déclarations de ces deux témoins furent toutefois négligées par

---

[387] http://whatreallyhappened.com/RANCHO/POLITICS/MLK/mlk.html. The Death of Martin Luther King

les enquêteurs de l'époque jusqu'à ce que l'avocat de Ray, William Pepper, les révèle en 1993.[388]

Il n'y eut aucune controverse sur le fait que Ray avait acheté le fusil Remington Gamemaster. Comme pièce à conviction, la police présenta, au procès, un reçu de son achat au nom d'Harvey Lowmeyer, l'un des pseudonymes de Ray. Mais ce dernier maintint avoir effectué cet achat sous les directives de Raoul.

Sur le plan balistique, il y eut de nombreuses lacunes dans la version officielle accréditant l'attribution du fusil de Ray à l'arme du crime. Aucune preuve matérielle liée au fusil ne put donner lieu à une conclusion étayant la culpabilité de Ray._Les tests balistiques réalisés sur cette arme, dans les années 1970, par le FBI et le HSCA, ne prouvèrent, en aucune manière, que c'était bien celle qui avait servi au meurtre et qu'elle incriminait Ray.[389] Les experts du High Select Committee of Assassinations relevèrent une empreinte digitale sur le fusil, sans aucune correspondance avec celle de James Earl Ray, et une autre, sur la lunette de visée télescopique, qui, en revanche, put être identifiée positivement comme celle de Ray. Étant donné que ce furent les seules empreintes détectées sur le fusil et que le laboratoire du FBI fut dans l'incapacité d'établir la correspondance entre la balle extraite du corps de MLK et les munitions du « fusil de Ray », pouvons-nous, pour autant, nous satisfaire des conclusions de l'enquête gouvernementale selon lesquelles Ray était l'assassin et que son fusil était l'arme du crime ?

En 1999, au dernier procès civil de Memphis, des témoins présentèrent, au tribunal, des preuves réfutant l'allégation des autorités gouvernementales selon laquelle le fusil de James Earl Ray, piètre tireur dans l'armée, aurait été l'arme du crime.[390] Un ancien expert en balistique du FBI déclara, sous serment, que même tout tireur d'élite n'aurait pu réussir à effectuer un tir précis

---

[388] The Murder of MLK. The State's Case against James Earl Ray. By Martin Hay. 20 July 2013

[389] The New York Times. Tests of Gun in King Killing Are Inconclusive. By Kevin Sack. July 12, 1997

[390] Probe Magazine. The Martin Luther King Conspiracy Exposed in Memphis. By Jim Douglass. Spring 2000

sur King avec une telle carabine. Cet expert basa son affirmation sur le fait que, pour aligner efficacement le fusil sur sa cible, la crosse aurait gêné considérablement le tireur, car, dans sa position sur le rebord de la baignoire de la salle de bains, il aurait dû se contorsionner ridiculement pour pouvoir atteindre sa cible.[391]

Un journaliste du *Memphis Press Scimitar*, Wayne Chastain, attira l'attention au procès sur une autre incohérence : après l'assassinat, il avait réussi à mettre la main sur une photographie de l'*Associated Press*. Celle-ci posa un problème considérable à l'accusation, car, prise depuis la fenêtre de la salle de bains de la pension, à l'endroit exact où Ray était censé avoir tiré sur King, elle attestait l'existence d'arbres séparant les deux bâtiments. Un tel tir aurait représenté un véritable exploit compte tenu du fait que des branches d'arbres et des buissons devaient masquer la vue du tireur embusqué ! Cette photo fut d'autant plus troublante que, peu de temps après l'assassinat, la ville de Memphis s'était empressée de donner l'ordre au service de l'assainissement de couper ces arbres et buissons. Faut-il y voir une supercherie, une façon de supprimer les indices d'une scène de crime et de rendre plus plausible l'interprétation des données balistiques afin de justifier la provenance du tir de la fenêtre de la salle de bains de la pension ?

Plusieurs incohérences, sur le plan balistique, furent donc relevées par les enquêteurs sur l'assassinat de MLK qui ne sont pas sans nous rappeler celles de l'enquête sur l'assassinat de JFK : le fusil laissé, commodément, sur le lieu du crime afin de remonter la piste à leur acheteur putatif, James Earl Ray et Lee Harvey Oswald, respectivement.

Il fallut attendre le verdict du dernier procès de Memphis, en 1999, pour entendre le juge, Joe Brown, confirmer que « lors de la reconstitution des tirs, 67 % des balles (12 sur 18), utilisées dans les tests balistiques, ne correspondaient pas aux munitions du fusil Remington 760 Gamemaster 30.06 de Ray ». De plus, selon les résultats de l'analyse métallurgique des munitions, les balles

---

[391] http://whatreallyhappened.com/RANCHO/POLITICS/MLK/mlk.html. The Death of Martin Luther King

du fusil, retrouvé dans le paquet devant la porte du *Canipe Amusement Company*, ne correspondaient pas à la seule balle mortelle extraite du corps de King qui, elle, provenait d'un lot de munitions différent. [392]

Résumons : le fusil acheté par James Earl Ray, au lieu d'être laissé dans la pension, fut planqué près du bâtiment d'à côté, juste après le meurtre. Toute tentative de relier la balle tirée sur MLK à l'arme achetée par Ray échoua comme beaucoup d'experts l'ont prouvé. Le Remington 760 Gamemaster 30.06 de Ray n'était donc pas l'arme du crime et King devait avoir été tué par une seconde arme à feu.

D'autres preuves viendront confirmer la provenance du tir d'un endroit autre que la fenêtre de la salle de bains de la pension. Une photographie prise quelques instants seulement après le tir touchant le Dr Martin Luther King appuiera la conclusion de l'étude balistique selon laquelle le tireur embusqué se trouvait ailleurs que dans la pension. Nous connaissons bien cette photo disponible sur Internet : alors que MLK vient de s'effondrer sur le balcon, ses compagnons et témoins qui se tiennent près de lui, pointent, tous, du doigt, la direction d'où le tir mortel semble être venu. Pour eux, il ne fait aucun doute quant à l'origine du tir. Ils pointent du doigt exactement dans la même direction. Selon la version officielle gouvernementale, ces trois hommes désignaient la fenêtre de la salle de bains à l'arrière de la pension d'où James Earl Ray avait tiré le coup de feu, mais les trois témoins tendaient leur bras vers une tout autre direction.

Prenons connaissance précisément du résultat de l'analyse photographique qu'effectua un enquêteur persévérant.

En janvier 1994, Ted Wilburn, un ancien employé de l'entreprise de télécommunications AT&T, est intrigué par le rapport d'autopsie du Dr Francisco qui précise - nous l'avons vu plus haut - que la balle mortelle avait pénétré le côté droit du cou du Dr King, selon une trajectoire de haut en bas, puis qu'elle avait continué sa course, de droite à gauche, à travers le cou pour se loger sous la peau, près de l'omoplate gauche. En analysant la

---

[392] Probe Magazine. The Martin Luther King Conspiracy Exposed in Memphis. By Jim Douglass. Spring 2000

photographie historique où l'on voit les trois témoins oculaires sur le balcon pointer du doigt le lieu d'origine du coup de feu, Wilburn en déduit que le tir ne pouvait pas provenir du lieu où se situait la pension. Il base sa conviction sur la trajectoire du tir correspondant à l'axe de pénétration de la balle dans le corps de MLK, comme le médecin légiste le nota.[393] Comment Wilburn a-t-il pu arriver à cette conclusion et quel est donc ce lieu d'où serait parti le tir ?

L'enquêteur retourne à l'endroit même où Martin Luther King a été abattu. Le *Lorraine Motel* est devenu, depuis, un musée ouvert au public, le *National Civil Rights Museum*. Là, il prend une série de photos du quartier depuis la rue, de la cour du musée et du balcon de l'ancien *Lorraine Motel*. L'un des employés du musée se montre coopératif et l'escorte jusqu'au lieu exact du balcon où MLK s'est effondré. Il pose même sur la photo de Wilburn en se positionnant précisément à l'endroit où, sur la photo de 1968, les trois témoins oculaires s'étaient tenus, tendant leur bras en direction du point d'origine du tir. L'une des photographies de Wilburn, prises depuis le balcon, est une vue grand-angle qui permet de bien voir la fenêtre de la salle de bains de la pension, car les arbres défoliés ne l'obstruent pas à cette saison. Une façade carrelée bleue a été, depuis, construite à l'entrée du musée qui, par contre, lui bloque la vue d'un bâtiment situé dans l'axe de la direction pointée du doigt par les trois compagnons de MLK sur la photo historique de la scène du meurtre. Wilburn doit donc reculer de quelques pas jusqu'à ce que ce bâtiment apparaisse pour prendre sa photo grand angle.

C'est, plus tard, lors du développement de la photo, qu'il remarque le sommet de la cage d'ascenseur d'un bâtiment qui abrite le *Penthouse Gattis*. La prise de vue au téléobjectif du penthouse révèle un endroit idéal pour un tireur embusqué. Wilburn décide alors de tracer des lignes de repère sur les deux photos. Sur la photo historique où l'on voit les trois témoins sur le balcon pointer du doigt, il trace une ligne droite qui suit exactement l'axe de direction de leur bras tendu, puis il reproduit

---

[393]   http://www.whatreallyhappened.com/WRHARTICLES/ARTICLE1/overlooked.php   Martin Luther King - The Fatal Shot Came from a Different Direction. By Michael Rivero

cette même ligne sur sa photo grand-angle prise du balcon en 1994. (La photo grand-angle de Wilburn et la photo historique de 1968 sont téléchargeables sur Internet.[394]) Sur la photo grand-angle, Wilburn a tout d'abord tracé une ligne AB depuis la fenêtre de la pension (point d'origine A) vers le balcon, à l'endroit exact où les trois compagnons de King s'étaient positionnés (point B) en 1968, immédiatement après le tir. Cette ligne aboutit à un extincteur accroché à un mur du balcon. Notons que l'emplacement de l'extincteur n'a pas changé : il est le même sur la photo grand-angle de 1994 et sur la photo de 1968. Sur la photo historique, Wilburn se rend compte qu'en traçant une ligne droite suivant l'axe de direction BC, dans le prolongement du bras tendu de chaque témoin sur le balcon (point B) - pointant vers le point d'origine du tir qu'ils ont estimé – aucun témoin ne montre du doigt la fenêtre de la pension située au numéro 422 South Main Street. En revanche, les trois doigts pointent, tous, en direction du toit du *Penthouse Gattis* (point C), qui, depuis, a été bloqué à la vue de quiconque positionné sur le balcon par une façade carrelée bleue, adjacente au musée, construite depuis 1968 !

Il paraît donc évident à Wilburn que le *Penthouse Gattis* est la seule structure dans toute la zone dont l'emplacement correspond à la fois au témoignage des trois témoins oculaires se tenant près de King gisant sur le balcon et à l'angle de pénétration de la balle d'entrée dans son corps tel que le rapport d'autopsie du Dr Francisco le précisa.

L'explication des enquêteurs de la police de Memphis selon laquelle le coup de fusil aurait été tiré de la fenêtre de la salle de bains n'est manifestement pas crédible car elle est contredite par l'étude balistique basée d'une part sur la réaction commune des trois témoins oculaires pointant du doigt le point d'origine de la balle et d'autre part sur les précisions du médecin légiste qui nota la trajectoire de celle-ci dans son rapport d'autopsie.

James Earl Ray ne pouvait pas être à deux endroits en même temps, en position de tireur à la fenêtre de la salle de bains de la pension et sur le toit du *Penthouse Gattis*. De toute évidence, quelqu'un d'autre, le vrai assassin, avait tiré le coup fatal sur King, probablement depuis le toit du *Penthouse Gattis*. Fait troublant : les autorités de Memphis avaient jugé nécessaire de masquer ce bâtiment de la vue du balcon du motel en construisant un mur adjacent à ce qui deviendrait plus tard un musée. Pur hasard ou volonté d'étouffer toute polémique en brouillant les pistes d'investigation sur une origine de tir autre que celle de la pension ?

Lors de sa visite hivernale au musée, le même Wilburn remarque, du balcon où il se tient, un autre détail qui est de taille. Les arbres sans feuilles et les buissons situés à l'arrière de la pension ne masquent pas totalement la vue du penthouse à cette époque de l'année. Mais parce qu'un vieil arbre est toujours resté debout devant la fenêtre de la salle de bains de la pension qui donne sur le balcon de l'ancien motel, Wilburn estime qu'au printemps 1968 cet arbre, avec toutes ses feuilles, devait bloquer complètement la vue sur le balcon. Or, rappelons un événement troublant : la ville avait fait couper et dégager les buissons derrière la pension le lendemain du meurtre et avait fait élaguer les arbres peu de temps après !

Motivé par sa découverte en 1994, Wilburn, prendra la liberté de présenter les résultats de son analyse photographique aux autorités de Memphis et de Washington D.C. (y compris au Président Clinton et à *l'Attorney General*, Janet Reno). Il leur explique sa version selon laquelle l'endroit précis d'où la balle avait été tirée sur MLK ne pouvait pas correspondre à un point d'origine situé dans la pension comme les enquêteurs de l'époque l'avaient officiellement décrété. Wilburn ne recevra aucune réponse de ces contacts, à l'exception du gouverneur du Tennessee et de la chaîne ABC News qui lui signifient qu'ils ne sont pas intéressés par ce qu'il essaye de prouver. Mais l'enquêteur n'en reste pas là. Il montre ses preuves à des policiers, des médecins, des avocats, des ministres, des amis personnels et à des membres de sa famille... Dès lors qu'il ne reçoit aucun commentaire contradictoire, il conclut que son analyse photographique a démontré des faits difficilement opposables, mais il se garde, toutefois, de porter une accusation sur quiconque pour le crime commis.

Pouvons-nous trouver, chez James Earl Ray, un seul mobile susceptible d'expliquer son intention de tuer Martin Luther King ?

Ray était un petit truand dont les activités criminelles se résumaient à des vols mineurs à main armée et à des cambriolages qui tournaient en fiasco. On était loin du grand banditisme ou du tireur d'élite capable de tuer King d'un seul coup de fusil précis. Sans complicité, ce petit criminel aurait difficilement échappé aux autorités aussi longtemps qu'il a pu le faire (deux mois entre la date de l'assassinat et celle de son arrestation à Londres). Les indices sur un comportement raciste de sa part sont minces. S'il avait cherché à revendiquer son acte parce qu'il affichait une haine raciale, pourquoi aurait-il mis toute cette ardeur pour s'enfuir à l'étranger ? Si Ray avait accepté un contrat pour assassiner King, sa seule motivation aurait été de recevoir beaucoup d'argent en contrepartie. C'est ce dernier point qui dérange : des experts ont étudié les mouvements de Ray menant à l'assassinat. Ils se sont penchés, notamment, sur un mystérieux voyage à la Nouvelle-Orléans et sur son déménagement à Atlanta, dont le financement et la logistique ont soulevé bien des questions. S'il avait reçu une aide financière pour tuer King, la source de son argent restera toutefois un mystère.[395]

L'explication officielle du gouvernement selon laquelle James Earl Ray aurait été l'assassin unique, sans acolyte, n'est donc pas très crédible. Pouvons-nous sérieusement croire que cet homme, paumé, recherché par la police après son évasion de prison, en cavale dans tous les États-Unis, au Canada et au Mexique, ait pu passer plusieurs mois, seul, sans apport financier, puis, avec méthode et lenteur, qu'il ait réussi à guetter King pour le tuer sans bénéficier de l'aide de complices ? Pouvons-nous croire qu'en dépit de la pression de la police et du FBI, dirigé de main de fer

---

[395] Time. What We Know About Why James Earl Ray Killed Martin Luther King Jr. By Olivia B. Waxman. April 3, 2018

par son infaillible directeur, J. Edgar Hoover, ce présumé assassin ait pu s'échapper aussi facilement de Memphis pour gagner le Canada puis le Portugal et l'Angleterre - avant d'y être arrêté – sans complice, sans assistance financière pour tous ces déplacements ?

Selon la police, l'assassin se serait posté à la fenêtre de la salle de bains de la pension pour tirer sur King. Mais comme il a été dit plus haut, une zone de buissons dense entre la pension et le balcon du *Lorraine Motel*, avait été élaguée, tôt le lendemain de l'assassinat, par une entreprise de la municipalité, sur ordre de la police. Devons-nous croire que le défrichement des buissons et l'élagage des arbres n'ont été qu'une pure coïncidence ? Ou bien ne faut-il pas voir plutôt une opération manifeste de la part de la municipalité de détruire des indices, le lendemain de l'assassinat, parce que cette végétation, masquant le balcon du motel, discréditait la version officielle du coup de feu tiré de la fenêtre de la salle de bains de la pension ? [396] La supercherie est d'autant plus évidente que des témoins avaient affirmé avoir vu un homme, dehors, dans les buissons, sous la salle de bains de la pension, peu de temps avant le coup de feu. Leurs témoignages, aux audiences du procès civil de 1999, « Famille King contre Loyd Jowers », qui seront résumées plus loin, appuieront la défense de Ray. Voici les faits rapportés par ces témoins.

Le soir du 4 avril, Olivia Catling, qui habite à quelques coins de rue du *Lorraine Motel*, décide de marcher, avec ses deux enfants, en direction du motel. Elle sait que le Dr King y est descendu et espère l'apercevoir. Peu après dix-huit heures, parce qu'elle vient d'entendre un coup de feu, Catling se précipite au coin des rues Mulberry et Huling, juste au nord du *Lorraine Motel*, À ce moment précis, elle aperçoit un homme en chemise à carreaux sortir en courant d'une allée, située à côté d'un immeuble en face du motel, et se précipiter dans une Chevrolet verte de 1965. Une voiture de police, qui vient de la repérer, s'apprête à la pourchasser, mais, selon Catling, le policier décide de bloquer la rue pour sécuriser

[396] Quartz. Who really killed Martin Luther King Jr.? His family says the wrong man went to prison. By Molly Rubin. April 3, 2018

le secteur et de laisser filer la Chevrolet. Ce témoin sera catégorique : l'homme qu'elle a vu courir n'était pas James Earl Ray. « J'irai dans ma tombe en continuant de l'affirmer : ce n'était pas Ray, parce que l'homme que j'ai vu était plus corpulent que lui ».

À l'audience du procès de 1999, Catling dira combien elle s'était indignée contre le laxisme de la police qui avait laissé l'homme à la Chevrolet s'enfuir, sans même questionner les passants dans le périmètre du motel. Elle précisera que de l'endroit où elle se tenait, au coin des rues Mulberry et Huling, elle avait bien vu et entendu l'un des pompiers de la caserne près du motel dire à un policier : « le tir vient de ces buissons », en lui montrant la zone de broussailles face au *Lorraine motel*. [397]

Au procès, un autre témoin, Earl Caldwell, un journaliste du *New York Times*, résidant au *Lorraine Motel* ce soir-là, signale, tout comme Catling, la zone des buissons, d'où, selon lui, le coup de feu était parti. Il déclare qu'après avoir entendu une détonation, aux alentours de 18 heures, il était sorti de sa chambre pour aller voir ce qui se passait dehors. À ce moment précis, il avait aperçu un homme accroupi au milieu d'une partie dense des buissons, de l'autre côté de la rue. Cet homme fixait son regard sur le balcon du motel.

D'autres témoins convaincus de la provenance du tir de la zone des buissons seront entendus au procès.

Au moment de l'assassinat, le révérend James Orange et James Bevel, deux anciens responsables de la campagne du mouvement afro-américain des droits civiques, se font déposer en voiture au *Lorraine Motel* où ils logent. Dès que le coup de feu retentit, Orange porte son regard vers l'arrière du motel et aperçoit de la fumée sortir de la zone des buissons, de l'autre côté de la rue. Pour Orange, cela ne fait aucun doute : le coup de feu a été tiré par un *sniper* caché dans la zone des broussailles. Le lendemain matin, vers 8 ou 9 heures, Orange remarquera que les buissons de la butte venaient juste d'être taillés derrière la pension. Quand

---

[397] Probe Magazine. The Martin Luther King Conspiracy Exposed in Memphis. By Jim Douglass. Spring 2000

Orange essayera de dire du mieux possible à la police ce qu'il a vu, celle-ci lui demandera de se taire et ignorera son témoignage.

Une autre déposition confirmera la présence d'un tireur dans les buissons. Le jour de l'assassinat, Solomon Jones, le chauffeur bénévole de King à Memphis, déclare au FBI et à la police de Memphis qu'il a vu un individu, habillé d'une veste de couleur claire avec une sorte de capuche ou d'un parka, sortir précipitamment de la zone broussailleuse de l'autre côté de Mulberry Street, quelques secondes après le coup de feu. Jones dit avoir suivi des yeux l'homme qui était descendu aussitôt dans la rue en contrebas, puis avait couru à toute vitesse vers le coin de la rue où attendait une voiture de police qui l'avait fait monter à bord. Jones précise qu'il a nettement vu un panache de fumée provenant de l'endroit où se tenait l'homme et qu'il lui semblait qu'on avait pu tirer un coup de feu de cette zone de buissons.

Maynard Stiles, un fonctionnaire du département d'assainissement de Memphis, confirmera, lui aussi, au procès que les buissons, près de la pension en face du *Lorraine Motel*, avaient été coupés à la demande de Sam Evans, un inspecteur de la police de Memphis. Ce dernier avait demandé à Stiles, le lendemain de l'assassinat, vers sept heures du matin, d'aller sur les lieux pour tailler les buissons et évacuer les déchets végétaux. Ce qu'il avait fait avec l'aide d'un collègue en présence de la police.

Tous ces témoins, qui avaient aperçu un individu dans la partie dense des buissons, face au *Lorraine Motel* de l'autre côté de la rue, auraient pu faire avancer l'enquête et contribuer considérablement à exonérer Ray si leurs dépositions n'avaient pas été ignorées. Mais les enquêteurs de l'époque avaient reçu les consignes de ne recueillir que des preuves et des indices susceptibles d'incriminer James Earl Ray et lui seul.[398]

---

[398] World Press. CNN Tries to Convict James Earl Ray of the MLK Assassination... Again. By Gary Revel. April 12, 2010

On s'étonne de nos jours que le service de sécurité de la police de Memphis, habituellement sollicité pour la protection de King, ait été mystérieusement supprimé le jour de l'assassinat. Selon une enquête, des agents du renseignement militaire auraient assuré une « fausse sécurité » sur le toit de la caserne des pompiers en face du *Lorraine Motel*.

Voyons les faits : le matin du 4 avril, Carthel Weeden, capitaine de la caserne des pompiers, est approché par deux officiers de l'armée américaine qui lui annoncent qu'ils doivent monter sur le toit de la caserne pour assurer la sécurité autour du *Lorraine Motel*. Weeden laisse les agents installer leur équipement – mallettes et caméras - au coin nord-est du toit derrière un parapet avec vue plongeante sur le balcon du motel et également sur la zone des buissons proche de la caserne. L'épisode est décrit dans le livre de Douglas Valentine, *The Phoenix Program*. Au cours de son enquête, l'écrivain fait la rencontre de vétérans du renseignement militaire de la guerre du Vietnam, ralliés, depuis, au mouvement antiguerre des années 60. Ces derniers lui confirment bien la mise en place sur le toit de la caserne de pompiers de Memphis d'une « surveillance renforcée » de Martin Luther King, le 4 avril 1968. Ils lui précisent que plusieurs agents du 111e groupe du renseignement militaire de l'armée américaine faisaient le guet, mais que ces derniers auraient plutôt servi de couverture afin de s'assurer que l'assassin de King était bien en position pour l'abattre. [399]

Les révélations de l'enquête de Douglas Valentine furent confirmées par le témoignage vidéo de Jack Terrell, un ancien agent de la CIA, lors du dernier procès civil en 1999. Ce dernier affirma qu'un ami proche, J.D. Hill, lui avait avoué avoir fait partie d'une équipe de tireurs d'élite chargée de tirer sur une cible, qui, le 4 avril 1968, lui était encore inconnue. L'équipe en question, qui s'était positionnée en haut d'un château d'eau et sur le toit de deux bâtiments à proximité du *Lorraine Motel*, était chargée d'appliquer un plan de contingence visant à tuer King au

---

[399] Probe Magazine. The Martin Luther King Conspiracy Exposed in Memphis. By Jim Douglass. Spring 2000

cas où l'assassin de MLK aurait échoué dans cette tâche. La mission de l'équipe de tueurs sous contrat, à laquelle Hill appartenait, avait néanmoins été avortée dès lors qu'elle se rendit compte que la cible avait bien été touchée. L'avocat William F. Pepper confirma également l'existence de ce plan de contingence et la manœuvre qui allait faire de Ray le bouc émissaire.[400]

La caserne des pompiers, avec vue sur le balcon du *Lorraine Motel*, fut donc le théâtre d'événements troublants qui laissèrent à penser que tout avait été prévu pour baisser le niveau de protection dont Martin Luther King aurait dû bénéficier lors de son séjour au motel. Dans la nuit du 3 avril 1968, la veille de l'assassinat, Floyd E. Newsum, et Norvell E. Wallace, deux pompiers de la caserne, avaient reçu, de leur supérieur, un ordre de transfert temporaire pour le lendemain. On leur avait demandé de quitter leur base afin d'assurer leur service dans une autre caserne de pompiers de Memphis. Newsum et Wallace avaient bien demandé les raisons d'un tel transfert, mais on leur avait répondu que c'était le département de la police de Memphis qui avait ordonné ce changement d'affectation.[401]

Ed Redditt, un détective du département de la police de Memphis, chargé de la sécurité de Martin Luther King, avait pourtant informé le chef des pompiers de la caserne qu'il allait surveiller les alentours du *Lorraine Motel* en choisissant de se poster à l'arrière de la caserne. Mais, selon Redditt, deux heures avant le meurtre de King, on l'avait obligé à quitter son poste de surveillance à la caserne. Dans l'après-midi du 4 avril, l'officier du renseignement de la police de Memphis, Eli Arkin, était venu voir Redditt à la caserne pour l'informer qu'il était convoqué au quartier général de la police. L'ordre avait été donné par Frank Holloman, le directeur du QG de la police de Memphis. Redditt obtempéra puis, après son passage au QG, fut escorté jusqu'à chez lui par Arkin. On a su plus tard qu'Holloman avait occupé

---

[400] Citizens against Political Assassinations. Martin Luther King, Jr. Assassination

[401] Probe Magazine. The Martin Luther King Conspiracy Exposed in Memphis. By Jim Douglass. Spring 2000

des fonctions d'agent du FBI pendant 25 ans et qu'il avait passé sept ans au bureau de J. Edgar Hoover.

Martin Luther King Jr. n'avait pas initialement prévu de descendre au *Lorraine Motel*. Il avait fait réserver une chambre dans un autre hôtel de la ville, mais, se remettant à son organisation logistique, avait finalement accepté de loger au *Lorraine Motel*. Redditt, l'ancien capitaine de la police de Memphis, commandant une unité de sécurité composée d'officiers afro-américains chargés de protéger King lors de sa visite à Memphis, avait pourtant déconseillé le pasteur de loger au *Lorraine Motel* parce qu'une sécurité adéquate ne pouvait pas lui être garantie.

Un des éléments troublants de l'intrigue autour de l'assassinat de King fut par ailleurs le changement de dernière minute de la chambre du pasteur noir au *Lorraine Motel*. En 1968, Leon Cohen, un agent de police à la retraite de la ville de New York, révéla les faits. Cohen s'était lié d'amitié avec Walter Bailey, le propriétaire et le gérant du *Lorraine Motel*. Le lendemain du meurtre de King, il était passé voir Bailey qu'il trouva totalement anéanti. Le gérant du motel lui raconta qu'il avait reçu, la veille de l'arrivée de King à Memphis, un appel téléphonique qui l'avait fort troublé. L'individu s'était présenté à Bailey au téléphone comme un « membre du groupe du Dr King à Atlanta » et lui avait demandé d'attribuer à King une autre chambre. Le gérant lui avait pourtant signifié qu'il avait réservé une chambre dans le secteur central du motel, pour plus de sécurité, mais l'homme au téléphone lui avait demandé de choisir de préférence une chambre avec balcon donnant sur le parking.[402]

Dans son enquête indépendante menée sur le meurtre de King, Philip Melanson, auteur de *The Martin Luther King Assassination* [403] a mis en évidence des failles étonnantes dans l'enquête du

---

[402] Probe Magazine. The Martin Luther King Conspiracy Exposed in Memphis. By Jim Douglass. Spring 2000

[403] The Martin Luther King Assassination. By Philip H. Melanson. S.P.I. Books. July 1, 1994

gouvernement sur l'assassinat de King. Il a notamment révélé plusieurs faits soutenant l'hypothèse selon laquelle James Earl Ray aurait été piégé par les instigateurs de l'assassinat. Ceux-ci auraient fabriqué des faux indices qui allaient conduire à sa culpabilité. Le stratagème consistait à laisser délibérément ces « preuves » sur les lieux du crime pour incriminer Ray tandis que l'on assurait la fuite du vrai tireur embusqué.

L'une des découvertes de l'auteur soutient la thèse selon laquelle le meurtre de King aurait été préparé clandestinement. Un ordre de retrait aurait été donné, le matin de l'assassinat, à quatre unités de la police qui patrouillaient dans les environs immédiats du *Lorraine Motel*. L'auteur de cet ordre de repli serait Sam Evans, l'inspecteur commandant les unités de la police de Memphis, celui même qui, comme nous l'avons vu plus haut, avait donné également l'ordre, le lendemain de l'assassinat, de faire tailler les buissons derrière la pension. Quand on demanda à Evans d'expliquer le retrait des policiers aux alentours du motel, celui-ci prétexta qu'il l'avait fait à la demande du révérend Samuel Billy Kyles, ami de King et membre de son parti. Mais ce dernier nia catégoriquement avoir fait une telle demande qui n'avait aucun sens compte tenu du fait que, étant pasteur local noir, la sécurité de son ami King lui importait grandement.

Que l'on soutienne ou réfute la culpabilité de James Earl Ray, la question persiste : si ce n'était pas l'acte isolé d'un seul assassin, comme l'enquête gouvernementale l'a affirmé, qui d'autre aurait pu commanditer l'assassinat ?

Le FBI mit manifestement plus d'efforts à condamner Ray comme le seul assassin qu'à trouver des complices éventuels. Malgré les informations qu'il avait reçues sur les menaces de mort pesant contre King, le Bureau Fédéral ne jugea pas utile de lui en faire part. Il préféra conserver dans ses fichiers les preuves des risques d'atteinte à sa personne, évitant ainsi de devoir les révéler au cours des enquêtes.

À partir de 1976, Le *High Select Committee on Assassination* (HSCA) reprit l'enquête sur le meurtre de MLK, là, où le FBI l'avait laissée. En conclusion, le HSCA estima qu'il y avait eu probablement un complot. Le comité se basa sur les révélations obtenues au cours de ses longues interviews avec James Earl Ray et sur celles du FBI concernant ses opérations COINTELPRO, notamment sur sa campagne de harcèlement contre le pasteur noir américain. Bien que le HSCA n'y vît aucune preuve convaincante de la complicité du gouvernement dans l'assassinat de King, hormis l'incompétence du FBI, le comité conclut, en décembre 1978, sur la probabilité d'une conspiration de racistes blancs et peut-être également d'une participation de la Mafia.[404]

Faut-il, pour autant, rejeter la probabilité d'une complicité orchestrée par le FBI, la CIA, le renseignement militaire, le département de police de Memphis et le système judiciaire du Tennessee dans cette affaire ? Ne trouvons-nous pas troublant que l'intégralité des dossiers volumineux du High Select Committee on Assassinations sur l'enquête de l'assassinat de MLK soit encore sous scellés et occultée du public américain, soi-disant pour des raisons de sécurité nationale ? [405] La conclusion générale du HSCA, certes, nous la connaissons, mais sans que nous ayons accès à l'ensemble des détails de son enquête. En fait elle nous est parvenue grâce à une confusion des Archives Nationales américaines qui la divulguèrent, par erreur : en déclassifiant des fichiers de la HSCA sur l'assassinat de JFK, les archives ne s'étaient pas rendu compte que quelques dossiers MLK s'étaient mêlés aux dossiers JFK ! Cette négligence permit ainsi de laisser passer quelques détails concernant les discussions qu'avaient eues le HSCA et Ray entre eux, et de dévoiler ce que le comité savait fort bien à savoir que King avait été surveillé par le FBI et la CIA.

Le premier conseiller en chef du HSCA, Richard Sprague, était pourtant déterminé à divulguer tous les dossiers de la CIA, du FBI et du renseignement militaire que le comité avait en sa possession sur les deux assassinats. Mais, cette ténacité lui avait coûté son poste. Il avait été contraint de démissionner, car il était devenu un sujet à controverse embarrassant. Son successeur, G.

---

[404] Stanford University. Assassination of Martin Luther King, Jr.

[405] Mary Ferrell Foundation. The Martin Luther King Assassination.

Robert Blakey, avait, lui, retenu la leçon et s'était bien gardé de trop questionner les agences du renseignement américain pour étayer son enquête sur MLK. Faute de temps et de crédits pour clore l'examen des preuves sensibles, le comité avait alors dû interrompre son enquête pour finalement conclure que Ray avait assassiné King, qu'il avait probablement reçu de l'aide, mais que le gouvernement n'avait pas été impliqué.

Par ailleurs, le pasteur Walter Fauntroy, collègue du Dr King et membre du Congrès américain pendant 20 ans, chargé, au sein du HSCA, d'enquêter sur l'assassinat de MLK (et sur celui de JFK) connaissait bien les manigances des deux agences du renseignement pour avoir été, lui aussi, épié (des mouchards avaient été placés dans son téléphone et dans son téléviseur). Selon Fauntroy, l'assassinat de MLK était à l'évidence « une affaire impliquant des forces très sophistiquées. »[406] Dès qu'il eut quitté le Congrès en 1991, Fauntroy put néanmoins accéder à quelques dossiers sur l'assassinat de King qui le laissèrent penser que « Ray n'avait pas tiré le coup de feu qui avait tué King, mais qu'il avait fait partie d'un complot plus vaste impliquant peut-être les forces de l'ordre fédérales ». L'ancien membre du Congrès avait parlé de sa décision d'écrire un livre sur ce qu'il avait découvert, mais avait renoncé à le terminer, car il était devenu la cible d'une enquête du ministère de la Justice dans laquelle on l'accusait d'avoir falsifié des dossiers financiers quand il était membre du Congrès. Fauntroy avait néanmoins réussi à dévoiler la tentative du FBI de tuer James Earl Ray pendant son évasion du pénitencier de Brushy Mountain dans le Tennessee en juin 1977. Fauntroy avait en effet entendu parler du déploiement d'une équipe SWAT du FBI visant à abattre Ray avant qu'il ne témoigne aux audiences du HSCA. Alerté par Louis Stokes, le président du HSCA, le gouverneur du Tennessee, Ray Blanton, avait réussi à faire avorter la mission de l'équipe SWAT et à retrouver Ray pour le remettre sous les verrous.

---

[406] Probe Magazine. The Martin Luther King Conspiracy Exposed in Memphis. By Jim Douglass. Spring 2000

Au cours des années 1990, Coretta King et ses enfants apportèrent publiquement leur soutien aux allégations de Ray sur un complot d'assassinat contre MLK. Selon sa famille, les soupçons pesaient lourd sur l'implication du gouvernement américain dans la mort du pasteur baptiste charismatique, et populaire aux yeux de l'opinion publique, parce qu'il était devenu dérangeant depuis sa rhétorique anti-Vietnam et anti-établissement dans les dernières années de sa vie.

En 1999, Coretta Scott King, déclara qu'il existait « des preuves accablantes selon lesquelles quelqu'un d'autre que Ray avait tiré sur son mari. » Pour la famille King, cela ne faisait aucun doute : Ray était innocent alors qu'un complot d'assassinat impliquant le gouvernement et l'armée des États-Unis était fort probable.[407] La conviction de la famille King reposait sur le fait que le directeur du FBI, J. Edgar Hoover, obsédé par le pasteur noir, pensait qu'il était sous influence communiste. La famille rappela que, pendant les six dernières années de sa vie, King avait été constamment mis sur écoute et les services du renseignement militaire américain le surveillaient depuis sa dénonciation publique de la guerre du Vietnam.

Nous avons déjà souligné, dans d'autres chapitres de ce livre, les actions illicites du programme COINTELPRO du FBI. Dans les années 60, ce programme avait pour objectif non seulement de priver la population noire de leurs droits civiques, mais de cibler également les Amérindiens, les partisans du mouvement antiguerre et le premier mouvement féministe. Comment le savons-nous ? Grâce au *Freedom Of Information Act* qui a rendu publics des documents du FBI.[408]

Aucune figure du mouvement des droits civiques n'avait attiré autant la colère du FBI que Martin Luther King. Plusieurs tentatives avaient été faites pour le discréditer et le pousser au suicide. Grâce à ces documents déclassifiés, on a su que le FBI espionnait et menaçait MLK. Dans le cadre de son programme

---

[407] History.com  Why Martin Luther King's Family Believes James Earl Ray Was Not His Killer

[408]  http://whatreallyhappened.com/RANCHO/POLITICS/MLK/mlk.html. The Death of Martin Luther King

COINTELPRO, l'agence avait élaboré des stratégies pour ruiner sa réputation de leader efficace et pour le neutraliser définitivement.[409] Dès 1956, le FBI avait soupçonné King de subversion communiste. Par la suite, l'agence n'avait cessé de le harceler : son appartement avait été mis sur écoute et il avait été victime d'un scandale sur ses prétendues affaires extraconjugales dans une chambre d'hôtel révélées par de fausses bandes audio. En 1964, le FBI lui avait envoyé une lettre anonyme le prévenant que ces bandes seraient publiées s'il ne renonçait pas à son mouvement subversif ou s'il ne se suicidait pas (le langage était volontairement vague. L'enregistrement audio était si peu clair que Coretta King l'avait qualifié de « charabia »).

Proche de sa mort, King avait pourtant décidé d'étendre son plaidoyer des droits civiques en condamnant la guerre du Vietnam. Beaucoup de ses partisans avaient pensé qu'il avait signé son arrêt de mort, quand il avait prononcé un discours marquant, à New York, le 4 avril 1967 : « Un moment vient où le silence devient une trahison. Ce moment est venu pour nous par rapport au Vietnam. »[410]

King avait mené une campagne active visant à abolir la pauvreté aux États-Unis. Il avait projeté de faire bloquer la capitale fédérale au printemps de 1968 en proclamant une désobéissance civile massive contre l'injustice qui pesait sur les pauvres jusqu'à l'obtention de l'engagement du gouvernement à prêter plus d'attention à la pauvreté.[411] King était venu à Memphis pour soutenir la grève des travailleurs de l'assainissement de la ville de Memphis. À travers une révolution non-violente, il avait espéré obtenir ainsi une juste distribution des revenus. Dès lors, King avait représenté une menace intolérable. Son dernier discours à Memphis puis l'annonce de son action de « bloquer » Washington avaient scellé son sort. Les

---

[409] ATI. The Full Story of Martin Luther King Jr.'s Assassination and Its Haunting Aftermath. By Marco Margaritoff. April 2, 2018

[410] Justice Integrity Project. Readers Guide to MLK Assassination: Books, Videos, Archives. By Andrew Kreig

[411] Probe Magazine. The Martin Luther King Conspiracy Exposed in Memphis. By Jim Douglass. Spring 2000

forces gouvernementales s'étaient mobilisées afin de s'assurer, en le « neutralisant » que King ne puisse atteindre et bloquer Washington.

Voyons en détail les révélations portant sur l'ampleur et la complexité de ce complot lors du procès civil « Famille King contre Loyd Jowers », en 1999 après la mort de Ray,.

Alors qu'il avait été l'avocat de James Earl Ray dans le procès pour le meurtre de Martin Luther King Jr., même après la mort de son client, William Pepper ne cessa, avec force et ténacité, de faire valoir son innocence en représentant la famille King. En 1999, Pepper et la famille King prirent alors la décision de poursuivre en justice Loyd Jowers, le propriétaire du restaurant, le Jim's Grill, situé au rez-de-chaussée de la pension. Dans son verdict rendu en décembre 1999, le jury, convaincu que le leader des droits civiques avait été victime d'un complot de meurtre, incrimina plusieurs conspirateurs : Loyd Jowers, lui-même, pour avoir servi d'intermédiaire, et des entités plus puissantes susceptibles d'avoir coordonné l'assassinat.

À l'issue du procès, Coretta King, fit cette déclaration solennelle : « le jury a été clairement convaincu par les nombreuses preuves présentées au cours du procès selon lesquelles, outre M. Jowers, la Mafia, les agences gouvernementales locales, étatiques et fédérales, étaient profondément impliquées dans l'assassinat de mon mari. »[412] La famille King et leur avocat incriminèrent plus précisément les agences du renseignement américain - en particulier le FBI et les services du renseignement de l'armée – pour avoir organisé, sous-traité et dissimulé l'assassinat.[413]

En raison de « l'immunité souveraine » du gouvernement, il fut impossible à la famille King de faire comparaître la toute

---

[412] ATI. The Full Story of Martin Luther King Jr.'s Assassination and Its Haunting Aftermath. By Marco Margaritoff. April 2, 2018

[413] Probe Magazine. The Martin Luther King Conspiracy Exposed in Memphis. By Jim Douglass. Spring 2000

puissante agence du renseignement à la barre d'un tribunal pénal américain. Une telle démarche aurait nécessité l'autorisation du gouvernement fédéral qui, dans ce cas, aurait été mis en situation d'accusé. La famille King et leur avocat n'eurent donc recours qu'à un tribunal civil, composé de douze jurés, six noirs et six blancs.

Revenons 6 ans plus tôt. En 1993, dans l'émission de la chaîne américaine ABC Prime Time, Loyd Jowers, avait avoué son implication dans un complot pour tuer King. Il avait précisé que le Crime Organisé et le gouvernement américain avaient fait partie du complot et que l'individu qui l'avait enrôlé était un associé de la Mafia, dénommé Frank Liberto (au procès, d'autres témoins avaient également confirmé la participation de cet homme).[414] Jowers avait déclaré que Liberto lui avait donné cent mille dollars pour recruter un tueur à gages, un policier véreux du département de la police de Memphis, dans le but d'assassiner King et qu'il avait récupéré le fusil du tueur pour le placer dans son restaurant dont la porte arrière s'ouvrait sur les buissons denses en face du *Lorraine Motel*.[415] Jowers avait confirmé que c'était bien derrière un buisson que le tueur de King s'était posté.

Au procès de 1999, les membres du jury furent convaincus de la preuve d'un complot pour assassiner le leader des droits civiques après avoir entendu la confession de Jowers sur un enregistrement audio de deux heures. Ce dernier l'avait faite au cours d'une réunion, à l'automne 1998, en présence de Dexter King et de l'ancien ambassadeur des Nations unies, Andrew Young.

La présence physique de Jowers au procès de 1999 n'avait pas été possible en raison de son âge avancé et de sa mauvaise santé. Mais dans les aveux qu'il avait faits sur la chaîne ABC, en 1993, il avait donné des précisions étonnantes. Il avait cité les noms de plusieurs policiers comploteurs qui avaient participé à des réunions dans son restaurant : Merrell McCollough (qui avait

[414] Probe Magazine. The Martin Luther King Conspiracy Exposed in Memphis. By Jim Douglass. Spring 2000

[415] Mary Ferrell Foundation. The Martin Luther King Assassination.

travaillé plus tard pour la CIA), le lieutenant de la police de Memphis, Earl Clark, un troisième policier et deux autres hommes que Jowers ne connaissait pas bien, mais qu'il pensait être des agents fédéraux. Jowers avait également précisé sur la bande audio enregistrée en 1998 en présence du fils de King et d'Andrew Young qu'on lui avait remis un fusil (celui qui devait incriminer Ray) juste après le coup de feu et qu'il l'avait enveloppé dans une couverture après l'avoir démonté. Il avait admis qu'il n'avait pas vu qui avait tiré sur King, mais il soupçonnait Earl Clark, le meilleur tireur de la police de Memphis.

Quant à la véritable arme du meurtre utilisée par le tireur embusqué derrière les buissons, William Pepper accepta le témoignage de Jowers selon lequel ce dernier l'avait remise à Raoul et qu'elle gisait quelque part « au fond du Mississippi depuis plus de trente-et-un ans. »[416]

Avant le procès de 1999, William Pepper avait écrit son propre livre « *Orders to Kill* », dans lequel il avait rapporté la déposition de soixante-dix témoins, faite sur bandes audio et vidéo. Grâce au site *The King Center*, la transcription complète du livre est disponible sur Internet.[417]

Le 8 décembre 1999, après deux heures et demie de délibération, le jury rendit un verdict unanime. Le juge récapitula solennellement la décision du jury aux deux questions posées : « En réponse à la question, 'Loyd Jowers a-t-il participé à un complot pour nuire au Dr Martin Luther King ?' Votre réponse est 'Oui'... Estimez-vous également que d'autres entités, y compris des agences gouvernementales, aient pu participer au complot comme le prétend l'accusé ? Votre réponse à cette question est également 'Oui'. »[418]

---

[416] Probe Magazine. The Martin Luther King Conspiracy Exposed in Memphis. By Jim Douglass. Spring 2000

[417] http://www.thekingcenter.org/assassination-conspiracy-trial

[418] Probe Magazine. The Martin Luther King Conspiracy Exposed in Memphis. By Jim Douglass. Spring 2000

Le dédommagement accordé à la famille King sera très symbolique (100 dollars) : elle n'avait toutefois demandé que de petits intérêts pour bien souligner qu'elle ne recherchait pas l'argent, mais qu'elle souhaitait plutôt à rétablir que la vérité.

Les propos des membres de la famille King et de leur avocat William Pepper prirent tout leur sens à l'issue du procès. Dexter King dénonça la campagne de dénigrement des médias américains : « C'est tellement étonnant pour moi que, dès que la question de l'implication potentielle du gouvernement fédéral a été soulevée, tout d'un coup, les médias sont devenus totalement négatifs contre ma famille. Je ne peux toujours pas comprendre cela. Je n'ai pas cessé de demander à ma mère : 'Qu'est-ce qui se passe ?'… Maintenant, la vérité est que, si mon père avait cessé [son combat]... s'il avait simplement renoncé et accepté un compromis, il serait probablement encore ici avec nous aujourd'hui. Mais dès que vous commencez à parler de redistribution des richesses et à vouloir stopper un conflit majeur, qui a également des ramifications économiques, alors ... »

Car ce fut bien le pouvoir économique en place, responsable de l'assassinat de King, que dénonça William Pepper dans sa plaidoirie finale : « Lorsque Martin Luther King s'est opposé à la guerre, lorsqu'il a rallié les gens pour s'y opposer, il menaçait alors les enjeux financiers de certaines des plus grandes entreprises de défense de ce pays. C'était une question d'argent. Il menaçait l'industrie de l'armement qui aurait été perdante si la guerre avait été stoppée... Car le second aspect de sa croisade portait également sur l'argent. Ce qui causa beaucoup de consternation dans les cercles du pouvoir dans ce pays, a été son engagement à conduire une foule de personnes vers Washington ... à parler d'une redistribution des richesses, dans ce pays le plus riche au monde. »

Dans un communiqué de presse tenu le lendemain à Atlanta, Coretta Scott King saluera le verdict : « Il existe de nombreuses preuves d'une conspiration majeure de haut niveau dans l'assassinat de mon mari, Martin Luther King, Jr. Au tribunal civil, le verdict unanime a validé notre conviction. J'applaudis de tout cœur ce verdict et j'estime que justice a été rendue dans les délibérations. Ce verdict n'est pas seulement une grande victoire pour ma famille, mais aussi une grande victoire pour l'Amérique. C'est une grande victoire pour la vérité elle-même. »[419]

Son fils, Dexter Scott King, quant à lui, donnera une conférence de presse le 9 décembre 1999. À propos du verdict, il déclarera : « Nous pensons que grâce aux preuves et aux informations obtenues à Memphis, cette affaire est terminée. Mais nous entendons constamment des propos, qui me troublent, selon lesquels ce verdict a créé plus de questions que de réponses. C'est totalement faux. Quiconque ayant assisté à près de quatre semaines de témoignages, impliquant l'intervention de plus de soixante-dix témoins - des témoins crédibles, dois-je ajouter – et de celle de plusieurs juges, saurait que l'on a touché la vérité. »

La famille King ne baissera pas les bras pour autant. Elle prendra la décision d'intenter de nouveau une action judiciaire dans l'espoir de rouvrir l'enquête sur l'assassinat. Car le verdict ne semblait pas avoir changé grand-chose : malgré tout, la décision du tribunal civil en 1999 n'avait pas annulé la condamnation de Ray, à titre posthume !

Sur la base des arguments recueillis lors de la confession de Jowers, la famille King transmit à l'administration du Président Bill Clinton la requête de rouvrir l'affaire par l'entremise du ministère de la Justice.[420] La procureure générale des États-Unis, Janet Reno, y fera suite en ordonnant une enquête de son ministère, « limitée » sur deux allégations de complot dans le meurtre de King. Dans les faits, l'une reposa sur la revendication de Jowers et l'autre sur la déclaration de l'ancien agent du FBI, Donald Wilson, selon laquelle il avait trouvé des papiers dans la voiture de Ray évoquant l'existence d'un éventuel complot.[421]

Mais, en 2000, à l'appui des résultats d'une enquête fédérale sur plusieurs mois, le ministère de la Justice statua sur le fait que Ray était bien le seul coupable, qu'il n'y avait aucune preuve fiable

---

[419] http://www.thekingcenter.org/assassination-conspiracy-trial

[420] Quartz. Who really killed Martin Luther King Jr.? His family says the wrong man went to prison. By Molly Rubin. April 3, 2018

[421] CBS News. MLK's Family Feels Vindicated. First published on December 8, 1999

d'un complot et que les preuves alléguées par Jowers étaient insuffisantes pour justifier la poursuite d'une enquête plus approfondie.[422]

Quant au FBI, le Bureau maintiendra sa conclusion initiale et niera toute allégation de complot ou de camouflage.[423]

Bien des questions sur les détails de l'enquête restèrent donc sans réponse. La famille King continua néanmoins à contester les conclusions du FBI et celles du rapport du ministère de la Justice : « Nous ne pensons pas que, dans une affaire aussi politiquement sensible, le gouvernement soit capable d'enquêter sur lui-même », déclara-t-elle. Elle estima que le FBI n'avait pas mené son enquête avec impartialité et qu'il y avait eu soit, a minima, une négligence de la part du gouvernement soit une conspiration suivie d'une dissimulation manifeste.

Pour l'heure, de nombreux documents concernant l'enquête initiale du FBI restent confidentiels et ne seront pas rendus publics avant 2027 !

Publié à temps pour le 50e anniversaire de l'assassinat du Dr Martin Luther King Jr., le livre « *Killing King* »[424] écrit conjointement par Stuart Wexler, avocat, et Larry Hancock, historien, deux enquêteurs réputés pour le sérieux de leur travail de recherche historique (notamment sur le complot d'assassinat du Président Kennedy), passe au peigne fin le rôle éventuel de terroristes suprématistes blancs radicaux dans l'assassinat de King. Les deux auteurs ont analysé avec rigueur de nombreux fichiers du FBI, inconnus auparavant du public, qu'ils ont découverts grâce au *Freedom Information Act*. Leur livre se concentre en particulier sur Sam Bowers et les *White Knights* du Ku Klux Klan du Mississipi et détaille les efforts de longue date déployés par ce groupe de terroristes racistes pour tuer Martin

---

[422] Fox 23 News. Who was James Earl Ray, and did he really kill Martin Luther King Jr.? By: Debbie Lord, Cox Media Group National Content Desk. Updated: January 14, 2020

[423] Quartz. Who really killed Martin Luther King Jr.? His family says the wrong man went to prison. By Molly Rubin. April 3, 2018

[424] Stuart Wexler & Larry Hancock. Killing King: Racial Terrorists, James Earl Ray, and the Plot to Assassinate Martin Luther King Jr. Counterpoint (April 3, 2018)

Luther King. Tout en acceptant la participation mineure de James Earl Ray dans le complot, les deux investigateurs ont apporté des preuves d'une conspiration claire et bien orchestrée des factions suprématistes blanches qui n'avaient de cesse d'exprimer, haut et fort, leur opposition aux idéaux du Dr King.

Mais ne nous trompons pas : jamais l'assassinat de Martin Luther King, qui changea le cours de l'histoire des États-Unis, ne pourra être universellement reconnu comme l'acte d'un raciste solitaire. Il y a une quantité de preuves accablantes contradictoires et trop de coïncidences étranges pour accepter la version officielle du tueur unique. Faut-il rappeler de nouveau qu'il n'y eut aucune preuve médico-légale impliquant James Earl Ray, qu'à l'autopsie les blessures de King ont révélé une trajectoire de la balle mortelle ne correspondant pas aux données balistiques d'un tir provenant de la pension, constat que des photographies ont confirmé sans équivoque ? L'absence d'empreintes digitales, la nature de la balle extraite du corps de King, sans aucune correspondance avec celle du fusil du suspect-bouc émissaire, sont autant de preuves qui attestent la fabrication puis la dissimulation des faits. On a ainsi condamné un homme à la prison à vie alors que les vrais commanditaires de l'assassinat se sont éclipsés en toute impunité.

À l'instar de l'assassinat de JFK, le meurtre de Martin Luther King a mis en évidence les incompétences des enquêtes fédérales américaines, bâclées volontairement, sur ces deux homicides d'une ampleur sans précédent. Que des éléments du gouvernement aient été impliqués dans l'assassinat de King ou non, il n'est pas déraisonnable, à défaut de preuves irréfutables étayant l'existence d'un complot, de mettre en cause un camouflage de l'affaire.

Comment ne pas s'élever contre le cynisme du gouvernement des États-Unis d'avoir choisi la date anniversaire de la mort du Dr Martin Luther King Jr. comme fête nationale annuelle et d'attendre du peuple américain, comme il le fait depuis plus de 50 ans, qu'il honore sa mémoire à cette occasion, alors que ce même gouvernement ne lui a pas tout dit sur l'assassinat du leader des droits civiques ?

Lors du 50ᵉ anniversaire de la mort de Martin Luther King Jr., son plus jeune enfant, Bernice King, a voulu faire passer un message plein d'espoir en déclarant à la télévision qu'en dépit de la violence et de la controverse entourant la mort de son père, elle ne considérait pas sa disparition comme une tragédie : « Notre monde est devenu meilleur parce que notre père a donné sa vie pour cela. »

Si la question raciale reste toujours sensible aujourd'hui aux États-Unis - car tout n'a pas été résolu dans ce domaine, loin s'en faut – espérons que l'héritage et l'influence de King puissent encore inspirer des générations d'Afro-américains.

Car ils doivent continuer à faire valoir la cause que défendait le plus grand leader du mouvement américain des droits civiques ; une cause juste et cohérente avec les valeurs égalitaires américaines qu'il revendiquait.

# Robert F. Kennedy

## (Los Angeles : 5 juin 1968)

----------------------------------

LE 5 JUIN 1968, juste après minuit, dans l'*Embassy Ballroom* de l'*Ambassador Hotel*, près du centre de Los Angeles, de bons amis, des alliés politiques et quelques célébrités sont venus célébrer la victoire du Sénateur Robert F. Kennedy (RFK) à la primaire présidentielle démocrate de Californie. On lui donne désormais de grandes chances d'accéder à la Maison-Blanche. Les observateurs politiques d'aujourd'hui s'accordent à dire qu'il aurait, sans aucun doute, battu le républicain Richard Nixon aux élections nationales du 3 novembre 1968.

Alors qu'il vient de terminer son discours, le sénateur, suivi de ses plus proches collaborateurs et des membres de sa famille, se dirige, souriant, à travers la foule venue l'acclamer, vers une porte latérale de l'*Embassy Ballroom* menant à une cuisine adjacente. En dépit du protocole, pour gagner du temps, on a choisi ce raccourci qui mène à l'endroit où la presse l'attend. Ce passage par la cuisine sera une erreur fatale.

La cuisine n'est pas grande et elle est rapidement bondée ; environ quatre-vingts personnes s'y sont entassées. Elles vont être les témoins d'un drame.

À peine le sénateur a-t-il serré la main du personnel de cuisine que des coups de feu retentissent, suivis de cris et de hurlements. Kennedy est tombé à la renverse sur le sol. Il vient d'être touché. Cinq autres personnes le sont également, mais aucune ne le sera aussi gravement que le candidat à la présidence, et toutes se remettront de leurs blessures.

Malgré plus de cinq décennies écoulées depuis la tragédie, les photographies de l'époque restent toujours gravées dans notre mémoire. Dans cette cuisine exiguë, c'est le chaos : les gens se tiennent en cercle, en état de choc, les yeux horrifiés, fixés sur le sol, Kennedy git sur le dos, le visage baigné d'un halo de lumière. Du sang s'écoule de sa tête. Il ne semble rien entendre. Son visage est sans expression. Ses yeux sont ouverts, mais son regard fixe le vide. Il a le bras droit tendu à angle droit par rapport à son corps. Sa posture, presque christique, ressemble à une crucifixion. Son épouse, Ethel, en début de grossesse de leur onzième enfant, à genoux près de lui, tétanisée, essaye de le réconforter.

Un jeune aide-serveur latino s'est également agenouillé à côté du sénateur. Il berce sa tête. Quelques secondes plus tôt, alors qu'il venait de lâcher la main de Bobby Kennedy qu'il lui avait tendue spontanément, quelqu'un s'était avancé vers RFK brandissant un revolver. Puis, le crépitement d'une salve de tirs, mêlé aux cris, avait créé le chaos.

Le jeune homme s'approche du visage du sénateur qui bouge ses lèvres pour murmurer : « Est-ce que tout le monde va bien ? ». Il soulève la tête de sa main afin de lui éviter le contact froid du carrelage.[425] Il sent le flux du sang chaud s'écouler entre ses doigts. Le jeune aide-serveur saisit un chapelet de la poche de sa chemise et l'enroule autour de la main droite du mourant. Le sénateur, à demi conscient sur le sol de la cuisine, pendant dix-sept longues minutes, est enfin placé sur un brancard à l'arrivée des ambulanciers.

---

[425] NPR. The Busboy Who Cradled A Dying RFK Recalls Those Final Moments. June 1, 2018

Les médias omniprésents dans le salon de l'hôtel lors de la proclamation de la victoire de Bobby Kennedy s'empressent de transmettre les graves nouvelles. L'Amérique et le monde entier apprennent qu'un autre Kennedy vient d'être abattu. Ce seront les témoins dans la cuisine qui donneront plus tard les détails aux médias et aux enquêteurs. Chaque témoignage sera capital, car aucune caméra n'a pu capter le déroulement de la fusillade.

Le sénateur est préalablement transporté en ambulance à l'hôpital central de Los Angeles, dans une unité de soins intensifs. À son arrivée, l'un des médecins déclare qu'il est pratiquement mort. D'autres temporisent, mais jugent son état extrêmement critique.

Le pouls de Robert Kennedy, momentanément arrêté, repart. Le personnel médical place une sonde de trachéotomie, branche une intraveineuse, administre de l'adrénaline, insère une voie respiratoire buccale, place un masque d'oxygène sur le visage et pratique un massage cardiaque pendant dix minutes. Les signes vitaux sont rétablis. Un battement de cœur est détecté. RFK commence à respirer de nouveau, mais de manière erratique.

Les premiers médecins urgentistes arrivent toutefois à l'évidence qu'il ne leur est plus possible d'assurer les soins nécessaires, compte tenu des graves blessures de Kennedy. On le transfère donc au *Good Samaritan Hospital* proche. Selon des chercheurs en médecine, auteurs d'une récente étude publiée dans le *Journal of Neurosurgery*, le délai de quarante-cinq minutes mis à transporter le sénateur à cet hôpital spécialisé a été la plus grande erreur commise ce soir-là.[426]

Une équipe de six chirurgiens commence une craniotomie d'urgence à trois heures du matin qui durera un peu moins de quatre heures. Une balle a manifestement causé de graves dommages en pénétrant dans le cerveau de Kennedy, près de l'oreille droite. Les chirurgiens extraient la majeure partie de la balle à l'exception d'un fragment qui restera logé dans le cerveau. Ils découvrent qu'une autre balle a frappé sa colonne vertébrale, près du cou, mais elle est sans gravité ; une autre balle a traversé

---

[426] Science Daily. RFK's assassination: A medical analysis of his injuries and neurosurgical care. June 19, 2018

sa poitrine et une quatrième balle a déchiré sa veste sans toucher le corps.[427]

Après l'opération, l'attaché de presse de Kennedy, Frank Mankiewicz, déclarera qu'aucune tentative d'extraire le fragment de balle logé dans le cerveau n'était envisageable : « Certains fragments de balle et d'os sont allés se loger dans le tronc cérébral. Le sénateur a perdu beaucoup de sang… Après l'opération, le pronostic sur l'état du patient reste réservé, mais il respire maintenant de lui-même, ce qui n'était pas le cas avant la chirurgie.… Les 12 à 36 prochaines heures seront très critiques.» [428]

Environ douze heures après la craniotomie, l'état du sénateur commence à se détériorer. Le chef de l'équipe chirurgicale estime que, compte tenu des graves lésions au cervelet et au cortex occipital droit, l'issue semble fatale sans signifier nécessairement la mort. Si le cœur du sénateur bat toujours, la pression sanguine dans son cerveau, elle, augmente. Puis l'électroencéphalogramme devient plat et Kennedy cesse de respirer. Il ne reprendra jamais connaissance. Le sénateur est déclaré mort à 1 h 44 du matin, heure locale, le 6 juin 1968, près de 26 heures après l'attentat.[429] Il avait 42 ans.

Dans cette décennie 1960, la tragédie américaine n'aura décidément aucun répit. Deux mois seulement après l'assassinat du Dr Martin Luther King Jr. et cinq ans après l'assassinat du Président Kennedy, c'est une suite nécrologique qui endeuille la nation. L'Amérique pleure, une fois de plus, la perte d'un autre de ses héros.

Revenons sur le déroulement de la scène chaotique dans la cuisine. À l'instant où le jeune aide-serveur latino saisit la main du sénateur, un homme de petite taille veut s'approcher de RFK,

427 Associated Press. How the AP covered the RFK assassination 50 years ago. June 4, 2018

428 USA Today. The lost day: How we remember, and don't, the 26 hours after Robert F. Kennedy fell. By Rick Hampson. June 18, 2018

429 Gizmodo. New Medical Analysis Shows What Really Happened on the Night Robert F. Kennedy Was Assassinated. By George Dvorsky. June 19, 2018

non pas pour offrir, à son tour, une poignée de main de bonne volonté, mais pour tendre son arme et tirer en hurlant « Kennedy, espèce de fils de pute ».

Une petite poignée d'hommes réagit aussitôt en fonçant sur l'agresseur. L'un d'eux, un géant Afro-américain, attrape la main du tireur et le fait chavirer sur un comptoir à vapeur de la cuisine. Il lui bloque la tête sur le buffet et plaque son bras en le serrant comme dans un étau, mais la main tient toujours l'arme qui débite sans répit, tandis que les autres colosses immobilisent le reste du corps. On entend l'un des hommes le maîtrisant s'écrier « personne ne doit tuer cet homme. Nous voulons l'avoir vivant. » [430]

L'agresseur vient de tirer deux balles puis, après une courte pause, c'est une rafale de tirs qui sort de son arme pendant qu'on le maîtrise. Au total, huit coups de feu sont partis. Certains témoins diront avoir cru entendre l'éclatement de ballons ou de pétards.

L'agresseur est remis à la police, arrivée sur les lieux dix minutes après la fusillade. Des soixante-dix-sept personnes entassées dans la cuisine, il sera la seule personne arrêtée par la police, car elle vient de le trouver en possession d'un revolver Iverson 0.22 qui a fait feu selon les témoins. Celle-ci identifie le suspect : l'homme est Sirhan Bishara Sirhan (pour faire court, « Sirhan » sera le nom retenu dans ce récit), un chrétien palestinien de 23 ans, né avec la citoyenneté jordanienne.

L'opération policière ne mettra que quelques heures pour saisir les affaires personnelles de Sirhan dans sa résidence de Pasadena où vit également sa mère. La police y trouve un cahier dans lequel Sirhan a écrit, d'une façon brouillonne, les mots « RFK doit mourir ». Car il y a répétition de ces trois mots sur plusieurs lignes, laissant la police penser que tuer Kennedy devait être l'obsession du jeune homme. Elle trouve également sur lui un article de journal défavorable à Kennedy et un calendrier de ses conférences prévues en juin.

---

[430] Associated Press. How the AP covered the RFK assassination 50 years ago. June 4, 2018

Présumé coupable de la fusillade qui a coûté la vie au sénateur, Sirhan est incarcéré dans l'attente de son procès. Pendant des heures d'interrogatoire, l'homme reste d'abord silencieux, refusant de parler de lui-même et de la fusillade, puis devient bavard.[431]

Le procès de Sirhan s'ouvre le 13 février 1969. Les autorités locales ont pris toutes les précautions pour éviter que ne se répète le drame de Dallas (l'assassinat de l'assassin présumé de JFK). Une protection renforcée de Sirhan est alors assurée de sorte qu'il lui est impossible de sortir du palais de justice, mais on le laisse en bonne garde se rendre dans la salle du tribunal où toutes les fenêtres sont obstruées par des plaques d'acier.

Selon les preuves dont ils disposent, les procureurs font valoir que Sirhan a assassiné Robert Kennedy parce qu'il avait une rancune contre lui et expliquent son mobile : RFK avait soutenu la vente de cinquante avions de combat Phantom à Israël par les États-Unis, pays allié dans la guerre israélo-arabe de 1967.[432]

Au début du procès, les procureurs présentent, en guise de « preuves », une série d'indices illustrant les préparatifs délibérés de Sirhan pour commettre le meurtre. Deux soirs avant l'attentat, on l'avait repéré à l'*Ambassador Hotel* où il semblait vouloir se familiariser avec la configuration de l'établissement. La veille du drame, on l'avait également vu s'entraîner avec son revolver sur un champ de tir.[433]

L'équipe de défense de Sirhan, quant à elle, se plaindra, quelques mois plus tard, de ne pas avoir reçu, à temps, l'ensemble des pièces à conviction et des documents de l'affaire. Comme nous allons le voir en détail plus loin, ce point est capital : le rapport d'autopsie, concluant que des tirs à bout portant avaient atteint le sénateur *derrière* lui, n'avait pas été remis aux avocats de la défense, en temps voulu, ce qui aurait pu exonérer Sirhan du

---

[431] Associated Press. How the AP covered the RFK assassination 50 years ago. June 4, 2018

[432] CNN. Sirhan Sirhan, convicted RFK assassin, to face parole board. By Michael Martinez. March 1, 2011

[433] Law Library. Sirhan Bishara Sirhan Trial: 1969

meurtre puisque Kennedy et Sirhan se trouvaient *face à face* quand il avait tiré sur le sénateur.[434]

Au procès, la défense s'efforce de démontrer que le meurtre a été l'acte spontané d'un esprit dérangé. Elle admet tout de même que Sirhan avait bien tiré sur Kennedy, mais évoque une capacité mentale diminuée dont il souffrait pour expliquer son acte. L'un des avocats de la défense en avait eu la conviction après avoir entendu les réponses de Sirhan à ces questions :
« Avez-vous tiré sur Robert Kennedy ?
- Oui monsieur.
- Avez-vous eu de mauvaises intentions envers le sénateur Kennedy ?
- Non.
- Vous doutez que vous lui ayez tiré dessus ?
- Non, monsieur, je ne sais pas. »
Les avocats de la défense estiment donc que le comportement de Sirhan, qui préfère choisir l'amnésie, est tout sauf celui d'un vrai tueur qui n'aurait pas passé sous silence le mobile de son acte, mais qui aurait plutôt revendiqué sa motivation politique.[435] Dès lors, la défense considère que le verdict de culpabilité de meurtre au premier degré, c'est-à-dire de retenir la préméditation, compte tenu de l'état de santé mentale de Sirhan, est improbable (aux États-Unis, le meurtre au premier degré est l'équivalent de l'assassinat).

Visiblement confus et incohérent, après avoir avoué le meurtre initialement, Sirhan fait volte-face en plaidant non-coupable. Un tel revirement est rejeté par le juge, après avoir entendu la plaidoirie de l'accusation selon laquelle trois carnets de notes de Sirhan ont été trouvés, à son domicile, qui ne laissent aucun doute sur une préméditation de l'homicide. Dans un des carnets, Sirhan avait écrit, le 18 mai 1968 : « Ma détermination à éliminer RFK devient de plus en plus [sic] une obsession inébranlable.... Robert

---

[434] Mary Ferrell Foundation. The Robert Kennedy Assassination

[435] Crime Magazine. Sirhan Sirhan: Assassin of Modern U.S. History. By Denise Noe. May 27, 2004

F. Kennedy doit être assassiné avant le 5 juin 1968 [premier anniversaire de la Guerre des Six Jours]. »[436]

Mais Sirhan affirme, au contraire, n'avoir aucun souvenir d'avoir voulu tuer Kennedy ou d'avoir écrit dans son carnet qu'il envisageait un tel projet. Il confirme que c'est bien, là, son écriture, mais qu'il n'a aucun souvenir d'avoir écrit les mots répétitifs, sur des lignes à n'en plus finir, à l'image d'un disque rayé qui retombe sur le même sillon et qui débite sans arrêt les mêmes paroles : « RFK doit mourir… RFK doit mourir… Robert F. Kennedy doit être assassiné… doit être assassiné ». Dès lors, la défense explique que c'est, là, l'exemple-type du comportement d'un esprit brisé.[437]

Alors que les avocats de la défense espèrent au mieux un verdict de meurtre au second degré qui épargnerait la peine de mort, le 17 avril 1969, après une délibération du jury de trois jours, Sirhan est reconnu coupable d'assassinat et de cinq chefs d'accusation de voies de fait avec tentative de meurtre. Le 23 avril, le juge le condamne à être exécuté en chambre à gaz.

Mais, en 1972, après une détention de trois ans dans le « couloir de la mort », Sirhan voit sa peine carcérale commuée en réclusion à perpétuité grâce à une modification de la loi de l'État de Californie abrogeant la peine de mort.

Malgré les tentatives des avocats de Sirhan, cinq décennies passeront sans qu'une libération conditionnelle ne lui soit octroyée. Le 30 août 2019, Sirhan est même poignardé au cou par un codétenu dans une des cours de la prison de Californie. L'agression est si grave qu'il est transporté dans un hôpital extérieur. Soigné de sa blessure, il retournera en prison.[438]

Compte tenu des aberrations de l'enquête officielle de la police de Los Angeles à l'époque de l'assassinat et des nouvelles preuves

---

[436] Law Library. Sirhan Bishara Sirhan Trial: 1969

[437] Crime Magazine. Sirhan Sirhan: Assassin of Modern U.S. History. By Denise Noe. May 27, 2004

[438] ABC News. Sirhan Sirhan back in prison after surviving stabbing. By Chris Francescani and Santina Leuci. September 1, 2019.

présentées par des investigateurs privés (notamment des faits attestant la présence d'un deuxième tireur sur le lieu de la fusillade qui profita du chaos pour porter un coup mortel au sénateur), psychologues, avocats, témoins clé, tous ont considéré que le cas de Sirhan, vieillissant, réunissait les conditions pour une libération anticipée. Mais celle-ci sera rejetée à maintes reprises. De même, échoueront les tentatives pour faire appel de sa condamnation devant les tribunaux.

En mars 2011, Sirhan, qui a déjà passé quarante-trois ans en prison, comparait, pour la quatorzième fois, devant la commission des libérations conditionnelles de Californie.[439] Deux psychologues réputés et William Pepper, avocat international des droits de l'homme (celui même qui avait mis toute son ardeur pour défendre James Earl Ray dans l'affaire de l'assassinat du Dr Martin Luther King Jr.), estiment, en effet, que Sirhan ne représente plus une menace pour la communauté. C'est également l'opinion de Daniel Brown, professeur de clinique agrégé en psychologie à la *Harvard Medical School*, après une série d'interrogatoires de Sirhan, pendant 60 heures sur une période de trois ans.[440] Mais, malgré les arguments des experts de la défense, le procureur adjoint du comté de Los Angeles, David Dahle, s'oppose, à la libération de Sirhan.

Une nouvelle audience de libération conditionnelle a lieu en 2016 en présence d'un témoin clé, Paul Schrade, le fidèle assistant de RFK, blessé à la tête, lors de la fusillade dans la cuisine de l'*Ambassador Hotel*. À 91 ans, il affirme que Sirhan n'a pas pu tirer le coup mortel sur Kennedy, parce que Schrade, lui-même, se trouvait derrière le sénateur et face à Sirhan et qu'un coup de feu était parti de l'arme d'un second tireur (nous verrons les arguments et les faits étayant ce témoignage un peu plus loin.)[441]

Mais, une fois de plus, les révélations de Schrade n'influenceront pas la commission des libérations conditionnelles

---

[439] The New York Times. California: Sirhan Sirhan Denied Parole. By Ian Lovett. March 2, 2011

[440] CNN. Sirhan Sirhan, convicted RFK assassin, to face parole board. By Michael Martinez. March 1, 2011

[441] Mary Ferrell Foundation. The Robert Kennedy Assassination

et Sirhan se verra refuser de nouveau sa libération. Il en sera de même après une très récente tentative, en janvier 2022.

Pour l'heure, Sirhan, âgé de soixante-dix-huit ans, entame sa 54e année en prison.

Le verdict officiel de la culpabilité et l'incarcération à vie de Sirhan ne sont-ils pas disproportionnés ? Il est indéniable que Sirhan, appréhendé sur les lieux avec une arme à la main, a fait feu sur Robert Kennedy, mais il existe une montagne de preuves qui réfutent la version officielle du tireur *unique*, à l'instar, nous l'avons vu précédemment, de Lee Harvey Oswald, assassin présumé du Président Kennedy à Dallas puisque la détection de tirs croisés avait prouvé la présence d'au moins un second tireur.

Depuis plus de cinquante ans, les partisans soutenant la thèse du second tireur dans la cuisine de l'*Ambassador Hotel*, se sont basés sur des faits difficilement contestables. Ils sont formels : la conclusion de l'enquête officielle et le verdict de culpabilité de Sirhan sont peu crédibles. Les carences et les erreurs flagrantes de l'enquête du *Los Angeles Police Department* (LAPD) ainsi que les indices susceptibles d'exonérer Sirhan, mais réfutés par les procureurs lors du procès et de son appel, laissent à penser qu'une possible dissimulation des preuves - résultats balistiques et d'autopsie notamment - a été orchestrée impunément au plus haut niveau.

Examinons tout d'abord un point capital : où se positionnait exactement Sirhan par rapport à Kennedy dans la cuisine lorsqu'il vida les huit balles de son revolver ?

Aucune personne n'a été en mesure de dire qu'elle avait vu Sirhan s'approcher de RFK, suffisamment près, pour lui infliger une blessure mortelle *derrière* la tête. Certes, la scène chaotique dans la petite cuisine où s'étaient entassées soixante-dix-sept personnes pouvait être propice à une vision restreinte ou bloquée des témoins oculaires et expliquer la mémoire confuse de certains. Mais tous les observateurs s'accordèrent sur le fait que Sirhan et le sénateur se trouvaient *face à face*. Il lui était donc impossible d'abattre le sénateur *par-derrière*. [442]  Ces témoins ont jugé que l'arme de Sirhan était pointée vers RFK à une distance qui les séparait entre 0.5 et 1.5 mètre. Ils ont précisé que le tireur était debout, son revolver à la main tendu horizontalement en direction de Kennedy. Nous verrons plus loin en détail que le rapport d'autopsie a pourtant conclu que trois balles avaient été tirées à bout portant et *derrière* RFK, y compris la balle fatale qui avait pénétré dans son cerveau.

Un témoin du drame, Nina Rhodes-Hughes, actrice bénévole qui soutenait la campagne de Robert Kennedy, précisa sa position et celle du sénateur dans la cuisine par rapport à Sirhan. Pour l'avocat William Pepper, l'observation de Nina Rhodes-Hughes est capitale : « Elle se souvient clairement de s'être trouvée à une courte distance *derrière* le sénateur et d'avoir entrevu son profil gauche, puis de l'avoir vu tourner rapidement de sorte que l'arrière de sa tête était visible [de la position de Rhodes-Hughes] au début de la fusillade. Le fait que le sénateur faisait presque directement face à Sirhan juste avant de recevoir, par-derrière, trois coups de feu, tirés à bout portant, dans le dos et à l'oreille droite, exclut la possibilité de tirs actionnés par Sirhan sur Robert Kennedy... Cela montre clairement l'existence d'un deuxième homme armé qui, lui, a tiré de bas en haut sur le sénateur.» [443]

Selon Rhodes-Hughes, Kennedy ne manifestait aucun signe d'avoir été touché par les deux ou trois premiers tirs de Sirhan au moment précis où elle se tenait derrière le sénateur dont elle voyait la partie postérieure de la tête. Ce fut après avoir détourné son regard du sénateur et s'être tournée vers la gauche qu'elle aperçut pour la première fois Sirhan debout en face de Kennedy.

Le témoignage de Rhodes-Hughes nous amène à regarder de plus près le résultat des tests de balistique. Ont-ils apporté des preuves supplémentaires ? Indéniablement oui.

---

[442] Statement of Lawrence Teeter, Current Attorney for Sirhan Bishara Sirhan. "Sirhan Sirhan was out of position and out of range and therefore could not have shot Kennedy".

[443] CNN. RFK assassination witness tells CNN: There was a second shooter. By Michael Martinez and Brad Johnson. April 30, 2012

Au début des années 1970, des experts en balistique ont avancé des preuves contradictoires, accablantes pour la version officielle de l'assassinat de RFK. Le professeur de criminalistique, Herbert MacDonnell, déclara, sous serment, qu'une balle extraite du cou du sénateur (pièce n°47) ne pouvait pas avoir été tirée du revolver de Sirhan. MacDonnell se basa sur le nombre de rainures de la balle 47 qu'il trouva différent de celui de la balle extraite du corps de William Weisel, lui-même blessé dans la fusillade (pièce n°54). La preuve de McDonnell selon laquelle les deux balles ne pouvaient pas avoir été tirées avec la même arme à feu fut validée lors d'une audience publique en 1974 par Lowell Bradford, doyen du laboratoire de criminologie de l'État de Californie.[444]

Un an plus tard, un groupe de sept experts en balistique, appelés à comparaître au tribunal, révéla de graves lacunes dans la procédure de marquage des balles consignées au dossier des pièces à conviction. Nous verrons en détail plus loin jusqu'où sont allées les manipulations et les dissimulations de la police. Sans l'ombre d'un doute, les tests balistiques prouvèrent que, d'une part, des tirs croisés, de trajectoire totalement différente, s'étaient produits et que, d'autre part, le revolver de Sirhan n'était pas l'arme d'où était parti le coup tuant Kennedy, ce qui signifiait la présence d'un deuxième tireur dans la cuisine.

Un journaliste, qui se trouvait dans une pièce adjacente à la cuisine d'où provenaient les coups de feu, déclara : « Les tirs étaient si rapprochés qu'ils faisaient penser à une rafale de mitrailleuse. Il était difficile de croire qu'ils n'étaient partis que d'une seule arme à feu. »[445]

Nina Rhodes-Hughes, le témoin capital dont j'ai parlé plus haut, était certaine qu'il y avait un autre tireur dans la cuisine, car elle avait entendu des coups de feu de deux provenances distinctes. Elle déclara qu'une partie de son champ visuel l'empêchait de voir Sirhan, son arme à la main, mais que, dès qu'elle s'était déplacée, elle l'avait alors aperçu et avait entendu les deux ou trois premiers tirs de l'endroit où se trouvait Sirhan, c'est-à-dire à

[444] Mary Ferrell Foundation. The Robert Kennedy Assassination

[445] Associated Press. How the AP covered the RFK assassination 50 years ago. June 4, 2018

plusieurs mètres *devant* elle, puis, des coups de feu provenant de quelque part *derrière* elle, sur sa droite, près de Kennedy ; des tirs beaucoup plus rapides que les premiers qu'elle avait initialement entendus.[446]

Le LAPD écarta le témoignage de Nina Rhodes-Hughes. Bien plus, la police fit circuler la fausse explication selon laquelle Rhodes-Hughes faisait partie d'un groupe de témoins qui, eux, avaient affirmé qu'un maximum de 8 coups de feu avaient été tirés et que tous provenaient de la même direction.

Le revolver de calibre 0.22 de Sirhan ne pouvait tirer qu'un maximum de huit balles logées dans le barillet (bien sûr, il n'avait pas eu le temps de le recharger pour tirer des balles supplémentaires). Ce fait est donc capital. Pour que la théorie officielle du tireur solitaire fou soit plausible, il aurait fallu que huit balles et pas une de plus aient été tirées par Sirhan. Or, il sera prouvé que l'on avait tiré un nombre de balles bien supérieur dans la cuisine.

L'équipe de défense dirigée par l'avocat de New York, William Pepper, contesta donc l'explication officielle des autorités. Elle affirma que deux agents du FBI avaient volontairement déformé la déposition de Rhodes-Hughes recueillie par l'agence un mois après l'assassinat alors qu'elle avait nettement entendu un total de 12 à 14 coups de feu. Elle en était convaincue, car elle avait encore le bruit de la salve des balles dans la tête.

Rhodes-Hughes ne fut jamais appelée à témoigner au procès de Sirhan en 1969 ni au cours des enquêtes successives ! Elle avait pourtant dit qu'elle se tenait entièrement disponible pour comparaître comme témoin clé, n'importe où et n'importe quand, tant elle était formelle sur un nombre de tirs supérieur aux huit balles que pouvait contenir le barillet du revolver de Sirhan.

Le témoignage de Rhodes-Hughes fut toutefois confirmé par au moins quatre autres personnes, mais leurs dépositions à la police ne furent consignées dans aucun rapport du FBI :

Jesse Unruh, président de la *California Assembly*, se trouvait à une distance de six à neuf mètres derrière Bobby Kennedy

---

[446] CNN. RFK assassination witness tells CNN: There was a second shooter. By Michael Martinez and Brad Johnson. April 30, 2012

lorsqu'il entendit des crépitements qu'il prit pour une explosion de pétards ; un nombre de coups de feu de l'ordre de 5 à 10.

Frank Mankiewicz, l'attaché de presse de campagne de Kennedy, essayait de se frayer un passage dans la foule pour rejoindre le sénateur quand il entendit des détonations – il en compta plus ou moins 10 - semblant provenir d'un lanceur de pétards.

Estelyn Duffy LaHive, soutien de campagne de Kennedy, se tenait juste à l'entrée de la cuisine lorsque la fusillade éclata. Elle déclara avoir entendu au moins 10 coups de feu.

Enfin, Booker Griffin, un autre partisan de Kennedy, venait d'entrer dans la cuisine lorsqu'il entendit deux coups rapides suivis d'une légère pause, puis peut-être 10 ou 12 coups supplémentaires.

D'autres témoins oculaires présents dans la cuisine ont également affirmé avoir vu d'autres armes à feu dégainées pendant la fusillade. Le Dr Marcus McBoom remarqua un homme, un pistolet à la main, partiellement dissimulé, qui sortit en courant de la cuisine. Don Schulman, lui, affirma avoir vu un garde de sécurité au côté de Kennedy sortir son arme pendant l'attaque.[447]

S'est ajouté à ces témoignages le résultat de l'analyse acoustique des coups de feu d'une durée de cinq à six secondes. L'enregistrement fut découvert en 2004 aux Archives de l'État de Californie par Brad Johnson, un correspondant de CNN International.[448]

Sur la bande originale audio du magnétophone que transportait le journaliste indépendant, Stanislaw Pruszynski, treize impulsions sonores ont été détectées sur un laps de temps inférieur à six secondes. Pruszynski, qui se tenait à 12 mètres de la scène du crime, ignorait qu'il avait laissé son microphone en marche.

---

[447] Mary Ferrell Foundation. The Robert Kennedy Assassination

[448] CNN. RFK assassination witness tells CNN: There was a second shooter. By Michael Martinez and Brad Johnson. April 30, 2012

Un éminent expert en analyse informatique des profils d'ondes audio, Philip Van Praag, valida l'authenticité de la bande sonore et confirma la détection électronique des treize sons qu'il identifia comme étant des coups de feu. Il prit bien soin d'exclure des sons de nature autre que celle caractéristique de tirs d'arme à feu, à savoir tout ce qui pouvait être assimilé à des échos ou à des ricochets de sons comme l'explosion de pétards, l'éclatement de ballons ou le crépitement des ampoules de flash des appareils photo. Dès lors, pour cinq coups de feu enregistrés sur la bande, Van Praag fut en mesure d'authentifier leur provenance qui était opposée à celle où se tenait Sirhan dont le revolver bon marché avait débité les huit coups de feu. Van Praag réussit même à différencier les armes à feu utilisées : plus précisément le troisième coup de feu, le cinquième, le huitième, le dixième et le douzième, (dans la séquence des 13 coups), tous révélaient une anomalie de fréquence acoustique que l'expert identifia comme étant celle d'un modèle d'arme à feu différent de celui du revolver de Sirhan. Quant à la cadence des tirs, il constata que certains des 13 sons étaient si rapprochés qu'ils ne pouvaient pas correspondre à des tirs provenant uniquement de l'arme de Sirhan. Il y eut notamment deux paires de doubles sons, si proches l'un de l'autre, qu'il était inconcevable que Sirhan eut pu tous les tirer. Le troisième coup de feu et le quatrième, puis le septième et le huitième étaient séparés de 122 et 149 millisecondes respectivement.[449]

Lors de la reconstitution des tests balistiques, un expert en armes à feu effectua le test de tirer avec la même arme que possédait Sirhan, mais il ne put se qualifier pour reproduire l'intervalle de temps entre chaque tir tel que l'analyse des sons de Van Praag l'avait détecté. Il mit 366 millisecondes de plus entre chaque tir. Qui plus est, cet expert avait tiré dans des conditions idéales, dans une posture normale qui n'était pas la position inconfortable dans laquelle s'était trouvé Sirhan, quand on l'avait brutalement maîtrisé sur une table dans la cuisine.

---

[449] The Guardian. New evidence challenges official picture of Kennedy shooting. By James Randerson. February 22, 2008

Pour prouver que les détonations correspondaient à deux armes différentes, Van Pragg réussit à reproduire, au moyen de modèles d'enregistrement acoustique, les sons produits par des tirs provenant d'un revolver Iver Johnson (identique à celui de Sirhan) et d'un autre revolver, un Harrington & Richardson 922, le même modèle qu'une personne, présente dans la cuisine lors de la fusillade, portait sur elle. Convaincu par l'impact capital que ses découvertes pouvaient avoir sur l'ouverture potentielle d'une nouvelle enquête officielle, Van Praag déclara : « Nous espérons que ces preuves représentent un argument suffisamment solide pour que les autorités examinent sérieusement à nouveau l'affaire ».

Selon l'avocat de Sirhan, William Pepper, il y avait, sans équivoque, un deuxième tireur dans la cuisine de l'*Ambassador Hotel*. L'avocat estima que Sirhan, afin que les autorités le rendent coupable de l'assassinat en tant que seul tireur, devait créer une diversion dans la cuisine, de sorte que les témoins de la scène portent automatiquement leur attention sur lui, tandis qu'un second tireur en profiterait pour se pencher derrière Robert Kennedy et lui infliger à la tête un coup mortel à bout portant.[450] Voici ce que Pepper déclara sur CNN en mars 2012 : « Ce qui est intéressant, c'est qu'il semble que l'on reconnaisse maintenant qu'il y avait bien un deuxième homme, derrière le sénateur et tout près de lui, qui tira trois balles à bout portant, alors que Sirhan se trouvait encore à une bonne distance devant lui. »

Pepper et un second avocat de Sirhan, Laurie Dusek, étaient même convaincus qu'aucun des huit tirs de Sirhan n'avait touché Kennedy. Ils se basèrent sur les résultats des experts en balistique pour l'affirmer : le sénateur avait été touché par trois des cinq coups tirés subrepticement, selon une trajectoire ascendante, par un deuxième homme armé derrière le sénateur. Les arguments de la défense furent d'autant plus convaincants que des témoins dans la cuisine précisèrent que Sirhan avait été immédiatement et violemment plaqué par des hommes de la sécurité de RFK sur une table à vapeur *après* avoir tiré les deux premières balles de

---

[450] CNN. RFK assassination witness tells CNN: There was a second shooter. By Michael Martinez and Brad Johnson. April 30, 2012

son revolver laissant ainsi six autres balles dans le barillet de son arme. Il avait ensuite tiré ces six dernières balles à l'aveuglette, sans pouvoir viser Kennedy parce que son bras armé avait été plaqué avec force sur la table. Si les tirs de Sirhan blessèrent toutefois quatre personnes dans la cuisine, ils ne touchèrent pas Kennedy qui, lui, fut atteint par trois balles tirées de l'autre arme.

Des experts en médecine légale confirmèrent ce que les tests balistiques avaient révélé, à savoir que plus de 8 balles avaient été tirées ce soir-là dans la cuisine de l'*Ambassador Hotel*. Il ne faisait aucun doute dans leur esprit que pas moins de 14 coups de feu avaient été tirés et que Sirhan n'avait jamais été en position derrière le sénateur Kennedy pour tirer quatre balles dont une se s'était logée dans son cerveau. À part celles infligées à RFK, les autres balles avaient frappé quatre victimes ou s'étaient fichées dans le plafond et dans les boiseries des portes. Nous reviendrons longuement sur ces preuves.

Revenons à Paul Schrade, dont j'ai parlé plus haut. Au cours de la fusillade, l'homme de confiance du sénateur reçut une balle dans le front alors qu'il se tenait à côté de Kennedy, blessure qui sera heureusement sans conséquence. Pendant les décennies suivantes, ce nonagénaire mettra toute son ardeur à obtenir que Sirhan puisse bénéficier d'une libération conditionnelle, compte tenu que les preuves montraient indubitablement qu'un deuxième homme armé avait tué Kennedy.[451]

Le 2 novembre 2016, Schrade comparut devant la commission des libérations conditionnelles en faveur de Sirhan. S'adressant directement à lui, il déclara ce qui suit : « Les preuves montrent clairement que vous n'êtes pas le tireur qui a tiré sur Robert Kennedy. »[452] Schrade rappela les nombreuses preuves : les tirs de Sirhan *devant* le sénateur alors qu'on l'avait touché mortellement à la tête *par-derrière* ; l'enregistrement sonore de 13 coups de feu ; les preuves balistiques ; l'incapacité de Sirhan de

[451] Newsweek. Robert Kennedy Assassin, Sirhan Sirhan, Denied Parole. By Reuters. February 11, 2016

[452] Information Clearing House. Man Shot Alongside RFK Say Sirhan Sirhan Should Be Granted Parole. By Steve Fiorina. February 11, 2016

recharger son arme ne logeant que 8 balles. Puis, après avoir évoqué les errements de l'enquête du LAPD, Schrade demanda l'ouverture d'une nouvelle investigation sur le meurtre de Robert Kennedy.

Voici, en partie, la communication de Paul Schrade devant la commission :

« Van Praag [l'expert en analyse informatique des profils d'ondes audio] a constaté que cinq coups de feu avaient été tirés loin du microphone de Pruszynski. Étant donné que le microphone était à environ 12 mètres, à l'ouest du lieu de la fusillade, ces cinq coups de feu ont été tirés d'un point situé à l'est, c'est-à-dire, à l'opposé de l'endroit où se tenait Sirhan…

« Il existe des déclarations de deux témoins de la fusillade, tous deux assistants du maître d'hôtel de l'*Ambassador Hotel*. Ces deux hommes, Karl Uecker et Edward Minasian, ont escorté Robert Kennedy dans la cuisine immédiatement après son discours de victoire à la primaire de Californie dans l'*Embassy Ballroom*. Uecker et Minasian ont affirmé que Sirhan se tenait devant Bobby Kennedy alors que le sénateur se dirigeait vers lui, ce qui signifiait que Bobby et Sirhan se faisaient face. Les deux témoins ont dit que Sirhan se tenait toujours face à Bobby quand il tira avec son arme. Et les deux ont précisé qu'après les deux premiers tirs de Sirhan, Uecker a rapidement plaqué Sirhan contre une table à vapeur, maîtrisant sa tête tout en écrasant son avant-bras, afin que le canon de son pistolet pointe loin de l'endroit où se tenait Bobby Kennedy, et Sirhan, maintenu ainsi dans cette position, a alors tiré à l'aveuglette ses six balles restantes.

« En d'autres termes, Sirhan n'avait le contrôle de son arme qu'au début, quand il a tiré ses deux premiers coups, dont l'un m'a touché. Alors qu'il restait bloqué contre cette table à vapeur, face à Bobby Kennedy, il était dans l'incapacité de tirer sur lui, à bout portant, quatre balles placées avec précision derrière la tête et le corps.

« Ce document est le résumé officiel du rapport d'autopsie de Robert Kennedy. Il montre que toutes les balles tirées sur le sénateur Kennedy l'ont frappé derrière lui et à bout portant. Comme l'indique l'autopsie, et comme le montrent ces dessins, les balles ont suivi des trajectoires ascendantes, de l'arrière vers l'avant. Une balle a touché le sénateur à l'arrière de la tête, deux balles à l'aisselle postérieure droite et une quatrième balle a traversé l'épaule postérieure droite de sa veste sans toutefois le toucher.

« Je le répète, les balles du revolver de Sirhan n'auraient pas pu atteindre la tête de Bobby Kennedy, de derrière, ni son corps, ni l'épaule droite de sa veste, comme le montre clairement l'autopsie, car il a été impossible à Sirhan de tirer l'une de ces quatre balles atteignant Kennedy par l'arrière. L'accusation n'a jamais placé Sirhan à cet endroit et dans cette position.

« Des documents du LAPD ont révélé des égarements dans l'enquête policière sur le meurtre de Robert Kennedy. Ils donnent des détails sur des éléments de preuve qui ont été, par la suite, détruits alors que la demande en appel de Sirhan était toujours en instance… « En effet, le procureur du district du LAPD et du comté de Los Angeles savait, deux heures après la fusillade, que le sénateur avait été abattu par un deuxième homme armé et il avait des preuves concluantes que Sirhan ne pouvait avoir été l'auteur du tir mortel. Le dossier officiel montre que l'accusation n'a jamais présenté un seul témoin au cours du procès de Sirhan - et n'avait aucune preuve physique ou balistique - pour prouver que Sirhan avait tiré sur Bob Kennedy. Des preuves ont été occultées pendant 20 ans par le LAPD : des preuves physiques détruites, des preuves balistiques dissimulées susceptibles d'exonérer Sirhan et des preuves concluantes selon lesquelles un deuxième homme armé avait porté le coup mortel sur Robert Kennedy.

« Ce document est une note écrite par l'expert en criminalistique, Larry Baggett, qui a enquêté sur l'assassinat de Robert Kennedy pour le compte du LAPD. La note de Baggett indique que les balles qui ont frappé le sénateur Kennedy et William Weisel, une autre victime dans la cuisine, n'ont pas été tirées avec la même arme [que celle de Sirhan]. Le mémo indique également que la balle qui a traversé le corps de Bob Kennedy, de bas en haut, et dans son cou n'a pas été tirée du revolver de Sirhan….

« Monsieur l'Adjoint du procureur du district, sur la base de toutes ces données, je vous demande d'informer le procureur du district du comté de Los Angeles, Jackie Lacey, que je compte lui demander formellement une nouvelle enquête sur l'assassinat de Robert F. Kennedy. Je ferai également la même demande au chef de la police de Los Angeles, Charlie Beck.

« Veuillez noter, Monsieur l'Adjoint du procureur du district, que j'utilise ici le mot « nouvelle ». Je ne demande pas que l'ancienne enquête soit simplement rouverte, car cela signifierait un retour aux mêmes vieilles conclusions erronées. Je demande une nouvelle enquête pour que la justice puisse être enfin rendue près de 50 ans plus tard, pour moi en tant que victime de la fusillade, pour les cinq autres victimes qui ont également survécu à leurs blessures, pour Bob Kennedy qui lui n'a pas survécu à ses blessures parce qu'elles étaient fatales, pour le peuple des États-Unis... et bien sûr pour la justice, à laquelle Bob Kennedy consacra sa vie.

« En outre, Monsieur l'Adjoint du procureur du district, je vous demande de bien vouloir dire également au procureur du district, Jackie Lacey, que j'aimerais la rencontrer personnellement à Los Angeles dans les meilleurs délais. Voulez-vous bien lui transmettre mon message ?

« J'espère que vous tiendrez compte de tous les détails précis de ce crime que je viens de présenter afin que vous puissiez reconsidérer l'éligibilité de Sirhan à la libération conditionnelle...Et je vous demande de le faire aujourd'hui au nom de Robert F. Kennedy et au nom de la justice. »

En dépit du témoignage poignant de Paul Schrade, sa demande restera sans suite, comme le furent précédemment les nombreuses tentatives de libération conditionnelle.

La version officielle du gouvernement pour expliquer l'assassinat de RFK se limita donc aux conclusions du FBI, du Département de la Police de Los Angeles et du bureau du procureur du district de Los Angeles, à savoir que Sirhan était le seul assassin, qu'il avait tiré huit coups de feu dans la cuisine de l'*Ambassador Hotel* et qu'il n'y avait aucun complot.[453]

Malgré l'ensemble des preuves présentées par la défense afin d'exonérer Sirhan, les procureurs de l'État de Californie et le

---

[453] Flagpole. The Real Story of the Assassination of Robert F. Kennedy. Donald E. Wilkes Jr. June 19, 2019

LAPD furent donc loin d'être convaincus. Ils campèrent sur leur position. Sur l'analyse balistique proprement dite, ils déclarèrent que les balles identifiées dans le rapport du médecin légiste, les trois balles extraites du corps de Kennedy et la quatrième balle qui avait traversé sa veste, correspondaient au lot des huit balles tirées du revolver de Sirhan. Ils réfutèrent la preuve de l'analyse acoustique des 13 coups de feu qui, pour eux, ne reposait que sur une interprétation ou une opinion subjective, sans rapport avec la connaissance communément acceptée des experts en la matière. Enfin, les procureurs s'opposèrent aux efforts des avocats de Sirhan de faire appel devant un tribunal fédéral, arguant le fait que les allégations balistiques étaient « bien loin de démanteler le dossier accablant de l'accusation » contre Sirhan parce qu'il avait été neutralisé « en train de tirer sur la victime, un fait reconnu par tous les témoins crédibles».

Quand bien même auraient-ils reconnu que Sirhan n'avait pas tiré le coup mortel et qu'un deuxième homme armé avait pu être impliqué dans la fusillade - ce qu'ils refusèrent d'admettre avec constance – les procureurs estimèrent que Sirhan, incapable d'avoir prouvé, lui-même, son innocence, resterait donc responsable du meurtre « en tant qu'acteur incitant au meurtre » en vertu de la loi californienne sur la responsabilité du fait d'autrui.

Ainsi, en février 2012, les procureurs et l'*Attorney General* de Californie, Kamala Harris (devenue, neuf ans plus tard, Vice-présidente des États-Unis) validèrent le verdict initial de culpabilité à l'encontre de Sirhan.

Dès lors, malgré les nouvelles tentatives, jusqu'à ce jour, pour la réouverture de l'enquête de l'assassinat politique du sénateur Robert F. Kennedy, aucune demande pour une libération conditionnelle de Sirhan n'a pu aboutir.

Bien avant ce verdict final, les avocats de Sirhan avaient pourtant bien cherché à infléchir la position intransigeante du bureau du procureur du district de Los Angeles, en présentant leur défense sous un autre angle. Ils avaient avancé l'argument selon lequel Sirhan n'était pas responsable de son agression sur le sénateur Kennedy et avaient évoqué le fait qu'il avait été soumis à des méthodes sophistiquées d'hypnose répétitives afin de le programmer à utiliser une arme à feu contre RFK dès qu'il en aurait eu l'opportunité.[454]

Le journaliste, écrivain et acteur, George Plimpton, était l'un des hommes qui avaient immédiatement réagi pour désarmer Sirhan sur la table à vapeur dans la cuisine de l'*Ambassador Hotel*. Il se souvint qu'il avait vu, dans les yeux de Sirhan, un « regard extrêmement apaisé » et qu'il avait un visage impassible comme s'il était drogué ou hypnotisé.[455]

Se reposant sur de nombreux témoignages de psychiatres, les avocats de Sirhan mirent en avant l'obsession de leur client à croire qu'il avait des pouvoirs mystiques ou un pouvoir de contrôle sur les événements. Des experts en psychiatrie, notamment Daniel Brown, professeur de clinique agrégé en psychologie à la *Harvard Medical School*, un des plus grands experts mondiaux en programmation par hypnose, estimèrent que, compte tenu de sa fascination pour tout ce qui touchait l'altération de l'état de conscience provoquée par la suggestion, Sirhan aurait été capable, dans un état de transe, de produire les mots exaltés découverts dans ses cahiers de notes (si, toutefois, il les avait bien écrits).[456]

Après avoir mis Sirhan sous hypnose, Bernard Diamond, docteur en psychiatrie et en droit, lui demanda d'écrire ce qui lui passait par la tête dès que le nom de Robert Kennedy eut été évoqué. Ce furent, page après page, des mots répétitifs que Sirhan coucha sur le papier, tels que : « RFK doit mourir » et « Robert F. Kennedy doit être assassiné », ou « Robert Kennedy va mourir… Robert Kennedy va mourir… Robert va mourir. » Lorsqu'on lui demanda qui avait tué Kennedy, Sirhan écrivit : « Je ne sais pas, je ne sais pas, je ne sais pas. »[457]

[454] CNN. RFK assassination witness tells CNN: There was a second shooter. By Michael Martinez and Brad Johnson. April 30, 2012

[455] Crime Magazine. Sirhan Sirhan: Assassin of Modern U.S. History. By Denise Noe. May 27, 2004

[456] Mary Ferrell Foundation. The Robert Kennedy Assassination

[457] CTKA. Probe. Sirhan and the RFK Assassination, Part II. By Lisa Pease. May-June, 1998

De ces séances à répétition, le Dr Bernard Diamond, conclut que c'était bien l'hypnose ou peut-être même l'auto-hypnose qui avait provoqué chez Sirhan des transes auto-induites qui l'avaient poussé à commettre l'assassinat.[458]

Après son arrestation, Sirhan paraissait totalement désorienté. Il continuait d'affirmer qu'il n'avait aucun souvenir d'avoir écrit ces mots répétitifs dans son carnet, ni encore des événements de cette nuit-là à l'*Ambassador Hotel*. Bien avant son procès, il avait subi des examens psychiatriques dans sa prison. Il s'était avéré être un sujet tout à fait réceptif à l'hypnose. Il obéissait à des ordres tels que celui de grimper les barreaux de sa cellule mais affirmait par la suite qu'il ne se souvenait pas avoir exécuté cet acte.[459]

Pour les avocats de la défense, plutôt qu'un activiste politiquement motivé, Sirhan faisait donc davantage figure d'un simple malade, de capacité mentale réduite, affecté d'amnésie à propos du crime.[460]

Dès lors qu'on l'avait soumis à des techniques de programmation d'hypnose à son insu ou sans son consentement, le rendant incapable de contrôler consciemment ses pensées et les souvenirs de ses actions au moment de la fusillade, les avocats estimèrent que Sirhan avait participé involontairement à un assassinat commis sous contrôle de l'esprit, une pratique qui avait été utilisée sur plusieurs années, notamment par l'armée américaine et la Central Intelligence Agency, afin d'induire une conduite antisociale chez les humains.[461]

Cette pratique, qui répondait à un programme de la CIA, sous le nom de code MK-Ultra, avait été créée par le gouvernement des États-Unis en 1953 et s'était poursuivie pendant plus de dix ans

---

[458] Crime Magazine. Sirhan Sirhan: Assassin of Modern U.S. History. By Denise Noe. May 27, 2004

[459] Statement of Lawrence Teeter, Current Attorney for Sirhan Bishara Sirhan. "Sirhan Sirhan was out of position and out of range and therefore could not have shot Kennedy".

[460] Jewish Journal. Palestinian terror stretches back to RFK killing at the Ambassador Hotel. By Paul Kujawsky. May 29, 2008

[461] CNN. Convicted RFK assassin Sirhan Sirhan seeks prison release. By Michael Martinez. November 26, 2011

(j'en ai déjà parlé dans un précédent chapitre consacré à l'assassinat fort probable du scientifique Frank Olson).

Peut-on encore douter de l'existence de ce programme ? Voyons les faits historiques.

En Virginie, un sinistre programme de contrôle mental fut mis en place par la CIA afin de soumettre des personnes à des tortures mentales et physiques dans le but de créer un « *Manchurian Candidate* » (personne utilisée comme marionnette par une puissance ennemie ayant subi un lavage de cerveau et programmée pour tuer un candidat à la présidentielle). Allen Dulles, le directeur de la CIA, à l'époque, puis Richard Helms et, étonnamment, la Fondation Rockefeller, ont joué un rôle déterminant dans le développement, le soutien et le financement des divers programmes de contrôle mental de la CIA.[462]

Pour certains, Sirhan avait été manipulé par la CIA et programmé pour devenir un parfait candidat apte à tuer en ciblant une victime désignée, puis pour le rendre incapable de se souvenir de son geste. (Pure coïncidence d'ailleurs : juste avant d'être assassiné à *l'Ambassador Hotel*, Bobby Kennedy se trouvait à Malibu au domicile du grand ami des frères Kennedy, John Frankenheimer, le réalisateur du film de 1962, « *The Manchurian Candidate* », dans lequel un homme avait subi un lavage de cerveau et avait été programmé pour tuer un candidat à la présidentielle).[463]

Selon le Dr George Estabrooks, l'expert en hypnose de renommée mondiale, « le moyen simple d'amener quelqu'un à commettre un acte contre sa volonté est de modifier sa réalité. Le sujet peut-il commettre un meurtre par hypnose ? Cela dépend comment le sujet est préparé. ». Estabrooks et autres hypnotiseurs étaient certains qu'un meurtrier pouvait être « créé ».[464]

Dans le cas de Sirhan, alors que six hommes musclés le plaquaient contre une table dans la cuisine de *l'Ambassador Hotel*,

---

[462] CTKA. Probe. Sirhan and the RFK Assassination, Part II. By Lisa Pease. May-June, 1998

[463] Crime Magazine. Sirhan Sirhan: Assassin of Modern U.S. History. By Denise Noe. May 27, 2004

[464] CTKA. Probe. Sirhan and the RFK Assassination, Part II. By Lisa Pease. May-June, 1998

lui causant une entorse au pied et un doigt cassé, il continuait à vider son arme. Comment avait-il pu résister à la douleur et garder ce visage paisible, un peu hébété, tel qu'on l'a décrit ?

S'il avait été effectivement « programmé », aurait-on réussi à provoquer des actions involontaires de sa part telles que son apparition à un champ de tir quelques heures avant l'assassinat et son geste d'abattre Kennedy dans la cuisine ? L'avait-on hypnotisé et drogué également ? Si cela avait été le cas, le doute aurait été semé dans l'esprit du jury et un tout autre verdict aurait été prononcé dans un procès équitable. Mais, malgré l'argumentation des avocats au procès selon laquelle des séances d'hypnose avaient été pratiquées sur Sirhan dans le but de lui faire commettre, involontairement, un assassinat sur Kennedy, sa défense reçut une fin de non-recevoir.[465] En effet, en 2016, le juge d'instruction, Andrew J. Wistrich, rejeta toute allégation d'une programmation sous hypnose de Sirhan pour en faire un tueur involontaire.[466]

Pour étayer les preuves des lacunes évidentes de l'enquête, la défense cita, entre autres, le comportement inconvenant du LAPD envers les témoins de la scène du crime, ceux qui avaient aperçu Sirhan, peu de temps avant l'assassinat, en compagnie d'une femme qui semblait traquer Robert Kennedy à l'*Ambassador Hotel*.[467] Cette femme, toujours non identifiée à ce jour, sera appelée, dans cette affaire, la « fille en robe à pois » et restera un mystère central de l'assassinat.

On émit l'hypothèse selon laquelle elle pouvait avoir été le « contrôleur » ou la conspiratrice de Sirhan. Le soir de l'élection primaire à l'*Ambassador Hotel*, Irene Gizzi remarqua trois personnes, dont une femme, jeune et élégante, portant une robe à pois, qui lui semblaient curieusement détachées de l'exubérance de la foule acclamant le sénateur. Très peu de temps après la

---

[465] The Washington Post. CIA may have used contractor who inspired 'Mission: Impossible' to kill RFK, new book alleges. By Tom Jackman. Feb. 9, 2019

[466] The Week. Who assassinated Robert F. Kennedy? June 6, 2018

[467] Mary Ferrell Foundation. The Robert Kennedy Assassination

fusillade, on la vit sortir précipitamment de la cuisine en criant, avec une joie à peine contenue : « Nous lui avons tiré dessus ».

Sandra Serrano, une partisane de la campagne de Kennedy, donna à la police un témoignage précis de la « fille en robe à pois ». Vers 23 h 30, pendant le discours de victoire de Kennedy, Serrano était sortie dehors pour s'asseoir sur une marche d'un escalier de secours, près de l'*Embassy Ballroom* de l'hôtel, car elle avait trop chaud à l'intérieur. Deux à trois minutes plus tard, elle vit trois personnes monter l'escalier extérieur menant vers l'entrée de l'*Embassy Ballroom* que Serrano dut laisser passer en se déplaçant sur le côté. Elle décrivit un jeune homme d'environ 23 ans qu'elle pensait être Mexico-américain, une jeune femme dans une robe blanche à pois noirs et un autre jeune homme portant des « vêtements en désordre et avec beaucoup de cheveux » qu'elle identifia plus tard comme étant Sirhan. Serrano affirma qu'elle avait vu la femme et l'un des deux hommes ressortir environ une demi-heure plus tard et dévaler les marches en courant, la bousculant au passage, et qu'elle avait entendu la femme s'écrier, à deux reprises : « Nous lui avons tiré dessus ». Quand Serrano lui demanda de qui elle parlait, elle répondit : « Nous avons tiré sur le sénateur Kennedy ».[468]

Vincent DiPierro, le fils du maître d'hôtel de l'*Ambassador Hotel*, déclara à la police que, lui aussi, avant la fusillade, avait vu Sirhan accompagné d'une « jolie femme portant une robe blanche à pois noirs ou violets ». DiPierro précisa que la femme et Sirhan se regardaient et se souriaient d'une manière qui suggérait qu'ils se connaissaient. Un autre témoin oculaire, Lonny L. Worthy, fit la même observation.

Sirhan déclara qu'il ne se rappelait pas avoir été accompagné par qui que ce soit avant de tirer sur Kennedy, mais bien d'autres témoins affirmèrent le contraire. Ils avaient vu le couple dans la cuisine à côté d'un empileur de plateaux. Sirhan parlait à une femme qui portait une robe à pois.[469]

---

468 Crime Magazine. Sirhan Sirhan: Assassin of Modern U.S. History. By Denise Noe. May 27, 2004

469 History News. The Assassination of Robert F. Kennedy and the Girl in the Polka Dot Dress. By Mel Ayton. Summer 2007

Selon plusieurs témoignages cohérents, la « fille en robe à pois » avait même été repérée, à l'*Ambassador Hotel* en compagnie de Sirhan dans les semaines précédant l'assassinat.[470]

La police ne prit pas au sérieux les témoignages de Serrano et de DiPierro et s'évertua à discréditer leur déclaration. Comme nous le verrons plus loin, elle chercha à intimider et ridiculiser Serrano. Mais ce ne furent pas les témoins qui manquèrent, sans lien établi entre eux, pour corroborer son témoignage.

Kathy Fulmer et l'agent de sécurité Jack Merrit, eux aussi, virent la femme sortir de l'hôtel en criant joyeusement « Nous lui avons tiré dessus ». Ils précisèrent qu'elle portait une robe verte et une écharpe à pois. Richard Houston, qui était dans la cuisine au moment de la fusillade, déclara avoir vu une « fille vêtue d'une robe à pois noir et blanc avec une écharpe autour du cou » et l'avoir entendu dire « Nous l'avons abattu » alors qu'elle sortait de la cuisine.

Une bénévole de la campagne de Kennedy, Susan Locke, affirma qu'elle avait observé une femme en robe à pois bleus « d'apparence suspecte » dans l'*Embassy ballroom* de l'hôtel avant le discours de RFK. Locke précisa que la femme semblait « ne pas être à sa place » et qu'elle « n'affichait aucune expression » alors que l'audience célébrait avec liesse la victoire du sénateur.[471]

Le sergent Paul Sharaga du LAPD prit note du témoignage d'un couple de personnes âgées, les Bernstein, qui aperçurent une femme s'écrier « Nous l'avons abattu ».[472]

La subtilité de la traduction française des citations de tous ces témoins, en langue anglaise, est assez intéressante pour que l'on s'y attarde un peu. La « fille en robe à pois » s'était-elle écriée : « He has been shot (on a tiré sur lui) » ou « Kennedy has been shot » ? Non, pas du tout. Ce n'était pas ce qu'elle avait dit. Ce commentaire spontané aurait-il pu être interprété comme un état

[470] Mary Ferrell Foundation. The Robert Kennedy Assassination

[471] History News. The Assassination of Robert F. Kennedy and the Girl in the Polka Dot Dress. By Mel Ayton. Summer 2007

[472] Mary Ferrell Foundation. The Robert Kennedy Assassination

de fait – pour annoncer la terrible nouvelle ? Non plus. Car les mots en anglais utilisés par la « fille en robe à pois », rapportés par tous les témoins qui l'avaient entendue s'écrier, ont été : « *We shot him* (nous lui avons tiré dessus ou nous l'avons abattu) ». L'emploi du « we », distinctement entendu de la bouche de la « fille en robe à pois », est une nuance révélatrice.

Pourquoi donc ce « nous » ? Les détracteurs de ces témoignages l'ont expliqué autrement : ce n'était ni plus ni moins qu'une exclamation innocente de « Nous (c'est-à-dire le peuple américain) avons tiré sur Kennedy », plutôt donc une réponse naturelle qui pouvait refléter l'intense préoccupation des Américains à l'époque, face à la violence insensée et croissante qui s'était produite dans le pays au cours des années précédentes. Difficile à croire à cette explication d'autant plus que la manière, dont la « fille en robe à pois » s'était écriée à l'annonce de la fusillade, fut qualifiée par tous les témoins comme une expression teintée d'une joie difficilement contenue.

Nous avons brièvement couvert le rapport de l'autopsie dans la section précédente consacrée aux tests balistiques puisque, dans cette affaire, les deux pratiques scientifiques sont indissociables et complémentaires pour affirmer l'existence d'un second tireur, positionné derrière Kennedy, lui infligeant la blessure fatale par un tir à bout portant.

Voyons comment l'examen post-mortem, incontournable, capable de révéler des indices remarquables sur une cause de mort d'origine criminelle quand il est pratiqué avec sérieux, a signé le constat d'un complot d'un assassinat de Robert Kennedy.

Dès qu'il eut entendu sur les médias télévisés les mots « On a abattu Kennedy ! », le médecin légiste, le Dr Thomas Noguchi, fut bouleversé comme il ne l'avait jamais été au cours de sa carrière. Quand il eut connaissance qu'on allait faire appel à lui pour pratiquer l'autopsie du défunt sénateur, il eut ses propos : « Je savais que toutes sortes d'erreurs avaient été commises lors de l'autopsie de John F. Kennedy et je voulais m'assurer que tout irait parfaitement bien [pour celle de son frère]. » Depuis le drame de

Dallas, il se savait plus expérimenté et déterminé à ne commettre aucune erreur.[473]

La première question que Noguchi posa quand on lui montra le corps de Robert Kennedy fut : « Où sont les cheveux rasés ? ». Noguchi savait ou soupçonnait que les cheveux du sénateur, partiellement coupés par les chirurgiens qui l'avaient opéré, étaient susceptibles de constituer des indices critiques.

Le matin du 6 juin, ce célèbre médecin légiste de Los Angeles, débuta l'autopsie, assisté de deux de ses associés et trois médecins légistes de l'Institut de pathologie des forces armées de Washington. Noguchi pratiqua l'extraction d'une balle intacte et des fragments d'une autre dans le corps de Kennedy. Il précisa que la balle qui avait tué le sénateur avait pénétré l'os mastoïde sur 2,5 cm derrière l'oreille droite puis s'était déplacée vers le haut en coupant les branches de l'artère cérébrale supérieure. Un gros fragment de cette balle s'était logé dans le tronc cérébral. Dès qu'il eut constaté la lésion importante du cervelet droit et du cortex occipital droit, l'hémorragie épidurale, sous-durale et sous-arachnoïdienne, ainsi que la présence de fragments d'os et de balle un peu partout dans le tissu cervical, Noguchi comprit alors que le sénateur n'avait pas pu survivre, malgré tous les efforts des chirurgiens.[474] [475] Une seconde balle avait pénétré l'aisselle droite de Kennedy et était ressortie près de la clavicule droite selon un angle de 59 degrés. Noguchi précisa que le bras du sénateur devait avoir été relevé lorsque cette balle l'avait frappé. Une troisième balle avait pénétré dans le côté droit du dos et s'était logée à la base du cou dans l'espace sous-cutané, près de la sixième cervicale. C'est cette balle qui fut retrouvée intacte.[476] Puis, en vérifiant les trous dans le veston de Kennedy, il identifia

[473] The Telegraph. Dr Thomas Noguchi: LA coroner confidential. By John Preston. September 10, 2009

[474] Science Daily. RFK's assassination: A medical analysis of his injuries and neurosurgical care. June 19, 2018

[475] Journal of NeuroSurgery. The assassination of Robert F. Kennedy: an analysis of the senator's injuries and neurosurgical care. By Jordan M. Komisarow MD, Theodore Pappas MD , Megan Llewellyn MSMI , and Shivanand P. Lad MD, PhD. June, 19 2018

[476] Citizine. RFK Assassination Far From Resolved. By Thom White. June 5, 2005

l'entrée et la sortie d'une quatrième balle qui n'avait pas touché le sénateur.

Dans son rapport, le Dr Noguchi affirma que les blessures du sénateur avaient été causées par trois balles. Toutes étaient entrées *derrière* lui, suivant des angles de trajectoire ascendante de 60 à 80 degrés, et, point capital, les brûlures de poudre sur la peau indiquaient que les balles avaient été tirées pratiquement à bout portant (2,5 à 5 cm de distance d'où se trouvait le tireur).[477]

Rappelons qu'aucun témoin oculaire n'affirma avoir vu Sirhan se positionner aussi proche de Kennedy *par-derrière*. Les témoignages avaient tous concordé : Sirhan se tenait *devant* et entre 0,6 et 1,5 mètre du sénateur quand il tira, le bras tendu horizontalement, les deux premiers coups de feu de son revolver, avant d'être maîtrisé puis de vider son arme à l'aveuglette. Tout laissait croire qu'il y avait bien un deuxième tireur positionné derrière Kennedy.

Quant à l'analyse des cheveux coupés du sénateur, le lendemain de l'autopsie, un responsable du LAPD appela le Dr Noguchi pour lui annoncer que des traces de poudre avaient été détectées sur les cheveux. Cette découverte capitale confirmait qu'un tir à bout portant avait occasionné les brûlures au niveau de la blessure mortelle de Kennedy.[478]

Puis, Noguchi demanda qu'on lui apporte des oreilles de porc. Dès la livraison, il les prit avec lui à l'Académie de Police pour effectuer des tests de tirs d'armes à feu. Une répartition similaire des traces de poudre sur les oreilles de porc fut ainsi reproduite, confirmant que la balle qui avait tué Kennedy avait été tirée à moins de 7 cm de distance. Ce fut une découverte fondamentale qui sera étayée plus tard par les témoignages des personnes dans la cuisine selon lesquels Sirhan se trouvait à un mètre de Kennedy, au minimum, quand il lui tira dessus. La présence de poudre résiduelle sur la blessure et sur les cheveux coupés du sénateur signifiait donc que la décharge d'une arme à feu avait eu une portée beaucoup plus proche. Soit tous les témoins s'étaient

[477] Mary Ferrell Foundation. The Robert Kennedy Assassination

[478] The Telegraph. Dr Thomas Noguchi: LA coroner confidential. By John Preston. September 10, 2009

trompés et l'éminent médecin légiste était incompétent, soit un second tireur avait causé la blessure fatale.

Il est difficile de croire que l'accès du rapport d'autopsie de 62 pages, alors qu'il aurait révélé aux avocats de la défense des conclusions essentielles permettant d'exonérer Sirhan, leur fut bloqué illégalement par les procureurs pendant les quatre mois qui suivirent le début du procès. Cette obstruction de preuves délibérée provoqua d'ailleurs une décision malencontreuse : l'avocat de la défense de Sirhan, Grant Cooper, sans détenir la preuve contraire que les conclusions du rapport de l'autopsie auraient pu apporter, s'était senti contraint à reconnaître la culpabilité de Sirhan lors de sa plaidoirie d'ouverture devant le jury ! Ce rapport d'autopsie officiel aurait, bien sûr, détruit la théorie de l'accusation selon laquelle Sirhan avait tiré le coup mortel sur Robert Kennedy, puisqu'il aurait démontré qu'il était physiquement impossible pour Sirhan, si loin qu'il fût du sénateur, de porter le coup mortel à la tête, par-derrière, ni d'ailleurs les trois autres balles qui l'avaient frappé.[479]

Plus tard, dans son autobiographie, le Dr Noguchi donnera son opinion sur la question : « Jusqu'à ce que l'on sache plus précisément... l'existence du deuxième tireur reste une possibilité. Ainsi, je n'ai jamais dit que Sirhan Sirhan avait tué Robert Kennedy ».

Dans le chapitre précédent consacré à l'assassinat de John Kennedy, le médecin légiste de renommée internationale, le Dr Cyril Wecht, nous a éclairés sur les faits d'une autopsie bâclée et dissimulée du défunt président. Dans le cas de l'autopsie de son frère, voyons ce que le Dr Wecht, questionné sur *Primal Interviews*, a pensé de l'autopsie pratiquée par son collègue, le Dr Noguchi.[480]

« Pour moi, en tant que médecin légiste, ce qui m'importe est de savoir s'il y a eu un deuxième tireur et si les coups de feu tirés par Sirhan ont causé la mort du sénateur. Vous me demandez si les

---

[479] Statement of Lawrence Teeter, Current Attorney for Sirhan Bishara Sirhan. "Sirhan Sirhan was out of position and out of range and therefore could not have shot Kennedy".

[480] YouTube. Interview du Dr Cyril H. Wecht. The Assassination of Robert Kennedy by Cyril Wecht. Jul 19, 2018

tirs de Sirhan ont provoqué la mort du sénateur Kennedy ? Je ne crois pas. Je constate que trois coups de feu ont été tirés légèrement à droite et derrière le sénateur. Le coup mortel qui a touché l'oreille de Robert Kennedy à une distance de 2,5 à 3,8 cm a été tiré derrière lui. Donc ces trois coups n'ont pas pu venir de l'arme de Sirhan...

« Le rapport d'autopsie signé par le Dr Thomas Noguchi, médecin légiste en chef de Los Angeles à l'époque, a également été signé par plusieurs membres de son personnel, par des professeurs de l'*University of Southern California*, par trois médecins légistes militaires certifiés par le conseil de la médecine légale et par un médecin légiste civil, le Dr William Eckert. C'est dire qu'il n'y a pas de doute chez moi que la conclusion est sans équivoque et sans aucune sorte de controverse possible. En plus des résultats pathologiques, l'examen microscopique de la blessure mortelle à la tête du sénateur Kennedy pour la recherche des résidus de poudre a permis de déterminer la distance d'où le coup de feu a été tiré par rapport à la blessure d'entrée. On a réalisé des tests balistiques avec la même arme, le revolver 22 Iver Johnson, et on a tiré une balle sur du papier blanc à une distance de 2.5 à 3.8 cm. Ces études balistiques ont corroboré les résultats microscopiques et macroscopiques du Dr Noguchi avec une totale cohérence du point de vue de la pathologie. Nous sommes tous d'accord sur ce point et donc il n'y a pas d'ambiguïté à ce sujet. Ce n'est pas quelque chose que l'on peut supposer, ce n'est pas quelque chose que quelqu'un peut dire 'Et bien, je ne sais pas ce qui s'est passé'. Non. Maintenant certaines personnes ont pu dire que peut-être Sirhan était aussi proche que cela et face au sénateur, qui aurait pu se retourner, au moment d'actionner son arme. Mais personne présent dans la cuisine n'a parlé d'une telle possibilité... Ce n'est pas une question d'interprétation subjective. Personne n'a jamais pu confirmer la position de Sirhan à une distance de 2.5 à 3.8 cm du sénateur. Rien de tel. Chipote-t-on pour quelques centimètres ? Non, on parle de mètres de distance entre Sirhan et RFK.

« Bien sûr, c'est incroyable pour les gens d'entendre ces faits parce qu'ils se disent naturellement comment se fait-il que l'on ne les ait jamais sus auparavant ? La réponse est très simple. Aussi déplorable soit-il, ces faits n'ont jamais été exposés parce qu'ils n'ont jamais été demandés. Le fait que l'avocat de la défense n'ait pas consulté le médecin légiste afin de donner ce témoignage devant le grand jury pendant le procès de Sirhan est absolument inexplicable. La question 'qu'elle était la distance du tir mortel par rapport au sénateur ?' n'a jamais été répondue, car elle n'a jamais été posée. »

Malgré les preuves tangibles d'un complot d'assassinat révélées par l'autopsie - la trajectoire de la balle de bas en haut, frappant le sénateur derrière lui et la présence de poudre sur sa peau attestant un tir à bout portant à la tête – le verdict du jury tomba : Sirhan fut accusé d'avoir commis seul l'assassinat et fut condamné à une très lourde peine. Les avocats de Sirhan, faute d'obtenir à temps les preuves d'autopsie qui auraient pu démontrer que leur client n'avait pas pu tirer les balles qui avaient touché mortellement RFK, furent contraints à ne pas contester le verdict de culpabilité.[481]

Si Sirhan n'a pu tirer la balle mortelle, qui a donc porté le coup fatal derrière la tête du sénateur ?

De nombreux enquêteurs se sont efforcés d'éclaircir ce mystère pendant des décennies. Beaucoup ont pointé du doigt Thane Eugene Cesar, un agent de sécurité privé, embauché à temps partiel pour la nuit du 4 au 5 juin. Ils ont déterminé qu'il était la seule personne à se trouver à proximité immédiate de Kennedy, derrière lui, et à avoir tiré à bout portant avec son arme. Il a été effectivement prouvé que Thane Eugene Cesar possédait un revolver 0.22, mais son arme ne fut pas testée, car elle ne fut jamais retrouvée par la police.[482]

Cesar était connu pour son soutien au candidat à la présidence du Parti Indépendant américain en 1968 - le gouverneur raciste

---

[481] Flagpole. The Real Story of the Assassination of Robert F. Kennedy. Donald E. Wilkes Jr. June 19, 2019

[482] YouTube. Interview du Dr Cyril H. Wecht. The Assassination of Robert Kennedy by Cyril Wecht. Jul 19, 2018

de l'Alabama, George Wallace - et pour sa haine envers la politique des deux frères Kennedy.[483]

Quelques heures après l'assassinat, Cesar avoua à la police de Los Angeles qu'il se tenait bien derrière Kennedy, à proximité, sur sa droite, sa main gauche lui tenant le bras, lorsque Sirhan avait commencé à tirer.[484] Il déclara d'abord aux enquêteurs qu'il avait dégainé son arme, puis modifia son témoignage à plusieurs reprises. Il précisa qu'il avait alors réagi, comme sa formation d'agent de sécurité lui avait appris, en s'accroupissant, le revolver sorti de son étui. Notons, ici, que la position « accroupie » fait de lui un suspect pour avoir tiré les trois coups de feu sur Kennedy compte tenu de l'angle fortement ascendant des tirs selon l'étude balistique. Dès que les tirs de Sirhan eurent cessé, Cesar se serait avancé vers lui, son arme toujours à la main, mais on lui aurait donné l'ordre de la rengainer.[485] Un témoin affirma toutefois avoir vu Cesar sortir son arme et tirer sur Sirhan. Il n'en fallut pas plus pour que certains émettent l'hypothèse selon laquelle il aurait effectivement tiré sur Kennedy. Difficile de discerner le vrai du faux des témoignages plus ou moins précis. Cesar avait-il réellement tiré avec son arme ou, comme lui-même le déclara, avait-il sorti son arme sans tirer ?[486]

Juste après l'assassinat, Cesar s'était bien proposé de remettre son arme à la police, mais, étonnamment, celle-ci déclina son offre. Comme les autorités ne vérifièrent pas son arme ni ne procédèrent à un examen pour déterminer s'il avait tiré, le doute s'installa. Certains y virent une duperie orchestrée par la police et avancèrent l'hypothèse selon laquelle elle avait dissimulé le fait que Cesar avait pu effectivement tirer avec son arme dans la cuisine.

Cesar nia longtemps son implication dans l'assassinat de Robert Kennedy. Après des années de harcèlement par des

---


[483] The Week. Who assassinated Robert F. Kennedy? June 6, 2018

[484] CNN. Attorneys for RFK convicted killer Sirhan push 'second gunman' argument. By Michael Martinez and Brad Johnson. March 12, 2012

[485] Citizine. RFK Assassination Far From Resolved. By Thom White. June 5, 2005

[486] Crime Magazine. Sirhan Sirhan: Assassin of Modern U.S. History. By Denise Noe. May 27, 2004

investigateurs convaincus qu'il était l'auteur présumé du meurtre, on perdit sa trace. On crut qu'il avait même quitté les États-Unis pour s'installer aux Philippines.

Les autorités avaient essayé enfin de mettre la main sur le revolver 0.22 de Cesar, mais celui-ci avait avoué qu'il l'avait vendu, *avant* l'assassinat et que, la nuit de l'assassinat, il avait porté une arme de calibre différent, celle qu'il s'était proposé de remettre à la police. Des années plus tard, le FBI avait réussi à retrouver l'acheteur du revolver 0.22, quelque part dans l'Arkansas, mais celui-ci, après avoir admis qu'il avait bien acheté l'arme de Cesar, avait déclaré qu'il se l'était fait voler à son domicile.[487]

Les témoignages, aussi peu nombreux fussent-ils, accablèrent toutefois Cesar : Don Shulman, un membre d'une équipe de télévision qui se tenait derrière le sénateur Kennedy, affirma : « L'agent de sécurité a frappé Kennedy à trois reprises. Kennedy s'est effondré au sol ».[488]

Pour autant, pouvons-nous dire, sans l'ombre d'un doute, que l'agent de sécurité a été le véritable meurtrier de Robert Kennedy ? Bien sûr, nous ne pouvons pas l'affirmer, mais cela reste une forte probabilité compte tenu des faits : sa haine à l'encontre de Robert Kennedy, sa position à proximité immédiate derrière le sénateur, son réflexe de s'accroupir et de sortir son arme expliquant la trajectoire fortement inclinée des tirs de bas en haut, presque à bout portant.

Sur le nombre de sujets présents dans la cuisine au moment de la fusillade, personne - y compris le second tireur – ne fut questionné par le LAPD dans le but de savoir qui d'autre détenait une arme à feu. La police arrêta immédiatement Sirhan, et lui seul, parce qu'on l'avait vu tirer avec son arme à feu avant d'être maîtrisé. Les autorités ne jugèrent pas utile de retenir dans la cuisine les personnes que des témoins avaient trouvées suspectes afin de vérifier sur elles la présence de traces de poudre d'arme à

---

[487] YouTube. Interview du Dr Cyril H. Wecht. The Assassination of Robert Kennedy by Cyril Wecht. Jul 19, 2018

[488] Express. Bobby Kennedy's son names 'real killer' 50 years after US politician's horror shooting. By Peter Sheridan. Oct 2, 2019

feu. Dans ces circonstances, comment le juge avait-il pu exclure, si catégoriquement, l'éventualité d'un second tireur ? Il y avait eu pourtant des témoins présents dans la cuisine qui avaient vu des hommes, au comportement suspect, autres que Cesar et Sirhan, pointer des armes pendant la fusillade. Lisa Urso, une élève du lycée de San Diego, avait vu un homme blond replacer son arme dans un étui et un deuxième témoin avait affirmé avoir vu un homme aux cheveux noirs tirer deux coups de feu puis quitter la cuisine.[489]

Le doute sur le fait qu'il n'y ait eu qu'un seul tireur ne quittera pas les esprits au fil des années. Un nombre croissant de critiques de la version officielle, y compris des assistants de Robert Kennedy, affichèrent leur désapprobation quant à la manière dont l'enquête avait été menée. Le LAPD et le bureau du procureur du district de Los Angeles eurent alors recours à divers subterfuges pour contrer ces critiques. Ils évoquèrent des restrictions d'information pour « raison de secret d'État » et pratiquèrent des manœuvres bureaucratiques. La manière dont le LAPD agit, par la contre-attaque et le maintien du silence sur des questions embarrassantes, alimenta ainsi un fort sentiment d'injustice qui éroda la confiance du public américain dans ses institutions.[490]

Revenons sur les preuves balistiques et voyons comment le LAPD crut pouvoir dissimuler les preuves d'impacts de balle sur la scène du crime, car la découverte d'un nombre total dépassant les huit balles, toutes tirées du revolver de Sirhan, remettait en question les conclusions de son rapport officiel.

Il y eut des divergences troublantes entre les conclusions de l'enquête officielle et les preuves des témoins quant au nombre des coups de feu et leur correspondance avec les marques d'impact de balles relevées dans la cuisine. Rappelons que quatre balles avaient touché Kennedy, dont une sans le blesser. Mais

---

[489] Citizine. RFK Assassination Far From Resolved. By Thom White. June 5, 2005

[490] Crime Magazine. The Robert Kennedy Assassination. By Mel Ayton. May 8, 2005

d'autres projectiles avaient blessé cinq membres de l'entourage du sénateur ou avaient fini leur course quelque part dans la cuisine.

La police déclara qu'elle avait récupéré sept balles des corps des cinq victimes et estima qu'une huitième balle, non retrouvée, avait dû se perdre dans l'interstice du plafond et du mur de la cuisine.[491] Voici comment le LAPD prit en compte les huit balles : la balle n° 1 frappa le sénateur Kennedy derrière l'oreille droite. La balle n° 2 traversa le rembourrage de l'épaulette droite de sa veste et frappa son assistant de campagne, Paul Schrade, au front. La balle n° 3 pénétra en haut du dos du sénateur sous l'épaule. La balle n°4 entra dans son dos, à environ 2.5 cm sous l'impact de la balle n° 3, mais ressortit du corps par la poitrine avant droite. La balle n° 5 blessa Ira Goldstein dans la fesse droite. La balle n° 6 traversa la jambe du pantalon de Goldstein, heurta le sol, ricocha et se logea dans la jambe gauche d'Irwin Stroll. La balle n° 7 frappa William Weisel à l'abdomen. Enfin la balle n° 8 ricocha du plafond et blessa Elizabeth Evans à la tête.[492]

Analysons de plus près l'explication du LAPD quant à la trajectoire de ces balles. La balle n°2 qui transperça la veste de Kennedy sans pénétrer dans son corps suivit une trajectoire ascendante d'un angle de 80 degrés environ. Cette balle se déplaça, d'arrière vers l'avant par rapport au corps de RFK (comme pour tous les tirs le blessant). Le LAPD estima que cette même balle avait également touché la tête de Paul Schrade qui faisait face à Kennedy. Mais, si l'on accepte cette version, selon l'angle de trajectoire ascendante de la balle n°2, Schrade n'aurait toujours pas été assez grand pour la recevoir au front ! De plus, l'explication du LAPD selon laquelle la balle n°2 avait touché deux victimes n'était pas crédible, car Schrade ne se tenait pas *devant* Kennedy, mais *derrière* lui selon tous les témoignages oculaires décrivant la position relative des deux hommes quand

[491] Flagpole. The Real Story of the Assassination of Robert F. Kennedy. Donald E. Wilkes Jr. June 19, 2019

[492] Citizine. RFK Assassination Far From Resolved. By Thom White. June 5, 2005

tous deux sont tombés après avoir été touchés.[493] Pour croire à la version officielle selon laquelle Sirhan aurait tiré, à lui seul, tous les coups blessant le sénateur, il faudrait accepter la trajectoire « magique » de la balle qui aurait traversé le veston de Kennedy, juste en dessous de l'aisselle, serait ressortie juste en dessous de la couture de son épaulette, puis aurait fait un demi-tour en l'air pour aller ensuite frapper Schrade à la tête. Il n'est pas étonnant que ce dernier ait demandé, avec persistance, l'ouverture d'une contre-enquête pour invalider l'explication incohérente de la police quant à la trajectoire balistique. Schrade savait pertinemment que le rapport balistique du LAPD était incorrect et qu'un second tireur avait forcément utilisé son arme pour infliger les blessures à Robert Kennedy.

Ira Goldstein, quant à elle, fut frappée deux fois. Une balle (la n°6 selon la police) entra puis ressortit de la jambe de son pantalon sans pénétrer dans son corps. Elle eut toutefois moins de chance quand une autre balle (la n°5) pénétra dans la fesse. Mais comme le compte des balles posait problème pour la police (il lui fallait adhérer strictement au scénario d'un total de huit balles), celle-ci expliqua que la balle d'entrée et de sortie de la jambe du pantalon de Goldstein avait ricoché sur le sol puis avait continué sa course pour frapper de nouveau une autre victime (Irwin Stroll). La seule balle dont la trajectoire semblait plausible était celle qui avait frappé Weisel à l'abdomen.

Selon les photographies de la scène du crime et les souvenirs de certains policiers chargés de l'enquête, deux autres balles furent repérées. Une photo de l'*Associated Press*, publiée le 5 juin 1968, montrait deux agents du LAPD indiquant l'emplacement de deux balles fichées dans l'encadrement en bois des portes battantes de la cuisine par laquelle Kennedy était entré. Selon les propos des enquêteurs, en comptant le « nombre incroyable » de trous de balle dans les panneaux du plafond, pas moins de 10 balles, peut-être 12 à 14, avaient dû être tirées.[494]

---

[493] CTKA. Probe Sirhan and the RFK Assassination. Part I. The Grand Illusion. By Lisa Pease. March-April, 1998

[494] Flagpole. The Real Story of the Assassination of Robert F. Kennedy. Donald E. Wilkes Jr. June 19, 2019

En 1975, Vincent Bugliosi, qui travaillait avec Paul Schrade pour faire rouvrir l'affaire, retrouva les deux policiers présents sur la photo de l'*Associated Press*. À l'époque de l'enquête du LAPD, leur identité était inconnue, mais Bugliosi put les identifier comme étant le Sergent Charles Wright et le Sergent Robert Rozzi. Tous deux confirmèrent ce qu'ils avaient observé : ce n'était pas seulement un trou de balle dans le chambranle de la porte, mais bien un trou contenant une balle ...[495]

D'autres photographies prises par le FBI, le LAPD et l'*Associated Press* révélèrent des impacts de balles, qui furent entourés par les enquêteurs sur les clichés.[496] Trois des photos prises par le FBI sont particulièrement importantes Le rapport officiel du FBI sur ces photos les commenta comme suit :

E-1 Vue prise à l'intérieur de la zone de service de la cuisine montrant la proximité de la porte principale. On peut voir dans le coin inférieur droit de la photo, deux trous de balle entourés.

E-2 Vue rapprochée des deux trous de balle de la zone décrite ci-dessus.

E-3 Vue rapprochée des deux trous de balle situés dans le cadre de la porte centrale à l'intérieur de la zone de service de la cuisine.[497]

Peut-on imaginer une parodie ou une invention fantaisiste de la part des témoins à propos du nombre de coups de feu alors que les photographies révélaient, à l'évidence, de nombreux impacts de balles dans la cuisine ? Sur certaines photos, on peut même voir des policiers désignant du doigt les marques de balles dans le chambranle de la porte. Une photo de l'*Associated Press* fut ainsi étiquetée : « Balle trouvée près de la scène des tirs sur Kennedy ».

Un serveur de l'hôtel, Martin Patrusky, déclara que les policiers lui avaient dit qu'ils avaient désincrusté deux balles de l'encadrement central de la porte, ce que confirma l'agent du FBI William Bailey, quelques heures après la fusillade. Un

---

[495] Citizine. RFK Assassination Far From Resolved. By Thom White. June 5, 2005

[496] Mary Ferrell Foundation. The Robert Kennedy Assassination

[497] CTKA. Probe Sirhan and the RFK Assassination. Part I. The Grand Illusion. By Lisa Pease. March-April, 1998

charpentier ira même dégager le cadre de la porte pour en fournir la preuve à l'enquête policière.[498]

Si l'on n'admet qu'un seul trou dans le chambranle de la porte de la cuisine où une balle s'était logée (mais on repéra en fait deux trous de balle), ce trou aurait alors été créé par la neuvième balle, puisque sept balles avaient été récupérées sur les victimes et la huitième avait disparu dans le plafond (la police en avait tenu compte). Toute balle supplémentaire présentait donc un sérieux problème pour quiconque niait l'existence d'un second tireur.[499]

Lisa Pease, enquêtrice et auteure, qui réexamina les photos de la police et du FBI prouvant les portes trouées de balles, eut ces propos : « Si plus de huit balles avaient été tirées, Sirhan ne pouvait être alors le tireur dérangé agissant seul, mais il pouvait avoir fait partie d'un complot qui n'a pas encore été officiellement reconnu. »

Les critiques de la version officielle se demandèrent pourquoi les cadres des portes et autres preuves physiques avaient disparu ou détruits par le LAPD. En 1995, le journaliste d'investigation, Dan Moldea, publia les résultats de son enquête sur le meurtre de Robert Kennedy.[500] Il commença par étudier les rapports médico-légaux et balistiques puis interrogea de nombreux témoins, parmi lesquels plusieurs policiers chargés de l'enquête qui n'avaient jamais été questionnés auparavant. Moldea découvrit des erreurs et des oublis évidents dans le suivi de l'enquête concernant la gestion des preuves matérielles et des procédures d'interrogatoire de témoins, mais ce qui troubla Moldea le plus fut la révélation d'une destruction prématurée (volontaire ou non) d'indices majeurs et de preuves physiques. Tout cela amena Moldea à croire que l'enquête avait été volontairement bâclée.

Quand ils apprirent que des chercheurs privés avaient réuni des éléments physiques prouvant que plus de huit balles avaient

---

[498] Mary Ferrell Foundation. The Robert Kennedy Assassination

[499] CTKA. Probe Sirhan and the RFK Assassination. Part I. The Grand Illusion. By Lisa Pease. March-April, 1998

[500] The Killing of Robert Kennedy - An Investigation into Motive, Means and Opportunity. By Dan Moldea (1995)

été tirées au cours de la fusillade, les avocats de la défense blâmèrent les autorités pour avoir omis de leur signaler ces preuves et de les avoir supprimées en procédant à l'extraction des balles compromettantes décelées dans les panneaux de bois de la porte et dans le plafond de la cuisine.[501]

Bien que certains agents du LAPD eussent signalé la suppression de ces preuves (comme la dépose puis la destruction du cadre en bois de la porte ainsi que le retrait de cinq ou six panneaux du plafond sur lesquels des impacts de balles avaient été détectés), la police continua de nier les faits. En 1969, après la condamnation de Sirhan pour meurtre, mais avant son appel, on savait pourtant que le LAPD avait reçu l'ordre judiciaire de détruire subrepticement le montant de la porte et les panneaux du plafond, sans avoir à remettre de préavis à la défense.[502]

On avait retenu d'ailleurs les propos du chef de la criminelle du LAPD, DeWayne Wolfer : « C'est incroyable le nombre de trous dans le plafond de la cuisine ». Mais, contraint d'adhérer à la conclusion préconçue de la police (huit balles et pas une de plus), Wolfer ne prit finalement en compte, dans son rapport officiel, que les balles n ° 2, 4 et 6, celles qui avaient frappé plus d'une personne, ironiquement appelées « balles magiques » par les critiques du rapport.[503] Sous la pression de sa hiérarchie, Wolfer ne pouvait qu'obtempérer malgré le nombre d'impacts de balle qu'il avait repérés dans les carreaux du plafond de la cuisine.

Comme il était difficile d'expliquer tant de trous, d'une manière ou d'une autre, il fallait bien que la police tînt compte du surnombre de balles tirées ce qui la força à élaborer la théorie fantaisiste des « balles magiques » de trajectoire « bidon ». L'explication du LAPD était d'autant moins crédible que ses agents avaient été vus par des témoins en train de calculer la trajectoire des balles en passant des ficelles à travers les trous de

[501] CNN. Attorneys for RFK convicted killer Sirhan push 'second gunman' argument. By Michael Martinez and Brad Johnson. March 12, 2012

[502] Flagpole. The Real Story of the Assassination of Robert F. Kennedy. Donald E. Wilkes Jr. June 19, 2019

[503] Citizine. RFK Assassination Far From Resolved. By Thom White. June 5, 2005

balles dans le plafond et que des photos avaient été prises prouvant le sérieux de leur repérage.[504]

Une des victimes, Elizabeth Evans, se souvint s'être penchée pour récupérer une chaussure qu'elle avait perdue dans le chaos de la cuisine pendant la fusillade. Elle avait soudain senti quelque chose la frapper violemment au front. Les rapports médicaux confirmeront que la balle (n° 80 avait perforé le haut du front de la victime, sous la racine des cheveux, puis avait continué sa course selon une trajectoire ascendante. Puisque la police devait rendre compte de la présence de trous de balle dans le plafond, elle expliqua un parcours de balle bien complexe : la balle n° 8 avait été tirée du revolver de Sirhan, selon une trajectoire ascendante, avait traversé une dalle du plafond puis avait ricoché en faisant un demi-tour à travers une dalle différente du plafonnier pour revenir dans la pièce et frapper Evans au front. Mais la version du LAPD et les rapports médicaux ne concordaient pas. Au demeurant, ce n'était pas le seul trou dans le plafond causé par la balle n° 8, car on en repéra bien d'autres, mais, dès lors que certaines dalles du plafonnier avaient été détruites, il fut difficile de connaître le nombre exact de trous.

Une des balles avait traversé le veston de Kennedy puis avait continué sa course presque à la verticale (la balle qui, selon la police, avait également atteint Schrade à la tête) pour aller se ficher dans le plafond. Puisque Kennedy faisait face à Sirhan et que la balle avait traversé le veston du sénateur, de l'arrière vers l'avant, celle-ci avait dû, de ce fait, transpercer le plafond presque directement au-dessus de la tête de Sirhan ! Curieusement, à cet endroit précis on remarqua qu'une dalle du plafond avait été enlevée.

Le journaliste d'investigation, Jonn Christian, retrouva un article du *Chicago Tribune* écrit par Robert Weidrich qui se trouvait dans la cuisine au moment où le montant de la porte avait été enlevé. Weidrich racontera ce qu'il avait observé : « Sur une table basse, il y avait une bande de moulure de 2,4 mètres, qui venait d'être arrachée par la police du poteau central des

---

[504] CTKA. Probe Sirhan and the RFK Assassination. Part I. The Grand Illusion. By Lisa Pease. March-April, 1998

doubles portes par lesquelles le sénateur Kennedy était entré dans la cuisine. La moulure portait les traces de la perceuse qu'un technicien du laboratoire de la police criminelle avait utilisée pour y extraire deux balles de calibre 0,22... »[505] Mais la police trouva la parade : elle expliqua dans son rapport que ces trous n'avaient pas été causés par des balles, mais vraisemblablement à la suite du choc d'un chariot de nourriture contre le chambranle de la porte. L'agent du FBI, William Bailey, réfuta cette explication et fit la déclaration suivante sous serment : « Il ne fait aucun doute dans nos esprits qu'il s'agissait de trous de balle et non pas des trous causés par le choc de chariots de nourriture ou de tout autre équipement dans la zone de préparation de la cuisine. »[506]

Ce ne fut pas la seule preuve d'occultation volontaire des pièces à conviction compromettant la police et les procureurs. La défense de Sirhan identifia une autre fraude commise par le LAPD lors de son procès. En 1969, les procureurs avaient autorisé, comme pièces à conviction, des balles que la police avait substituées aux vraies balles extraites du cou de Kennedy et de la hanche d'Ira Goldstein.

La duperie consista à fabriquer de fausses preuves et à les présenter au procès pour soutenir la version officielle de l'assassinat.[507] Cette supercherie, révélée par Lawrence Teeter, l'avocat de Sirhan à l'époque, se produisit de la manière suivante.[508] Ce fut l'enquêtrice Rose Lynn Mangan qui découvrit la « preuve » frauduleuse : la police de Los Angeles voulait présenter comme étant la « parfaite correspondance » entre la balle extraite du cou du sénateur Kennedy et une balle tirée avec le pistolet de Sirhan. Pour le « prouver », il lui fallut procéder à des tests balistiques au cours desquels le revolver de Sirhan avait été remplacé subrepticement par une autre arme à feu. Pour

---

[505] Citizine. RFK Assassination Far From Resolved. By Thom White. June 5, 2005

[506] CTKA. Probe Sirhan and the RFK Assassination. Part I. The Grand Illusion. By Lisa Pease. March-April, 1998

[507] CNN. Attorneys for RFK convicted killer Sirhan push 'second gunman' argument. By Michael Martinez and Brad Johnson. March 12, 2012

[508] Statement of Lawrence Teeter, Current Attorney for Sirhan Bishara Sirhan. "Sirhan Sirhan was out of position and out of range and therefore could not have shot Kennedy".

rendre leur explication crédible, la police fabriqua également des microphotographies de comparaison en substituant de « fausses » balles pour faire croire que c'était bien les mêmes balles qui avaient blessé les victimes. Mais comme les médecins avaient auparavant enregistré, chez les blessés, les marques d'identification à la base des balles qu'ils avaient reçues, celles des « fausses » balles ne correspondaient pas et c'est ainsi que la supercherie fut mise en évidence. Plus précisément, la marque « TN31 », gravée à la base de la balle extraite du cou de Kennedy, ne correspondait pas du tout à l'inscription « DWTN » sur la fausse balle substituée par le LAPD. De surcroît, la police commit une fraude supplémentaire en détruisant, bien avant le procès de Sirhan, le revolver de remplacement utilisé dans ses propres tests balistiques « bidon ». Malgré les démentis de la police, les archives officielles avaient bien confirmé la supercherie.[509]

Les manigances du LAPD ne s'arrêtèrent pas à la falsification des pièces à conviction. La police s'employa à intimider et à traiter avec mépris des témoins qui se voyaient contraints à modifier leur déposition dès lors qu'ils avaient déclaré la présence d'individus suspects dans la cuisine. Ces pratiques furent révélées dans les dossiers de l'enquête du LAPD publiés vingt ans après l'assassinat. Les preuves de tels agissements avaient été pourtant ignorées et, dans certains cas, dissimulées au début de l'enquête officielle.

Dans les faits, voyons qui fut victime du harcèlement de la police ?

Enrique Hernandez faisait partie de l'unité spéciale des enquêteurs de la police. Il était spécialiste des examens polygraphiques pratiqués sur les témoins et ses méthodes d'interrogation étaient parmi les plus agressives.

Rappelons-nous le témoin clé, Sandy Serrano, qui avait vu la jeune fille, en robe à pois, en compagnie d'un homme ressemblant fortement à Sirhan. Sandy Serrano avait-elle une raison valable

---

[509] Mary Ferrell Foundation. The Robert Kennedy Assassination

d'inventer une telle histoire ? C'est ce que Hernandez chercha à savoir à tout prix.

Serrano, fut forcée de rétracter son témoignage. L'échange, reproduit ci-dessous, reflète bien le traitement d'intimidation et la manipulation qu'elle subit au cours de longues séances d'interrogatoire :

Hernandez : « Je pense que vous devez au Sénateur Kennedy, au feu Sénateur Kennedy, de vous comporter comme une femme digne sur ce sujet, s'il est témoin et s'il peut regarder ce que nous faisons ici dans cette pièce … Ne portez pas la honte sur sa mort en restant sur vos positions. J'ai de la compassion pour vous. Je veux savoir pourquoi vous le faites. Cette question est très sérieuse. »

Serrano : « J'ai vu ces gens ! »

Hernandez : « Non, non, non, non, Sandy. Rappelez-vous ce que je vous ai dit : Vous ne pouvez pas dire que vous avez vu quelque chose alors que vous ne l'avez pas vu … ».

Finalement, harcelée par l'enquêteur, Serrano cédera. La rétractation de son témoignage sera interprétée par la police comme l'aveu qu'elle avait inventé toute l'histoire et sera utilisée pour discréditer les autres témoins qui avaient corroboré son témoignage.

L'intimidation des témoins forcés à se rétracter sous la pression de la police fut récurrente comme le prouvèrent les transcriptions des enregistrements de leurs dépositions. Certaines preuves de ce harcèlement furent simplement ignorées ou « égarées ». L'officier de police, Paul Sharaga, eut toutefois la présence d'esprit de conserver sa note de service originale dans laquelle il avait transcrit l'enregistrement de la déposition d'un couple âgé qui avait également vu une femme et un homme fuir les lieux de la fusillade en criant joyeusement : « Nous lui avons tiré dessus ! Nous l'avons abattu ! »[510]

L'enquête du LAPD sur le meurtre de RFK fut donc étrangement bâclée et il n'est pas déraisonnable de suspecter un

---

[510] Mary Ferrell Foundation. The Robert Kennedy Assassination

maquillage des preuves embarrassantes. Résumons l'incroyable duperie.

Des pistes d'enquête ne furent pas suivies comme elles auraient dû l'être. Une douzaine d'individus au comportement suspect lors du drame à l'*Ambassador Hotel* ne furent jamais identifiés. Les dépositions de certains témoins dérangeants furent modifiées tandis que les déclarations douteuses de plusieurs personnes ayant commis un parjure reconnu, furent retenues comme essentielles à l'enquête officielle. Plus de 3400 enregistrements d'interviews de témoins furent détruits. Les transcriptions écrites des bandes d'enregistrement retrouvées de certains témoignages ne correspondaient pas à ce qui s'était dit sur les bandes sonores. Les registres des preuves de la police furent falsifiés. Des experts de laboratoires de la police criminelle maquillèrent les preuves et les résultats des tests ou donnèrent de faux témoignages. Plus de 2400 photos furent incinérées. Enfin, rappelons ce qui a été largement décrit plus haut : les preuves matérielles (une partie du chambranle des portes et quelques panneaux du plafond de la cuisine présentant des trous de balles) furent également détruites et le laboratoire de la police criminelle fut dans l'incapacité de faire correspondre les balles récupérées dans le montant de la porte et dans le plafond avec celles du pistolet de Sirhan.[511]

Les quelque photographies prises dans la cuisine de l'*Ambassador Hotel* au moment de la fusillade furent détruites par le LAPD. Jamie Scott Enyart, 15 ans avait été une des rares personnes à en avoir pris pour le journal de son lycée. Juste après la fusillade, il fut plaqué à terre par le LAPD puis, sous la menace d'une arme, il fut contraint d'arrêter de filmer et de remettre son appareil photo. Son film ne lui sera jamais rendu. En 1996, Enyart gagna toutefois un procès civil contre le LAPD, après l'avoir accusé de la destruction de ses photos et remporta une somme d'argent substantielle en dédommagement. La pellicule d'Enyart et quelque 2400 autres photographies en rapport avec d'autres

---

[511] Flagpole. The Real Story of the Assassination of Robert F. Kennedy. Donald E. Wilkes Jr. June 19, 2019

assassinats avaient été incinérées dans un hôpital du comté de Los Angeles en 1968.[512]

Des sondages d'opinion, réalisés au cours des dernières années, ont révélé que, pour une vaste majorité d'Américains, le meurtre de Robert Kennedy avait fait partie d'un vaste complot.

Si Sirhan n'avait pas tiré le coup mortel sur Kennedy, qui en aurait été l'auteur ? Pourquoi les propres avocats de Sirhan n'ont-ils pas utilisé, dans leur plaidoirie, les preuves – alors qu'elles étaient disponibles – selon lesquelles il avait été impossible à leur client de porter le coup mortel, à bout portant, derrière le sénateur ? Pourquoi a-t-on dissimulé aussi longtemps la preuve d'un second tireur ?  Une telle faille judiciaire a coûté à Sirhan la prison à perpétuité.

Le fait qu'aucune entité officielle ne se soit efforcée de rendre disponibles toutes les preuves dans cette affaire afin de faciliter leur examen au procès est presque aussi révoltant que l'assassinat même. Pour l'auteure, Lisa Pease, « Cela ne peut s'expliquer que par une intervention à un très haut niveau que l'on pourrait appeler une participation gouvernementale ».

Cette entité de puissants que Pease évoque avait le mobile, les moyens et la possibilité d'orchestrer ce crime et de continuer à le camoufler jusqu'à ce jour.[513] Selon Pease, l'enquête fut contrôlée principalement par une poignée d'officiers du LAPD et par le tout-puissant *District Attorney*. Malgré la stature du sénateur et l'enjeu de sa campagne électorale en 1968, marquée par des succès incontestables, il n'y eut aucune enquête fédérale d'une grande envergure sur l'assassinat de Robert Kennedy. On laissa un petit nombre d'individus duper les Américains et orchestrer la dissimulation des preuves d'une conspiration. De toute évidence, le LAPD contrôla les pièces à conviction en s'opposant à l'examen de ses fichiers, de sorte que les avocats de Sirhan ne pouvaient avoir accès aux preuves contradictoires de l'affaire ... jusqu'à ce

---

[512] Citizine. RFK Assassination Far From Resolved. By Thom White. June 5, 2005

[513] CTKA. Probe. Sirhan and the RFK Assassination, Part II. By Lisa Pease. May-June, 1998

qu'il soit ordonné à la police de les révéler, mais bien trop tard, vers la fin des années 1980.

Grâce à ses recherches, Lisa Pease réussit à déterminer le profil exact des membres d'une équipe d'investigateurs du LAPD, appelée SUS (*Special Unit Senator*), en charge d'enquêter sur l'assassinat de Robert Kennedy. Ceux-ci venaient principalement du milieu militaire : Charles Higbie, qui avait servi dans le Corps des *Marines* puis dans le Renseignement, assurait le contrôle d'une bonne partie de l'enquête. Frank Patchett, qui remit la balle extraite du cerveau de Kennedy à l'officier de la police, DeWayne Wolfer, avait fait carrière dans la marine. Le contrôle de l'enquête avait été principalement confié à Manuel Pena et à Hank Hernandez, tous deux membres influents du SUS et plus spécifiquement chargés d'interpréter la crédibilité des témoins. Pena avait, à lui seul, l'autorité d'émettre un avis sur tous les rapports qu'on lui remettait : en sa qualité, il approuvait les témoignages ou décidait s'il fallait ou non procéder à un nouvel entretien avec chacun des témoins. Le sergent Enrique Hernandez, dont j'ai parlé plus haut, était, lui, le seul à pratiquer les tests polygraphiques du SUS et, en tant que tel, la question de savoir si un témoin mentait ou disait la vérité était laissée à sa seule discrétion. Pease rappelle, à ce sujet, que l'on pense à tort qu'un polygraphe - ou détecteur de mensonges - est un test d'une grande objectivité pour déterminer si une personne dit la vérité ou ment. Selon l'auteure, le test polygraphique peut être faussé volontairement : l'opérateur peut modifier la sensibilité de la machine dans le but de faire passer un « menteur » pour une personne disant la vérité et vice-versa. Sans oublier également le comportement de l'opérateur testant le sujet, c'est-à-dire sa capacité d'apaiser ou de créer de la peur et du stress chez la personne détectée. Des experts en polygraphie savent également comment dominer la machine grâce à quelques astuces. Pour ces raisons, les tribunaux américains estiment que les résultats des tests polygraphiques ne peuvent plus, de nos jours, être généralement admis comme preuve légale. Pour autant, les résultats du polygraphe d'Hernandez, eux, pesèrent lourdement dans l'enquête SUS et furent bien souvent le seul facteur pris en compte pour déterminer la crédibilité des témoins dans l'assassinat de RFK.

Pena, lui, eut un rôle de premier plan dans les techniques du maquillage des preuves : il avait été officier de contre-espionnage en France, et entretenait des relations avec diverses agences de renseignement dans plusieurs pays. Il avait également assuré un long service à la CIA dans des missions spéciales pendant plus de dix ans puis avait rejoint le LAPD, en 1968, sans qu'on sache très bien pourquoi.

À l'équipe chargée d'influencer la conduite de l'enquête sur l'assassinat de RFK, s'ajouta un autre personnage : la cheffe du bureau du procureur du district de Los Angeles, J. Evelle Younger, qui avait été l'un des principaux agents de J. Edgar Hoover avant de quitter le FBI. C'est elle à qui l'on doit la distorsion des faits quant à la distance séparant Sirhan du sénateur dans la cuisine au moment des tirs (elle consigna dans son rapport un intervalle allant de 2.5 à 5 cm, alors que, comme nous l'avons vu plus haut, des témoins avaient placé l'arme de Sirhan entre 0.5 et 1.5 mètre de RFK). Elle passa outre sur la tactique de Hernandez consistant à mettre sous pression les témoins et à les forcer à revenir sur leurs dépositions lors des séances de polygraphie. Enfin, Younger sut parfaitement contrôler les avocats de la défense en faisant publier, volontairement avec retard, le rapport d'autopsie qui ne leur parvint que bien après le début du procès.

Il faut toutefois admettre que certains avocats de Sirhan mettaient peu d'ardeur à le défendre, mais peut-être étaient-ils redevables à un « client » plus puissant ? Le comportement et les décisions de l'avocat principal de Sirhan, Grant Cooper, défièrent l'entendement. Ce dernier non seulement ne daigna pas apporter les preuves tangibles de l'existence d'un second tireur dans la cuisine, mais estima également que les photos d'autopsie – enfin disponibles après un délai considérable - ne devaient pas être présentées au tribunal parce qu'elles auraient pu provoquer un réveil de compassion envers la famille Kennedy qui aurait alors suscité davantage de colère contre son client. Alors que l'avocat de la défense détenait les résultats des tests balistiques et médico-légaux prouvant la présence d'un deuxième tireur - et donc une conspiration – ce dernier ne daigna pas les utiliser pour exonérer Sirhan des charges de meurtre qui pesaient contre lui.

Dès lors, se pose de nouveau la question de la culpabilité de Sirhan. Avait-il joué le rôle d'un bouc émissaire ? Avait-il eu un complice ? Avait-il toutes ses capacités mentales ?

Selon certains témoins, Sirhan faisait figure d'un individu visiblement perturbé, la nuit de l'assassinat. Il admit avoir pris environ quatre cocktails avant de passer à l'acte. Pour autant, personne ne le trouva dans un état d'ébriété. Yosio Niwa, Vincent DiPierro, George Plimpton, Joseph Lahaiv et Martin Patrusky, tous, témoignèrent que Sirhan avait toutefois un comportement très étrange : il affichait un sourire niais, et, pendant qu'il vidait son revolver, plaqué sur une table à vapeur dans la cuisine, il avait le regard « extrêmement paisible », sans manifester une quelconque agressivité.

Si Sirhan n'était donc pas le seul coupable, qui aurait pu être son complice et quelle puissante entité aurait maquillé l'assassinat ?

Cinquante ans après l'assassinat, un des fils de l'ancien sénateur lança des appels pour ouvrir une nouvelle enquête. Après avoir lu le rapport d'autopsie de son père et rendu visite à Sirhan en prison, Robert Kennedy Jr. fut persuadé que le jeune palestinien avait été injustement accusé. RFK Jr., secondé par sa sœur aînée, Kathleen Townsend, afficha sa conviction dans le *Washington Post* : « Je ne pensais pas que c'était quelque chose que je pouvais ignorer. La constatation qu'une personne avait été condamnée par erreur pour le meurtre de mon père m'a laissé un trouble. » [514]

Sans surprise, les enquêteurs indépendants soupçonnèrent l'implication de la CIA, qui, comme nous allons le voir, aurait pu orchestrer la dissimulation des preuves du LAPD.[515]

En novembre 2006, dans son documentaire « *RFK Must Die* », le réalisateur Shane O'Sullivan, après avoir examiné une vidéo et

---

[514] The Week. Who assassinated Robert F. Kennedy? June 6, 2018

[515] Flagpole. The Real Story of the Assassination of Robert F. Kennedy. Donald E. Wilkes Jr. June 19, 2019

des photographies prises de l'*Embassy Ballroom*, estima avoir repéré, avant et après l'assassinat, la présence de trois individus qu'il identifia d'emblée comme de haut responsables de la CIA : David Sanchez Morales, Gordon Campbell et George Joannides.[516]

Morales était une figure légendaire des opérations clandestines de la CIA que les Cubains appelaient « El Gordo » (le gros). En comparant une photographie de Morales, prise à Cuba en 1959, avec la couverture médiatique vidéo de l'*Embassy Ballroom*, O'Sullivan put identifier le même homme, se tenant debout, au fond de la salle au moment où s'achevait le discours de Robert Kennedy. Pour en avoir la certitude, O'Sullivan prit la décision de montrer le document à Bradley Ayers, un capitaine de l'armée américaine à la retraite. Ayers confirma effectivement l'identité de Morales, car il le connaissait bien : il avait été détaché auprès de JM-Wave, la base opérationnelle de la CIA à Miami en 1963, où il avait travaillé en étroite collaboration avec Morales. Alors chargés des opérations de la base, Morales et Ayers étaient, tous deux, responsables de la formation des exilés cubains dans le but de mener des raids contre Castro. La réponse d'Ayers avait été instantanée : il était sûr à 95 % que le personnage sur la vidéo était bien Morales. Il reconnut, également sans équivoque, l'autre homme sur la photo, Gordon Campbell, qui travaillait au côté de Morales à la base JM-Wave.

David Rabern, un agent indépendant, qui faisait partie de l'équipe du débarquement à la Baie des Cochons, à Cuba en 1961, put confirmer, lui aussi, la présence de Morales au côté de Campbell, parlant ensemble à l'*Ambassador Hotel* sur la photo du réalisateur Shane O'Sullivan, car Rabern se trouvait également à l'hôtel, la nuit de l'assassinat. Mais certains investigateurs restèrent dubitatifs quant à la présence de Campbell à l'hôtel, car, selon eux, l'homme était mort d'une crise cardiaque, six ans auparavant.

O'Sullivan rencontra par la suite Edwin Lopez, avocat à la *Cornell University*, à qui il présenta le microfilm de son enquête.

---

[516] The Guardian. "Did the CIA kill Bobby Kennedy?". By Shane O'Sullivan. November 19, 2006

Lopez fut formel à 99 % : il identifia sans problème le troisième homme sur la photo d'O'Sullivan. C'était bien George Joannides, agent de la CIA, que Lopez, alors membre de la *House Select Committee on Assassinations*, (comité chargé d'enquêter sur l'assassinat du Président Kennedy), avait longuement interrogé vers la fin des années 1970. Joannides avait été appelé à comparaître pour ses agissements et son rôle dans le programme de désinformation de la CIA autour de l'assassinat du président.

Compte tenu des identifications positives recueillies par O'Sullivan sur ces trois haut responsables de la CIA, on peut s'interroger sur la raison de leur présence dans l'*Embassy Ballroom* de l'*Ambassador Hotel*, peu de temps avant l'assassinat. Mais ni la CIA, ni le LAPD ne daignèrent fournir des explications.

S'appuyant sur le résultat de ses recherches remarquables et sur ses découvertes stupéfiantes, Lisa Pease, estime que la CIA, aidée de la Mafia, est le principal suspect dans l'assassinat de Robert Kennedy. Selon l'enquêtrice, l'assassinat fut orchestré par une équipe d'agents secrets de la CIA dans le cadre d'une opération menée par Robert Maheu, un riche avocat spécialiste des activités d'espionnage clandestin. Ancien agent du FBI, Maheu fut lui-même employé par la CIA à des niveaux de responsabilité les plus élevés et les plus secrets de l'Agence. Il avait également des liens étroits avec les chefs du Crime Organisé. Lorsqu'ils décidèrent de recruter la Mafia pour assassiner Fidel Castro, les dirigeants de la CIA avaient contacté Maheu qui leur avait présenté des parrains de la Mafia.[517]

Thane Eugene Cesar, le second tireur présumé, dont j'ai parlé plus haut, fut également soupçonné de faire partie de l'équipe de la CIA chargée d'assassiner Robert Kennedy, car, lui aussi, avait travaillé avec Robert Maheu pour le compte de la CIA.

Un excellent documentaire de 2011, consacré à l'assassinat de Robert Kennedy, intitulé « *The Second Dallas* », conclut également que Thane Eugene Cesar était probablement l'assassin. Le titre du documentaire avait été choisi pour bien faire ressortir la

---

[517] Flagpole. The Real Story of the Assassination of Robert F. Kennedy. Donald E. Wilkes Jr. June 19, 2019

corrélation entre l'assassinat du Président Kennedy à Dallas et l'assassinat de son frère à Los Angeles, cinq ans plus tard. Le documentaire suggérait que, dans les deux cas, un complot était derrière l'assassinat, qu'une enquête avait été bâclée, que des preuves avaient été dissimulées et qu'un rapport officiel douteux avait été rédigé dans lequel les autorités avaient rejeté le blâme sur un bouc émissaire, présumé assassin unique, sans complice.[518] Mais si les preuves physiques et les témoignages soutenaient la thèse d'un complot très probable dans les deux affaires, des différences existaient. Sirhan avait été vu sur les lieux en train de tirer avec une arme à feu à quelques mètres de Robert Kennedy, mais, à l'inverse, personne n'avait pu affirmer avoir vu Lee Harvey Oswald tirer avec la Mannlicher Carcano sur le Président Kennedy.

Pour quel mobile Sirhan aurait-il tué RFK ? Certes, il avait lu dans les journaux arabes les précisions du *New York Times* selon lesquelles, en janvier 1968, le sénateur Kennedy avait soutenu la vente d'avions américains à Israël, mais, comme on le saura plus tard, c'était le Président Johnson qui avait négocié le contrat de vente et Kennedy avait simplement précisé qu'il l'honorerait s'il devenait président.[519] Par ailleurs, le FBI ne trouva aucun motif politique, aucun lien entre Sirhan et une organisation arabe - telle que l'Organisation de libération de la Palestine - ni de preuve que Sirhan avait reçu de grosses sommes d'argent pour commettre le meurtre.[520] S'il avait voulu tuer un partisan d'Israël, le nombre de politiciens américains encourageant l'armement et le financement de l'État hébreu à l'époque ne manquait pas et ces élus représentaient, à l'évidence, des cibles plus importantes que Kennedy, dont la position pro-israélienne était, à vrai dire, peu controversée dans le monde arabe. Par ailleurs, l'affirmation de Sirhan selon laquelle il avait tué Kennedy pour des raisons

---

[518] Flagpole. The Real Story of the Assassination of Robert F. Kennedy. Donald E. Wilkes Jr. June 19, 2019

[519] Crime Magazine. Sirhan Sirhan: Assassin of Modern U.S. History. By Denise Noe. May 27, 2004

[520] Jewish Journal. Palestinian terror stretches back to RFK killing at the Ambassador Hotel. By Paul Kujawsky. May 29, 2008

politiques, en particulier pour son soutien à Israël, n'était pas tout à fait cohérente, compte tenu de l'analyse des faits chronologiques à l'époque. Sirhan avait prétendu que c'était le documentaire télévisé transmettant le discours de Kennedy en faveur de la vente des avions de combat à Israël qui avait provoqué sa colère contre le sénateur. Or, le programme auquel Sirhan faisait référence avait été vu par l'audience de Los Angeles le 20 mai, mais le discours de Kennedy apportant son soutien à la vente des avions de combat avait été prononcé… une semaine plus tard ! La corrélation entre le discours de RFK et le geste de Sirhan est d'autant moins crédible que c'était le 18 mai, soit une dizaine de jours avant les propos du sénateur, que Sirhan avait écrit pour la première fois dans son carnet la phrase répétitive "RFK doit mourir".[521] Attribuer ce mobile à Sirhan semble donc, de nos jours, insensé.

Pour trouver le ou les mobiles des auteurs de l'assassinat de RFK, il faut plutôt se tourner aujourd'hui vers la CIA. Il existe de nombreuses preuves à l'appui.

Certaines personnes haut placées à la CIA détestaient et méprisaient les frères Kennedy pour les raisons qui seront développées plus loin. Selon les aveux même des grands directeurs de la CIA, bien documentés de nos jours, dans les années 1950 et 1960, l'Agence était profondément engagée dans des tentatives d'assassinat et dans des opérations clandestines illégales visant des personnalités politiques étrangères dérangeantes, exactions qui, à l'époque, avaient été menées sans être détectées.

Forte de ses « succès » à l'étranger et fonctionnant comme une « grande entreprise spécialisée dans le meurtre international », comment ne pas croire à la capacité de la CIA de mettre en pratique, en toute illégalité, son programme

---

[521] Mary Ferrell Foundation. The Robert Kennedy Assassination

de « neutralisation » d'individus jugés « traîtres de la nation » à l'intérieur même de l'Amérique ? [522]

Pourquoi la CIA s'en serait-elle prise à Robert F. Kennedy ?

L'opinion ambiguë de Robert Kennedy, alors *Attorney General* en 1963 et son apathie troublante qu'il manifesta lors de l'assassinat de son frère à Dallas - alors qu'on attendait de lui qu'il mît tout en œuvre pour identifier les commanditaires – ont fait l'objet de nombreux débats. À la mort de son frère, Robert Kennedy, dut faire face à un terrible dilemme politique interne. S'il montrait en public une attitude de fatalisme, voire de soutien à la version officielle, il rejeta, en privé, le rapport Warren, convaincu qu'un complot intérieur avait été fomenté par les forces dans l'ombre du gouvernement.   Quand il apprit l'assassinat de Dallas, Robert Kennedy pensa tout de suite à un complot. Il fut certainement un des tout premiers adeptes de la conspiration fomentée pour tuer son frère comme le fut également l'entourage immédiat de JFK. Mais bien que résigné, Robert Kennedy préféra attendre son heure. Il pensait qu'il aurait les moyens de faire toute la lumière sur l'assassinat de son frère, une fois devenu président, à son tour, après avoir brigué le poste en 1968. Malgré ses obligations familiales – il était père de 11 enfants – et après avoir écouté sa belle-sœur, Jacqueline, et son frère, Ted, qui, tous deux, l'imploraient de ne pas se lancer dans la campagne électorale en raison du danger qu'il encourrait, Robert Kennedy fit néanmoins ce choix. En privé, il confia à son entourage qu'il allait rouvrir l'enquête sur la mort de son frère, une fois devenu président. Pour ce faire, il demanda le concours d'hommes de confiance afin de suivre, en secret, les pistes d'une conspiration.[523]

Robert Kennedy avait l'envergure, l'expérience et les connaissances pour mener à bien sa propre enquête sur l'assassinat de Dallas : il avait dirigé le ministère de la Justice ; il était parti en longue croisade avec son frère pour démanteler le

---

[522] Flagpole. The Real Story of the Assassination of Robert F. Kennedy. Donald E. Wilkes Jr. June 19, 2019

[523] David Talbot – Brothers, The Hidden History of the Kennedy Years – 2007

réseau du Crime Organisé en Amérique et il surveillait de près les agissements de la CIA. Dès lors, il était conscient des dérives possibles du pouvoir américain. Il soupçonna d'emblée la CIA pour ses opérations anti-Castro. Bien que celles-ci ne fussent pas autorisées par le Président Kennedy, ces pratiques étaient conjointement menées avec l'aide de la Mafia.

Alors que sa campagne électorale en 1968 pour la présidence arrivait à un moment crucial lors de la primaire de Californie, juste avant son assassinat, Robert Kennedy avait parlé au journaliste, Pete Hamill, du dilemme qui le hantait quant au traitement qu'il réserverait à la CIA s'il était élu à la présidence : « Il me faut décider : soit éliminer la branche opérationnelle de l'Agence soit débattre de ce qu'on pourrait en faire ? On ne peut pas laisser ces cow-boys dans la nature abattre des personnes et le faire impunément ».[524]

Dans l'après-midi du 22 novembre 1963, la réaction immédiate de Robert Kennedy à l'annonce de la mort de son frère, avait été d'appeler aussitôt le directeur de la CIA, John McCone.[525] Il avait hurlé ces mots : « Est-ce vous qui avez tué mon frère ? ».[526] Il avait ensuite appelé son contact chez les anti-Castro de Floride et, avec un parfait contrôle de ses émotions, l'avait questionné : « Un de vos types a fait ça ? ».[527] Les anticastristes soutenus par la CIA étaient bien décidés à se venger de l'abandon, par les frères Kennedy, des combattants exilés cubains lors de l'échec de l'invasion de la Baie des Cochons à Cuba en 1961.

Cinq ans après le drame de Dallas, en 1968, en pleine campagne électorale, Robert Kennedy était allé se reposer à Malibu, en Californie, dans la maison de son ami John Frankenheimer, le directeur de Hollywood, où il était entouré de ses amis et de célébrités du monde du spectacle. L'un d'entre eux, le romancier

---

[524] David Talbot – Brothers, The Hidden History of the Kennedy Years – 2007

[525] David Talbot. "Case Closed? A new book about the JFK assassination claims to finally solve the mystery" December 2005

[526] Waldron Lamar & Thom Hartmann. Ultimate Sacrifice

[527] Richard Mahoney. The Kennedy Brothers: The Rise and the Fall of Jack and Bobby. Skyhorse Publishing: 2011.

et diplomate français, Romain Gary, s'était adressé à Bobby : « Tu sais, n'est-ce pas, que quelqu'un va chercher à te tuer ? ». Robert Kennedy, le regard plongé dans le vide, lui avait répondu : « C'est une chance [devenir président] que je dois prendre » puis avait ajouté : « Regarde de Gaulle, combien de fois exactement a-t-il survécu aux attentats ? » « Six ou sept fois, je crois » avait répondu Gary. Bobby avait poursuivi avec un petit sourire : « Je te l'ai dit, on ne peut rien faire sans cette sacrée vieille chance. »[528]

Le Crime Organisé avait également un mobile, des moyens et des opportunités pour assassiner Robert Kennedy, car ce dernier avait attiré la colère des patrons de la Mafia quand, sénateur, siégeant au *Senate Rackets Committee,* il était parti en croisade pour l'éradiquer.[529]

Frank Mankiewicz, l'aide de presse de Bobby Kennedy pour sa campagne présidentielle en 1968, précisa, dans l'interview donnée par l'historien David Talbot, que Robert Kennedy avait enquêté aussitôt sur Jack Ruby après l'assassinat de son frère. L'enquête avait révélé que le tenancier de night-club était totalement impliqué avec la Mafia de Chicago et de Dallas et que la trace de ses appels téléphoniques dans tout le pays, juste avant l'élimination d'Oswald, ne laissait aucun doute : c'était la liste des noms des barons de la Mafia que Robert Kennedy avait précisément assignés à comparaître devant le *Senate Rackets Committee* dans les années 1950. Bobby Kennedy savait parfaitement quels étaient les contacts de Ruby avec la Mafia.[530]

Robert Kennedy s'était fait de nombreux ennemis puissants au cours de sa carrière. En plus de la CIA, des anticastristes et des chefs de la Mafia, d'autres entités puissantes aux États-Unis avaient un mobile d'assassiner le sénateur Kennedy. Lors de sa campagne électorale présidentielle en 1968, au plus fort de la guerre du Vietnam, il avait promis qu'il mettrait un terme à la guerre dès son accès à la Maison-Blanche. Le complexe militaro-industriel et les faucons de la guerre du Vietnam, pour qui celle-

---

[528] David Talbot – Brothers, the Hidden History of the Kennedy Years – 2007.

[529] Crime Magazine. Sirhan Sirhan: Assassin of Modern U.S. History. By Denise Noe. May 27, 2004

[530] Waldron Lamar & Thom Hartmann. Ultimate Sacrifice

ci représentait une manne financière considérable, ne pouvaient accepter un tel scénario.

Le soutien sans faille de Robert Kennedy pour faire valoir les droits civils chez les Afro-américains avait également créé une telle hostilité à son égard, notamment au sein du parti nazi américain et chez les ségrégationnistes, que l'on ne peut pas écarter une possible collusion de leur part avec les comploteurs.

À la pétition de la famille Kennedy et de Paul Schrade pour reprendre l'enquête sur l'assassinat de RFK et ouvrir un nouveau procès, s'ajouta celle du médecin légiste, le Dr Cyril Wecht.[531] Dans l'interview qu'il donna en juillet 2018, disponible sur YouTube, le Dr Wecht résuma l'essentiel : « C'est plutôt surprenant…et cela fait réfléchir plus d'un sur le fait qu'il y a eu forcément quelque chose orchestré à un haut niveau, car si ce n'était pas le cas, quel est donc le problème de rouvrir l'enquête si vous savez qu'il n'y a rien de nouveau comme preuves à présenter au cours d'audiences post-condamnation ? Quelle peut être la raison de ne pas rouvrir une audience, à la demande de la famille Kennedy, sachant que la science médico-légale peut apporter des preuves solides et sans équivoque ? Quelle peut être la raison pour laquelle cela n'a pas encore été fait ? Alors, vous essayez de trouver des raisons et vous vous dites forcément qu'il doit y avoir une entité impliquée dans l'affaire qui rejette la réouverture du procès. » Quant à l'auteur de l'assassinat, pour Cyril Wecht, il ne fait aucun doute : « Cesar a tué Bobby Kennedy. »[532]

Ce fut également l'opinion de Robert Kennedy Jr. Après avoir rendu visite à Sirhan en prison pendant trois heures, le fils du sénateur, convaincu qu'il n'était qu'un bouc émissaire - malgré sa culpabilité d'avoir fait feu sur son père - et qu'un autre tireur l'avait tué, incrimina le garde de la sécurité de l'hôtel, Thane Eugene Cesar. Cinquante ans après la tragédie, Robert Kennedy

[531] YouTube. Interview du Dr Cyril H. Wecht. The Assassination of Robert Kennedy by Cyril Wecht. Jul 19, 2018

[532] Express. Bobby Kennedy's son names 'real killer' 50 years after US politician's horror shooting. By Peter Sheridan. Oct 2, 2019

Jr. l'affirmait sans ambiguïté : « Des preuves irréfutables suggèrent que Cesar a tué mon père. La police n'a jamais sérieusement enquêté sur le rôle de Cesar dans le meurtre de mon père…Cesar a attendu dans la cuisine pendant la conférence de mon père dans l'*Embassy Ballroom*, puis l'a attrapé par le coude et l'a guidé vers Sirhan… Les quatre coups de feu qui ont frappé mon père ont été tirés derrière lui, à bout portant, avec le canon de l'arme touchant presque son corps… Le fait qu'on ait rendu coupable la mauvaise personne m'a énormément troublé… Il y a eu trop de balles... Vous ne pouvez pas tirer 13 coups avec un revolver à huit coups. »[533]

L'opinion du fils du défunt sénateur quant à la culpabilité de Cesar fut d'ailleurs celle de plusieurs témoins qui avaient vu Cesar parler avec Sirhan avant le meurtre.

Robert Kennedy Jr. estima que l'assassinat avait été motivé par le racisme : « Cesar était un fanatique qui détestait les Kennedy pour leur défense des droits civils des noirs ». Suite à son entretien avec Sirhan en prison, Robert Kennedy Jr., avait pris la décision d'aller confronter Cesar. Ce dernier avait finalement accepté de rencontrer le fils du sénateur, mais contre un versement de 25 000 dollars (somme que Kennedy refusa de payer). Mais avant la reprise des négociations, Cesar décéda le 11 septembre 2019, à l'âge de 77 ans, emportant avec lui ses secrets dans la tombe.

Comme je l'ai mentionné plus haut, Sirhan, alors âgé de 75 ans, avait échappé à une tentative de meurtre en prison. Le 30 août 2019, un codétenu l'avait poignardé au cou. Alors qu'il appelle à la réouverture de l'enquête sur la mort de son père, cet événement est, pour Robert Kennedy Jr. : « Une nouvelle preuve concluante qui nécessite une nouvelle enquête. » Mais la mort de Cesar, douze jours plus tard, changea la donne.

Robert Kennedy Jr. espérait-il réellement rouvrir l'enquête ? Attendre le passage des décennies et la mort de témoins-clés ou de celle des auteurs présumés de l'assassinat, est un subterfuge bien commode pour les commanditaires de l'assassinat. L'affaire

---

[533] Express. Bobby Kennedy's son names 'real killer' 50 years after US politician's horror shooting. By Peter Sheridan. Oct 2, 2019

risque bien de rester au point mort pendant encore longtemps malgré les efforts de la famille Kennedy. Les appels de nombreux témoins toujours en vie, qui ont encore à dire sur ce qu'ils ont vu ou entendu dans la cuisine de l'*Ambassador Hotel*, la nuit du 5 juin 1968, et qui n'attendent qu'à pouvoir avancer de nouvelles preuves scientifiques et médico-légales, sont, pour l'heure, inaudibles.

L'assassinat de Robert F. Kennedy changea le cours de l'histoire mondiale. Le sénateur avait promis de mettre fin à la guerre au Vietnam s'il était élu président. Le jour de son assassinat, il était en bonne passe d'accéder à la Maison-Blanche après sa victoire aux élections primaires présidentielles démocrates en Californie.

Quelle aurait été l'héritage politique laissé par Robert Kennedy s'il était devenu le 37e président des États-Unis ? C'est l'une des grandes questions sans réponse de l'histoire. Pour ceux qui soutenaient sa vision d'un nouveau modèle politique en faveur des laissés-pour-compte de l'Amérique, le rêve fut brisé et la mort de l'homme de cette stature provoqua inévitablement chez eux un fort sentiment d'injustice.

Avec le recul historique, plus d'un demi-siècle après sa mort, le souvenir de Bobby Kennedy qui nous reste est celui d'un homme politique courageux qui incarnait le rêve du Parti démocrate. Dans une Amérique de la décennie 1960, déchirée par les violences et les assassinats politiques (JFK, Malcolm X, MLK), Robert Kennedy, par sa capacité d'attirer les électeurs blancs, noirs et latinos de la classe ouvrière, semblait pouvoir réunifier le pays en prêchant un message de réconciliation.

Le Dr Cyril Wecht qui, à un moment de sa brillante carrière de médecin légiste, contempla une carrière politique, le dit fort bien : « Pour de nombreux Américains, l'assassinat de Robert F. Kennedy marqua la fin de l'espoir et de l'optimisme. Les États-Unis espéraient mettre un terme à la guerre du Vietnam et voyaient avec optimisme l'allègement des tensions raciales. » [534]

---

[534] YouTube. Interview du Dr Cyril H. Wecht. The Assassination of Robert Kennedy by Cyril Wecht. Jul 19, 2018

Mais avec le meurtre de Robert Kennedy, on tua également l'espoir de ce changement. Quelques mois plus tard, Richard Nixon était élu à la présidence, les États-Unis continuaient de s'embourber, sept ans de plus, dans la guerre du Vietnam et le cauchemar du Watergate secouait toute la nation.

L'*Ambassador Hotel* fut fermé en 1989 puis démoli en 2005. Sa destruction totale mit ainsi un terme aux repérages et aux tentatives de reconstitution de la scène du crime qu'une nouvelle enquête aurait jugé nécessaires.

L'avocat de Sirhan, Lawrence Teeter, s'était pourtant opposé à la démolition du bâtiment parce que cela équivalait à la destruction de preuves vitales pour son client. Malgré la destruction par le LAPD de nombreuses pièces à conviction, avant et après la condamnation de Sirhan, Teeter espérait que l'analyse des trous de balle dans les murs et les plafonds de la cuisine pouvait encore apporter la preuve définitive qu'un autre homme armé avait tiré sur Robert Kennedy.[535]

Il y eut bien une tentative timide de « recréer la cuisine » en transférant l'intégralité de la salle dans un nouveau bâtiment avant la démolition totale de l'hôtel, mais la famille Kennedy s'y opposa. Elle déclara publiquement qu'elle souhaitait que la salle soit démolie avec l'ensemble du bâtiment afin d'éviter une préservation « macabre ».

Le projet de construire un complexe scolaire ultra-moderne, baptisé « Robert F. Kennedy », vit le jour en 2010. Le lieu du discours de victoire de Robert F. Kennedy, au plafond voûté, dans l'*Embassy Ballroom* de l'hôtel, fut reconstitué pour laisser place à une large bibliothèque à l'usage des étudiants. Le projet de construire un site dédié à l'éducation datait des années 1980, mais s'était heurté à des résistances, entre autres à celle d'un certain promoteur immobilier milliardaire, Donald Trump, qui voulait construire, sur le site, le « plus haut bâtiment du monde » !

Pendant l'été 1969, juste à la fin de mes études secondaires, j'avais eu l'occasion de découvrir cet hôtel emblématique. Quinze

---

[535] Citizine. RFK Assassination Far From Resolved. By Thom White. June 5, 2005

mois après l'assassinat de Robert Kennedy, tel ne fut pas mon étonnement, le jour de ma visite, de pouvoir entrer, sans contrainte, dans le lieu, étonnamment désert, où le sénateur avait prononcé son discours de victoire. Après avoir passé l'*Embassy Ballroom*, j'étais allé ensuite jeter un œil à la maudite cuisine, à travers la vitre de la porte à double battant y menant. Bien qu'aucun vigile de la sécurité de l'hôtel ne m'interpellât ni que personne ne s'affairât dans la cuisine à cette heure de la journée, je n'ai pas osé. J'ai préféré me tenir derrière la porte sans la pousser. Il y avait des limites à ne pas franchir : pour moi, la cuisine, même déserte, était un lieu qui m'inspirait à la fois honte et respect et qui devait rester une scène de crime n'autorisant, certes, aucun voyeurisme, pas même l'indiscrétion d'un étudiant audacieux.

Quarante-cinq ans plus tard, dans l'Amérique de Barack Obama, curieux de découvrir ce que l'immense bâtisse était devenue à la suite de sa métamorphose en « écoles communautaires RFK », je suis retourné sur les lieux. Là, j'ai ressenti un certain malaise de voir de nombreux sans-abris et toxicomanes réfugiés dans des abris de fortune qui s'étiraient sur les larges trottoirs longeant l'enceinte du complexe scolaire bien sécurisée. Je me suis alors demandé ce que Robert Kennedy, lui qui s'était posé en défenseur des déshérités de l'Amérique, aurait pu changer pour améliorer le sort de ces indigents, si l'on ne lui avait pas volé ses deux mandats de présidence. En ayant donné l'exemple aux commandes du pays, aurait-il réussi à convaincre ses successeurs et les responsables politiques de la ville de la génération d'après qu'une solution d'hébergement d'urgence et permanente pour ces exclus était toujours possible si l'on travaillait main dans la main. Mais, après avoir vu les demeures des milliardaires, plus grandes les unes que les autres, dans la « ville des Anges », je savais que le miracle ne s'était pas produit. Au cours des décennies, de Nixon à Obama, Los Angeles était restée la ville de l'inégalité sociale, du dénuement de ceux qui avaient connu des revers de fortune et était devenue la plus grosse concentration des SDF des États-Unis.

Lors d'un meeting de campagne à Indianapolis, le soir du 4 avril 1968, ce fut Robert Kennedy qui annonça la mort du pasteur Martin Luther King Jr. à ses partisans venus écouter le sénateur – la plupart Afro-américains ignorant encore les nouvelles qui venaient d'ébranler le pays tout entier. Robert Kennedy, cherchant à apaiser la douleur et la colère de la foule sous le choc, avait alors cité un passage de l'Orestie du grand dramaturge grec, Eschyle : « Celui qui apprend doit souffrir. Et même dans notre sommeil, la douleur qui ne peut oublier tombe, goutte à goutte, sur notre cœur, et, dans notre désespoir, malgré nous, par la grâce terrible de Dieu, nous vient la sagesse. »[536]

Robert Kennedy avait connu cette douleur, celle qui avait frappé maintes fois sa famille ; une version américaine d'une tragédie grecque. Il connaissait ses ennemis, les mêmes qui avaient hanté la présidence de son frère et savait qu'à son tour, on allait prendre sa vie. Mais il ne chercha pas à dévier de son chemin tant il était animé d'un sentiment de justice.

En janvier 2019, une pétition fut envoyée au Congrès américain pour la réouverture des enquêtes des quatre assassinats politiques du Président John F. Kennedy, de Malcolm X, du Dr Martin Luther King Jr. et du Sénateur Robert F. Kennedy. Une soixantaine de personnalités (incluant des membres de la famille des victimes, des avocats, des médecins, des acteurs de Hollywood, des experts juristes, des chercheurs et des journalistes), déterminées à lutter contre l'apathie, ont signé cette pétition. Tous ont sollicité la création d'un Comité Américain pour la Vérité et la Réconciliation afin de mettre en évidence les véritables faits concernant les quatre assassinats qui hantent toujours l'Amérique et qui ont changé le cours de l'histoire de cette nation et du monde.

Il faut espérer qu'un jour cette nouvelle action porte ses fruits.

---

[536] John F. Kennedy. Presidential Museum and Library. Robert F. Kennedy's statement on assassination of Martin Luther King, Jr. Indianapolis. Indiana. April 4, 1968.

# Troisième partie

# Homicides maquillés en morts accidentelles ou naturelles

# Émile Zola

## (Paris : 29 septembre 1902)

VERS 9 h 30 DU MATIN, le 29 septembre 1902, au domicile parisien des Zola, 21 bis rue de Bruxelles, les domestiques n'entendent aucun mouvement dans la chambre de leurs maîtres. Ils se demandent pourquoi le couple ne s'est pas déjà levé. Après avoir frappé à la porte de la chambre avec insistance, ils décident de l'enfoncer. Ils découvrent, effarés, le célèbre écrivain français, allongé, la tête et les épaules sur le plancher et les jambes sur le lit.

Malgré l'arrivée des médecins et après le recours à vingt minutes de respiration artificielle, on ne réussit pas à faire revenir Émile Zola à la vie. Il n'exhale plus aucun souffle. La mort de l'écrivain talentueux est officiellement prononcée à dix heures du matin.[537]

---

[537] Valeurs Actuelles. Les morts mystérieuses : 2. Zola, la cheminée du crime. Par Marie-Thérèse Ferracci. 22 juillet 2010

Quant à son épouse, on la retrouve inconsciente dans le lit. Grâce aux efforts prolongés des médecins pour la ranimer, sa respiration reprend, mais péniblement. Son état est jugé critique. Vers midi, on la transfère dans une clinique privée, à Neuilly-sur-Seine, où elle se rétablit dans la journée.[538] On ne lui a pas encore appris le décès de son époux. Par crainte d'une rechute, les médecins ont préféré ne rien lui dire. Dès qu'elle a repris ses forces, un commissaire de police la questionne. Alors elle peut expliquer ce qui s'est réellement passé au cours de cette nuit fatale.

La veille, vers 22 heures, les Zola étaient revenus, fatigués, de leur maison de campagne de Médan et avaient décidé d'aller se coucher. Avant leur arrivée, la soirée ayant été froide et pluvieuse, leur valet de chambre, Jules Delahalle, avait pris l'initiative d'allumer quelques boulets de charbon dans la cheminée de la chambre à coucher de ses maîtres. Il avait remarqué que la cheminée ne tirait pas bien pas du tout : une épaisse fumée refoulait dans la pièce. Comme il avait bien pensé à un problème d'obstruction du conduit, il avait renoncé à attiser le feu et avait préféré le laisser mourir sans y prêter plus d'attention.

À l'arrivée des Zola, le domestique ne manque pas de les informer du problème de la cheminée et les rassure qu'il fera venir un fumiste, dès le lendemain matin, pour vérifier le conduit. Tous s'étonnent : la cheminée tirait pourtant à merveille les jours précédents.

Tout le monde va se coucher, mais les boulets de charbon continueront dans la nuit de se consumer lentement…

Zola ferme les fenêtres et verrouille également la porte de la chambre, comme il le fait habituellement, car les menaces de mort dont il est l'objet ne sont pas rares depuis l'Affaire Dreyfus.

Vers trois heures du matin, les Zola se réveillent. Le couple se sent très mal. Il se plaint de migraines et de maux de ventre. Alexandrine Zola insiste pour appeler les domestiques, mais son

---

[538] Valeurs Actuelles. Les morts mystérieuses : 2. Zola, la cheminée du crime. Par Marie-Thérèse Ferracci. 22 juillet 2010

époux, jugeant qu'il s'agit juste d'une indigestion, la rassure et lui demande de ne pas les déranger. Il lui adressera ses derniers mots « Demain, nous serons guéris. »[539] Ils décident de se rendormir : une décision qui s'avérera fatale.

Alexandrine Zola se réveille de nouveau. Elle souffre de céphalées intolérables. Elle essaye de réveiller son mari pour qu'il ouvre la fenêtre. Elle le voit s'efforcer désespérément de quitter le lit pour se diriger vers la fenêtre, mais il est pris de vomissements et tombe sur le plancher.

Personne ne pourra donner l'alarme. Madame Zola, elle aussi, vient de s'évanouir, au même moment que le célèbre écrivain.

On explique que la mort de l'immense Émile Zola, à 62 ans, est survenue, la nuit, pendant son sommeil suite, croit-on, aux émanations toxiques d'une cheminée au tirage défectueux. Les domestiques donnent quelques détails : dès qu'ils eurent fait irruption dans la chambre, ils ont ouvert immédiatement les fenêtres. Ils ont fait venir un pharmacien qui sera le premier à tenter les premiers soins avant que les médecins ne le suivent dans la chambre des Zola. Ils ont remarqué que des boulets de charbon se consumaient encore dans la cheminée. De la position du corps de l'écrivain, ils en ont déduit qu'il avait essayé de se lever, mais était tombé, asphyxié, sur le plancher de la chambre, là où le gaz toxique était le plus dense. En revanche, Alexandrine Zola, restée, à un mètre du sol, dans le haut lit à colonnes surélevé par une estrade, a évité la mort de justesse.[540]

Au début de l'enquête judiciaire de 1902, la cause du décès du célèbre romancier ne fait pas de doute : elle est accidentelle. L'asphyxie dont il a été victime a été causée par l'inhalation des émanations toxiques du foyer à charbon de la cheminée dans la chambre à coucher.

[539] Alain Pagès. Émile Zola : De J'accuse au Panthéon. Éditions Lucien Souny.

[540] L'Histoire. Les dernières heures d'Émile Zola. Henri Mitterand dans mensuel 269 daté d'octobre 2002

Dès le mois de décembre, le juge d'instruction Bourrouillou classe l'affaire : c'est une malheureuse obstruction accidentelle du conduit de la cheminée due à l'accumulation de gravats et au tassement mécanique de la suie. Les trépidations de la rue causées par le passage des calèches sur des pavés de bois, le vent et la pluie n'ont fait qu'aggraver les choses.[541]

Pour autant, tout comme des témoins de l'époque, les historiens d'aujourd'hui s'accordent à condamner une enquête policière rapide et bâclée. Ils expliquent qu'elle a été expéditive afin d'éviter toute polémique, ou de raviver la guerre civile dans une France sortant à peine de l'Affaire Dreyfus. La police a effectivement refermé rapidement le dossier, mais avec le consentement d'Alexandrine Zola qui tenait à tout prix à éviter un scandale (elle fera d'ailleurs preuve de la même volonté d'apaisement en tentant de s'opposer à la présence d'Alfred Dreyfus dans le cortège des obsèques de son mari).

Plus d'un siècle plus tard, portons notre regard sur les insuffisances et les contradictions évidentes de l'enquête.

La reconstitution des circonstances du décès d'Émile Zola en 1902 restera infructueuse et insuffisante pour comprendre exactement ce qui s'est passé. Les expériences avec deux cochons d'Inde et deux canaris placés dans la chambre à coucher avec le poêle allumé ne sont pas probantes. Les opinions d'experts de l'époque commencent alors à diverger et plusieurs théories sont avancées. Certes, on conclut à un accident ; la thèse privilégiée. Pour autant, les circonstances de la mort par émanations de gaz toxiques resteront étranges et sans explications convaincantes.

Le conduit de la cheminée est démonté et examiné par les experts, mais ceux-ci ne remarquent aucune obstruction. Sans obstruction du conduit, comment des gaz toxiques auraient-ils pu se propager dans la pièce pendant toute une nuit ? Le valet de chambre n'avait-il pas eu soin de faire ramoner la cheminée, un

---

[541] Alain Pagès. Émile Zola : De J'accuse au Panthéon. Éditions Lucien Souny.

an plus tôt et n'avait-il pas constaté que celle-ci fonctionnait parfaitement avant l'été ?

On évoque bien un possible empoisonnement ou un suicide. Mais, là encore, aucune preuve n'est avancée. Alexandrine Zola, en tant que témoin, insiste bien auprès du magistrat qu'elle exclut totalement la cause d'un suicide. Un empoisonnement ? Par qui ? Un malheureux empoisonnement accidentel ou intentionnel ?

Le commissaire de police Cornette, convoqué à la résidence des Zola pour enquête, ne fait que de tergiverser dans son dossier. Tout d'abord, dans son rapport au préfet de police, il affirme que le poêle n'avait pas été allumé et que les domestiques n'avaient perçu aucune odeur de gaz toxiques quand ils avaient pénétré dans la chambre après avoir enfoncé la porte (pourtant faut-il rappeler que le monoxyde de carbone est bien souvent le gaz de combustion à incriminer, mais il est d'autant plus dangereux qu'il est inodore ?). Dès lors, le commissaire donne crédit à la thèse de l'empoisonnement. Pour le prouver, il précise que les deux petits chiens des Zola étaient restés couchés sur le lit, toute la nuit dans la chambre de leurs maîtres, et qu'ils avaient été retrouvés bien vivants le lendemain matin quand bien même ils avaient vomi. Les experts sont par ailleurs dans l'impossibilité de mesurer, dans la chambre, un taux de monoxyde de carbone suffisant pour provoquer l'asphyxie d'un homme.[542]

Après avoir trouvé une bouteille d'eau chloroformée à moitié vide sur la table de nuit de Zola, le commissaire penche donc vers l'hypothèse fantaisiste d'un suicide par empoisonnement ! Cette découverte est suffisante pour faire naître la thèse de l'empoisonnement accidentel par médicament. La presse s'empare aussitôt de la rumeur et accrédite l'empoisonnement suspect de Zola par sa femme (Alexandrine n'avait-elle pas un mobile de se venger de l'infidélité de son mari qui avait entretenu une longue liaison avec sa maîtresse, Jeanne Rozerot, avec qui il avait eu deux enfants ?).

Finalement, le commissaire Cornette se rangera à l'avis médical : la mort de Zola aurait été accidentelle par asphyxie

---

[542] Alain Pagès. Émile Zola : De J'accuse au Panthéon. Éditions Lucien Souny.

puisque l'un des médecins, le premier arrivé dans la chambre à coucher, avait constaté que le poêle était encore chaud. Le préfet de police donne alors pour instruction de procéder à une analyse du sang de Zola et de l'air de la chambre. L'autopsie du romancier est ordonnée par le juge Bourouillou et confiée, le 30 septembre, au Dr Charles Vibert[543]. Les échantillons de sang prélevés sur le corps révéleront l'asphyxie au monoxyde de carbone mais sans que l'autopsie donne d'autres indices. Vingt-six ans plus tard, le commissaire Cornette avouera toutefois qu'il n'était pas convaincu par l'explication officielle d'une mort accidentelle et que les circonstances de celle-ci lui paraissaient encore très suspectes.[544]

Si l'on sait de quoi est mort Zola, on ne sait toujours pas si la cause est accidentelle ou criminelle. On ne peut affirmer ni nier aujourd'hui que le rapport d'autopsie de Zola, ambigu à coup sûr, a été manipulé ou bâclé. Quand bien même la mort de Zola a été classée comme « mort accidentelle » par l'enquête officielle, on admet de nos jours qu'elle s'est produite dans des circonstances bien suspectes. Il est aujourd'hui difficile de trouver des indices permettant d'éclaircir l'affaire, car le dossier d'instruction a disparu, peut-être à la suite d'un acte intentionnel ou lors des inondations de 1910 ou encore au cours d'un déménagement d'archives pendant la Première Guerre mondiale.[545]

Est-ce de la pure fantaisie que d'aborder une autre hypothèse ; celle de l'acte criminel ? N'y aurait-il pas matière à l'étayer compte tenu qu'Émile Zola qui avait lutté courageusement pour la défense des Juifs et celle du capitaine Dreyfus s'était créé de nombreux ennemis ? Est-il possible, en représailles pour son implication dans l'Affaire Dreyfus, qu'il ait été assassiné par un

---

[543] Alain Pagès. Émile Zola : De J'accuse au Panthéon. Éditions Lucien Souny.

[544] Valeurs Actuelles. Les morts mystérieuses : 2. Zola, la cheminée du crime. Par Marie-Thérèse Ferracci. 22 juillet 2010

[545] Valeurs Actuelles. Les morts mystérieuses : 2. Zola, la cheminée du crime. Par Marie-Thérèse Ferracci. 22 juillet 2010

ou plusieurs antidreyfusards qui lui envoyaient régulièrement des lettres de menaces de mort ?

Certains historiens avancent l'explication de l'asphyxie provoquée par un acte criminel : des antisémites fanatiques, détestant Dreyfus et Zola, se seraient arrangés pour faire boucher la cheminée le jour du retour des Zola de Médan et pour faire effacer les preuves, le lendemain matin de la mort de l'écrivain. Cette théorie est plausible, mais fragile, car elle ne repose que sur le « bouche-à-oreille » puisque - nous allons le voir- elle n'est fondée que sur la confession d'un seul homme. Il n'y a donc aucune preuve matérielle pour la valider. À défaut d'aveux écrits de cet homme revendiquant sa culpabilité, un tel témoignage reste fragile d'autant plus qu'il a été recueilli par personne interposée.

Voyons les faits. Il faut attendre l'automne 1953 pour que l'affaire rebondisse : un journaliste de Libération, Jean Bedel, pour qui il ne fait aucun doute qu'on a assassiné Zola, publie une enquête intitulée « Zola a-t-il été assassiné ? »[546] La publication se base sur la révélation de Pierre Hacquin, pharmacien, homme posé, cultivé, et parfaitement fiable, selon laquelle un antidreyfusard, Henri Buronfosse (son nom ne sera divulgué que bien plus tard), son ami, patron d'une petite entreprise de fumisterie, lui aurait avoué, 26 ans après la mort de Zola, avoir assassiné l'écrivain pour des raisons politiques. Le ramoneur, accompagné d'un ou de plusieurs complices, aurait délibérément obstrué le conduit de la cheminée de la maison de Zola, profitant d'une intervention pour effectuer des travaux sur le toit d'une maison voisine, puis il serait repassé le lendemain matin, très tôt, pour débloquer le conduit sans laisser de traces ni se faire remarquer.

Cet antidreyfusard, partisan actif de l'extrême droite, chargé d'encadrer les manifestations, membre en 1902 de la Ligue des patriotes et ami du fondateur de la Ligue antisémitique, aurait avoué son crime en 1928, peu avant sa mort, à Pierre Hacquin dans le compartiment d'un train de banlieue parce que, pensait-

---

[546] Mounier-Kuhn, Angélique. L'asphyxie d'Émile Zola. 8 août 2014. Le Temps. pp. 8–9.

il, il allait avoir prescription, 26 ans après la mort de Zola[547]. L'aveu d'Henri Buronfosse aurait pu aussi s'expliquer par sa vantardise de revendiquer son geste ou par son désir de rétablir à tout prix la vérité que l'enquête officielle avait honteusement déformée.

Toutes les études récentes s'accordent sur l'hypothèse de l'attentat, version qui semble désormais officielle pour les historiens d'aujourd'hui. Pour Henri Mitterand, auteur d'une biographie sur Zola, « Les présomptions de crime, avec intention de tuer, ou de malveillance fatale, sans intention de tuer, sont solides, très solides. »[548]

D'autres biographes d'Émile Zola ont également accepté la confession de Buronfosse. Deux spécialistes de Zola, Alain Pagès et Owen Morgan ont reconstitué la carrière d'Henri Buronfosse.[549] Même s'il est impossible d'en avoir la certitude absolue, la confession de Buronfosse aurait permis d'expliquer l'obstruction du conduit de la cheminée, que la reconstitution de l'enquête de 1902 n'avait pas réussi à bien élucider. Et pour cause ! En faisant sauter le bouchon, très tôt, le matin de la mort de Zola, la cheminée avait été remise dans son état d'origine avant le passage des experts ; un crime politique qui n'était certainement pas inconcevable.

Les présomptions d'un meurtre commis par un fanatique semblent aujourd'hui solidement fondées. Les personnages, Buronfosse et Hacquin, que la presse a confirmé être des figures importantes de la politique locale, ont, tous deux, été trouvés crédibles.[550]

En 1990, un criminologue, le commissaire Marcel Le Clère, a toutefois avancé une autre hypothèse qui réfute l'acte criminel : oui, la cheminée de Zola avait bien été obstruée, mais par faute professionnelle. Sans avancer de preuves, Le Clère s'est contenté

---

[547] Jean-Paul Lefebvre-Filleau. On a assassiné Zola ! La piste normande : j'accuse ! Édition Bertout. 1 octobre 2005

[548] Préface d'Henri Mitterand, Zola. Tome 3. Flammarion, 222 pp.

[549] Alain Pagès et Owen Morgan, Guide Émile Zola, Paris, Ellipses, 2002.

[550] Alain Pagès. Émile Zola : De J'accuse au Panthéon. Éditions Lucien Souny.

de rapporter ce qu'un habitant de la rue de Bruxelles lui aurait dit : à l'époque, deux ouvriers effectuaient des travaux sur le toit d'une maison mitoyenne de celle de Zola. Ils auraient laissé par mégarde un bouchon de plâtre sur le conduit de cheminée menant à la chambre à coucher de Zola, croyant opérer sur un autre conduit.[551]

On peut répondre sans détours à la question : pourquoi voulait-on la mort du célèbre romancier, critique et activiste politique ?

L'Affaire Dreyfus a valu pour Émile Zola de nombreux ennemis, notamment ceux à l'extrême droite de la politique française qui souhaitaient sa mort. Zola ne s'était pas seulement distingué par son grand talent littéraire, il s'était montré également un farouche combattant de la vérité, prêt à défendre les opprimés. En prenant la défense du capitaine Alfred Dreyfus, il s'était battu avec ténacité contre l'antisémitisme et pour innocenter un homme injustement condamné.

Rappelons brièvement ce qui a été l'un des plus grands scandales politiques de la France. En 1894, Alfred Dreyfus, officier juif de l'armée française, est injustement reconnu coupable de trahison pour avoir divulgué des secrets à l'ambassade d'Allemagne. Il est traduit en cour martiale puis emprisonné, plusieurs années, à l'île du Diable, en Guyane. Dès lors, Émile Zola n'a de cesse de se porter à la défense de Dreyfus jugeant qu'il n'y a aucune preuve réelle contre lui et que l'antisémitisme viscéral enraciné du pouvoir militaire français est la raison principale pour laquelle on l'a soupçonné puis condamné. En janvier 1898, Zola publie son « J'accuse », une lettre ouverte, à la une de l'Aurore, adressée au Président de la République française, au sujet de l'Affaire Dreyfus dans laquelle il lance des accusations nominatives contre ceux qu'il prétend être à l'origine de l'erreur judiciaire.

La lettre ouverte de Zola aura une répercussion nationale et internationale retentissante. Condamné pour diffamation à un an de prison, il choisira plutôt l'exil à Londres pour éviter la

---

[551] Libération. C'est Zola qu'on assassine. Par Claire Devarrieux. 17 octobre 2002

détention. Moins d'un an plus tard, il rentre en France. Le jugement qui avait condamné Dreyfus en 1894 avait été entre-temps cassé. Toutefois, on le reconnaît coupable dans un nouveau procès, mais il bénéficie finalement de la grâce présidentielle.

De retour en France, Émile Zola, le farouche défenseur du progrès social, restera néanmoins l'ennemi numéro un des antidreyfusards, la plupart, antisémites, qui lui vouent une vive haine et un acharnement dont le propre fils du romancier, le docteur Jacques-Émile Zola a bien conscience. Dans un article écrit en 1953, le fils s'exprimera dans ces termes : « L'atmosphère de cette époque est un élément qu'il faut prendre en considération pour comprendre la haine implacable dont mon père faisait l'objet. À la réflexion et compte tenu des menaces qui pesaient sur lui, l'hypothèse d'un assassinat politique se tient mieux que la thèse officielle d'une intoxication accidentelle. Quand on y pense, c'est même angoissant.»[552]

On peut facilement donner caution aux propos du fils Zola : à cause de son engagement politique et militant dans l'Affaire Dreyfus, Émile Zola était devenu une cible potentielle, l'homme à abattre, celui qui avait porté gravement atteinte à l'honneur de l'armée, le « vendu aux Juifs ». On lui avait envoyé de nombreuses lettres de menace de mort. Il avait reçu un courrier couvert d'excréments. La presse nationaliste et antisémite avait continué à s'acharner sur lui. N'avait-on pas dit « Zola à la potence ! Mort aux Juifs ! Mort au cochon Zola ! » lors des débats de son procès ?

Pendant l'exil de Zola à Londres, on s'était acharné sur sa femme, ses domestiques et sur la concierge de son domicile parisien. Prenons connaissance de deux messages anonymes envoyés au domicile qui reflètent bien l'hostilité viscérale des antidreyfusards : « Si dans huit jours vous n'avez pas quitté la maison de la crapule, du traître Zola, nous vous prévenons que nous ferons sauter la maison et vous avec… Car quiconque sert une canaille comme Zola ne vaut pas plus que lui. » Et encore : « Madame, si vous ne foutez pas le camp d'ici à huit jours, on

---

[552] Libération. C'est Zola qu'on assassine. Par Claire Devarrieux. 17 octobre 2002

trouvera le moyen, malgré la domesticité qui vous entoure, de vous foutre dans le ventre ce qu'il faut pour vous faire crever. Puisque votre infect époux se dérobe, on s'attaquera aux siens, on n'épargnera personne. Mort aux Juifs et à ceux qui les soutiennent ».[553]

Des actes malveillants et une tentative d'assassinat contre l'écrivain de retour en France s'étaient déjà produits. Trois ans avant la mort de Zola par asphyxie dans sa chambre à coucher, l'enfumage provoqué de la cheminée de Zola avait déjà déclenché l'angoisse du couple Zola qui avait dû quitter la pièce totalement enfumée. Un ami avait prétendu que des antidreyfusards étaient montés sur le toit et avaient bouché sa cheminée. Le 2 août 1901, une autre tentative d'attentat s'était également produite : une bombe artisanale avait été désamorcée à temps par la police sous la porte cochère de son immeuble. Le grand romancier français avait depuis pris l'habitude de verrouiller la porte de sa chambre avant de dormir.

La presse antidreyfusarde « célébra » ouvertement la mort de Zola et, dans son entêtement, osa suggérer que l'écrivain s'était suicidé, car il s'était rendu compte que Dreyfus était coupable depuis le tout début.

Dix ans après la publication de la lettre ouverte « J'accuse », la haine, autour de l'Affaire Dreyfus, était loin d'être retombée tant et si bien qu'on ne laissa pas Émile Zola cet homme, défenseur de la dignité humaine, reposer en paix. Quand bien même le gouvernement n'avait pas daigné être représenté par des hauts émissaires aux obsèques de l'écrivain, rien ne s'opposa à ce que, six ans plus tard, sa dépouille soit transférée du cimetière de Montmartre au Panthéon dans une crypte aux côtés de Victor Hugo et d'Alexandre Dumas. Mais, lors de la traversée du cortège funéraire dans Paris, des nationalistes en colère, protestèrent le long du parcours et firent tout leur possible pour arrêter le corbillard. Dreyfus lui-même, présent à la cérémonie, fut

---

[553] Valeurs Actuelles. Les morts mystérieuses : 2. Zola, la cheminée du crime. Par Marie-Thérèse Ferracci. 22 juillet 2010

légèrement blessé au bras par un journaliste qui, au passage du catafalque, avait tiré deux coups de pistolet sur l'officier.

Rappelons également un autre fait révélateur du profond ressentiment à l'égard de l'écrivain talentueux qui s'était engagé dans des causes sociales à travers ses œuvres. Bien avant l'Affaire Dreyfus, certains milieux avaient critiqué la propension de Zola à émouvoir ses lecteurs en s'apitoyant démesurément dans ses romans sur la misère de la France. Un tel reproche lui avait valu le rejet de sa candidature, une vingtaine de fois, à l'Académie française !

Avec le temps, la démonstration incontestable d'un assassinat dont Émile Zola aurait été victime ne se sera toutefois pas faite : en absence de preuves matérielles, le crime politique ne peut donc rester qu'hypothétique.

Si les résultats de l'autopsie du grand homme ont été probants, les circonstances de sa mort par asphyxie restent en revanche très suspectes. Les autorités de l'époque ont sans doute préféré ignorer ou occulter d'autres indices afin de ne pas attiser l'agitation politique encore très présente dans le climat délétère créé par l'Affaire Dreyfus. Qu'Émile Zola ait été assassiné pour avoir défendu la cause de la vérité et de la justice dans cette affaire n'est pas improbable. Les actes de violence verbale et écrite contre le grand romancier, les multiples menaces de mort et les tentatives de passage à l'acte ont été tels qu'il est difficile de rejeter catégoriquement l'hypothèse du crime par asphyxie.

Nous avons donc deux composantes du crime dans cette affaire (un mobile et un aveu), celles qui conduisent directement à l'entrepreneur fumiste. À part vouloir laisser à l'histoire une plaisanterie de très mauvais goût, nous devrions nous demander de quoi cet homme aurait-il bien pu tirer profit, s'il avait inventé cette confession.

Aujourd'hui, plus d'un siècle après la disparition du célèbre romancier, ses arrières-petites filles continuent de lutter pour que les circonstances de sa disparition ne restent pas une énigme de l'histoire. Convaincues qu'il s'agit là d'un assassinat, elles cherchent toujours à faire éclater la vérité.

# Joseph Staline

## (Moscou : 5 mars 1953)

------------------------------

VERS LA FIN DE SA VIE, le dossier médical de Joseph Staline était lourd : il souffrait d'athérosclérose et avait été victime d'une crise cardiaque suivie, en 1945, d'une série d'accidents cérébraux mineurs.

À première vue, imputer la disparition de Joseph Staline, survenue à 74 ans, à un « assassinat maquillé en mort naturelle » paraît insensé : les historiens ne s'accordent-ils pas à dire que le leader soviétique est mort d'une hémorragie cérébrale ?

Tous les historiens ?

Nous allons voir que l'analyse de la mort de Staline relève d'un caractère mystérieux tant les historiens et les journalistes, dont les connaissances médicales ou chirurgicales sont faibles voire inexistantes, ont tenté d'expliquer les causes de la mort du dictateur sans toutefois apporter des éléments sérieux et approfondis de recherche médicale. La médecine étant une science parfois impénétrable et énigmatique pour le commun des mortels, les historiens peuvent difficilement porter un jugement médical crédible sans une solide base de notions médicales. À l'inverse, si des médecins sont reconnus pour le sérieux de leurs recherches historiques visant à expliquer le contexte médical à l'origine de la disparition de grands personnages de l'histoire, leur crédibilité s'en trouve alors renforcée.

Le 5 mars 1953, Joseph Staline décède dans sa datcha Kuntsevo située dans la banlieue de Moscou. C'est la fin d'une dictature brutale. Selon de nombreuses estimations, entre dix et vingt millions de personnes auraient été massacrées à la suite des purges paranoïaques du leader soviétique et de sa politique de collectivisation provoquant la famine.[554]

Le dictateur redouté de la Russie aura mis quatre jours à agoniser. Le 5 mars, on avance la cause de son décès : un AVC l'a emporté.

Voici le déroulement des événements :

Le 1er mars, comme il le fait régulièrement, Staline convoque quatre des plus hauts responsables du gouvernement russe à dîner et à la projection d'un film. Ses camarades d'armes sont Georgy Malenkov, vice-premier ministre ; Lavrenti Beria, le chef influent de la police secrète de Staline (qui ne cache pas sa convoitise pour le pouvoir post-stalinien, car il sait qu'il est le successeur par intérim, mais il sera tué plus tard par un peloton d'exécution) ; Nikita Khrouchtchev (qui succèdera à Staline après sa mort) et Nikolai Bulganin, ministre de la Défense.[555] Les quatre membres du Politburo quittent la datcha vers quatre heures du matin après une soirée bien arrosée d'alcool. Staline est allé ensuite se coucher, après avoir dit à sa garde de quitter ses appartements et de ne pas le réveiller.

Plus tard dans la nuit, les gardes entendront des bruits ; un signe que le dictateur s'est réveillé ? L'un des gardes, Peter Lozgachev, ose entrer dans les quartiers de Staline (ou peut-être

---

[554] ThoughtCo. Joseph Stalin's Death. By Robert Wilde. December 24, 2018

[555] Smithsonian Magazine. The True Story of the Death of Stalin. By Jackie Mansky. Oct 10, 2017

est-ce la femme de chambre de longue date ?) et découvre Staline effondré par terre.

Dans des circonstances normales, un médecin aurait dû être appelé immédiatement par les gardes après s'être rendu compte que le leader soviétique ne répondait pas à leurs appels. Mais, avant toute chose, ce seront les membres du Politburo qui seront alertés par téléphone. Ces derniers donneront aux gardes des ordres formels : il faut attendre le lendemain matin pour convoquer les médecins.

Vers sept heures du matin, les membres proches de Staline décident finalement d'appeler le ministère de la Santé. Des médecins sont alors dépêchés auprès du dirigeant soviétique. Étendu par terre dans son salon, plus ou moins conscient, le dictateur donne des signes de paralysie partielle. Il est couvert d'urine et a vomi du sang. Son visage est empourpré : une réaction à une hyperémie. Les médecins tentent des traitements pour réduire la tension artérielle.

Les médecins sont toutefois nerveux et hésitent à lui donner des soins immédiats (nous allons comprendre leur réserve un peu plus loin). Ils diagnostiquent une hémorragie cérébrale causée par l'hypertension connue chez leur malade.

Le lendemain, 3 mars, l'état de santé du dictateur empire. Il respire toujours, mais son cœur est faible. Le 4 mars, il est plus ou moins en dépression respiratoire sévère. Le 5 mars, sa cyanose est intense et son pouls ne bat pratiquement plus. La fille de Staline, Svetlana, est à son chevet. Le dirigeant soviétique est déclaré mort à 21 h 50. [556]

Il faudra attendre trois mois pour connaître l'explication officielle du gouvernement soviétique sur la mort de Staline. En juin 1953, le dossier médical est présenté devant le comité central du Parti communiste : le chef soviétique est mort d'une cause naturelle ; apparemment un accident vasculaire cérébral.[557]

[556] The Philadelphia Inquirer. Medical mystery: What killed Joseph Stalin? By Allan B. Schwartz. January 15, 2017

[557] Dr Gabe Mirkin on Fitness, Health and Nutrition. How Did Stalin Die? By Dr Mirkin. April 22, 2018

La cause du décès de Staline est-elle, sans conteste, d'origine naturelle ? Les historiens sont-ils unanimes pour l'affirmer ?

Comme nous venons de le voir, l'agonie du dictateur a duré quatre jours. Pour expliquer le retard à lui prodiguer des soins, certains historiens évoquent la décision prise intentionnellement par les membres du Politburo pour faire durer l'agonie. Ils se seraient abstenus de prendre immédiatement des mesures cruciales afin de sauver la vie du tyran par crainte de voir renaître chez lui, de nouveau, une pulsion sadique consistant à donner avec plaisir des ordres d'élimination comme ceux qu'il avait transmis  au cours des années précédentes quand purges, déportations et assassinats de masse sévissaient sur tout le territoire. Les conseillers de Staline mirent en effet près de douze heures avant d'appeler les médecins. Ils savaient que le dictateur redouté de la Russie planifiait une nouvelle purge majeure visant à balayer ses conseillers les plus proches et que, s'il reprenait conscience, il soupçonnerait de nouveau un complot des médecins auxquels serait réservé un sort identique à celui de ses meilleurs médecins qu'il avait fait emprisonner dans le passé.[558] Tous seraient alors exécutés. Dès lors, les membres du Politburo les plus proches du dictateur auraient décidé de le laisser mourir par peur de représailles.

Quand les médecins furent finalement arrivés à la datcha de Staline, les soins qu'ils lui prodiguèrent ne permirent aucune amélioration : de bien étranges traitements tels qu'une application de sangsues et de multiples injections d'adrénaline. Le fils de Staline, Vassili, au chevet de son père, aurait alors protesté : « Salauds, vous tuez mon père ! »[559] Sa fille déclarera plus tard que l'agonie de son père avait été horrible et qu'on l'avait laissé littéralement s'étouffer pendant qu'on le regardait.[560]

[558] Library of Congress. The Death of Stalin: Contemporaries Take Stock of a Dictator 50 Years Later. By Donna Urschel. April 2003

[559] Listverse. Top 10 Wild Facts About The Death Of Joseph Stalin. By Adam R. Ramos. February 2, 2018

[560] ThoughtCo. Joseph Stalin's Death. By Robert Wilde. December 24, 2018

Le rapport d'autopsie a-t-il été sans équivoque quant à la cause naturelle du décès ?

La mort du dictateur a été décrite dans une série de bulletins médicaux parus dans le journal soviétique Pravda, le 5 mars 1953. D'après le rapport d'autopsie, on a conclu que la mort avait été causée par une hémorragie massive consécutive à un accident vasculaire affectant la sphère des ganglions sous-corticaux de l'hémisphère gauche du cerveau. Dès lors que les conséquences de l'accident cérébral étaient irréversibles, toute tentative de traitement était vaine et une issue fatale était inévitable. Cette conclusion s'est appuyée sur la base des antécédents cliniques, notamment l'hypertension, connus chez le chef soviétique.[561] Voilà pour la version officielle.

Celle-ci sera toutefois contestée cinquante ans plus tard. Une explication contradictoire, plausible, mais sans preuves tangibles sera donnée : un poison aurait été administré subrepticement par un ou plusieurs membres proches de Staline.

Car c'est bien une dispute d'experts dont il s'agit. Celle-ci a notamment été alimentée par l'interprétation difficile et mal comprise des données du rapport d'autopsie (expurgées à l'époque mais rendues publiques soixante ans plus tard), portant sur les multiples hémorragies internes localisées un peu partout dans le corps du leader soviétique : hypertrophie importante du ventricule gauche du cœur ; hémorragies focales myocardiques et pétéchiales de la muqueuse gastrique et intestinale ; hémorragie surrénale… [562]

C'est assez pour laisser naître la thèse de l'empoisonnement. Dans leur livre « Le Dernier Crime de Staline »[563], deux auteurs, Vladimir Naumov, historien russe, et Jonathan Brent, de l'Université de Yale aux États-Unis, font état du résultat de leurs recherches exhaustives qu'ils ont menées en Russie aux archives

---

[561] Pravda, vol. 66, no. 1264, p. 2, March 7, 1953 (translated by S. Brodsky and M. Ruzic)

[562] Science Direct. Cardiovascular Pathology. Volume 40, May–June 2019, Pages 55-58. What did Joseph Stalin really die of? A reappraisal of his illness, death, and autopsy findings. By Rolf F.Barth, Sergey V.Brodsky, Miroljub Ruzic

[563] Brent Jonathan, Naumov Vladimir. Stalin's Last Crime.The Plot against the Jewish Doctors, 1948-1953. NY: Harper Collins.

nationales. Tous deux avancent la théorie selon laquelle Staline, avant de mourir, aurait souffert d'hémorragies étendues dans tout le corps, notamment au niveau gastrique. Ils suggèrent de ce fait, sans toutefois apporter de preuve absolue, qu'il aurait été probablement empoisonné par des hauts responsables de son gouvernement.[564] Les deux chercheurs fondent leur argumentation sur la découverte majeure qu'ils ont faite aux archives nationales à savoir sur le fait que la référence de la manifestation d'hémorragies autres que cérébrales avait été expurgée du rapport médical officiel de vingt pages publié en juin 1953 soit trois mois après la mort du leader soviétique.

Brent est convaincu que la seule façon de confirmer l'empoisonnement est de faire exhumer le corps embaumé de Staline en vue d'une nouvelle autopsie ou de retrouver l'original du rapport d'autopsie non tronqué. Une telle démarche viserait à prouver que la référence portant sur l'hémorragie gastrique de Staline - un indice d'empoisonnement – aurait bien été dissimulée.[565]

Le rapport de l'autopsie pratiquée en 1953 par le ministère de la Santé soviétique était pourtant connu du Politburo, mais des détails importants ont été occultés pendant plusieurs décennies. L'intégralité du rapport, bien sûr essentielle pour comprendre la cause de la mort de Staline, n'a été rendue publique qu'en 2013, bien après l'effondrement de l'U.R.S.S.[566] [567]. Il aura donc fallu toutes ces décennies pour garder le secret sur la cause exacte du décès du dictateur soviétique. Peut-être par crainte ou par vénération, aurait-il été difficile aux dirigeants russes de l'époque poststalinienne d'accepter une version autre que celle d'une mort de cause naturelle ?

---

[564] The New York Times. New Study Supports Idea Stalin Was Poisoned. By Michael Wines. March 5, 2003

[565] New Haven Register. Author says Stalin was assassinated, wants body exhumed. By Randall Beach. September 9, 2003

[566] The Philadelphia Inquirer. Medical mystery: What killed Joseph Stalin? By Allan B. Schwartz. January 15, 2017

[567] Surgical Neurology International. The death of Stalin – was it a natural death or poisoning? Miguel A. Faria. 2015; 6: 128.

D'après ce qu'on apprend de ces dossiers divulgués, le grave malaise de Staline était survenu aux premières heures du 2 mars alors que plusieurs heures s'étaient déjà écoulées depuis l'AVC (d'après Khrouchtchev, Staline était tombé malade le soir du 1er mars). La modification de la date du rapport pouvait laisser croire que les médecins avaient réagi rapidement après avoir été convoqués au chevet du dictateur sans délai ; une façon de protéger les médecins et de disculper Beria, Khrouchtchev et les autres membres du Politburo qui avaient tardé à lui apporter une aide médicale.[568]

Selon la garde de la datcha de Staline, Lavrenti Beria avait contacté la résidence peu après que les membres du personnel de la datcha eurent placé le dirigeant soviétique sur le canapé de la salle à manger, recouvert d'un tapis, dans l'attente de recevoir des instructions de la direction du parti. Beria leur aurait alors donné l'ordre de ne rien dire sur l' « apparent » malaise de Staline. Dans ses mémoires, Khrouchtchev a affirmé que les compagnons de Staline, qui l'avaient quitté au petit matin, avaient présumé qu'il était tombé du lit parce qu'ils l'avaient trouvé ivre après le très long dîner.

Une lecture approfondie du rapport d'autopsie intégral nous donne aujourd'hui des détails qui soutiennent la thèse d'un empoisonnement. Alors qu'un AVC présente généralement une hémorragie sanguine limitée au cerveau et non généralisée dans les tissus, le corps de Staline présentait des hémorragies localisées un peu partout : dans l'estomac (il vomit beaucoup de sang), le foie, les intestins, les poumons, et sur la peau (faisant ressortir des pétéchies).

Sans ce retard à lui apporter une aide médicale d'urgence et si l'on avait détecté uniquement un AVC localisé, aurait-on pu sauver Staline ?[569] Les conseillers du cercle intérieur du dirigeant soviétique avaient-ils facilité son décès en l'empoisonnant ?

---

[568] The New York Times. New Study Supports Idea Stalin Was Poisoned. By Michael Wines. March 5, 2003

[569] Dr Gabe Mirkin on Fitness, Health and Nutrition. How Did Stalin Die? By Dr Mirkin. April 22, 2018

Des historiens soutiennent l'hypothèse selon laquelle, au cours des dernier dîners très alcoolisés de Staline, un ou plusieurs membres du Politburo auraient versé, à son insu, dans son vin géorgien favori, de la warfarine, un puissant anticoagulant incolore et sans goût. Ce médicament, devenant poison si administré à forte dose (ou à des doses effilées sur 5 à 10 jours), aurait pu causer les saignements diffus observés dans tout le corps du dictateur.[570] Ces historiens trouvent l'explication dans le fait que les symptômes de Staline, le soir de son agonie, auraient certainement pu être causés par ce poison : ses vomissements de sang pouvaient faire penser à une hémorragie gastro-intestinale, un détail majeur occulté du rapport final publié au comité central de 1953, mais qui ne fut connu qu'en 2013 avec la publication officielle des rapports d'autopsie.[571] Ce détail enfoui depuis longtemps peut laisser croire à une dissimulation volontaire.

Aurait-on prescrit de la warfarine au dictateur à des fins médicales ? Certes, cette substance relativement nouvelle avait été brevetée comme médicament au début des années 1950 en Russie afin de prévenir la coagulation et les accidents vasculaires cérébraux thrombotiques.[572] Mais le seuil de l'efficacité thérapeutique et le seuil toxicologique de la warfarine sont proches. Ce médicament doit être utilisé avec prudence et à une concentration bien précise. Si l'on dépasse la dose thérapeutique, c'est l'hémorragie interne assurée. Une telle action causant des accidents hémorragiques a fait connaître cette substance comme un poison efficace pour dératisation.

Mais reprenons les arguments des médecins historiens qui sont mieux à même de comprendre la pertinence des preuves d'hémorragies survenues un peu partout dans les organes du

---

[570] The Philadelphia Inquirer. Medical mystery: What killed Joseph Stalin? By Allan B. Schwartz. January 15, 2017

[571] Brent Jonathan, Naumov Vladimir. Stalin's Last Crime. The Plot against the Jewish Doctors, 1948-1953. NY: Harper Collins;

[572] National Library of Medecine. National Center for Biotechnology Information. Stalin's mysterious death. Miguel A. Faria. Published online 2011 Nov 14.

leader soviétique et que les journalistes et historiens sociaux ont omis dans leur recherche.

Miguel A. Faria, maintenant à la retraite, fait partie de ces historiens -- de surcroît médecins - qui font autorité sur le sujet. Faria a cumulé à la fois les fonctions de professeur clinique de neurochirurgie et celles de professeur adjoint d'histoire médicale, à la *Medical School of Mercer University* en Géorgie (États-Unis). Dans un article, il présente les preuves cliniques et médico-légales à l'appui de la suspicion d'un empoisonnement de Staline.[573]

Staline avait-il des antécédents de diathèse hémorragique (défaillance dans le mécanisme de la coagulation du corps) ? Était-il traité par des anticoagulants ? La réponse à ces deux questions est négative. Le jour de sa mort, la preuve d'accidents hémorragiques nombreux pratiquement dans tout le corps associés à une hémorragie cérébrale hypertensive, comme la version officielle de la cause de sa mort naturelle l'a affirmé, ne peut s'expliquer que par un empoisonnement par anticoagulant à effet systémique dans la majeure partie des organes du corps de Staline. Comme nous l'avons dit, l'hémorragie ne fut pas limitée au cerveau - comme cela aurait été le cas lors d'un AVC - mais elle atteignit également le cœur, les reins, l'estomac et l'intestin. Si l'hypertension artérielle avait provoqué une hémorragie cérébrale et un AVC, elle ne pouvait pas avoir déclenché une hématémèse concomitante ni une diathèse hémorragique affectant le muscle cardiaque. Or, tous ces accidents hémorragiques ont pourtant bien été observés dans le cas clinique de Staline et rapportés dans le rapport de l'autopsie déterré des archives en 2013. À moins que ces résultats soient erronés ou de pure fabrication, ce qui est fort douteux, tout laisse à penser que les troubles de la coagulation affectant plusieurs organes provoqués par l'empoisonnement de Staline est un fait médico-historique crédible.

Notons un autre point troublant : pourquoi le projet final du rapport médical soumis au comité central en 1953 ne mentionne-

---

[573] Surgical Neurology International. The death of Stalin – was it a natural death or poisoning? Miguel A. Faria. 2015; 6: 128.

t-il pas l'hémorragie gastrique ? A-t-il été considéré d'une importance secondaire alors que la publication officielle du rapport d'autopsie dévoilée en 2013 en a fait état ?[574]

S'il y a eu empoisonnement, quel aurait pu être le mobile du crime ?

Parmi les proches de la hiérarchie dirigeante de l'époque soviétique – ceux-là même qui avaient participé au dernier dîner de Staline dans sa datcha, le 1er mars 1953 - les soupçons de culpabilité se sont portés principalement sur Lavrenti Beria, son ministre de la sécurité intérieure. Ce dernier reste en effet le suspect le plus probable dans la disparition du dictateur dans l'hypothèse où il aurait directement causé l'empoisonnement ou il aurait délibérément évité les soins d'urgence qui s'imposaient en appelant tardivement les médecins. Notons que cette décision est toutefois restée sans condamnation des autres membres du Politburo dont Khrouchtchev lui-même. Dans ses mémoires, ce dernier décrit l'attitude de Beria devant Staline semi-conscient, dès que le vice-Premier ministre et les autres membres du Politburo eurent pénétré dans ses appartements. D'après Khrouchtchev, Beria aurait embrassé la main du dictateur, mais, dès que celui-ci eut perdu de nouveau connaissance, le chef de la police secrète, alors sur le départ, aurait ordonné à l'assistant de Staline : « Ne nous dérangez pas, ne paniquez pas et ne dérangez pas le camarade Staline ! »[575]

Deux mois après la mort du leader soviétique, Beria se serait attribué, avec fierté, la responsabilité de l'assassinat. Selon les propos de Vyacheslav Molotov, le ministre des Affaires étrangères de Staline, Beria aurait ainsi fait ces « aveux » au Politburo : « Je l'ai fait ! Je vous ai tous sauvés. »[576]

Pour autant, le geste de Beria n'aura pas permis d'assurer sa survie politique. Son autorité s'affaiblit et il fut arrêté trois mois

---

[574] Brent Jonathan, Naumov Vladimir. Stalin's Last Crime.The Plot against the Jewish Doctors, 1948-1953. NY: Harper Collins; 2003. p. 312-22

[575] Montefiore, Simon. Stalin: Court of the Red Tsar. Random House. 2003

[576] The New York Times. New Study Supports Idea Stalin Was Poisoned. By Michael Wines. March 5, 2003

plus tard pour divers crimes, puis exécuté pour trahison, toutefois sans corrélation avec la mort de Staline.

Dans son étude médico-historique de cette affaire, Miguel A. Faria a tenté d'expliquer la décision des médecins russes. Ceux-ci auraient hésité à suggérer une cause de décès autre que naturelle dans leur rapport d'autopsie. Les médecins du ministère de la Santé auraient agi avec prudence afin de protéger les médecins au chevet de Staline, notamment en prenant le soin de rédiger un bref rapport médical. Avec subtilité, ils auraient choisi de citer l'hypertension comme cause naturelle de la mort, mais auraient laissé intentionnellement assez de preuves pathologiques pour donner à la postérité une tout autre interprétation. Ils auraient ainsi préféré protéger leur vie et leur carrière contre d'éventuelles représailles menées par les nouveaux maîtres du Kremlin.

Il faut dire que l'épisode du « complot des médecins » était très frais dans l'esprit de tous.

De quoi s'agit-il ? Staline était à la fois profondément paranoïaque et sans cesse rusé. Il s'inventait continuellement des ennemis ce qui a pu expliquer son recours à la terreur, la torture, l'emprisonnement, la tuerie et l'envoi au goulag de millions de Soviétiques.

Les autorités russes ont accordé à Vladimir Naumov et Jonathan Brent, (l'historien russe et l'universitaire de l'Université de Yale dont j'ai parlé plus haut), l'accès à des documents relatant le « complot des médecins » qui avait fait trembler le corps médical russe à la fin des années 40 et qui avait été révélé au peuple russe en janvier 1953. Ce fut en fait une invention des responsables du Kremlin agissant sur ordre de Staline selon laquelle la plupart des médecins du Kremlin – dont certains avaient précédemment traité Staline, mais dont il ne voulait plus entendre les conseils – auraient comploté, sous l'initiative des Juifs et sous la direction secrète des États-Unis, en vue d'assassiner de hauts responsables communistes et de détruire l'Union Soviétique. Le journal géré par le gouvernement avait alors publié des tirades contre les « assassins en blouse blanche », alimentant les rumeurs les plus folles sur ce complot médical.[577] En février 1953, afin de neutraliser cette vaste « collusion » et de crainte qu'elle ne se reproduisît, le Kremlin était en passe de faire construire quatre camps de prisonniers, principalement en Sibérie, au Kazakhstan et dans le nord de l'Arctique, dans l'optique d'une nouvelle purge.

Mais deux semaines avant le procès des médecins accusés, la mort de Staline changea le cours des choses. Dès lors que l'on comprit que les griefs avaient été de la pure invention de la police secrète de Staline, neuf médecins, dont six Juifs, furent disculpés et libérés de prison. Aucun médecin juif ne fut déporté en Sibérie, et cela, grâce à la mort inattendue de Staline.[578]

Il nous est par conséquent aisé de comprendre les intentions de Malenkov, Bulganin et Khrouchtchev. Ils avaient dénoncé en secret le projet de déporter les Juifs soviétiques en Sibérie. Parce qu'ils redoutaient une nouvelle campagne de terreur contre le peuple russe, similaire aux campagnes au cours desquelles Staline avait fait tuer des millions de personnes, ils avaient préféré éviter de provoquer l'ire du dictateur en le laissant mourir. Il nous est tout aussi facile de croire que les médecins proches de Staline, par crainte d'une nouvelle chasse aux sorcières menée contre eux, ont préféré ne pas intervenir suffisamment tôt pour sauver la vie du dictateur.

En fin de compte, la cause de la mort de Joseph Staline restera enveloppée de mystère. Malgré les preuves d'une forte détérioration de sa santé dans sa 74$^e$ année, il est probable que le dictateur soviétique n'est pas mort de cause naturelle, mais plutôt indirectement de l'acte prémédité de ses propres membres du Politburo. La théorie selon laquelle la fin du tyran soviétique aurait été aidée par un empoisonnement est suffisamment plausible pour que de sérieux médecins- historiens le mentionnent dans leurs écrits.

---

[577] BMJ. The Soviet "Doctors' Plot". 50 years on. By Mark Clarfield. 2002 Dec 21; 325(7378): 1487–1489.

[578] The New York Times. New Study Supports Idea Stalin Was Poisoned. By Michael Wines. March 5, 2003

Pour certains, qu'un meurtre de cette nature ait pu être facilement dissimulé pendant de nombreuses décennies reste de la pure spéculation, mais, pour d'autres, c'est une hypothèse qu'ils veulent sérieusement défendre.

Même si l'on ne le saura jamais avec certitude, il est fort probable qu'un complot d'assassinat a pu être exécuté tant les raisons du meurtre de Staline ne manquent pas. Il est étrange que les gardes aient reçu l'ordre de ne pas sonner l'alarme au cours de la nuit fatidique et il est tout aussi surprenant que les fonctionnaires aient mis autant de temps à réagir. Dès lors que l'AVC de Staline était connu, les responsables ne se sont pas pressés pour appeler les médecins ; ce fut en quelque sorte une décision prise dans le but de hâter sa mort. Nous avons des écrits historiques qui attestent la revendication de la responsabilité du décès, notamment les « aveux » de Beria, le chef de la police secrète qui, tombé des bonnes grâces de Staline, espérait pouvoir tirer le meilleur parti de la mort du leader soviétique.

Que la mort du dictateur ait été facilitée par une négligence volontaire de lui apporter des soins d'urgence ou qu'elle ait été provoquée par un complot d'empoisonnement, quoi qu'il en soit le règne de terreur qu'il avait infligé dans le passé et la purge impopulaire qu'il prévoyait de nouveau, auraient très bien pu lui coûter la vie. Qu'ils aient contribué à sa disparition ou pas, lassés de gouverner dans la peur et de subir son comportement de plus en plus erratique, les plus proches du dictateur ont dû ressentir un énorme soulagement à sa mort.

Certains nostalgiques de l'ère stalinienne n'ont toutefois pas partagé ce sentiment et y ont vu plutôt une trahison. N'oublions pas que le culte de la personnalité du dirigeant, à l'époque, était tel que la plupart des Soviétiques le vénéraient, du moins en public. C'est bien pour cela que le complot d'assassinat, s'il a été exécuté, devait rester secret pendant des décennies jusqu'à la chute de l'U.R.S.S.

# Dr Mary S. Sherman

## (Nouvelle-Orléans - 21 juillet 1964)

AU TOUT DÉBUT de la matinée du 21 juillet 1964, la police se rend au 3101 avenue Saint-Charles, un complexe d'appartements entourés d'agréables patios situé dans l'opulent quartier prospère de la Nouvelle-Orléans. Elle vient d'être appelée par l'un des voisins qui a senti de la fumée. Les premiers intervenants s'introduisent dans la chambre de l'appartement J et y trouvent une scène effroyable. Des éclaboussures de sang sont sur les murs. Un matelas brûlé qui dégage encore de la fumée recouvre un corps, sans vie. Il présente d'horribles brûlures et de multiples coups de couteau. La majeure partie du côté droit supérieur du corps de la victime est complètement calciné. Son bras droit ainsi qu'une bonne partie du côté droit de son thorax ont disparu.

Le coroner, arrivé sur place, estime qu'on a mis le feu au lit puis qu'on a fait rouler le corps calciné par terre, face contre le sol, en retournant le matelas. Il pense que le feu couvrait assez longtemps pour avoir brûlé le matelas jusqu'aux ressorts et désintégré la chair du thorax et de l'abdomen de la victime.[579]

Car la destruction des chairs s'étend de la hanche jusqu'à l'épaule, exposant ainsi divers organes internes vitaux carbonisés. Toutefois, les cheveux ont été étonnamment épargnés par le feu. L'officier de police judiciaire détecte également huit coups de poignard au bras gauche, à la poitrine, au niveau du cœur, et dans l'abdomen. Ce qui explique les éclaboussures de sang sur les murs et sur le sol.[580]

La victime est identifiée. Il s'agit du Dr Mary S. Sherman, 51 ans, éminente chirurgienne orthopédique de renommée mondiale et experte en recherche sur le cancer des os. En 1952, bardée de diplômes de médecine, pionnière dans l'utilisation de la radiothérapie pour le traitement des cancers des os, elle avait décidé de quitter Chicago pour s'installer à la Nouvelle-Orléans où elle avait trouvé un poste à l'*Ochsner Clinic Medical Foundation*. Le cofondateur de cet établissement, le chirurgien Alton Ochsner, lui avait alors confié la direction du laboratoire de cancérologie osseuse.

À la suite de plusieurs cambriolages, veuve et vivant seule, Mary Sherman avait fait installer une alarme dans son appartement. Toutefois, quand la police y eut pénétré, le jour du meurtre, elle ne s'était pas déclenchée. Selon les déclarations de sa femme de ménage, Mary Sherman avait vu le médecin pour la dernière fois, la veille de sa mort et se réjouissait à la perspective de la visite d'une amie.[581]

Après avoir dégagé le matelas à ressorts brûlé, la police criminelle découvrit, par terre, le corps nu de Mary Sherman après avoir enlevé des sous-vêtements empilés sur elle qui la couvraient de la région pubienne jusqu'au cou. Quelques vêtements n'avaient pas complètement brûlé. L'enquête révéla

[579] The New York Times. Woman Expert in Cancer Slain In Burned Louisiana Apartment. July 22, 1964.

[580] The Times-Picayune. In the death of Doctor Mary Sherman, strange myths pale next to stranger facts. July 19, 2014.

[581] The New York Times. Woman Expert in Cancer Slain In Burned Louisiana Apartment. July 22, 1964.

que du fait de la matière synthétique qui les composait, ils avaient dû être portés à une température d'environ 260 degrés Celsius avant de s'enflammer.

La police ne releva aucun signe de lutte ni de chamboulement dans la chambre et dans l'appartement. À part le lit, le feu avait légèrement endommagé la chambre. Les rideaux et les meubles à proximité du lit avaient été curieusement épargnés.

Les voisins informèrent la police que la voiture de la chirurgienne n'était plus à sa place de stationnement habituelle, devant le complexe d'appartements dans l'avenue Saint Charles. Dans une rue, non loin de l'appartement, on retrouva le véhicule à proximité duquel quelques objets jonchaient le sol : un tube de rouge à lèvres, une canette de soda vide, un distributeur de parfum et une cartouche de gaz lacrymogène déjà utilisée. Un peu plus loin, un jardinier, occupé à tailler une haie, retrouva les clés de la voiture de Mary Sherman sur lesquelles la police ne put identifier aucune empreinte digitale interprétable.

Malgré le peu d'indices, la police de la Nouvelle-Orléans conclut que la chirurgienne avait été agressée puis tuée au cours d'un cambriolage. L'intrus aurait pénétré de force dans son appartement et l'aurait attaquée sauvagement avant d'asperger son corps d'essence et d'y mettre le feu.[582] La police avait bien questionné le voisinage sans toutefois recueillir de déclarations notoires sur des comportements ou des événements suspects. Personne n'avait vu ni entendu quoi que ce soit aux abords de l'appartement du Dr Sherman au cours de cette nuit-là, pas même une voisine, qui vivait sous l'étage de Mary Sherman depuis 12 ans, car elle s'était couchée tôt et n'avait rien entendu. Elle avait pourtant l'habitude d'entendre la chirurgienne revenir chez elle la nuit, après son travail. « S'il y avait eu du remue-ménage dans l'appartement, je l'aurais entendu » déclara-t-elle. « Même si la chirurgienne était silencieuse, je l'avais toujours entendue entrer et enlever ses chaussures pour chausser ses pantoufles. Parfois, je faisais remarquer à mon mari que la doctoresse était bien de retour chez elle. »

---

[582] Spartacus Educational. Mary S. Sherman. By John Simkin. September 1997 (updated January 2020).

On nota toutefois des contradictions et des incohérences troublantes entre les sources publiques et les rapports de la NOPD (New Orleans Police Department). La police avança d'emblée que la serrure de la porte d'entrée de l'appartement avait été forcée. Elle précisa à tort que le porte-monnaie du sac à main de Mary Sherman avait été vidé de son contenu et que ses bijoux avaient été volés.[583] Mais la NOPD se ravisa, car une source fiable avait affirmé tout le contraire. La boîte à bijoux avait été trouvée intacte avec son contenu. Quant à l'ampleur de l'incendie, la police criminelle estima que le feu avait brûlé sans avoir pu se propager. L'enquête ayant établi qu'il fallait une température minimale de 260 degrés Celsius pour calciner les chairs d'une partie du corps de Mary Sherman, la NOPD fut dans l'embarras pour expliquer la faible détérioration de la chambre causée par l'incendie. Par ailleurs, même à cette température, la combustion du matelas n'aurait pas provoqué des brûlures et des destructions structurelles aussi dévastatrices sur un côté du corps de la victime.[584] Nous le verrons plus loin : quelque chose de plus destructif avait dû causer le démembrement du bras et la désagrégation des chairs.

Au bout d'une enquête qui aura duré cinq ans, malgré l'examen d'une centaine de dépositions à la police et l'inspection d'une cinquantaine de quartiers de la Nouvelle-Orléans et de ses environs, ce fut l'impasse. Après avoir traqué de nombreuses pistes n'allant nulle part, les détectives ne purent qu'être frustrés devant l'impossibilité d'identifier un suspect solide. Tout au plus, la police émit l'hypothèse d'un meurtre commis par un amant de la chirurgienne sous l'emprise de la passion ou par un prédateur sexuel, ou encore par un toxicomane. Elle avait négligé toutefois des pistes essentielles : par exemple elle n'avait pas jugé utile d'interroger des suspects potentiels comme un collègue paranoïaque dangereux ou un patient déséquilibré à l'hôpital où

<hr>

[583] The Times-Picayune. In the death of Doctor Mary Sherman, strange myths pale next to stranger facts. July 19, 2014.

[584] Spartacus Educational. Mary S. Sherman. By John Simkin. September 1997 (updated January 2020).

Mary Sherman travaillait.[585] La police avait bien soupçonné un instant Juan Valdes, le voisin qui avait senti de la fumée provenant de l'appartement de la chirurgienne, car il avait curieusement alerté la police au lieu des pompiers, mais, faute d'établir de sérieux indices qui auraient pu mener à sa garde à vue, la police décida d'abandonner cette piste.

Le Dr Monroe S. Samuels, assisté du Dr Lloyd F. LoCascio, pratiqua l'autopsie de Mary Sherman. Pour expliquer la mutilation du bras droit, tous deux estimèrent qu'il avait dû être complètement désarticulé sous l'action d'une force extrême. Comment pouvait-on expliquer la désagrégation du corps : le haut de l'humérus ne présentait plus qu'un moignon calciné et les brûlures intenses de la paroi thoracique droite et des muscles abdominaux avaient provoqué l'exposition de la plèvre, du foie, des intestins et d'un poumon ?[586] Toutefois, une partie de la longue chevelure de la doctoresse avait été étrangement épargnée sur le côté gauche de la tête. Compte tenu que les formations pileuses sont habituellement très inflammables sur un corps humain, les médecins légistes s'attendaient à une destruction totale de ses cheveux par le feu.

Samuels et LoCascio constatèrent en outre que le corps avait subi de multiples coups de couteau : au bras gauche, aux parties génitales, dans l'abdomen - notamment au foie - et à l'intérieur de la cuisse droite, juste au-dessus du genou. Mais ce qui les surprit le plus fut que ces lacérations locales avaient été infligées *post-mortem*. Les médecins légistes l'expliquèrent ainsi : en examinant de plus près, ils avaient repéré également une autre blessure majeure, bien plus profonde, vraisemblablement causée par la pénétration d'une arme blanche dans le cœur de la victime ce qui avait entraîné une défaillance cardiaque et une hémorragie interne fatale. L'entaille dans le cœur était précise, intercostale,

---

[585] The Times-Picayune. In the death of Doctor Mary Sherman, strange myths pale next to stranger facts. July 19, 2014.

[586] MEDesignman. The Project. Unethical Human Experiments, Carcinogenic Viruses, and Murder during the Cold War. By James Stewart Campbell, MD. 2013

comme celle qu'un scalpel chirurgical aurait produite.[587] D'après leur expérience (le corps change de couleur presque immédiatement après la mort ; si le cœur s'arrête, le sang n'irrigue plus), les médecins légistes n'avaient aucun doute là-dessus : la mort s'était déjà installée avant même l'impact des coups de couteau au reste du corps. En d'autres termes, au moment où l'agresseur infligea à Mary Sherman les blessures au foie et les lacérations des autres organes dans sa chambre dont les murs et le sol furent partiellement maculés de sang, elle avait déjà succombé depuis un certain temps à une hémorragie massive consécutive à la pénétration d'un objet tranchant dans le cœur.[588] Nous verrons plus loin l'importance accordée à la séquence temporelle de ces actes qui ont été à l'origine d'une telle mutilation.

Du fait de l'absence d'indices pouvant évoquer un viol et de la superficialité des lacérations des parties génitales, la police écarta l'acte d'un agresseur sexuel.

Par ailleurs, l'absence de particules de suie dans les poumons de Mary Sherman renforça la conviction du Dr Samuels selon laquelle elle était morte *avant* même que l'intoxication des voies respiratoires par la fumée du lit en feu ne se soit produite, contrairement à ce qu'il avait observé lors d'autopsies chez des sujets décédés à la suite de brûlures thermiques provoquées par un incendie de lit.[589]

Au vu du rapport d'autopsie, on classa le décès de Mary Sherman dans les morts par homicide sans aller chercher d'autres indices. Près de soixante-ans plus tard, ce meurtre reste donc officiellement une affaire non résolue... selon les autorités.

Mais des investigateurs et des médecins se sont penchés depuis sur cette affaire et contestent aujourd'hui la version officielle. Ils sont convaincus que les brûlures intenses causant le démembrement du bras et la désagrégation des chairs du Dr

---

[587] The Educational Forum. The Death of Mary S. Sherman. By John Simkin. August 7, 2007

[588] Reddit. Stabbed, set alight, and missing an arm: The bizarre, forgotten murder of Mary S. Sherman.

[589] My NewOrleans. Dr. Mary's Monkey. By Brobson Lutz, M.D. July 30, 2007.

Sherman avaient été provoquées par un accident mortel survenu ailleurs que dans sa chambre en raison de l'ampleur limitée des dégâts matériels de l'appartement causés par l'incendie.[590]

Edward T. Haslam, originaire de la Nouvelle-Orléans, est l'un de ces enquêteurs. Son père, illustre médecin, professeur de chirurgie orthopédique connaissait bien Mary Sherman pour avoir travaillé ensemble à la *Tulane Medical School* de la Nouvelle-Orléans. Ed Haslam, qui, enfant, avait fait la connaissance du collègue de son père à maintes reprises, a passé des années à rechercher la vérité sur le meurtre de la célèbre chirurgienne. Grâce à son investigation entreprise dans les années 1990, il est parvenu à apporter des éléments de réponse, stupéfiants et convaincants, au problème d'imprécision soulevé par l'enquête initiale qui avait conclu hâtivement à un homicide commis dans l'appartement du Dr Sherman.

En 2007, Haslam a publié un livre cohérent sous le titre de *Dr Mary's Monkey* dressant un constat bien différent de celui de la version officielle.[591] L'auteur a minutieusement examiné les photographies prises au cours de l'examen post mortem et dans l'appartement de Sherman ainsi que des documents du FBI, de la CIA, et du département de la police de la Nouvelle-Orléans. Aujourd'hui, Haslam défend l'hypothèse selon laquelle les atroces brûlures et la mutilation du corps de Mary Sherman n'auraient pas été causées par l'incendie de sa chambre. Au contraire, la chirurgienne aurait trouvé la mort ailleurs.[592]

Qui plus est, Haslam conteste l'opinion de deux médecins légistes sur la cause de la mort de Sherman. Contrairement à ce que pense Haslam, le pathologiste Scott Denton et le Dr Gregory Davis, eux, accréditent la thèse d'un simple incendie à l'origine de l'incinération du bras droit et du tronc de Mary Sherman

---

[590] Perryvermeulen.nl The assassination of Mary S. Sherman. By Perry Vermeulen. March 23, 2013

[591] Dr. Mary's Monkey: How the Unsolved Murder of a Doctor, a Secret Laboratory in New Orleans and Cancer-Causing Monkey Viruses are Linked to Lee Harvey Oswald... By Edward T. Haslam. TrineDay; 1st edition (April 1, 2007)

[592] The Times-Picayune. In the death of Doctor Mary Sherman, strange myths pale next to stranger facts. July 19, 2014.

provoquant la carbonisation du foie, des intestins et d'un poumon. Ces deux médecins excluent toutefois l'action d'un acide fortement corrosif capable de causer de telles destructions tissulaires. Ils soutiennent en revanche l'acte d'un meurtrier fou qui, pour tenter de dissimuler les coups de poignard infligés à sa victime, aurait aspergé une partie seulement du corps d'un accélérateur de combustion puis aurait mis le feu au matelas qu'il aurait ensuite retourné sur la morte. Denton, Davis et Ed Haslam se sont toutefois accordés sur deux points : ils cautionnent la cause de la mort - une blessure fatale au cœur – et la chronologie des événements. D'après eux, la victime n'avait pas pu inhaler de la fumée, car l'incendie avait été allumé *après* sa mort.

Mais un troisième médecin légiste, le Dr Judy Melinek, réfute cette opinion, car, pour elle, la mauvaise qualité des photos et l'absence d'un rapport de toxicologie ne permettent pas de porter un tel jugement. Melinek partage toutefois l'opinion d'Ed Haslam. Elle trouve assez étrange que le corps de la doctoresse n'ait été démembré qu'au niveau du bras droit, sans doute parce que l'os et les chairs avaient été entièrement calcinés, alors que le reste du torse avait été épargné. Elle s'accorde avec Ed Haslam sur l'explication du corps poignardé et brûlé dans un lieu autre que dans la chambre où on l'aurait placé plus tard, et sur le fait que le membre supérieur de la doctoresse, complètement désarticulé du moignon restant, n'ait pas été trouvé dans la pièce. Ce médecin estime que ce scénario pouvait expliquer l'absence de dégâts importants causés par le feu dans la chambre, à part quelques traces de suie.

Haslam a réussi en outre à mettre la main sur des photographies de la scène du crime jamais publiées dans la presse de l'époque. Certains clichés, difficilement supportables à regarder, sont postés sur son site Internet.[593] Un large plan montre la chambre dans laquelle les pompiers dégagent le matelas encore fumant pour découvrir le corps nu de Mary Sherman tombé du lit sur le sol. Son torse est encore recouvert de vêtements pliés. Sur une autre photo, on remarque l'absence de marques de brûlures sur

---

[593] http://doctormarysmonkey.com/Crime_Scene_Photos/Crime_Scene_Photos/Index.htm. By Edward T. Haslam, 2014.

les rideaux, les meubles, les livres, les couvertures et les tapis proches du lit ainsi que l'aspect relativement ordonné de la chambre qui suggère que rien n'a été chamboulé. Une autre photographie révèle les dommages corporels notamment au niveau du torse. La tête et les pieds semblent avoir été épargnés par l'action du feu. Le côté gauche du corps semble intact et les cheveux ne sont pas brûlés à côté de l'épaule et du torse carbonisés. Sur le côté droit, c'est une tout autre chose : les poumons, le foie, l'estomac et l'intestin sont clairement visibles. Le bras droit manque.

Dans son livre fascinant, Haslam rappelle qu'en raison de la structure dense, dure et très résistante des os humains, le feu ne les consume habituellement pas sauf sous l'action durable d'une très haute température provoquant leur incinération.

Haslam pense alors à l'effet d'un courant électrique de très haute tension qui aurait provoqué la désintégration des chairs et des os de Mary Sherman. Selon son hypothèse, l'arc électrique aurait parcouru le bras droit, l'incinérant totalement sous l'effet du rayonnement thermique intense, pour ensuite quitter son corps derrière le torse. L'auteur a d'ailleurs fait allusion aux accidents mortels survenus par électrocution dans l'une de ses présentations publiques, avec photographie à l'appui d'un homme victime d'un tel drame après avoir tenté de voler les câbles en cuivre d'un pylône de haute tension. On y voit l'individu terrassé, gisant par terre, dans une posture rappelant celle du Dr Sherman. Le bras, disloqué à ses côtés, a été arraché par le courant électrique. Au niveau de l'avant-bras, on ne voit qu'un moignon calciné. Il n'y a aucune trace de sang. Les plaies ont été cautérisées sous le choc électrique.[594]

Quelles ont bien pu être les circonstances réelles de la mort brutale de l'éminente chercheuse ? Puisque l'homicide est difficilement discutable, pour quelles raisons aurait-on décidé de l'éliminer ? Un acte de violence irrationnel, dicté par une rancune professionnelle ou quelque chose de plus sinistre ?

---

[594] http://doctormarysmonkey.com/index.htm , Ed Haslam at JFK Conference 2019

Bizarrement, le meurtre de Mary Sherman est survenu le jour même où des membres de la Commission Warren (enquêteurs sur l'assassinat de John Kennedy à Dallas) s'étaient déplacés à la Nouvelle-Orléans. Ils cherchaient à recueillir des témoignages sur les activités de Lee Harvey Oswald en Louisiane en 1963.[595] Nous reviendrons plus loin sur la corrélation entre les relations du Dr Sherman et l'assassin présumé du Président Kennedy.

Il n'en fallut pas moins pour que certains enquêteurs privés lient la mort de Mary Sherman à l'assassinat de Kennedy, survenu huit mois auparavant et avancent l'hypothèse d'un odieux camouflage du crime par le gouvernement.[596]

Pure coïncidence, pure spéculation diront les détracteurs de cette théorie. Mais est-ce vraiment une théorie loufoque ? Comme nous allons le voir, l'auteur de *Dr Mary's Monkey* a peut-être vu juste dans cette affaire : les activités clandestines de Mary Sherman ont bien pu être à l'origine de sa mort.

Dans son livre, Ed Haslam décrit les recherches médicales ultrasecrètes menées, à la Nouvelle-Orléans en 1963, par le Dr Mary Sherman, sous la direction du Dr Alton Ochsner, le célèbre chirurgien orthopédiste fondateur de l'*Ochsner Clinic Medical Foundation*. Selon l'auteur, le laboratoire des maladies infectieuses de l'*US Public Health Service Hospital* de la Nouvelle-Orléans disposait d'un accélérateur linéaire de particules dont l'existence et l'usage étaient gardés dans la plus stricte confidentialité à l'époque.[597] Le principe de cet appareil consistait à envoyer de l'énergie cinétique à un faisceau de particules électriquement chargées dans l'accélérateur de particules qui le composait. Son emploi clandestin s'inscrivait dans un programme de développement d'un vaccin capable de prévenir l'apparition de

---

[595] The Educational Forum. The Death of Mary S. Sherman. By John Simkin. August 7, 2007

[596] The Times-Picayune. In the death of Doctor Mary Sherman, strange myths pale next to stranger facts. July 19, 2014.

[597] Polioforever's blog. Dr. Mary's Monkey. By Ed Haslam.

cancers des tissus mous. Jusque-là, des activités bien honorables. Mais l'objectif initial était de fabriquer un vaccin anticancéreux à partir du vaccin antipoliomyélitique dont on savait qu'il avait été contaminé par le virus cancérigène du singe.

Une courte digression s'avère ici nécessaire pour comprendre le contexte de la recherche d'un vaccin contre la poliomyélite aux États-Unis au milieu des années cinquante. Bien que le programme national de vaccination antipoliomyélitique, lancé en 1955 avec grand tapage, ait servi à administrer à des sujets des centaines de millions de doses en 1957, plusieurs virologues américains avaient découvert, au cours du projet, que certaines souches du vaccin en question avaient été contaminées par le virus cancérigène « polyome », également connu sous le nom de *Simian Virus* SV-40.[598] Il fallut attendre 1963 pour résoudre le problème de la contamination, mais les vaccins antipolio contaminés continuèrent à être administrés chez l'homme jusqu'à l'épuisement du stock fabriqué. Les responsables du NIH américain (*National Institutes of Health*) furent au cœur de ce scandale, parce qu'ils avaient décidé de maintenir le secret sur la contamination qui avait duré jusqu'en 1960.

Parallèlement, un gigantesque projet clandestin dont l'objectif consistait à modifier le virus SV-40 fut entrepris dans l'optique de développer un vaccin capable de prévenir une épidémie d'induction cancéreuse. Le raisonnement se fondait sur la présomption d'une prévention de certains cancers d'origine virale par suite de l'administration de vaccins antiviraux chez l'homme.

Ce projet fut ainsi gardé secret à l'époque de peur de provoquer la panique chez le public déjà vacciné par des doses contaminées du vaccin polio et par crainte de poursuites judiciaires considérables. Le financement du projet était garanti par des fonds provenant de la CIA qui veillait à assurer la clandestinité de tous les laboratoires investis dans cette mission scientifique en les implantant sur des propriétés gouvernementales totalement sécurisées.

---

[598] MEDesignman. The Project. Unethical Human Experiments, Carcinogenic Viruses, and Murder during the Cold War. By James Stewart Campbell, MD. 2013

Ce fut dans ce contexte que le Dr Sherman consacra ses travaux de recherche sur le cancer à l'hôpital de la Fondation Ochsner à la Nouvelle-Orléans. Alors qu'elle continuait naturellement à perfectionner le processus de mutation des virus chez les singes dans le but de trouver un vaccin bénéfique contre le cancer, sa carrière bascula vers une activité vouée à une tout autre cause le jour où le Dr Ochsner décida de l'enrôler dans son propre laboratoire. Son patron lui demanda alors de l'assister dans ses travaux pour mener à bien un programme ultrasecret de recherches soutenu par le gouvernement américain. Le Dr Sherman, devenue directrice médicale du centre, avait toutes les qualifications professionnelles pour garantir le bon fonctionnement de l'équipement complexe du laboratoire clandestin. Le Dr Ochsner savait qu'il pouvait compter sur l'expérience de la doctoresse en matière de radiothérapie et de modification virale compte tenu de l'avancée de ses recherches sur les tumeurs osseuses. Elle devait rendre compte au Dr Ochsner qui supervisait l'opération secrète sous l'initiative de la CIA.[599] Ce brillant chercheur, chirurgien accompli et fervent anticommuniste, était en effet en étroit contact avec des responsables de Washington.

Mais la motivation de ces derniers était aux antipodes de celle des virologues dont la vocation était de servir une cause noble et bénéfique dans la lutte contre le cancer. En effet, il est maintenant reconnu que la CIA encourageait à l'époque les efforts de recherche des spécialistes en virologie, acquis à leur cause, sur des projets d'innovation pernicieuse visant à modifier des virus cancérigènes dans le but de créer…une arme biologique ! C'est ainsi que les deux experts, Ochsner et Sherman, furent impliqués dans des opérations gouvernementales secrètes, faisant fi de toute considération déontologique.

Revenons au début des années soixante. La CIA fomentait des complots contre Fidel Castro arrivé au pouvoir en 1959, par l'entremise de la Mafia et d'exilés cubains que l'Agence formait.

---

[599] Vianolavie. Fifty years later, a jazz funeral for Dr. Mary. By Renée Peck. July 17, 2014

Mais toutes les tentatives d'assassinat ou de destitution du dictateur cubain échouèrent lamentablement.

De telles actions portaient le nom de code *Operation Mangoose*. Les recherches secrètes menées dans les laboratoires de virologie de la Nouvelle-Orléans pour le compte de la CIA s'inscrivaient dans le programme *Operation Mangoose* et visaient à développer une arme biologique capable d'être utilisée pour tuer Fidel Castro.[600]

Toujours sous la direction du Dr Ochsner, trois autres acteurs majeurs furent enrôlés dans ce projet clandestin. David W. Ferrie, Lee Harvey Oswald et Judyth V. Baker furent recrutés pour assister les docteurs Ochsner et Sherman dans le développement d'un virus létal dont l'injection devait provoquer un cancer fulgurant chez Fidel Castro.[601]

Suspendons d'un instant notre enquête sur la cause de la mort de Mary Sherman et faisons un aparté pour comprendre l'interaction de ces trois acteurs avec la doctoresse. Il le faut pour bien saisir l'impact des opérations clandestines de la CIA sur le sol des États-Unis à cette époque.

Pour ses recherches, Mary Sherman avait besoin d'un deuxième laboratoire clandestin, plus petit. Celui-ci fut aménagé dans le sous-sol de la maison de David Ferrie, à une courte distance de l'appartement de la chirurgienne.

Ferrie était un ancien pilote qui avait servi dans la patrouille aérienne civile et que l'on avait vu en compagnie de Lee Harvey Oswald. Lui-même agent du renseignement de la CIA, Ferrie fut étroitement associé avec l'agent du FBI, Guy Bannister, et avec l'homme d'affaires de la Nouvelle-Orléans, Clay Shaw. Ces trois personnages furent étroitement surveillés par le procureur du district de la Nouvelle-Orléans, Jim Garrison, qui les soupçonna d'avoir travaillé pour le compte de la CIA dans le complot d'assassinat du Président Kennedy. (Le réalisateur Oliver Stone mit en scène le procès intenté par Garrison contre Clay Shaw dans

---

[600] MEDesignman. The Project. Unethical Human Experiments, Carcinogenic Viruses, and Murder during the Cold War. By James Stewart Campbell, MD. 2013

[601] Polioforever's blog. Dr. Mary's Monkey. By Ed Haslam.

son film « JFK ».)[602] C'est dans ce contexte que les enquêteurs de Garrison découvrirent l'existence de laboratoires éparpillés à la Nouvelle-Orléans, notamment dans les appartements du quartier où logeaient le Dr Mary Sherman et David Ferrie. Un prochain chapitre de ce livre traitera des circonstances mystérieuses de la mort par « suicide » de cet homme tourmenté.

Un autre personnage, Judyth V. Baker, travaillait également dans le pseudo-laboratoire clandestin de l'appartement de David Ferrie. Elle-même chercheuse sur le cancer, cette jeune femme reste, à l'heure actuelle, le seul témoin vivant à avoir contribué au programme ultrasecret des recherches du Dr Ochsner. Son rôle consistait principalement à développer une méthode de traitement des tumeurs cancérigènes de souris de laboratoire pour les examiner par la suite au microscope optique dans l'appartement de Mary Sherman.

Enfin, contre toute attente, Lee Harvey Oswald fut le troisième acteur associé au projet du Dr Ochsner ! [603]

Dans son livre fascinant « *Me and Lee* », Judyth Baker révèle être tombée amoureuse d'Oswald à dix-neuf ans et s'autoproclame d'avoir été sa maîtresse dès le printemps 1963 jusqu'à sa mort à Dallas. Bien que, pour certains, son livre soulève des problèmes de crédibilité, elle y confie toutefois, avec précision, des détails surprenants sur ses recherches menées en 1963 avec l'assistance d'Oswald dans le laboratoire clandestin de David Ferrie.[604]

Des faits troublants ont confirmé l'allégation de Judyth Baker selon laquelle elle aurait eu une relation amoureuse avec Lee Harvey Oswald et que tous deux auraient apporté leur aide à David Ferrie. Victoria Hawes-Sulzer, artiste autodidacte et éducatrice, témoin toujours en vie, a déclaré avoir été témoin de la présence d'Oswald dans le complexe d'appartements de l'avenue Saint-Charles, où elle-même habitait. Elle cautionne, encore aujourd'hui, les révélations de Judyth Baker à propos d'Oswald et de leur association avec le Dr Sherman.

---

[602] Vianolavie. Fifty years later, a jazz funeral for Dr. Mary. By Renée Peck. July 17, 2014

[603] Polioforever's blog. Dr. Mary's Monkey. By Ed Haslam.

[604] Vianolavie. Fifty years later, a jazz funeral for Dr. Mary. By Renée Peck. July 17, 2014

Victoria Hawes-Sulzer logeait dans un appartement situé entre ceux de la chirurgienne et de Juan Valdez. (Comme nous l'avons vu plus haut, ce dernier fut l'un des locataires des habitations de l'avenue Saint-Charles qui, ayant senti de la fumée à proximité du studio de Mary Sherman, avait appelé la police.) Cette colocatrice du complexe a affirmé avoir reconnu Oswald quand il était venu frapper un jour à la porte de son logement pour lui demander où il pouvait trouver Juan Valdez. Elle lui avait répondu qu'il vivait dans l'appartement d'à côté. Sur ces entrefaites, Oswald était reparti. Par la suite, elle avait remarqué ses fréquentes visites au studio de Juan Valdez. Comme les appartements du complexe étaient relativement petits et sonores, elle avait entendu à plusieurs reprises de sa chambre une étrange activité dans la salle de bains de Valdez, de l'autre côté du mur mitoyen. Des bruits de fonctionnement répétitif de la chasse d'eau des toilettes de son voisin l'intriquaient. Elle se demandait pourquoi la cuvette se vidait vingt à trente fois dans la nuit comme s'il essayait de se débarrasser de quelque chose.[605]

Dans son livre « *Me and Lee* », Judyth Vary Baker apporte une explication plausible. Dans le petit laboratoire de David Ferrie où s'affairait Baker, les tumeurs des souris contaminées étaient préalablement découpées puis passées à un broyeur de cuisine pour obtenir une « purée ». Celle-ci était ensuite introduite dans des tubes à essais. Enfin, des lames microscopiques étaient préparées à partir des échantillons prélevés. Une fois transférées dans le laboratoire de l'appartement de Mary Sherman, ces lames étaient examinées sous microscope optique par la chirurgienne. La cadence de l'approvisionnement et du traitement des souris s'accéléra en août 1963 et passa de cinquante à cinq cent souris que Baker et Oswald devaient tuer chaque jour.

Baker explique que, en raison de la quantité conséquente de matériel biologique qu'il fallait éliminer, sans laisser de traces, la procédure consistait à utiliser les toilettes de l'appartement mitoyen du Dr Sherman, celui de Juan Valdez, qui se chargeait, la

---

[605] Dr. Mary's Monkey: How the Unsolved Murder of a Doctor, a Secret Laboratory in New Orleans and Cancer-Causing Monkey Viruses are Linked to Lee Harvey Oswald... By Edward T. Haslam. TrineDay; 1st edition (April 1, 2007)

nuit, de débarrasser les lots des souris sacrifiées, contaminées par les tumeurs cancéreuses.[606]

Pour dégager du temps libre afin de réaliser leurs tâches dans le laboratoire clandestin du Dr Mary Sherman, sans éveiller de soupçons, on avait donné à Oswald et à Baker des emplois de façade dans l'entreprise du café Reily à la Nouvelle-Orléans. Chacun pointait pour l'autre les entrées et les sorties factices de leur lieu de travail, une couverture facilitée par David Ferrie.[607]

Comme nous l'avons vu plus haut, Ochsner et Sherman avaient recruté Judyth Baker pour collaborer à leur projet secret de modification génétique des virus cancérigènes, grâce à sa formation et à son expérience sur la recherche des traitements du cancer. Mais alors qu'elle croyait mener ces expériences à des fins éthiques, ses patrons la trompaient en la faisant travailler sur le projet illicite clandestin de la CIA. La jeune laborantine ignorait totalement qu'elle était devenue complice dès lors qu'elle contribuait au développement d'une arme biologique devant servir à tuer Fidel Castro.

Le traitement initial des tumeurs cancéreuses des souris était confié à Judyth Baker. Son principal travail sur la modification génétique virale consistait à examiner les tissus des souris contaminées au microscope optique dans le « laboratoire » de l'appartement de Mary Sherman. Elle assurait également le transfert et le stockage des échantillons de ce matériel biologique extrêmement dangereux.

Le laboratoire des maladies infectieuses de l'*US Public Health Service Hospital*, propriété du gouvernement, prenait ensuite le relais.[608] En 1960, un accélérateur linéaire de particules de cinq millions de volts avait été installé secrètement dans un bâtiment hautement sécurisé de l'hôpital. Le dispositif de cette énorme

---

[606] Me & Lee: How I Came to Know, Love and Lose Lee Harvey Oswald. By Judyth Vary Baker. Trine Day. October 22, 2011.

[607] Caleb and Linda Pirtle. The Mysterious Women in Lee Harvey's Life. By Sara Marie Hogg. November 11, 2017

[608] MEDesignman. The Project. Unethical Human Experiments, Carcinogenic Viruses, and Murder during the Cold War. By James Stewart Campbell, MD. 2013

machine en acier inoxydable de trois étages, de plusieurs millions de dollars, permettait de produire une modification génétique dans l'ADN des petits virus simiens comme le SV-40.

Les livres d'Ed Haslam et de Judyth Baker donnent des précisions convaincantes sur la complexité du mode opératoire tel qu'il a pu être suivi dans les « laboratoires » clandestins de David Ferrie et du Dr Sherman puis à l'*US Public Health Service Hospital* de façon à produire une formule virale létale pour l'homme. J'en donne ici les grandes lignes.

Dans son laboratoire, le Dr Sherman examinait au microscope les échantillons viraux des tumeurs de la souris et sélectionnait les plus agressifs. Puis elle les transportait au centre des maladies infectieuses de l'*US Public Health Service Hospital* où elle opérait, de préférence la nuit, sur l'accélérateur linéaire de particules situé dans son laboratoire sous haute sécurité. Chaque fois qu'elle soumettait ses échantillons à un faisceau de particules électriquement chargées, elle escomptait créer une mutation supplémentaire.

Les virus ainsi irradiés étaient ensuite cultivés sur des tissus. Les colonies les plus agressives étaient de nouveau sélectionnées afin de les injecter à des souris nouveau-nées en bonne santé. Une fois leurs tumeurs développées, elles étaient extraites des souris sacrifiées puis broyées. Le cycle recommençait ainsi jusqu'à l'obtention d'une « soupe » létale dont il fallait tester la virulence chez le singe… puis chez l'humain.

Sous la pression du Dr Ochsner, le développement du funeste projet porta ses fruits puisque, dès fin août 1963, les expériences débutèrent chez l'homme suivant un protocole scientifique amélioré progressivement. Son principe reposait sur l'administration parentérale du virus létal chez l'homme susceptible d'induire un cancer généralisé. Dans un premier temps, la victime allait être soumise, à son insu, à une surdose de rayons X au cours d'une radiographie pulmonaire délictueuse, superflue et de longue durée si bien qu'on allait diagnostiquer une pneumonie entièrement « fabriquée ». On simulait alors une administration parentérale d'un antibiotique pour la « traiter », mais, à la place, on injectait le virus cancérigène. Ce processus était répété autant de fois qu'il était nécessaire jusqu'à ce que la victime meure d'un cancer foudroyant.

Dans la pratique, le sinistre projet du Dr Ochsner consistant à provoquer un cancer chez l'homme prit forme de la façon suivante.

Les expérimentateurs choisirent un jeune prisonnier « volontaire », en bonne santé, que l'on transféra du pénitencier d'Angola en Louisiane à l'hôpital psychiatrique de Jackson situé à 40 minutes de la prison. On dissimula bien sûr au pauvre homme le risque du traitement expérimental auquel il avait donné son consentement. On lui injecta donc le virus cancérigène après l'avoir soumis aux effets d'une surdose de rayons X, ce qui eut pour effet de paralyser son système immunitaire et de favoriser le développement du cancer dans son organisme. Vingt-huit jours plus tard, ce prisonnier, placé en observation, décéda d'un cancer métastatique.

Malgré le secret entourant le protocole des essais chez l'homme, la nouvelle du meurtre du prisonnier parvint aux oreilles de Judyth Baker et remua profondément la conscience de la jeune chercheuse. Elle fit alors savoir par écrit au docteur Ochsner qu'elle refusait de cautionner plus longtemps un tel projet, arguant le fait que l'injection de matériaux pathogènes à un sujet sain, à son insu, était une pratique totalement contraire à son éthique. Dès qu'Ochsner eut reçu sa note, Baker fut immédiatement démise de ses fonctions et sortie du projet ultrasecret. Le 3 septembre 1963, redoutant d'éventuelles représailles de son chef et de ses acolytes et craignant pour sa vie, elle quitta la Nouvelle-Orléans pour la Floride où elle maintint un profil bas.

Cette décision lui sauvera la vie.

Quant à Lee Harvey Oswald, grâce à ses contacts avec la CIA et le FBI (comme nous l'avons appris dans le chapitre précédent sur l'assassinat de JFK), son implication dans le projet du docteur Ochsner fut cruciale. On lui confia de nombreuses missions secrètes et délicates : il était tantôt chauffeur, tantôt acheteur de l'équipement nécessaire au petit laboratoire de David Ferrie et, si le besoin s'en faisait sentir, laborantin. Il devait notamment tout savoir sur les conditions de conservation du virus. En effet, au cours de l'automne 1963, on le chargea de faire passer en contrebande l'arme biologique (une fois reconnue pour sa létalité chez l'humain) et de la remettre clandestinement au Mexique à des Cubains anti-Castro. Ces derniers devaient par la suite l'introduire subrepticement à Cuba et la confier à un médecin de l'entourage du dictateur cubain.[609] La « soupe » virale létale, de courte durée de conservation, était habilement dissimulée dans un thermos placé dans une boîte à lunch d'ouvrier. Mais le plan échoua lamentablement. Oswald avait bien tenté de faire passer l'arme biologique à Cuba via Mexico City, mais tout le projet subit un revers causé par Mère Nature. À cause de l'ouragan Flora qui sévissait sur Cuba (il fit près de 1700 morts entre fin septembre et mi-octobre 1963), les contacts d'Oswald furent dans l'incapacité de se présenter au rendez-vous et d'intercepter la livraison.[610]

On connaîtra plus tard le sort réservé à Oswald. Arrêté par la police de Dallas puis inculpé pour l'assassinat de JFK, il sera abattu par balle, le 24 novembre 1963, par Jack Ruby. Le bouc émissaire, trahi par ces contacts, n'aura pu livrer les secrets sur les projets funestes auxquels il avait participé.

Quant à Judyth Baker, toujours selon ses allégations, après l'assassinat de John Kennedy et l'arrestation puis l'élimination de son amant, David Ferrie l'aurait avertie dans une communication téléphonique non traçable qu'elle serait tuée si elle parlait à quiconque du projet clandestin de la CIA et lui aurait enjoint de rester sur ses gardes.

Bien plus tard, la prise de conscience de Judyth Baker l'amena néanmoins à briser des décennies de silence et à sortir de l'anonymat. En 2000, elle décida de contacter les producteurs de *60 Minutes*, l'émission télévisée de *CBS News*, car elle aspirait à révéler enfin son implication dans le complot anti-Castro soutenu par la CIA et la mafia de la Nouvelle-Orléans. Après s'être investis dans une enquête sur les révélations de Baker puis dans la préparation de leur émission, les producteurs de *CBS News*

---

[609] MEDesignman. The Project. Unethical Human Experiments, Carcinogenic Viruses, and Murder during the Cold War. By James Stewart Campbell, MD. 2013

[610] Spartacus Educational. Mary S. Sherman. By John Simkin. September 1997 (updated January 2020).

renoncèrent finalement à sa programmation.[611] Mais trois ans plus tard, frustrée par la campagne de scepticisme et de dénigrement menée par les médias à son égard, Bayer réussira à s'expliquer sur sa relation sentimentale avec Lee Harvey Oswald dans un documentaire de la chaîne *History Channel*.[612] Mais, une semaine plus tard, la chaîne retirera l'épisode de sa programmation et de sa rediffusion. En 2011, elle publiera enfin son livre dans lequel elle raconte avec moult détails sa liaison avec Oswald et sa participation au projet meurtrier.

Aujourd'hui, il est possible de trouver plusieurs interventions de Judyth Baker sur YouTube. À 77 ans, cette femme, qui cherche toujours à convaincre, effectue de très courtes visites de quelques jours aux États-Unis pour voir ses enfants et pour donner des conférences (je l'ai rencontrée longuement à Dallas en 2019 lors d'une convention sur l'assassinat de JFK). Mais elle vit la plupart du temps en exil, en Europe, en raison du harcèlement et des menaces potentielles de mort dont elle est l'objet aux États-Unis.

Le projet destiné à tuer Castro par l'injection du virus cancérigène ne s'arrêta pas immédiatement après les événements de Dallas. Il se poursuivit encore quelque temps sous la direction du docteur Ochsner, assisté de David Ferrie, mais fut interrompu après la mort de Mary Sherman, par crainte que n'aboutissent les enquêtes gouvernementales sur l'activité des laboratoires clandestins à la Nouvelle-Orléans.

Connaîtrons-nous réellement un jour les circonstances exactes de la mort de cette éminente chirurgienne ? Où a-t-elle été exactement assassinée ? Par qui ? Peut-on encore croire que le crime ait été commis dans sa chambre ?

Ed Haslam soutient que Mary Sherman a été victime d'un accident causé par une erreur de manipulation de l'accélérateur linéaire de particules au centre des maladies infectieuses de l'*US Public Health Service Hospital*. L'accident mortel se serait produit

---

[611] Polioforever's blog. Dr. Mary's Monkey. By Ed Haslam.

[612] Dr. Mary's Monkey: How the Unsolved Murder of a Doctor, a Secret Laboratory in New Orleans and Cancer-Causing Monkey Viruses are Linked to Lee Harvey Oswald… Prologue. By Edward T. Haslam. TrineDay; 1st edition (April 1, 2007)

alors qu'elle effectuait les opérations de mutation des virus, pour les injecter à nouveau à des souris suivant le cycle dont j'ai parlé plus haut.

L'auteur Ed Haslam et un investigateur de longue date, le Dr James Stewart Campbell, créateur du site medesignman.com sur Internet, ont avancé les hypothèses suivantes. L'intrigue autour du travail ultrasecret que Mary Sherman réalisait la nuit sur l'accélérateur d'électrons au laboratoire de l'hôpital de la santé publique, aurait finalement « fuité ». Un individu farouchement opposé au projet démasqué aurait saboté le circuit électrique de l'accélérateur. Autre hypothèse : l'interrupteur de verrouillage de sécurité de l'appareil aurait mal fonctionné par suite d'un entretien fait à la hâte.[613] Peut-être n'était-ce après tout qu'une erreur humaine ? Un opérateur mal formé, un assistant de Mary Sherman, aurait basculé l'interrupteur de verrouillage défectueux au mauvais moment.

Pour crédibiliser leur hypothèse sur les circonstances probables du drame, Haslam et Campbell ont envisagé le scénario suivant : la doctoresse, en se penchant contre l'accélérateur, aurait, par inadvertance, laissé sa main droite en contact avec un point sous haute tension situé à l'intérieur de l'immense appareil sans la retirer à temps avant d'actionner l'interrupteur défectueux. Le contact de sa paroi thoracique avec le boîtier électrique de la machine aurait soudainement provoqué un éclair aveuglant, tel l'effet d'une boule de feu. L'arc électrique conducteur de cinq millions de volts aurait parcouru tout le bras de Sherman et l'aurait vaporisé en quelques millisecondes. Le courant massif aurait également détruit le côté droit du thorax, le flanc, le cou et une partie du cuir chevelu en contact avec l'appareil. Gravement électrocutée et brulée par le faisceau de rayonnement, elle serait alors tombée, inconsciente, sur le sol.

Selon les deux auteurs, Sherman ne serait pas morte instantanément. Ses collègues dans la salle de contrôle, sous le choc, constatant qu'elle était toujours en vie, auraient cherché à mettre fin immédiatement à ses souffrances. À l'aide d'un

---

[613] MEDesignman. The Project. Unethical Human Experiments, Carcinogenic Viruses, and Murder during the Cold War. By James Stewart Campbell, MD. 2013

instrument contendant à portée de main, l'un d'eux l'aurait alors poignardée en plein cœur.

Avaient-ils réagi sous l'effet de la panique en accomplissant un acte d'euthanasie ? Ou faut-il voir plutôt un geste intentionnel, celui de tuer la doctoresse afin de faire croire à une mort immédiate et d'éviter ainsi une enquête approfondie par les autorités ? Les assistants de Sherman pouvaient aisément imaginer ce deuxième scénario : ils auraient à coup sûr informé le Dr Ochsner du drame et auraient reçu l'ordre de tuer Sherman sur le champ afin de camoufler les opérations secrètes du laboratoire. Les malheureux collègues ne pouvaient pas se permettre d'appeler les premiers secours ni de les laisser sortir le corps du laboratoire de l'hôpital. Si la doctoresse avait été emmenée aux urgences par l'un de ses collègues, la nature de ses très graves brûlures aurait pu donner des indices et générer des questions. À quel type d'appareillage avait-on affaire pour provoquer des blessures aussi effroyables ? À quel dessein pouvait-il servir dans un laboratoire dont l'existence était tenue secrète ?

Haslam et Campbell ont imaginé la scène de panique dans le laboratoire. Un collègue de Mary Sherman, resté sous le choc mais conscient d'agir au plus vite, aurait mis fin au supplice du Dr Sherman. Du fait de ses bonnes connaissances anatomiques et chirurgicales, il savait comment atteindre le cœur le plus rapidement possible. Il aurait alors enfoncé un couteau à lame étroite ou un scalpel dans la poitrine de la doctoresse à travers le 6$^\text{è}$ espace intercostal juste à gauche du sternum, créant ainsi une seule lacération profonde dans le ventricule droit. Un banal couteau de poche pliant aurait peut-être fait l'affaire. Sherman serait ainsi décédée peu de temps après par suite d'une exsanguination massive dans la cavité pleurale gauche.

Il fallait à tout prix éviter une enquête sur le projet occulte du laboratoire. Le camouflage s'imposait. Obéissant aux injonctions du Dr Ochsner, deux collègues de Mary Sherman, tout au plus, auraient été désignés pour déplacer son corps du laboratoire, probablement enveloppé dans un sac mortuaire cherché en toute hâte à l'hôpital d'à côté. En pleine nuit, sans se faire repérer, ils l'auraient transféré dans le coffre de sa propre voiture puis déposé dans la chambre de son appartement sans créer le moindre bruit. Il leur aurait été facile d'ouvrir la porte d'entrée de l'appartement de la doctoresse avec sa clé puis de couper l'alarme. (Ils connaissaient le code de l'alarme puisque son appartement leur servait de lieu de transfert des échantillons consacrés au projet clandestin.) Puis ils auraient placé le corps dévêtu sur le lit de sa chambre et l'auraient recouvert d'une pile de vêtements. Pour tenter de brouiller les pistes et de rendre convaincantes les graves brûlures sur son corps et la profonde entaille au cœur, ils auraient déguisé la cause de sa mort en la poignardant à multiples reprises – des coups de couteau post-mortem aux mains, aux bras, à l'abdomen, à la jambe et aux organes génitaux – dans le but de simuler une agression sexuelle. Puis ils auraient mis le feu au corps de Sherman et au lit au moyen d'un produit accélérateur d'incendie. Mais, dans leur précipitation, ils auraient commis une grave erreur. Ils auraient créé un feu ne faisant que de couver, produisant beaucoup de fumée, mais peu de chaleur et certainement pas les milliers de degrés nécessaires à la destruction du bras et de la paroi thoracique de Sherman. Les tueurs qui portaient vraisemblablement des gants – la police criminelle ne trouva aucune empreinte digitale suspecte dans l'appartement ni dans la voiture de Sherman – auraient ensuite simulé un cambriolage, détruit toutes les preuves qui pouvaient les incriminer et auraient conduit la voiture de Mary Sherman à une courte distance de son appartement. Toute l'opération se serait déroulée sans éveiller la curiosité des voisins du complexe d'appartements, au cours de cette nuit-là. Par faute de témoins et d'indices, sans pouvoir identifier le ou les coupables, comment l'enquête pouvait-elle aboutir ?

Il est regrettable que la police de la Nouvelle-Orléans ait classé l'affaire d'un meurtre vieux de près de 60 ans. Personne n'a prétendu savoir ce qui s'était passé exactement, ou n'a été en mesure d'orienter la police sur la piste du tueur du Dr Mary Sherman. Mais la rétention de documents susceptibles de prouver un assassinat est, en soi, suspecte. Pourquoi, par exemple, le FBI n'a-t-il pas publié le carnet d'adresses de la doctoresse ? Quels contacts sensibles contenait-il ?

Personne n'a cherché à faire supprimer ni n'a contesté le livre d'Ed Haslam. Que nous croyons ou pas à l'explication de l'auteur, tout nous laisse à penser que la dissimulation des circonstances exactes de la mort de cette chirurgienne renommée évoque un acte ignoble des puissants. Peut-être certains témoins ont préféré se taire ; ceux qui, dans le voisinage immédiat, auraient menti en déclarant aux enquêteurs n'avoir rien entendu, malgré les cloisons à la mauvaise acoustique. Comment n'a-t-on pas pu entendre le remue-ménage dans l'appartement de la victime poignardée une douzaine de fois et immolée par le feu, dans la nuit du 21 juillet 1964 ?

En l'absence de toute autre explication crédible, peut-on rejeter, comme improbable, le lien de la disparition de Mary Sherman avec sa participation à une expérience médicale ultrasecrète, controversée et bafouant les règles déontologiques ?

Enfin, il reste une question qui taraude sans doute l'esprit des lecteurs de ce chapitre : qu'est-il advenu de la culture du virus cancérigène actif ?

Selon le Dr James Stewart Campbell, après la mort du Dr Sherman, le projet occulte fut brutalement interrompu et l'accélérateur d'électrons de l'*US Public Health Service Hospital* fut secrètement et rapidement démantelé sous bonne garde militaire. Comme l'arme biologique létale pouvait être conservée sous azote liquide pour maintenir sa virulence, on pouvait garantir en principe son utilisation à tout moment dans un nouveau cycle de cultures tissulaires et d'injections chez l'animal. À ce stade, le virus avait-il été jugé suffisamment développé pour le répliquer sans avoir recours à l'étape consistant à potentialiser son effet cancérigène par une surdose de rayons X ?

Quels sujets « encombrants » les comploteurs, détenteurs d'un tel virus capable d'induire un cancer foudroyant, auraient-ils pu désigner comme prochaines victimes ?

Le malheureux prisonnier de l'hôpital psychiatrique de Jackson sur qui on avait expérimenté l'arme virale cancérigène pour la première fois, a-t-il été la seule victime ? Car, on le sait, malgré l'ingéniosité de ces comploteurs, Fidel Castro, à la baraka providentielle, avait de nouveau échappé à cette tentative d'assassinat.

Un homme a avancé l'hypothèse selon laquelle la souche virale cancérigène, maintenue active, avait pu, une fois de plus, être utilisée par les puissants pour éliminer un témoin majeur dans une retentissante affaire d'assassinat. Cet homme est Jim Garrison, le procureur du district de la Nouvelle-Orléans dont j'ai parlé plus haut. En effet, dès qu'il eut appris la nouvelle de la mort du Dr Mary Sherman, Garrison y a vu tout de suite le lien entre les suspects du complot d'assassinat de JFK et l'opacité des recherches clandestines du Dr Mary Sherman sur le cancer. Pour lui, il ne faisait aucun doute que l'implication des assistants de Sherman, David Ferrie et Lee Harvey Oswald, lui-même en accointance avec Jack Ruby, son assassin, justifiait totalement son enquête à la Nouvelle-Orléans.[614]

Certains ont cautionné les allégations de Jim Garrison selon lesquelles Jack Ruby aurait été victime de l'effet cancérigène de l'arme virale en question. Dans le prochain chapitre, nous allons brièvement couvrir les rumeurs qui ont couru à l'époque sur sa mort mystérieuse. Celle-ci fut classée officiellement comme mort de cause « naturelle » par suite d'un cancer fulgurant. Selon des sources crédibles, la souche virale cancérigène, maintenue active sous congélation dans un laboratoire secret, aurait servi à provoquer la mort de Ruby avant même sa comparution dans un second procès pour l'assassinat de Lee Harvey Oswald, par crainte qu'il ne fournisse des révélations retentissantes.

---

[614] The Times-Picayune. In the death of Doctor Mary Sherman, strange myths pale next to stranger facts. July 19, 2014.

# Jack L. Ruby

## (Dallas, Texas – 3 janvier 1967)

DEUX ANS ET DEMI après la mort du Dr Mary Sherman, Jack Ruby est formellement inculpé du meurtre de Lee Harvey Oswald, l'assassin présumé du Président Kennedy. Le 14 mars 1964, il est condamné à mort, après avoir perdu son premier procès. Mais sa condamnation est annulée, le 5 octobre 1966, par la cour d'appel du Texas.

Incarcéré dans la prison du comté de Dallas, Ruby est alors dans l'attente de son procès en appel. Le processus judiciaire semble suivre son cours, mais, le 9 décembre 1966, on le transfère au *Dallas Parkland Hospital* pour une « pneumonie ». Il ne lui reste plus que vingt-cinq jours à vivre.

En réalité, Ruby est atteint d'un cancer pulmonaire dont le développement métastatique a gagné la plupart de ses organes. Avant son transfert à l'hôpital, Ruby s'était plaint d'avoir reçu des injections suspectes d'un médecin venu le « traiter » dans sa prison pour une infection respiratoire.[615] Il avait alors confié à ses geôliers qu'il pensait qu'on lui avait injecté des cellules cancéreuses.

Selon un ancien officier de justice de Dallas, au cours de son incarcération, Ruby aurait été exposé aux rayons X pendant plusieurs séances dont une aurait duré au moins quinze ou vingt minutes. Dès lors, son organisme se serait considérablement affaibli. Soumis à une telle dose d'irradiation, la virulence de l'injection administrée par la suite par le médecin aurait été suffisante pour provoquer un cancer généralisé.

On doit, sans conteste, accepter les faits. La rapidité de la maladie de Ruby fut fulgurante. Son décès, causé par une embolie pulmonaire secondaire à un carcinome bronchique, eut lieu curieusement peu de temps avant son second procès. Ces faits et les propos de l'ancien officier de justice de Dallas nous laissent à penser que les circonstances de la disparition de l'assassin de l'assassin présumé de JFK ont été plutôt suspectes.

L'autopsie de Jack Ruby révéla la présence de tumeurs cancéreuses disséminées dans tout le corps, en forte concentration notamment dans le poumon droit. L'adénocarcinome pulmonaire métastatique s'était propagé dans la plèvre, les ganglions lymphatiques, le foie, le pancréas, l'hémisphère cérébral droit, les côtes et les vertèbres.

Selon l'éminent médecin légiste, Cyril Wecht, l'injection hypothétique de cellules cancéreuses couplée à une surdose de rayons X aurait pu induire un cancer généralisé chez Ruby.[616] Ce fut également l'opinion de plusieurs enquêteurs : le journaliste américain Penn Jones, l'écrivain américain Norman Mailer et le procureur Jim Garrison. Tous trouvèrent fort troublant le fait que Jack Ruby soit décédé d'un cancer quelques semaines après l'annulation de sa condamnation à mort par la cour d'appel et notamment après sa demande d'être jugé en dehors de l'État du

---

[615] MEDesignman. The Project. Unethical Human Experiments, Carcinogenic Viruses, and Murder during the Cold War. By James Stewart Campbell, MD. 2013

[616] Cyril Wecht MD. The JFK Dallas Conference. November 2019

Texas, ce qui lui permettait de parler plus librement qu'à Dallas.[617] Garrison fut convaincu que Jack Ruby avait été contraint de tuer Lee Harvey Oswald pour le faire taire. Le tenancier de cabaret devait honorer le contrat dicté par la Mafia comme je l'ai amplement couvert dans le chapitre précédent consacré au complot d'assassinat de JFK. Pour Garrison, il était tout à fait concevable que Ruby représentât également une menace aux yeux des architectes de la conspiration. L'élimination de Ruby, à son tour, pour l'empêcher de révéler la vérité au cours d'une nouvelle audience devenait une nécessité absolue.

Si Oswald avait vécu un jour de plus, il aurait très probablement cité des noms de personnes impliquées dans une vaste conspiration pour assassiner JFK. De même, Ruby aurait vraisemblablement révéler des informations extrêmement compromettantes. Dans les derniers jours de sa vie, cet homme confus avait insinué publiquement que de très hauts responsables du gouvernement étaient derrière l'assassinat du Président Kennedy et le camouflage de l'enquête.

Les archives historiques vidéo le confirment. Voici les propos de Ruby lors d'une rare interview en 1965 : « Tout ce qui touche aux événements n'a jamais fait surface. Le monde ne connaîtra jamais les véritables faits qui se sont passés – mon mobile. Les personnes qui avaient tant à gagner et qui voyaient des raisons de me mettre dans la position où je suis ne permettront jamais de dévoiler au monde les véritables faits ». Le reporter à qui Ruby se confiait lui demanda alors : « Ces personnes, sont-elles très haut placées, Jack ? ». Ruby répondit par l'affirmative.[618]

Ruby avait supplié qu'un des membres de la Commission Warren lui rende visite dans sa prison et qu'il soit transféré à Washington, car il ne se sentait pas en sécurité en restant à Dallas. Earl Warren et Gerald Ford avaient finalement accepté de venir l'interroger dans sa cellule, à Dallas. Ruby leur avait alors dit qu'il

[617] 22 November 1963. An Introduction to the JFK Assassination. Jim Garrison: Interview with Playboy: Jack Ruby

[618] Jack Ruby Press Conference, YouTube, http://www.youtube.com/watch?v=we2eucWXqjg

tenait à corriger le mobile de son meurtre. Son prétendu acte de « patriotisme » n'était pas la vraie raison et il n'avait pas dit la vérité lors de son arrestation. Mais, quand son transfert à Washington lui avait été refusé, Ruby avait exprimé sa frustration dans ces termes : « Alors, je ne serai plus là pour qu'on m'interroge de nouveau… Je veux dire la vérité, mais je ne peux pas la dire ici… On m'utilise comme bouc émissaire…. Si je suis éliminé, il n'y aura aucun moyen de savoir… Je suis le seul qui puisse dire la vérité sur ce qui est arrivé à notre président… ». Puis résigné, il avait eu ces mots : « Vous m'avez perdu, Juge Warren. »[619]

Revenons sur les circonstances de la mort du tueur d'Oswald. Existait-il, chez Jack Ruby, des facteurs de risque de contracter un cancer pulmonaire ? Comment expliquer l'induction spectaculaire de sa maladie et son évolution en phase terminale en si peu de temps ?

Bien que non-fumeur pendant toute sa vie, son exposition au tabagisme passif dans les bars et les cabarets enfumés qu'il fréquentait aurait pu le prédisposer au cancer pulmonaire. Mais comme l'autopsie le révéla, le cancer de Ruby s'était propagé également partout dans son organisme, notamment dans le système digestif, les os et le cerveau. L'inhalation passive, involontaire, de la fumée de tabac pouvait-elle être responsable de la dégradation généralisée de ses organes (à l'autopsie, on décela quinze tumeurs dans son cerveau) ?[620] Peut-être y avait-il eu d'autres facteurs de risques ? Pourquoi ne s'était-il pas plaint à son entourage de symptômes alarmants : fatigue, toux persistance, difficulté à respirer, crachats sanglants, manque d'appétit, perte de poids ? Comment son cancer s'était-il donc déclenché ?

L'écrivain, Alan Adelson, a livré, dans son livre intitulé « *The Ruby Oswald Affair* », les propos d'Eva Grant, la sœur de Jack Ruby.[621] Celle-ci confia qu'elle avait remarqué que son frère était

---

[619] Robert J. Groden, The Killing of a President, Vicking Studio Books, 1993

[620] The JFK Assassination Dissected. An Analysis by Forensic Pathologist Cyril Wecht. By Cyril H. Wecht, M.D., J.D. and Dawna Kaufman. Exposit. 2022

[621] The Ruby Oswald Affair. By Alan Adelson. December 1, 1988

tombé malade en juin 1966 et qu'en septembre, deux mois avant son hospitalisation, il vomissait tous les jours. Si les symptômes de sa maladie étaient évidents pendant l'été 1966, il est possible que l'apparition du cancer ait coïncidé avec la visite d'un médecin dans la prison de Ruby dès 1964. On sait que le psychiatre, le Dr Louis Jolyon West s'y était rendu en avril 1964 et qu'il lui avait administré des médicaments. Ruby était convaincu que les injections qu'il avait reçues en prison contenaient des cellules cancéreuses et qu'on cherchait à le tuer de cette façon.

Était-ce de la paranoïa de sa part ? Une pratique similaire eut pourtant bien lieu en milieu hospitalier et fit scandale aux États-Unis en janvier 1964 : des patients âgés du *Jewish Chronic Disease Hospital* de Brooklyn avaient reçu des injections de cellules cancéreuses vivantes, sans leur consentement, dans le cadre d'une expérience menée par deux éminents médecins du *Sloan Kettering Institute*.[622]

Sur son site Facebook, Judyth Baker, dont j'ai parlé dans le précédent chapitre, nous éclaire un peu plus sur les circonstances du décès de Jack Ruby, victime d'une exposition intense et prolongée aux rayons X.[623] Prodige de la recherche sur le cancer, Baker avait ressenti, très jeune, la vocation de contribuer à la découverte d'un traitement contre la maladie. Le décès de sa grand-mère d'un lymphosarcome l'avait beaucoup affectée et avait provoqué chez elle la décision d'œuvrer pour cette cause. Par la suite, elle remporta divers concours scientifiques puis créa son propre laboratoire de recherche sur le cancer et le tabagisme.[624]

Judyth Baker mena sa propre enquête sur les causes de la mort de Ruby. Sur son site, elle prétend que le *Dallas Parkland Hospital*

---

[622] The New York Times. Hospital accused on cancer study; Live Cells Given to Patients without Their Consent. Jan. 21, 1964.

[623] https://www.facebook.com/judyth.vary.baker.straight.talk/posts/more-shocking-info-on-jack-rubys-x-ray-poisoning-at-parkland-along-with-almost-4/2461236120789385/

[624] Oncology Times. Was There a Cancer Research Connection to the Kennedy Assassination? By Eric T. Rosenthal. November 13, 2012

avait pratiqué sur Jack Ruby près de 400 séances d'exposition aux rayons X sur dix-sept jours dont 175 sur cinq jours. L'adjoint du shérif de Dallas, Al Maddox, qui était présent à la mort de Jack Ruby, affirma que Ruby avait protesté qu'un médecin lui avait injecté des cellules cancéreuses.[625]

Selon l'article du Sunday Times du 25 août 1974, Ruby avait déclaré au psychiatre Werner Teuter que l'assassinat de JFK était « un acte de renversement du gouvernement » et qu'il savait « qui avait tué le Président Kennedy ». Il avait ajouté : « Je suis condamné. Je ne veux pas mourir. Mais je ne suis pas fou. J'ai été piégé pour tuer Oswald »…[626]

Jack Ruby emporta donc son secret dans sa tombe. Un demi-siècle plus tard, le moins qu'on puisse dire, c'est que les circonstances de sa mort restent bien mystérieuses.

[625] Spartacus Educational. Judyth Vary Baker. By John Simkin. September 1997 (updated January 2020).

[626] Mirror. Was Lee Harvey Oswald's killer Jack Ruby injected with cancer to stop him revealing who really shot JFK? By Rod McPhee. January 6, 2017.

# David W. Ferrie

## (Nouvelle-Orléans - 22 février 1967)

NOUS AVONS VU, dans un précédent chapitre, que, parmi les assistants du Dr Mary Sherman, David Ferrie avait eu un rôle prépondérant dans l'exécution d'un projet biologique secret à la Nouvelle-Orléans pendant l'été 1963. Ce pseudoscientifique excentrique travaillait sur ce projet dans un « laboratoire » primitif clandestin qu'il avait créé dans sa maison au 3330 Louisiana Avenue Parkway.

À plusieurs reprises, David Ferrie avait été amené à comparaître devant le procureur du district de la Nouvelle-Orléans, Jim Garrison, dans le cadre de l'enquête menée par ce dernier, au début de 1967, sur le complot d'assassinat de JFK. Soupçonnant Ferrie de complicité, Garrison avait fait savoir qu'il envisageait d'assigner son principal suspect en justice. Mais, quelques jours plus tard, avant sa convocation à un éventuel procès, on découvrit Ferrie, chez lui, mort dans son lit. Mort de cause « naturelle » conclura l'enquête officielle. Ce fut un suicide diront certains.

D'autres spéculeront que l'homme de 48 ans avait été assassiné pour l'empêcher de parler au procès.

Qui était David Ferrie ? Pour Jim Garrison, Ferrie était un « être pathétique et torturé, mais un homme brillant dont les pulsions avaient contribué à créer son propre enfer ».[627] Ancien pilote de compagnies aériennes et d'avion privé, puis pseudo laborantin à ses heures, il affichait des opinions politiques de droite et ne cachait pas sa haine envers Fidel Castro et son gouvernement. À part Oswald qu'il connaissait bien, il fréquentait également l'homme d'affaires Clay Shaw, Guy Banister, un enquêteur privé et ancien agent du FBI, Jack Ruby et Carlos Marcello, le chef mafieux de la Nouvelle-Orléans. Garrison surveillait étroitement ces individus peu recommandables pour leur participation éventuelle à l'assassinat du Président Kennedy.[628]

Dans son livre biographique sur David Ferrie[629], Judyth Baker confirme ce que nous avons appris dans un précédent chapitre à savoir que Ferrie assistait le Dr Mary Sherman dans un projet scientifique ultrasecret mené au laboratoire de virologie de l'*Ochsner Clinic Medical Foundation* à la Nouvelle-Orléans. Ferrie, Bayer et, dans une moindre mesure, Oswald, travaillaient pour le compte du Dr Ochsner sur le projet financé par la CIA visant à tuer Fidel Castro par injection d'un virus provoquant un cancer foudroyant. C'est ainsi que, durant l'été 1963, Judyth Baker et David Ferrie participaient aux expériences de vivisection sur les tumeurs cancéreuses de souris dans le « laboratoire » de Ferrie pour le compte du Dr Mary Sherman et du Dr Ochsner.

En octobre 1967, Jim Garrison donna une interview au magazine Playboy dans laquelle il confirma que David Ferrie portait un grand intérêt à la recherche sur le cancer. Ce dernier disposait d'un nombre impressionnant de souris blanches, chez lui, pour ses expérimentations. À un moment donné, son

---

[627] 22 November 1963. An Introduction to the JFK Assassination. Jim Garrison: Interview with Playboy: David Ferrie

[628] Spartacus Educational. David Ferrie. By John Simkin. September 1997 (updated January 2020).

[629] David Ferrie. By Judyth Vary Baker. Trine Day. Illustrated edition. October 22, 2014.

laboratoire en contenait près de 2000, ce qui suscita des plaintes de ses voisins. Garrison savait que Ferrie écrivait un traité médical sur la recherche du cancer et qu'il travaillait avec plusieurs médecins de la Nouvelle-Orléans, dont le Dr Mary Sherman, sur les moyens d'induire le cancer chez la souris.

Grâce à son enquête sur l'assassinat de JFK, Garrison avait indéniablement prouvé que Jack Ruby, Lee Harvey Oswald et David Ferrie, non seulement se connaissaient, mais travaillaient ensemble pour le compte de la CIA et d'exilés cubains anti-Castro.[630] Depuis le fiasco de l'invasion de la Baie des Cochons, Ferrie détestait Kennedy autant que Castro et estimait que JFK avait trahi la brigade d'invasion de Cuba en refusant la couverture aérienne. De plus, la détente entre la Russie et l'Amérique, amorcée par John Kennedy, n'avait fait que d'attiser la haine de Ferrie contre le président. Garrison avait également découvert que Ferrie avait reçu d'importantes sommes d'argent dans les trois semaines précédant l'assassinat de JFK.

Bien que Ferrie ait déclaré qu'il n'avait jamais connu Oswald, une photographie publiée en 1993 dans *Frontline*, un documentaire de PBS et le témoignage de six personnes apportèrent toutefois la preuve qu'ils avaient été vus ensemble. Dans les années cinquante, Ferrie dirigeait l'unité de patrouille aérienne civile aux réunions desquelles Oswald était bien présent.[631]

Le rapport du *House Select Committee on Assassinations*, publié en 1979, confirma également l'association des deux hommes : Lee Harvey Oswald avait vécu à la Nouvelle-Orléans pendant l'été 1963 et avait fréquenté des Cubains anti-Castro ainsi qu'un activiste américain anti-Castro du nom de David Ferrie.[632]

Aux termes d'une enquête minutieuse, Jim Garrison fit ainsi l'annonce retentissante selon laquelle Ferrie avait fait partie de la

---

[630] JFK Lancer; Jim Garrison's Playboy Interview. Part three. Jfklancer.com/Garrison4.html

[631] Oswald, David Ferrie and the Civil Air Patrol, House Select Committee on Assassinations, Volume 9, 4, p. 110.

[632] HSCA Final Assassinations Report, House Select Committee on Assassinations, p. 147

conspiration pour assassiner Kennedy. Il s'apprêtait à l'arrêter lorsqu'il apprit sa mort, le 22 février 1967, deux semaines seulement après ses révélations. À l'annonce du décès, le procureur déclara : « Le suicide apparent de David Ferrie met fin à la vie d'un homme qui, à mon avis, était l'une des personnes les plus importantes dans cette affaire. Les preuves développées par notre bureau avaient depuis longtemps confirmé qu'il était impliqué dans des événements qui ont abouti à l'assassinat du Président Kennedy ... Nous n'avons pas mentionné son nom publiquement jusqu'à présent. La nature unique de cette affaire ne me laisse plus aucune autre ligne de conduite. »[633]

Selon un des assistants de Garrison, Ferrie, apprenant que l'étau se resserrait sur lui, lui aurait dit : « Vous savez ce que cette nouvelle fait de moi ? Je suis un homme mort. À partir de maintenant, croyez-moi, je suis un homme mort. »[634]

Le coroner Nicholas Chetta et le pathologiste Ronald A. Welsh pratiquèrent l'autopsie de David Ferrie. On demanda au médecin légiste Cyril Wecht, invité à la *JFK Dallas Conference* en novembre 2019, ce qu'il pensait des conclusions du rapport de l'autopsie de David Ferrie. Wecht précisa que David Ferrie était décédé d'une rupture d'un anévrisme des baies congénital le long du cercle de Willis à la base du cerveau. Le coroner avait en outre repéré un hématome sous-dural massif présentant une hémorragie sous-arachnoïdienne et des hémorragies pontiques secondaires ainsi qu'un œdème pulmonaire. La rupture de l'anévrisme avait pour origine une maladie cardiovasculaire hypertensive. Chetta et Welsh n'avaient décelé aucune marque de violence sur le corps de Ferrie, ce qui leur avait permis de conclure qu'il n'y avait pas eu meurtre. Compte tenu que l'hémorragie cérébrale massive était due à une rupture d'anévrisme, la cause officielle de la mort avait été classée comme « naturelle ».

---

[633] Spartacus Educational. David Ferrie. By John Simkin. September 1997 (updated January 2020).

[634] Mirror. Was Lee Harvey Oswald's killer Jack Ruby injected with cancer to stop him revealing who really shot JFK? By Rod McPhee. January 6, 2017.

Toutefois, certains sceptiques ont douté des conclusions du rapport d'autopsie. Un acte criminel pouvait-il avoir été la cause de la mort de Ferrie ?

Il était bien connu que Ferrie était traité pour une hypothyroïdie. Il prenait du Proloid (levothyroxine). Chez un sujet souffrant d'insufisance cardiaque, un surdosage massif de lévothyroxine peut entraîner une augmentation du risque de décès.[635] Dans le cas de Ferrie, le surdosage de ce médicament aurait-il pu provoquer un anévrisme lié à une hypertension artérielle ?

Bien que les enquêteurs aient été formels - ils ne décelèrent aucun signe de lutte dans la maison de Ferrie - les rumeurs d'assassinat allèrent bon train. Ses meurtriers l'auraient-ils contraint d'avaler davantage de comprimés que son traitement ne le préconisait ? Les avait-on introduits de force dans la gorge ? Craignant la poursuite des interrogatoires de Ferrie prévue dans l'enquête de Garrison ou même l'échéance de son témoignage au procès, l'aurait-on assassiné pour éviter qu'il ne parle ?

On peut le penser. Le Dr Cyril Wecht s'interroge en effet sur les lacunes du rapport d'autopsie et note beaucoup d'imprécisions dans cette affaire. Si le rapport faisait référence, à de nombreuses reprises, à l'absence d'hémorragies dans l'œsophage, l'estomac, et les glandes surrénales, pourquoi n'a-t-on pas prévu la nécessité d'effectuer des tests complémentaires sur ces organes ? Il parait aberrant à Wecht qu'aucune recommandation n'ait été faite sur la nécessité d'effectuer une analyse du contenu stomacal. On aurait ainsi pu déterminer la nature et la concentration des médicaments dans l'organisme de Ferrie, ce qui aurait permis de confirmer soit une prise contrôlée selon la prescription médicale pour traiter son hypertension artérielle et son hypothyroïdie soit un surdosage fatal s'il s'était suicidé ou si on l'avait forcé à avaler une quantité considérable.

Ferrie souffrait d'alopécie. Il était affreusement affublé d'une grossière perruque qui semblait avoir été découpée dans une carpette rousse et d'épais faux sourcils comme s'ils avaient été

---

[635] American Thyroid Association. Hypothyroidism. Levothyroxine treatment increases mortality in patients with heart failure. Vol 12 Issue 5 p.9-10. By Alina Gavrila, MD, MMSC. May 2019

grossièrement crayonnés. Cyril Wecht s'étonne qu'on ait trouvé Ferrie, nu dans son lit, son toupet roux et ses faux sourcils toujours en place alors qu'il les ôtait habituellement pour dormir.[636]

À l'examen physique du corps de Ferrie, on repéra des marques labiales au visage. Elles sont bien visibles sur les photos d'autopsie rendues publiques. Dans son livre « David Ferrie », Judyth Baker apporte une explication sur ce détail.

Dans leur rapport, les docteurs Chetta et Welsh ont décrit « une petite zone de sécheresse localisée sur la face interne de la lèvre supérieure, côté droit, mesurant 2 cm de long et de couleur légèrement brun rougeâtre ainsi qu'une zone moins bien définie au niveau de la lèvre inférieure immédiatement située sous la lésion de la lèvre supérieure, les deux zones ne présentant aucune hémorragie profonde ni aucun gonflement ».[637] Dans le rapport d'autopsie, il est bien écrit « lésion » et non « contusion ». (Une lésion est une modification de la structure d'un tissu vivant, autrement dit, dans le cas de Ferrie, une plaie résultant d'une rupture de l'épithélium labial.) Baker avance l'hypothèse selon laquelle on aurait forcé Ferrie à avaler une quantité importante de ses médicaments. D'après ses recherches, Ferrie s'était procuré cent comprimés de Proloid, la veille de sa mort. Mais comme on ne trouva qu'un flacon de sept comprimés dans sa chambre, le coroner de renommée nationale, Frank Minyard, en a déduit l'intervention possible de tueurs qui auraient forcé un mélange aqueux des comprimés thyroïdiens dans la gorge de Ferrie, à l'aide d'un tube, ce qui aurait provoqué les lésions labiales visibles sur les photos d'autopsie.[638]

Le coroner et le pathologiste conclurent que la mort de Ferrie était survenue à la suite d'une rupture d'anévrisme. À leurs yeux, il n'y avait aucune preuve de suicide ni de meurtre. On trouva

---

[636] Cyril Wecht MD. The JFK Dallas Conference. November 2019

[637] Autopsy protocol. David Ferrie. February 22, 1967 at 3:00 P.M http://mcadams.posc.mu.edu/ferrie_autopsy.htm

[638] David Ferrie. By Judyth Vary Baker. Trine Day. Illustrated edition. October 22, 2014.

toutefois suspect que deux notes de suicide se soient trouvées dans son appartement. On supposa que Ferrie les avait écrites.

Cette découverte laissa le procureur Garrison perplexe : « Le fait que, la nuit où il a écrit deux notes de suicide, Ferrie soit mort de cause naturelle est peut être une étrange coïncidence…Mais je n'exclus pas le meurtre. »[639]

Les deux lettres étaient dactylographiées, non signées et non datées. L'une d'elles ressemblait plutôt à une note de suicide : « Quitter cette vie est, pour moi, une douce perspective. Je n'y trouve rien de désirable et par contre tout est [pour moi] répugnant ». L'autre était adressée à un ami cher, Al Beauboeuf, à qui il avait décidé de léguer tous ses biens : « Quand tu liras ceci, je serai tout à fait mort et aucune réponse ne sera possible. Je me demande comment tu vas justifier les choses…. Ainsi je meurs seul et mal aimé. »[640]

Avouons que les circonstances de la mort de David Ferrie sont bien mystérieuses. Sur la base des faits dont on dispose, il reste difficile de déterminer, de manière irréfutable, la cause réelle de sa mort.

La médecine légale ne peut statuer que sur une des quatre causes possibles de décès si la victime est soumise à un examen post-mortem en cas de mort suspecte ou à la demande d'un proche : mort naturelle/accidentelle, suicide, meurtre ou mort de cause indéterminée. Dans le cas de Ferrie, il semble que l'on puisse attribuer sa mort à l'une ou l'autre de ces causes. Nous avons le constat officiel - cause de mort naturelle (rupture d'anévrisme cérébral) - mais qui est contesté de nos jours. Pour certains, le suicide est évident (deux notes de suicide). Pour d'autres, il s'agit d'un meurtre (notes de suicide dactylographiées et non signées ; lésions des lèvres provoquées par l'hypothétique absorption du traitement thyroïdien ou d'une autre substance, sous la contrainte, en présence de tueurs). Cette dernière

---

[639] Mirror. Was Lee Harvey Oswald's killer Jack Ruby injected with cancer to stop him revealing who really shot JFK? By Rod McPhee. January 6, 2017.

[640] David Ferrie's "Suicide Notes". http://mcadams.posc.mu.edu/death10.htm

hypothèse semble la plus plausible du fait que Ferrie, suspecté d'avoir participé au complot d'assassinat de JFK, alors qu'il était l'objet d'une enquête qui se resserrait sur lui, se sentait menacé de mort et qu'il savait qu'il risquait d'être éliminé en tant que témoin « embarrassant ».

Qu'il ait été tué pour avoir participé également aux recherches illicites du développement d'une arme biologique destinée à tuer Fidel Castro est une explication tout aussi crédible.

Quel qu'ait pu être la cause de la mort de David Ferrie, son implication dans plusieurs affaires troublantes laisse à penser qu'il y a matière à ce qu'elle soit plutôt d'origine criminelle. Même si cela n'a jamais pu être totalement discrédité ni prouvé sans l'ombre d'un doute.

# John F. Kennedy Junior

## (Martha's Vineyard, U.S.A. - 16 juillet 1999)

Dans la nuit du 16 juillet 1999, un Piper Saratoga, immatriculé N9253N, vole en direction de Martha's Vineyard, île au large de la côte du Massachussetts. L'avion privé monomoteur est piloté par John F. Kennedy Junior, 38 ans, fils du Président Kennedy assassiné à Dallas, trente-six ans plus tôt, et de Jacqueline Kennedy Onassis.

À bord, se trouvent également deux autres passagers : la femme de JFK Jr., Caroline Bessette Kennedy, 33 ans, et sa belle-sœur, Lauren Bessette, 34 ans. John Kennedy Jr. et son épouse sont en route pour Hyannis Port, près de Cape Cod, dans le Massachussetts.

JFK Jr. a prévu d'atterrir à Martha's Vineyard pour y déposer sa belle-sœur puis de redécoller vers Hyannis Port, où se trouve la prestigieuse résidence de la famille Kennedy déjà réunie pour assister à la cérémonie du mariage de la cousine Rory, l'une des filles de feu Robert F. Kennedy.

La chronologie des événements qui vont suivre est capitale. Les trois passagers décollent, précisément à 20 h 38, ce vendredi, de l'aéroport de Fairfield dans le New Jersey, situé à 300 kilomètres de distance de Matha's Vineyard. Après une heure de vol, le dernier message radio de JFK Jr. indique que le vol est sans histoire. Puis, vers 22 h 00, l'avion disparaît du radar. Il ne parviendra pas à destination et s'abîmera dans les eaux de l'Océan Atlantique, à huit miles nautiques de Martha's Vineyard.

À deux heures du matin, la famille Kennedy signale aux autorités que l'avion de John F. Kennedy Jr. n'a pas atterri à Hyannis Port comme prévu. Les recherches commencent vers quatre heures du matin.[641] Les avions de l'*U.S. Coast Guard* et de l'*U.S. Air Force* mènent les opérations afin de localiser l'avion porté disparu.

Dans la résidence des Kennedy, à Hyannis Port, où le mariage n'aura plus lieu, les familles sont fébriles dans l'attente de nouvelles rassurantes. Tout au long de la matinée, à l'extérieur du large périmètre du *Kennedy Compound*, une foule de badauds, contenue par la police, attend avec anxiété dans un silence presque religieux, en communion avec les membres des familles Kennedy et Bessette. D'énormes camions de médias américains et étrangers ont déjà déployé leur antenne parabole satellite pour relayer les nouvelles… ou plutôt l'absence de nouvelles. (Mon épouse, ma fille et moi-même faisions partie de cette foule, par le simple hasard d'une halte à Hyannis Port, pendant nos vacances estivales dans le Massachussets.)

Au bout de deux jours de recherches, on abandonne l'espoir de retrouver des survivants. Le long d'une plage de Martha's Vineyard, on découvre des bagages et les débris d'un petit avion. Il n'y a pas de doute. C'est bien ceux du Piper Saratoga de JFK Jr. On l'identifie grâce à l'immatriculation N9253N.

Trois jours plus tard, les plongeurs de la Marine découvrent, proche de la pointe de l'île, les trois passagers de l'avion. Les

---

[641] Pennlive.Patriot News. Life & Culture.Remembering JFK Jr. 20 years after his death.Jul 15, 2019. By Deb Kiner.

corps, gisent à 35 mètres au fond de l'océan et sont toujours attachés à leur siège.

La noce prévue à Hyannis Port tourne en veillée funèbre. L'immense tente blanche qui devait abriter une réception pour 275 invités, devient un lieu de rassemblement et de prière pour les familles.

L'une des familles les plus admirées des États-Unis a perdu son héritier. Les membres des familles Kennedy et Bessette, sous le choc, ont prévu un service commémoratif en mer, pour les trois victimes qui ont été préalablement incinérées après autopsie. Le 22 juillet, les familles se recueillent à bord du destroyer USS Briscoe, au large des côtes de Martha's Vineyard, et dispersent les cendres en mer. La Marine veille à tenir les hélicoptères des médias loin du vaisseau, où se tient l'oraison funèbre, par déférence pour les familles.[642]

La mort soudaine et prématurée de John Kennedy Jr. est ressentie comme une grande perte pour la nation américaine. Dans tout le pays, elle pleure la disparition du fils du président qui, très médiatisé, l'avait fascinée. Une fois de plus, le peuple américain partage la tristesse de la famille Kennedy déjà éprouvée par une série de tragédies qui semblent la hanter, sans répit, au fil des ans.

Nous avons tous gardé en mémoire les photographies touchantes du petit John-John, comme on l'appelait. On le revoit encore : jouant près de son père dans le bureau ovale de la Maison-Blanche ou courant pour l'embrasser à sa descente de l'hélicoptère présidentiel ou bien encore, à l'âge de trois ans, faisant un salut militaire de la main, maladroit mais émouvant, au passage du cercueil de son père assassiné.

Selon le rapport officiel du *National Transportation Safety Board* (NTSB)[643], après examen de l'épave du Piper Saratoga, les

---

[642] Gellman, Barton; Ferdinand, Pamela (1999-07-23). Kennedy, Bessettes Given Shipboard Rites. Washington Post. July 23, 1999.

[643] National Transportation Safety Board. NTSB ID: NYC99MA178  July 6, 2000.

enquêteurs ne trouvent aucun problème lié aux systèmes mécaniques et de navigation. Pour expliquer la tragédie, le NTSB impute la responsabilité uniquement à John Kennedy Jr. Il conclut que son inexpérience de pilote et son insouciance ont été à l'origine de la perte de contrôle de son avion dans des conditions météorologiques mauvaises qu'il avait sous-estimées. Une brume épaisse devait l'empêcher d'apercevoir, en basse altitude,_les lumières de Martha's Vineyard, puisque, le NTSB le rappelle, JFK Jr. pilotait à vue.

Pour les autorités, JFK Jr. a porté, à lui seul, la responsabilité de son imprudence, cette nuit-là. On lui reproche beaucoup : notamment sa décision de voler en solo, sa méconnaissance du pilotage aux instruments et son indifférence au risque que pouvait représenter sa cheville fracturée, quelques jours plus tôt, mais non encore complètement guérie.[644]

Le crash de l'avion est-il un simple accident dont la cause est uniquement imputée à l'imprudence du jeune avocat ? Faut-il voir quelque chose de bien plus sinistre, balayée sous le tapis, comme cela a été le cas pour les deux assassinats des frères Kennedy ?

Dans l'accident de JFK Jr., plutôt que d'y voir une erreur humaine de pilotage, certains enquêteurs n'ont pas exclu l'éventualité d'une panne de moteur ; d'autres, des formes de dysfonctionnement de l'équipement ou même un sabotage.

Nous allons voir que de nombreuses explications fournies dans la version officielle ont été contredites par les résultats d'enquêtes sérieuses qui ont avancé une tout autre version des faits.

John F. Kennedy Junior aurait-il été une cible ? Sa mère, Jacqueline Kennedy Onassis, le pensait. Doublement traumatisée par l'assassinat de son mari, à Dallas, en 1963, et par celui de son beau-frère, Robert Kennedy, à Los Angeles, cinq ans plus tard, n'avait-elle pas dit : « S'ils tuent des Kennedy, alors mes enfants sont des cibles… » ?[645] Elle avait tout fait pour les prémunir d'un

[644] Town & Country Magazine. Society.Tradition.The Last Days of John F. Kennedy Jr. and Carolyn Bessette Kennedy. By Adrienne Gaffney. Jul 9, 2019

[645] New York Magazine. Favorite son. By Michael Gross. March 20, 1989.

danger d'assassinat potentiel. Pour cette mère héroïque, mais terrifiée par l'éventualité que la fatalité s'acharne de nouveau, tout était possible. Elle avait réclamé la protection rapprochée pour ses deux enfants, John-John et Caroline, un privilège qui lui avait été accordé du fait de son statut d'ancienne Première Dame des États-Unis.

Retenons principalement les observations sérieuses de Damon Ise, un des investigateurs qui ont réfuté les allégations précipitées de la NTSB selon lesquelles l'inexpérience de pilotage du jeune avocat avait été l'unique cause de l'accident. On peut se référer à la présentation qu'Ise a donnée, en 2018, à la 7e conférence sur l'assassinat de JFK à Dallas et qui est disponible sur YouTube.[646] (Il l'a présentée, de nouveau à Dallas en 2019, à la 8e conférence à laquelle j'ai participé.)

Pour étayer la crédibilité des déclarations de Damon Ise, disons tout de suite que lui-même est un pilote expérimenté. Résident dans le sud de la Nouvelle-Angleterre, autant dire qu'il connaît parfaitement la zone géographique terrestre et maritime autour de Martha's Vineyard. Sa carrière de plus de quarante ans dans l'aviation est impressionnante.

En 1977, Ise obtient sa première qualification de pilote privé puis celle de pilote professionnel. Instructeur de vol – 1 300 heures d'enseignement à son actif - il connaît parfaitement le pilotage avec et sans instruments. Peu après la tragédie qui coûta la vie à JFK Jr., sa femme et à sa belle-sœur, les médias locaux le sollicite pour sa compétence de pilotage et pour ses connaissances dans le domaine de l'aviation civile dans cette région : une quinzaine de survols des deux îles de Martha's Vineyard et de Nantucket dans des conditions de vol à vue et aux instruments.

Ce que nous allons découvrir est le résultat des recherches de cet enquêteur, expert en la matière. Nous allons voir qu'il remet en question la version officielle de la mort accidentelle relayée par les médias – après l'avoir crue au tout début – et qu'il soutient avec conviction la thèse de l'assassinat.

---

[646] https://www.youtube.com/watch?v=Y7vfMdcnhGQ

Abordons tout d'abord les divergences d'expertises autour du plan de vol choisi par John Kennedy Jr.

Que dit l'enquête officielle ?

Le 16 juillet 1999, le Piper Saratoga décolle du New Jersey à 20 h 38 et se dirige tout droit vers l'est dans un ciel noir brumeux. Il survole la terre à 1 700 mètres d'altitude puis descend vers l'ouest à 700 mètres au-dessus de la mer à 27 miles nautiques de Martha's Vineyard. À environ 6 miles de la rive de l'île, l'avion amorce un virage à droite, remonte à 800 mètres puis vire à gauche et entame une descente à la vitesse de 275 mètres par minute. Après un virage à droite vers le sud-est en direction du large, l'avion descend de 670 mètres à 335 mètres en 14 secondes. Le dernier enregistrement des radars indique que l'avion se trouve à 14 miles nautiques de l'aéroport de Martha's Vineyard, toujours à une altitude de 335 mètres. À 22 h 05, la tour de contrôle du trafic aérien de Martha's Vineyard, annonce par radio que l'avion a disparu de l'écran radar. Voilà pour l'explication officielle.

Il nous faut maintenant étudier, sur Google Maps, la carte du nord-est des États-Unis pour bien comprendre les divergences d'interprétation des rapports concernant le plan de vol depuis l'aéroport du comté d'Essex dans le New Jersey jusqu'à l'île de Martha's Vineyard.

Il faut savoir que JFK Jr avait enregistré un plan de vol différent (dont les détails sont connus) avant son départ. Ce point est capital puisque les conditions météorologiques susceptibles d'affecter le pilotage ou pas ont varié d'une zone géographique à l'autre, comme nous le verrons plus loin.

Selon le pilote Kyle Bailey, les tout premiers reportages indiquent que JFK Jr., au départ du New Jersey, avait choisi de survoler Long Island vers l'est jusqu'à Montauk, village situé à la pointe de l'île. Il aurait ensuite volé au-dessus d'une vaste étendue de mer : un plan de vol risqué en raison du risque d'une visibilité réduite, la nuit, à cause de la brume.[647]

Mais, selon un article de l'*United Press International* (UPI), en date du 17 juillet 1999, et un reportage de la chaîne de télévision

---

[647] In touch weekly. Jfk's radio a digit off during final flight. Mar 18, 2020

MSNBC, JFK Jr. a décidé de modifier son itinéraire : une trajectoire de vol sensiblement plus au nord, le long du rivage du Connecticut. Le jeune pilote a préféré longer le littoral, en partant du New Jersey vers l'Hudson Valley puis au-dessus de la côte du Connecticut et du Rhode Island, ce qui lui a permis de repérer les lumières au sol. Puis il a quitté la pointe sud-ouest du Rhode Island et s'est dirigé au-dessus de la mer sur une distance de 32 miles nautiques vers Martha's Vineyard.

S'il avait survolé Long Island jusqu'à la pointe de Montauk, comme le rapport officiel l'a affirmé, il aurait dû couvrir une plus grande étendue de mer, (plus du double de celle d'un point de départ de la côte du Rhode Island), avant d'atteindre l'aéroport de Martha's Vineyard. Une telle longueur de traversée au-dessus de l'océan aurait maximisé le temps d'un pilotage hasardeux en raison d'une mauvaise perception de l'horizon se confondant avec l'eau.

Un rapport de la FAA, la *Federal Aviation Association* américaine, a également confirmé l'itinéraire d'un survol le long de la côte jusqu'au Rhode Island au lieu de celui passant au-dessus de Long Island. Le jeune pilote a donc eu le bon sens de choisir l'itinéraire le plus sûr pour un vol de nuit. Il a suivi la procédure habituelle : le survol du littoral pour avoir le moins de distance à couvrir au-dessus de la mer. Trouver une longue plage le long de ce littoral, en cas de panne de moteur, pour tenter un atterrissage, est bien sûr dans la tête de tout pilote de petit avion privé dans cette région, a fortiori si les conditions météorologiques sont mauvaises comme ce fut le cas le 16 juillet 1999, au départ de l'aéroport du New Jersey.

L'itinéraire de vol qu'a choisi JFK Jr. est également la règle de base dans la région de New York. La zone de contrôle aérien de la ville de New York doit faire passer les petits avions le long de la côte parce que les gros avions commerciaux qui décollent de l'aéroport international JFK ont tendance à survoler la mer dès qu'ils le peuvent, là où le trafic est moins intense. Pour atteindre le Massachussetts, le survol du New Jersey vers l'Hudson River puis tout le long de la côte nord-est reste donc l'itinéraire choisi de préférence par un pilote de monomoteur, de la même façon qu'un conducteur de voiture prendrait le même itinéraire par voie terrestre.

C'est bien ce plan de vol que Robert Peace, l'enquêteur en chef du *National Transportation Safety Board*, admettra finalement, le 18 juillet 1999, sur CNN, contredisant la version de la NTSB : « Sa trajectoire de vol l'a conduit au-dessus de la côte du Connecticut, puis, après avoir survolé la pointe sud-ouest du Rhode Island à 21 h 26, l'avion s'est dirigé vers Martha's Vineyard. »[648]

L'explication des enquêteurs gouvernementaux selon laquelle l'avion aurait suivi une trajectoire de vol du New Jersey vers Long Island jusqu'aux Hamptons puis sur une longue étendue au-dessus de la mer pour atteindre Martha's Vineyard est donc fausse puisqu'elle est invalidée par ces nombreux avis d'experts.

Une autre distorsion des faits va retenir notre attention : selon certains experts, l'avion du jeune Kennedy aurait effectué, à la vitesse de 24 mètres par seconde, « une spirale de la mort » durant trente secondes avant de s'abîmer dans l'océan. Ils l'expliquent en invoquant la confusion du jeune avocat « inexpérimenté », « sans qualification de vol aux instruments », qui, dans l'obscurité, sans horizon visible, était dans l'incapacité de distinguer la terre de la mer.[649]

La FAA, la *Federal Aviation Administration,* a pourtant estimé que l'avion descendait à une vitesse bien supérieure soit à 1500 mètres par minute au moment de l'accident. À l'impact dans la mer, les ailes et le moteur de l'avion se sont détachés du fuselage ce qui en dit long sur l'intensité de la vitesse de chute verticale. Il est clair que l'avion a dû plonger dans l'eau à plein régime sans effectuer la « longue descente en spirale » en question. Selon Dale Ridder, spécialiste en sciences forensiques dans le domaine maritime, la chute de l'avion s'est terminée en « un coup de bélier dans l'eau dont la force équivalait à un kilogramme de TNT. » Cet expert a basé son évaluation sur les données des radars de la FAA qui ont

---

[648] http://edition.cnn.com/US/9907/18/kennedy.plane.10/

[649] New York Post. TV special glosses over the truth behind JFK Jr.'s doomed flight. By Maureen Callahan. January 5, 2019

enregistré le taux de descente, la vitesse estimée, l'angle d'entrée dans l'eau et le poids de l'avion.[650]

Les partisans de la version officielle de la NTSB ont expliqué que l'imprudent pilote n'aurait pas dû braver la mauvaise météo cette nuit-là et qu'il aurait dû reporter son vol vers Martha's Vineyard de quelques heures. Ils ont affirmé que les conditions météorologiques étaient si mauvaises que John Kennedy Jr. ne devait avoir aucun repère visuel par rapport à la direction qu'il prenait et aux virages qu'il effectuait. Il aurait ainsi perdu ses repères par rapport au littoral enveloppé dans une brume épaisse masquant les lumières. Dès lors, sans qualification de vol aux instruments et pilotant seulement à vue, la nuit, sans instructeur à bord (il avait refusé l'offre de l'un de ses instructeurs de vol de l'accompagner), il aurait été victime d'une désorientation spatiale, ne sachant plus ce que son cerveau lui dictait.

Les adeptes de la version officielle prétendent également que tous les aéroports le long de l'itinéraire de vol de JFK Jr. avaient signalé une visibilité réduite de 10 à 13 kilomètres et d'un peu plus de 6 kilomètres aux alentours de Martha's Vineyard. Les conditions de vol à vue auraient été donc sensiblement réduites en raison de l'absence de repères à l'horizon. L'incapacité de déterminer avec précision l'altitude ou les mouvements de l'avion par rapport à la surface de l'eau et de la terre, la nuit et dans des conditions de faible visibilité, aurait conduit au crash. Rappelons que le rapport du NSTB a insisté sur le fait que l'examen de l'avionique et du moteur n'avait révélé aucun signe de dysfonctionnement mécanique avant l'impact.

Ce n'est pas l'avis des experts de la FAA qui ont retracé les faits de la façon suivante.

Avant de décoller, John Kennedy Jr. avait vérifié deux bulletins météorologiques de la FAA qui lui signalaient que tout allait bien, que le ciel était dégagé et qu'il pouvait piloter à vue.[651] Le

---

[650] Chicago Tribune. Divers find bodies. By Patrick Cole and Jon Hilkevitch. Tribune staff writer Naftali Bendavid in Washington contributed to this report. July 22, 1999

[651] ABC News. JFK Jr.'s short life and daring choices: Someone who lives in a cage, finding a way to escape. JFK Jr.'s life is memorialized by those who knew him best. By Allie Yang, Monica Delarosa and Alison Lynn. 16 July 2019

vendredi 16 juillet, à 22 h 40, soit une heure après la disparition de l'avion de JFK, les images radars prouveront en effet que la météo à Martha's Vineyard était presque parfaite : une brume très peu dense et une humidité atmosphérique négligeable. Selon la *Coast Guard* de Wood's Hole, à l'exception de quelques nuages bas, il n'y avait rien d'inhabituel dans les conditions météorologiques, ce soir-là, entre New York et le Massachusetts.[652] Les images du radar ont donc réfuté l'affirmation du NSTB selon laquelle l'erreur de pilotage était due à une mauvaise visibilité causée par une brume épaisse.

L'enquêteur, John A. Quinn, de NewsHawk Inc., dit avoir communiqué, sur son site Internet, le lien confirmant les images du radar météo en question (http://members.xoom.com/flashradar/JFK.htm, mais que je n'ai pas pu personnellement visualiser). L'image cruciale du radar a toutefois été reprise avec précision dans la présentation de Damon Ise, pendant la 7ᵉ conférence sur l'assassinat de JFK à Dallas en 2018 et qui est disponible sur YouTube. Si elle se révèle authentique, cette photographie spécifique du radar, qui met en évidence des conditions météorologiques favorables à l'approche de Martha's Vineyard, le vendredi 16 juillet à 22 h 40, nous donne un indice majeur : on détecte, certes, une brume significative dans les régions de New York et de Long Island, mais très peu - voire une absence - d'humidité atmosphérique autour de Martha's Vineyard, dans l'heure qui a suivi la destruction du Piper Saratoga de JFK Jr.

Il est vrai que le temps s'était détérioré, le vendredi 16 juillet en fin de soirée, mais la brume épaisse ne s'était concentrée que dans la région de New York et du Connecticut. Je peux personnellement confirmer ce point : en partant de la côte du Connecticut, tôt, le matin du samedi 17 juillet, pour nous rendre à Hyannis Port dans le Massachussets, mon épouse, ma fille et moi avions remarqué effectivement une brume enveloppant toute la région au nord-est de New York. Cette brume n'avait toutefois pas impacté les conditions normales de conduite sur notre

---

[652] NewsHawk Inc. Was JFK Jr murdered? By John A. Quinn. 1999

parcours et elle s'était totalement dissipée à mesure que nous nous approchions du Rhode Island et de Cape Cod. Les résidents de Martha's Vineyard ont d'ailleurs confirmé la bonne visibilité et l'absence de brume, le vendredi-soir.

Ces observations détruisent donc la désinformation orchestrée par les enquêteurs officiels pour expliquer qu'une brume épaisse était la cause de la désorientation du jeune pilote. Tous les premiers reportages ont décrit des conditions météorologiques presque idéales, avec peut-être une très légère brume sans impact sur la visibilité au moment de la catastrophe.

Dans son livre « John-John ou la malédiction des Kennedy », le biographe américain, Christopher Andersen, rapporte que, si JFK Jr. avait la réputation d'être téméraire, la prudence et le refus de prendre des risques - par exemple si la météo n'était pas favorable - l'emportaient toujours quand il était question de piloter son avion. C'était un pilote prudent et méthodique. Si, le vendredi soir, le 16 juillet 1999, la FAA ne lui avait pas transmis un avis officiel favorable pour piloter à vue, avec une excellente visibilité, il aurait tout simplement annulé son vol comme il l'avait fait maintes fois. En aucun cas, il aurait risqué sa vie et celle de sa femme et de sa belle-sœur. En outre, il était habitué au pilotage de son avion sur des vols vers le Massachussetts pendant les week-ends qu'il effectuait habituellement avec son instructeur, Jay Biederman, mais celui-ci n'était pas disponible ce soir-là pour être du voyage.[653]

Les controverses sur la cause du décès de Kennedy persisteront des décennies plus tard. Alors que certains considèrent la perte du *Golden Boy* comme un accident tragique provoqué par son insouciance, d'autres, comme John Koerner, un ancien journaliste, réfutent cette « accusation ». L'accident n'avait pas été causé par une erreur de pilotage : JFK Jr. était un « pilote très

---

[653] Town & Country Magazine. Society.Tradition.The Last Days of John F. Kennedy Jr. and Carolyn Bessette Kennedy. By Adrienne Gaffney. Jul 9, 2019

méticuleux » et « volait depuis longtemps » affirme John Koerner. Après avoir consulté un rapport public sur les conditions atmosphériques, l'auteur déclare qu'« Il n'y avait pas de pluie… Il n'y avait pas de brouillard…Il faisait beau, comme cela a été confirmé par des témoins sur le terrain. Le mauvais temps n'a pas provoqué l'accident… Il savait ce qu'il faisait… Il n'a jamais pris de risques. Cela n'aurait jamais pu être sa faute. Aucune condition [météorologique n'était réunie] pour provoquer une prétendue désorientation. »[654]

D'autres témoins et experts ne manquent pas pour confirmer les propos d'Andersen et de Koerner. Edward Meyer, spécialiste à la FAA des vols de l'aéroport de La Guardia dans le Queens, à New York, a déclaré dans les médias que la visibilité dans la région était bonne dans la soirée du 16 juillet : « La météo au cours du vol était bonne. Un peu de brume sur l'est du Connecticut.[655] »

Damon Ise, le conférencier de Dallas dont j'ai parlé plus haut, a travaillé dans une tour de contrôle aérien en tant qu'observateur météorologique. Autant dire qu'il est qualifié pour interpréter les rapports scientifiques des phénomènes atmosphériques. Il est allé aux archives fédérales de la FAA pour consulter les comptes rendus émis au cours de la soirée du 16 juillet 1999 détaillant le parcours du vol de Kennedy. Chaque aérodrome publie des données, heure par heure, qui peuvent également être récupérées et visualisées sur le site Internet wonderweather.com. Damon Ise rappelle qu'il est obligatoire de contacter la FAA pour vérifier la météo avant tout vol. Si le pilote ne le fait pas, il risque de perdre sa licence de vol.

L'expert a ainsi obtenu tous les bulletins météorologiques des aérodromes le long du littoral survolé par Kennedy. Sont enregistrés : l'heure de la journée, la température, la propagation de l'humidité (le point de rosée), la visibilité, la direction du vent, la vitesse du vent et le code de l'aéroport.[656] Ise a ainsi découvert

---

[654] AmoMama Media Limited. John F Kennedy Jr's 1999 Plane Crash Allegedly Wasn't an Accident, Says Author John Koerner in New Podcast. March 19, 2020. By Joe Akins

[655] NewsHawk Inc. Was JFK Jr murdered? By John A. Quinn. 1999

[656] https://www.youtube.com/watch?v=Y7vfMdcnhGQ

que le 16 juillet, en fin de soirée, JFK Jr. pilotait son Piper Saratoga vers Martha's Vineyard, avec un plafond d'une centaine de mètres et une visibilité de 13 à 24 kilomètres. Damon Ise confirme que, si le jeune pilote a eu le pire temps quand il a quitté le New Jersey, il a connu une bien meilleure météo en fin de vol vers Martha's Vineyard.

Au risque d'être fastidieux, je donne ici les données exactes de la météo recueillies par Damon Ise pour la soirée du 16 juillet 1999. À 20 h 45 au-dessus de Bridgeport, Connecticut, l'humidité est légèrement plus élevée que dans le New Jersey, le lieu du décollage du Piper Saratoga. À 20 h 54, heure à laquelle l'avion de JFK Jr. survole Groton, l'humidité baisse et la visibilité est bonne à 12 kilomètres. À 21 h 00, quand JFK Jr. survole New Bedford dans le Massachussetts, l'humidité est environ 70 %. À 21 h 30, quand l'avion se trouve dans la zone de Martha's Vineyard, l'aéroport enregistre 73 % d'humidité, 23 degrés Celsius, une visibilité de 14,5 kilomètres et un vent de 10 nœuds. À 22 h 30, la température baisse légèrement à 20.5 degrés Celsius et le radar note une absence de brume…mais, à cette heure, l'avion avait déjà plongé dans l'eau.

À la lumière de ces rapports, Damon Ise, y voit la preuve que JFK Jr. n'a jamais volé dans le brouillard et qu'il n'a donc jamais perdu ses repères. Son vol était normal jusqu'à la chute soudaine de son avion à la vitesse vertigineuse de 1500 mètres par minute !

Le rapport officiel, nous l'avons vu, a invoqué l'inexpérience de Kennedy qui n'aurait pas su contrôler son avion dans des conditions météorologiques aussi mauvaises. Le jugement du NSTB est sans appel : John Kennedy Jr. avait sous-estimé ses compétences de pilote et il pensait pouvoir piloter seul dans une nuit brumeuse.

Les médias ont fait état d'une expérience de vol insuffisante : JFK Jr. n'aurait eu que 310 heures de vol à son actif dont 55 heures de vol de nuit, tous avions confondus. Il était autorisé à piloter des avions munis d'un train d'atterrissage rétractable, d'une hélice à pas variable et de volets mobiles ou réglables. Les médias n'ont parlé que de 36 heures de vol dont un peu moins de 10 heures, la nuit, à bord du Piper Saratoga qu'il venait d'acquérir depuis peu. Malgré sa licence de pilote obtenue depuis plus d'un an, il lui aurait manqué environ 10 heures pour obtenir sa certification de qualification de vol aux instruments, toujours selon les médias.

Des témoignages ne vont pas tarder à s'accumuler pour invalider les allégations des enquêteurs officiels, reprises pas le buzz médiatique, selon lesquelles le jeune pilote serait, à lui tout seul, responsable de l'accident en raison de son inexpérience.

JFK Jr. avait pris des cours de pilotage à la *Flight Safety Academy* de Vero Beach, en Floride. Selon John McColgan, instructeur fédéral pour licences de vol et également son instructeur, John Kennedy Jr. avait pourtant reçu une instruction complète, obtenu son permis de pilote et effectué un nombre de vols important. C'était un excellent pilote, compétent, accompli, cumulant 17 ans de pilotage d'un avion monomoteur et plusieurs centaines de vols depuis 1982. Il venait tout juste de terminer sa formation pour obtenir la qualification de vol aux instruments et il devait passer le test par la suite. Les autres instructeurs de vol le connaissaient tous comme un pilote extrêmement prudent et peu enclin à prendre des risques.[657]

Le Piper Saratoga de JFR Jr. était en excellent état, méticuleusement entretenu et n'était pas trop complexe à piloter. Grâce aux derniers équipements de haute technologie - un pilote automatique et des systèmes d'alerte électroniques d'urgence - l'appareil était capable de répondre parfaitement aux exigences du pilotage. Il était considéré comme l'un des avions privés les plus sûrs à piloter. Autant dire, déclare l'instructeur fédéral de Kennedy, John McColgan, que si une difficulté technique à bord de l'avion était survenue pendant le vol de près d'une heure sur un itinéraire qu'il connaissait bien (pour l'avoir suivi 35 fois au cours des 15 mois précédant l'accident fatal), le jeune pilote, fort de son expérience, aurait su la gérer. Par exemple, en cas de détresse, il serait passé en basse altitude au-dessus de la mer pour

---

[657] NewsHawk Inc. Was JFK Jr murdered? By John A. Quinn. 1999

se rapprocher du littoral, voire pour essayer de se poser sur la surface de l'eau.

Un article de CNN a repris les commentaires de l'instructeur fédéral John McColgan recueillis par le journal Orlando Sentinel au sujet des compétences de vol de Kennedy : « Je l'avais mis à l'épreuve, et il avait passé tous les examens avec brio... Il avait beaucoup volé... En fait, il avait probablement cumulé assez d'heures pour devenir pilote sur des lignes commerciales ». Un autre instructeur de vol, Arthur Marx de Martha's Vineyard, a précisé que « La dernière fois que j'ai pris l'avion avec lui, c'était il y a un an. Je n'ai certainement pas vu le genre de personne qui prenait des risques inutiles. En fait, il ne surestimait pas ses compétences. »

Mais le rapport du NSTB s'est bien gardé de parler de la formation de pilotage solide de JFK Jr. Est-ce par ignorance délibérée ou par imprécision ? Pourtant, le « diable est dans les détails ». Voyons les faits.

En 1982, le jeune pilote cumule 200 heures de vol en planeur dont 42 heures en solo. À partir de décembre 1987, il intensifie sa formation de pilote sur monomoteur : 46 heures de vol avec instructeur, 10 heures en solo. Puis, il obtient sa licence de pilote privé. Il achète un Cesna 182 et vole 65 heures avec instructeur à raison de 5 heures par semaine. Il réussit son examen de lecture d'instruments avec une note de 75 %. Puis, il effectue 30 heures de vols avec instructeur et 79 heures sur simulateur pour vol aux instruments. Dès lors, il est capable de voler dans l'obscurité et dans le brouillard. Enfin, il achète un Piper Saratoga à bord duquel il accomplit 96 heures avec son instructeur habituel, 79 heures de vol de nuit et 8 heures de vol aux instruments. En mai 1999, il cumule 260 heures de vol avec instructeur et 125 heures en solo. En fait, il inscrit à son palmarès trois fois plus de temps de pilotage en solo que ce qui est recommandé ! [658]

Il est clair que JFK Jr. était un pilote accompli avec d'excellents records : 450 heures de vol au total, ce qui représente beaucoup de temps à bord d'un avion pour piloter en toute confiance.

---

[658] https://www.youtube.com/watch?v=Y7vfMdcnhGQ

Rappelons que seulement 250 heures étaient nécessaires à l'époque pour la certification.


Comme si les chefs d'accusation contre John Kennedy Jr. n'étaient pas suffisants – contre un homme qui ne peut plus se défendre – le rapport officiel du NSTB impute une déficience de pilotage à la fracture de sa cheville, survenue six semaines plus tôt.

La veille de son dernier vol, le jeune avocat avait fait retirer son plâtre. On l'avait vu, boitant, monter à bord de son avion avec des béquilles. C'est assez pour que les médias reprennent l'insinuation du NSTB : l'action des pieds du pilote sur le palonnier qui commande la gouverne de direction de l'avion a été restreinte de sorte qu'il n'a pas pu le faire virer correctement à droite et à gauche. On spécule donc que la blessure à la cheville aurait pu être un autre facteur contribuant à la perte de maîtrise de l'avion, en raison d'une pression insuffisante pour actionner efficacement les pédales de l'avion, la pression devant être plus ou moins équivalente « à celle requise pour conduire une voiture. »[659]

Mais ce n'est pas l'opinion du copilote Kyle Bailey, la dernière personne à avoir vu JFK Jr. vivant. Il ne pense pas que sa légère boiterie ait été un facteur supplémentaire dans l'accident. Damon Ise, quant à lui, estime que la pression requise sur le palonnier ne devait pas être aussi forte que cela. Une telle pression n'aurait pas fait souffrir la cheville du jeune pilote, une fois son plâtre retiré.


Décidément, à en croire les médias, dans sa gestion du pilotage au cours de ce vol fatidique, le jeune avocat aurait eu tout faux. Selon le rapport de l'examen de l'épave rédigé par le NTSB, JFK Jr. aurait également mal réglé sa radio à bord ; une fréquence trop élevée par rapport à la fréquence de l'ATIS (service automatique de diffusion) de Martha's Vineyard. Dès lors, il n'aurait pas été en mesure de communiquer avec le contrôle du trafic aérien. Selon

---

[659] In touch weekly. Flying Was JFK Jr.'s 'Escape,' But His Limited Pilot Skills and Recklessness May Have Cost Him His Life. March 4, 2020

le NTSB, il avait probablement passé des messages, mais qui n'allaient nulle part…

Selon un reportage de CNN, un employé du Republic Airport de Farmingdale, dans l'État de New York, a affirmé, a contrario, avoir entendu plusieurs transmissions d'un pilote qui utilisait un indicatif d'appel similaire à celui de l'avion N9253N, le Piper Saratoga de Kennedy, le soir du 16 juillet 1999, avant le crash de l'avion.

Jeff Guzzetti, membre de l'équipe de l'enquête du *National Transport Safety Board* a admis toutefois que la fréquence de la radio avait pu être déréglée au moment de l'impact de l'avion dans l'océan.[660]

Il est clair que Kennedy avait bien transmis par radio un message à l'aéroport de Martha's Vineyard. Le rapport de presse de l'UPI du 17 juillet, à Aquinnah sur l'île de Martha's Vineyard, a effectivement fait référence au vol de l'avion piloté par JFK Jr. qui se déroulait sans problème. La station de télévision WCVB à Boston et la chaîne nationale de télévision ABC News l'ont également confirmé. Selon ces médias, le pilote semblait calme et concentré, en pleine capacité de ses moyens pour piloter son avion, au moment où il précisa sa position et sa trajectoire dans son dernier message radio à 21 h 39. Quelques secondes plus tard, l'avion de Kennedy piquait droit dans la mer.[661]

Mais les enquêteurs du NSTB ont ignoré ce dernier appel radio et ont affirmé au contraire qu'il était en grave difficulté. Le 17 juillet au matin, la dernière communication radio de Kennedy est curieusement effacée des comptes rendus des grands médias couvrant la catastrophe qui annoncent, au contraire, que l'avion était en détresse. Ils se fondent sur de fausses preuves d'enregistrement de radar selon lesquelles des manœuvres inhabituelles de pilotage et une maîtrise mal assurée de l'avion auraient causé une perte d'altitude. Cette allégation s'est appuyée sur un prétendu enregistrement radar reçu bien avant que

---

[660] In touch weekly. JFK Jr.'s Radio was 'a Digit off the Proper Frequency' During Deadly Flight. March 18, 2020

[661] NewsHawk Inc. Was JFK Jr murdered? By John A. Quinn. 1999

Kennedy, calme aux commandes, n'entre en contact par radio, pour la dernière fois, à 21 h 39, avec l'aéroport de Martha's Vineyard. Nous avons, là, un constat d'intention malveillante de dissimuler délibérément les faits réels concernant la dernière communication radio de JFK Jr. précisant sa position sans manifester une quelconque difficulté.

Voici le contenu de l'article de l'UPI qui confirme que JFK Jr. était bien en contact radio avec les contrôleurs de l'aéroport de Martha's Vineyard à 21 h 39 le vendredi 16 juillet, quelques secondes avant que l'avion ne disparaisse du radar :

« À 21 h 39, vendredi, Kennedy a transmis par radio à l'aéroport sa position soit 13 miles de l'aéroport et 10 miles de la côte ainsi qu'un message d'approche finale, d'après les informations de WCVB-TV à Boston. Quelques instants plus tard, selon ABC News, un radar exploité par la *Federal Aviation Administration* a indiqué que l'avion avait chuté de 1 200 pieds en seulement 12 secondes. Dans son message d'approche finale, selon WCVB-TV, Kennedy avait précisé aux contrôleurs de l'aéroport qu'il prévoyait de déposer sa belle-sœur [à Martha's Vineyard], puis de redécoller entre 23 h et 23 h 30 en direction de l'aéroport de Hyannis. »

L'article de l'UPI confirme donc que le jeune pilote était en plein contrôle de son avion et qu'il savait où il se trouvait, c'est-à-dire à 10 miles de la côte et à 13 miles de l'aéroport. Le fait que JFK Jr. pouvait calmement confirmer sa position *en pilotant à vue*, sans signaler des difficultés de pilotage, est bien la preuve que la visibilité était bonne dans la région à cette heure précise, ce que des résidents de la côte du Connecticut et de Martha's Vineyard ont pu confirmer. Le communiqué de l'UPI invalide donc la prétendue désorientation de Kennedy causée par une brume épaisse qui l'aurait empêché de repérer les nombreuses lumières de Martha's Vineyard et d'apprécier la distance qui le séparait de son point d'atterrissage.

En outre, selon le NSTB, JFK Jr. n'aurait été en contact avec aucun contrôleur de trafic aérien pendant le vol, ni n'aurait passé d'appel de détresse avec sa radio à l'approche de Martha's Vineyard à mesure que le brouillard devenait épais.

S'il avait rencontré des difficultés majeures pour maîtriser son appareil, le jeune pilote n'aurait-il pas transmis de « Mayday » ? Dans les faits, JFK Jr. n'a jamais envoyé d'appel de détresse, car il n'avait pas besoin de le faire. Son vol était sans histoire. Connaissant la bonne formation du pilote Kennedy, Damon Ise insiste sur le fait qu'il n'aurait pas hésité à passer un appel de détresse. C'est la première chose à faire quand on rencontre des difficultés en vol. C'est ce que l'instruction de pilotage impose.

Si l'on prend en compte le fait que l'avion de JFK Jr. n'était pas en difficulté, malgré les allégations du NSTB qui a reproché l'insouciance du jeune pilote pour ne pas avoir lancé un « Mayday », nous ne pouvons que déduire qu'une anomalie aux conséquences désastreuses a dû se produire dans le cockpit ; un événement extrêmement soudain qui a empêché JFK Jr. d'établir une connexion par microphone à temps pour donner l'alerte.

Reprenons en détail les enregistrements de la position du Piper Saratoga lors de son approche finale en direction de l'aéroport de Martha's Vineyard. L'avion se situe à environ 1 700 mètres d'altitude quand il se dirige vers l'océan (rappelons-nous, JFK Jr a longé le littoral au maximum de sa trajectoire de vol pour un repérage des lumières.) Lorsqu'il communique par radio à 21 h 39, il est à moins de 16 miles nautiques à l'ouest de Martha's Vineyard et son altitude affiche 760 mètres. Il est détecté au radar 29 secondes plus tard, pour la dernière fois, alors qu'il est à 550 mètres d'altitude, à 14 miles à l'ouest de l'île. Aucun message de détresse n'est capté. Quelques secondes plus tard, le radar perd sa trace.

L'enquête du NSTB sera conclue onze mois plus tard. Son président insistera sur le caractère personnel du drame : « Bien que beaucoup de gens considèrent cet accident comme une tragédie nationale, il s'agit avant tout d'une tragédie personnelle intense pour les familles. »[662]
Si l'on estimait réellement que c'était une tragédie *personnelle* frappant douloureusement les familles, l'enquête aurait dû, dans

---

[662] National Transportation Safety Board. NTSB releases final report on investigation of crash of aircraft piloted by John F. Kennedy Jr. July 6, 2000.

ce cas, être plutôt confiée à la FAA, l'administration officielle qui réglemente l'aviation *civile* sur la sécurité des transports aériens aux États-Unis. Puisqu' il s'agissait de l'accident d'un avion monomoteur *privé*, pourquoi, dans les faits, n'a-t-on pas respecté la procédure habituelle requérant une enquête civile ?

On invoquera comme raison l'exception imposée par l'hommage rendu au fils du défunt président. Bill Clinton, alors Président des États-Unis, a en effet considéré que sa disparition justifiait pleinement le recours exclusif de l'*U.S. Navy* et de l'*U.S. Air Force* aux opérations de recherche, de sauvetage ainsi que le soutien des familles au cours de funérailles selon un protocole de sécurité nationale.

Dès lors, il était évident pour le gouvernement américain de placer l'information concernant ces opérations sous le contrôle du… Pentagone. Oui, vous avez bien lu : le Pentagone !

Le Pentagone a effectivement pris très tôt le relais pour contrôler les opérations de recherche et les enquêtes. Le ministère de la Défense a même pris position sur ce qu'il fallait dire aux médias : par exemple que la famille des sœurs Bessette avait demandé que les deux femmes soient incluses à la même cérémonie des funérailles de JFK Jr. à bord d'un vaisseau de la Marine. Pour justifier leur emprise, le Pentagone en charge a invoqué la personnalité nationale hautement représentative que John Kennedy Jr. incarnait. Le ministère de la Défense a rappelé qu'il y avait, là, deux raisons d'accorder l'autorisation de funérailles en mer : le recours à une disposition autorisant de telles cérémonies pour les personnes ayant fourni « des services notables ou des contributions exceptionnelles aux États-Unis » et l'application d'un protocole accordant des funérailles en mer aux enfants d'anciens combattants de la Marine décorés. Puisque le Président Kennedy était un officier de la Marine, blessé et cité pour son héroïsme pendant la Seconde Guerre mondiale, il paraissait logique à l'administration de Clinton que son fils puisse recevoir les honneurs lors d'une cérémonie funéraire en mer.[663]

---

[663] Remains of JFK Jr., wife and sister-in-law buried at sea. http://edition.cnn.com/US/9907/22/kennedy.plane.07/

John Hankey, écrivain et réalisateur du documentaire sur le jeune Kennedy « *Dark Legacy* », s'est étonné que le Pentagone ait pris aussitôt en charge le signalement du crash de l'avion de JFK Jr. et que le contrôle des reportages des médias ait été confié aux militaires pour les formuler à leur guise.[664]

Dans une telle épreuve, quelle a été la posture des membres de la famille Kennedy ?

Elle a été pour le moins surprenante : une réaction extrêmement silencieuse, comme s'ils savaient intuitivement que la version officielle de la mort de JFK Jr. ne pouvait pas les satisfaire. Mais ils se savaient impuissants. Seule, la sœur de JFK Jr., Caroline Kennedy Schlossberg, déclara publiquement que tout ne concordait pas avec l'explication officielle.[665]

L'enquêteur, Damon Ise, a estimé que la prise de contrôle du Pentagone pour les recherches d'un avion privé, comme celui que pilotait JFK Jr., était totalement sans précédent. Pour lui, c'était le travail du NTSB et des garde-côtes d'effectuer les recherches et non pas le rôle du Pentagone de décider qu'elles devaient être menées par l'*U.S. Air Force*.

Selon les militaires, le dernier signal émis par l'avion de JFK Jr., aurait indiqué sa position dans la région des Hamptons, à la pointe de Long Island. C'est une contre-vérité comme nous l'avons vu plus haut. Cette trajectoire de vol n'a pas été celle suivie dans les faits. En outre, les recherches des débris de l'avion ont été délibérément effectuées par l'*U.S. Air Force* bien au large de l'Océan Atlantique, dans un secteur éloigné, ce qui a occasionné un retard considérable. Les recherches ont effectivement commencé vers 2 heures du matin, soit un retard de cinq heures.

À 6 h 30, les garde-côtes ont continué à explorer le secteur. Puis le Pentagone est intervenu. C'est sans précédent. Cela ne s'était jamais produit dans l'histoire de l'aviation civile auparavant. L'*U.S. Air Force*, saisie par le Pentagone, était ainsi devenue officiellement l'équipe en charge des recherches. Les militaires

---

[664] In Touch weekly. JFK Jr.'s Plane Crash Was 'Not an Accident,' 'Weather Was Fine'. March 11, 2020

[665] NewsHawk Inc. Was JFK Jr murdered? By John A. Quinn. 1999

n'avaient pourtant rien à faire dans l'investigation d'une tragédie *personnelle* de cette ampleur. Rappelons-le, le canal d'enquête habituel dans de tels accidents de l'aviation civile est réservé aux experts officiels de l'aviation, c'est-à-dire à la FAA.

Nous avons appris que le choc du crash a été si violent que le Piper Saratoga s'est disloqué au large de Martha's Vineyard. Cherchons maintenant à savoir si les données de l'autopsie de John Kennedy Jr. ont permis de fournir des précisions sur la cause réelle de sa mort.

On retrouva les trois corps au fond de l'océan, tournés à l'envers, encore attachés aux sièges. L'oncle de JFK Jr., Ted Kennedy, restera sur le navire de sauvetage de la Marine jusqu'à ce que les corps soient remontés à la surface pour les identifier avant de les confier à terre pour l'autopsie.

Selon le rapport d'autopsie, effectuée le soir du 21 juillet par le médecin légiste du comté, la mort fut instantanée au moment de l'impact de l'avion dans l'eau. Par crainte d'un déferlement d'images à sensation dans les journaux ou sur Internet, la famille Kennedy exigea qu'aucune photographie ne soit prise à l'autopsie.

Les autopsies dureront moins de quatre heures. Le rapport conclura que des blessures traumatiques multiples avaient causé la mort des trois victimes.

Certains pathologistes estiment que l'autopsie de JFK Jr. avait été pratiquée à la hâte et que l'on aurait dû rechercher l'existence d'une condition médicale sous-jacente, par exemple un infarctus ou un AVC, susceptible d'être à l'origine de la perte de contrôle du pilotage. Des prélèvements d'échantillons sur les corps avaient bien été effectués afin de vérifier une éventuelle consommation de drogues ou d'alcool, mais les résultats de ces tests s'étaient avérés négatifs. Des radiographies avaient probablement été prises afin de déterminer les blessures des victimes.

Robert Kirschner, un ancien médecin légiste, a estimé toutefois qu'il était peu probable que des autopsies aient été pratiquées sur Carolyn Bessette Kennedy et sur sa sœur … faute de temps : «

Vous ne pouvez pas faire trois enquêtes en quatre heures » a-t-il déclaré.[666]

Il est intéressant de noter l'opinion des médecins interviewés sur les plateaux des chaînes de télévision, au moment de la récupération des corps. Voici ce qu'a déclaré le Dr Alan Schiller du *Mount Sinai Hospital* sur CNN à propos de la procédure habituelle d'autopsie sur des victimes d'accident de petit avion privé : « Je pense que c'est important [pour toute autopsie], les victimes peuvent avoir eu des problèmes cérébraux comme un anévrisme ou un AVC. Elles peuvent avoir eu des problèmes cardiaques qui les prédisposaient à une mort subite. Les médecins doivent examiner tous les facteurs de mortalité possibles, comme les infections, les fumées nocives et les toxines pouvant contribuer à la désorientation du pilote. Nous pouvons également examiner des causes externes, par exemple rechercher des taux d'alcool excessifs ou une atteinte toxicologique. Le bureau du médecin légiste se doit également de recourir à l'historique des dossiers médicaux, des radiographies et des rapports de laboratoire de manière à rechercher des conditions médicales préexistantes susceptibles d'avoir contribué à la survenue de l'accident. Parce que l'accident d'avion est un accident de transport non élucidé, une autopsie est généralement obligatoire. »

Le protocole de l'autopsie, réalisée peu de temps après la diffusion des commentaires de ce médecin sur l'antenne de CNN, n'a pourtant pas été suivi dans les faits comme la procédure habituelle l'imposait. Selon Jeff Guzzetti du *National Transportation Safety Board*, le rapport d'autopsie de JFK Jr. suscitait beaucoup trop de questions en raison d'un manque de précision. Grâce à ses recherches méticuleuses et exhaustives sur le dossier médico-légal de JFK Jr., le fait que le rapport d'autopsie ne présentait qu'une seule page et que la procédure comportait beaucoup de lacunes a rendu Guzzetti suspicieux. L'imprécision,

---

[666] The Boston Globe. Kennedy tragedy. Three died instantly, coroner reports. By Joanna Weiss and Matthew Brelis. 07/23/99

notamment dans les rapports toxicologiques succincts, était telle qu'il y a vu d'emblée un probable camouflage de données.[667]

Le médecin légiste de renommée mondiale, Cyril Wecht, quant à lui, a avancé l'hypothèse selon laquelle la famille Kennedy aurait laissé sous silence une dissimulation immédiate des circonstances entourant la mort de JFK Jr. et de ses deux passagères, simplement pour préserver la « mythologie du nom de famille ». Elle aurait même tenté de faire annuler l'autopsie. Se sentant détachée de la nécessité de la pratiquer, elle aurait plutôt encouragé une rédaction incomplète de son rapport.

Selon Wecht, le rapport d'autopsie aurait pu être falsifié. Tout était allé très vite après la récupération des corps. Leur examen post-mortem et leur incinération, quelques heures plus tard, avaient été précipités. Une fois les cendres jetées à la mer, tout examen médico-légal ultérieur devenait impossible. « À l'évidence, le rapport toxicologique est extrêmement léger », a estimé Wecht. « Les résultats toxicologiques nous apprennent beaucoup dans les accidents d'avion privé, car la suspicion de prise d'alcool ou de drogues peut fournir des indices majeurs. » Comme nous l'avons constaté plus haut, sur les échantillons prélevés des corps des victimes du Piper Saratoga, les tests n'ont pas révélé de traces d'alcool ni de médicaments. Mais ce détail, notamment sur l'absence de médicaments, laisse Wecht perplexe, car, on le sait, JFK Jr. prenait des antalgiques pour une cheville blessée dans les semaines précédant l'accident mortel.[668]

Le rapport du médecin légiste qui a opéré sur les victimes du Piper Saratoga nous laisse donc à penser que l'autopsie n'a pas suivi la procédure qui s'impose après ce genre d'accident. Tout au plus, il rassemble des commentaires succincts sur la cause du décès de JFK Jr. à savoir que de multiples blessures en avaient été à l'origine. « Cela confirme qu'il est mort, mais rien n'est dit de plus », a remarqué James Robertson, journaliste d'investigation.

---

[667] AmoMama Media Limited. John F Kennedy Jr's Coroner's Report Is a Cover up According to 'Fatal Voyage: The Death of JFK Jr'. April 01, 2020. By Jaimie-lee Prince

[668] In Touch weekly. Coroner's Report for JFK Jr. After Crash Is 'Full of Holes,' Podcast Reveals: 'Looks Like a Cover-Up'. Mar 25, 2020

« C'est un rapport qui semble refléter un travail précipité » a par ailleurs précisé Colin McLaren, ancien détective des homicides. Le médecin légiste aurait dû procéder à un examen sérieux des corps afin de ne pas écarter un scénario autre qu'une erreur de pilotage ou une défaillance mécanique et électronique de l'avion : par exemple des brûlures de poudre sur les corps suggérant une explosion ou un incendie à bord de l'avion. Sans oublier que les autopsies des victimes d'un accident d'avion privé doivent être approfondies au cas où les familles des passagers disparus décident de poursuivre en justice pour dommages corporels si la responsabilité du pilote est engagée du fait du résultat de tests toxicologiques prouvant que sa capacité à piloter était altérée par l'absorption d'alcool ou de drogues.

Enfin, comme l'ont rappelé des médecins légistes du Massachusetts sur CNN, la loi de l'État exige que des autopsies soient effectuées sur les victimes d'accidents d'avion privé suivant un protocole strict qui prend généralement 12 à 24 heures.

Pourquoi donc l'urgence autour de l'accident qui a coûté la vie à JFK Jr., à sa femme et à sa belle-sœur ?

Il n'est pas surprenant que le constat d'un scénario inhabituel - une autopsie bâclée et précipitée, durant moins de 4 heures, suivie immédiatement d'une incinération et d'une dispersion des cendres en mer -continue d'alimenter les soupçons.

Mais, de là à suggérer une tout autre cause d'accident (destruction délibérée, non-accidentelle, mais hostile de l'avion) que celle publiée par le NSTB, ne serait-il pas un constat un peu trop hâtif et hasardeux à ce stade de ce récit ? Une telle interprétation des faits ne relèverait-elle pas de la pure spéculation ? À moins que d'autres indices tangibles révélant un acte suspect ne soient réunis ; ce que nous allons voir maintenant.

On peut suggérer une explication différente des circonstances de l'accident allant jusqu'à évoquer une intrigue qui, si elle s'avérait plausible, invaliderait la thèse officielle de l'accident provoqué par l'insouciance et l'inexpérience du pilote. En d'autres termes, les circonstances d'une autopsie qui n'a pas appliqué les exigences procédurales prévues pour des victimes d'accident d'avion privé, renforcent les doutes de nombreux experts qui disposent de preuves substantielles selon lesquelles l'avion aurait été détruit en plein vol.

Pourquoi ne nous a-t-il pas été permis de voir la moindre photographie de l'épave de l'avion de JFK Jr. ?

Selon le rapport du NTSB, environ 75 % de la zone du fuselage ont été récupérés de l'épave du Piper Saratoga. Le NTSB a confirmé l'absence de preuve d'incendie à bord et a exclu une défaillance mécanique avant l'impact dans la mer.

Ce que l'on sait est que la bande d'enregistrement du vol a été détruite au moment de l'impact. Les autorités l'ont confirmé : le tableau de bord du cockpit a été fortement endommagé, y compris les données des cadrans retrouvées bloquées. Dès lors, il a été impossible d'interpréter la lecture finale des instruments de bord.

Dans le hangar de Nantucket, les pièces reconstituées de l'épave de l'avion ont été recouvertes d'une bâche bleue, derrière des barrières de sécurité, à l'abri du regard des reporters, photographes et des équipes de télévision. Pourquoi était-il si important de cacher les débris de l'épave ? Pourquoi cette procédure inhabituelle ? Seraient-ce les signes révélateurs d'un incident catastrophique soudain, par exemple une explosion à bord ou celle provoquée par le tir d'un missile, dont la preuve serait évidente si l'épave était visible ? C'est du jamais-vu dans l'histoire des procédures de récupération des pièces d'un avion privé détruit dans un accident.

Ce dont on est certain est que le cône de la queue de l'avion a été arraché au moment de l'impact. Le pilote et l'enquêteur, Damon Ise, pense que quelque chose a provoqué le détachement de l'arrière du fuselage. Celui-ci a pourtant été récupéré en une seule pièce, mais aucune photo n'a jamais été publiée. Des traces d'explosif auraient-elles pu être détectées ? Ise pense également que la détente de la soupape de carburant avait pu être manipulée au sol après la récupération des pièces de l'avion.

Dès lors, la thèse de l'explosion en plein vol, peu après l'amorce de la descente de l'avion vers Martha's Vineyard, est défendue par les critiques des experts fédéraux du NSTB qui, eux, affirment, a contrario, que l'examen de l'épave de l'avion n'a révélé « aucun indice d'un incendie en vol ni aucune preuve d'une panne de moteur ou d'hélice » (celle-ci a été endommagée ce qui signifie qu'elle tournait encore lorsqu'elle a touché l'eau).

Des témoignages crédibles s'opposeront aux déclarations du NSTB selon lesquelles aucun indice caractéristique d'un incendie en vol n'avait été détecté.

Le soir du 16 juillet, précisément à 21 h 40, c'est-à-dire à l'heure de la disparition de l'avion du radar de Martha's Vineyard, au moins trois personnes se trouvaient sur la plage de Philbin, ou à proximité, à la pointe occidentale de l'île.[669] Ces trois témoins ont déclaré sous serment avoir entendu et avoir vu une explosion dans le ciel au moment précis de la chute vertigineuse de l'avion de JFK Jr. dans la mer. Ces témoins ont été formels : ce n'était pas une explosion à la surface de la mer qui s'était produite, mais bien dans le ciel. Ils ont signalé le moment avec précision, soit moins de deux minutes après que JFK Jr., approchant de Martha's Vineyard, a fait la demande d'autorisation d'atterrir, sans que la tour de contrôle ne soit informée d'un quelconque appel de détresse. Tous ces témoins ont précisé qu'ils avaient pu voir l'explosion dans le ciel, car la visibilité était bonne et qu'il leur avait été facile de repérer l'altitude approximative à laquelle la déflagration s'était produite.

Un journaliste de la Martha's Vineyard Gazette, témoin de l'explosion, l'a décrit comme un grand flash blanc dans le ciel. Ce témoignage crucial fit l'objet d'un article de l'UPI reprenant les sources de la télévision WCVB à Boston : « Un journaliste du journal Vineyard Gazette a déclaré à WCVB-TV à Boston qu'il se promenait vendredi soir à l'heure de l'accident et qu'il a vu 'un gros flash blanc dans le ciel' au large de Philbin Beach. » Mais la nouvelle de l'explosion reliée par ce témoin sera supprimée le lendemain de tous les médias.

---

[669] NewsHawk Inc. Was JFK Jr murdered? By John A. Quinn. 1999

Selon la chaîne de télévision Fox, un second témoin - un invité au mariage auquel JFK. Jr. devait assister – a confirmé également avoir vu l'explosion.

Enfin, un troisième témoin, dont la crédibilité est incontestée, a été entendu. Victor Pribanic, un avocat de Pittsburgh, qui pêchait, ce soir-là, près de sa résidence d'été sur Martha's Vineyard, a distinctement entendu l'explosion. Il l'a située proche du lieu du crash de l'avion – précisément à moins de 9 miles du rivage, pratiquement la position que Kennedy avait donnée par radio, à 21 h 39 au contrôleur de l'aéroport – alors que les enquêteurs du NSTB avaient, eux, estimé le point d'impact dans l'eau beaucoup plus au large, à 15 miles nautiques.

Les multiples sources de UPI, WCVB-TV Boston, ABC News, et du Martha's Vineyard Times ainsi que celles des administrateurs de l'aéroport confirmèrent, tous, le témoignage de Pribanic. Dès qu'il eut appris la disparition de l'avion piloté par Kennedy, Victor Pribanic fit sa déposition à la police locale. Cette information fut immédiatement transmise aux responsables de la *Federal Aviation Administration* et aux garde-côtes américains. En outre, le sergent de la police d'État, Jeff Stone confirma un point crucial corroborant parfaitement le témoignage de Pribanic : certains objets provenant de l'avion de JFK Jr. avaient été repérés sur la plage, à un point situé à l'ouest où Pribanic pêchait.

Dès lors, l'hypothèse d'un acte intentionnel commis par quelqu'un - le jeune avocat avait de nombreux ennemis comme nous allons le voir plus loin - consistant à placer une bombe à bord de son l'avion stationné sur le tarmac de l'aéroport du New Jersey, alla bon train. Selon un agent spécial du FBI : « L'engin explosif a dû se déclencher lorsque l'avion a commencé sa descente ». Cette théorie a été également confirmée dans un rapport « interne » de la FAA sur l'état de l'avion piloté par JFK Jr.

Le Piper Saratoga de Kennedy était équipé de toute la technologie de pointe de l'époque : dispositifs de communication, balise de détresse, pilote automatique, instruments et jauges de conception récente. À la lecture du rapport de la FAA, on note une divergence notable par rapport au contenu du rapport du

NTSB publié plus tard. Le rapport de la FAA suppose que l'avion a été soumis à un « événement » électromagnétique massif. L'intensité d'une telle impulsion aurait entraîné la fusion des circuits intégrés, des capteurs électroniques du système de carburant et des appareils de communication dont l'extinction de signal aurait impacté chacune des ampoules. Cette explosion électromagnétique expliquerait que les images radars manquaient au moment de la chute de l'avion.

Bien sûr, il est permis de douter de l'authenticité du rapport de la FAA. Mais, s'il était authentique, ce rapport invaliderait l'allégation du NSTB fondée sur une erreur humaine de pilotage. Si un tel souffle électromagnétique avait affecté les systèmes vitaux de l'appareil, toute tentative de récupérer la trajectoire correcte de l'avion aurait en effet été vouée à l'échec. Dans une telle hypothèse, l'explosion vue dans le ciel et entendue par les trois témoins auraient été la manifestation d'une défaillance au niveau des capteurs électroniques du système de carburant, ce qui aurait provoqué le flash d'inflammation de l'avion.

Cette hypothèse crédibiliserait aussi le fait qu'on aurait pu dissimuler la véritable cause de l'accident, à savoir l'explosion d'une bombe à bord de l'avion ou de tout autre agent destructeur. Rappelons la totale violation des procédures habituelles lors de l'autopsie de JFK Jr., étonnamment passée sous silence, et l'occultation des restes de l'épave, loin de la vue des médias, dans le hangar de reconstitution des débris de l'avion.

Ceux qui soutiennent la thèse de l'explosion en vol pensent effectivement que les enquêteurs fédéraux, à des niveaux élevés, avaient pris la décision de camoufler une cause d'accident autre que celle d'une erreur de pilotage ou d'une défaillance mécanique de l'appareil. Ces adeptes, convaincus de la destruction volontaire du Piper Saratoga, affirment aujourd'hui que tout indique un scénario catastrophique selon lequel l'avion de JFK Jr. a été détruit au cours de sa descente du fait de l'activation soit d'une charge explosive C4, placée à l'arrière de la cabine, soit du dispositif barométrique d'une bombe. Ils mettent également en cause l'activation éventuelle d'un laser à faisceau de particules dirigé contre le Piper Saratoga depuis Montauk Point à l'extrémité de Long Island.

L'hypothèse de ce scénario est basée sur les faits suivants : l'appuie-tête, le manche de direction, des morceaux du capot, le plexiglas et la moquette ont été éjectés de l'avion, puis ces débris ont été retrouvés sur une très large zone flottant dans l'eau et sur la plage de Gay Head, à la pointe de l'île de Martha's Vineyard. Les effets d'une telle désintégration traduisent plutôt ceux d'une explosion en vol et non les conséquences d'un crash en « *graveyard spiral* », « en spirale de la mort », comme l'a affirmé le *National Transportation Safety Board* pour expliquer la descente en vrille de l'avion consécutive à la désorientation du jeune pilote.

Rappelons-nous : aucun message de détresse de l'avion de JFK Jr. n'a été reçu, ce qui renforce l'explication d'un événement catastrophique soudain. Aucune balise de détresse par satellite n'a été détectée, ce qui indique que le pilote n'a pas eu le temps de l'activer. En toute logique, l'existence des preuves physiques d'une dispersion très étendue des débris d'avion fait suspecter une violente explosion.

Nous avons vu plus haut que selon un rapport interne de la *Federal Aviation Administration*, l'avion aurait pu être soumis à « une impulsion électromagnétique massive causant l'accident ». Le contenu du document de la FAA est-il authentique ? Si c'est le cas, ne devrait-il pas faire l'objet d'un dépôt aux archives nationales en vertu de la *Freedom of Information Act*, la loi permettant le libre accès du public américain aux documents administratifs ?

Certains experts en avionique estiment que la probabilité qu'une telle émission d'ondes électromagnétiques provoquant une explosion secondaire, consécutive à la fusion des équipements du système de carburant, est extrêmement élevée. Le fait que le train d'atterrissage de l'avion de JFK Jr. ait été retrouvé détaché du corps principal de l'avion au moment de l'impact, tend à étayer cette hypothèse. Le Piper Saratoga était doté d'un train d'atterrissage rétractable. Les roues seraient restées escamotées à l'intérieur de l'aéronef si l'avion était tombé en vrille comme l'a affirmé le *National Transportation Safety Board*. Mais le fait que les roues se soient détachées totalement de l'avion au moment de d'impact dans la mer laisse à penser, bien au contraire, que JFK Jr. avait déjà amorcé sa descente vers l'aéroport et qu'il avait actionné le train d'atterrissage.

Ceux qui soutiennent la thèse de l'explosion de l'avion de John Kennedy Jr. rappellent les circonstances, pour le moins mystérieuses, de la destruction de deux avions commerciaux - les vols 990 d'Egypt Air et 800 de TWA - dans une zone de l'océan Atlantique étonnamment proche de celle où le monomoteur de Kennedy explosa.

Souvenons-nous des faits. Le 31 octobre 1999, quelques mois après la tragédie de JFK Jr., on mit en doute la conclusion du NTSB invoquant une erreur humaine de pilotage du Boeing 747 d'Egypt Air 990, tombé au large de l'île de Nantucket, tuant plus de 200 personnes à bord. À l'époque où la controverse arrivait à son point culminant, on invoqua l'explosion de l'appareil, à la suite d'un tir d'un faisceau laser.

Le 17 juillet 1996, trois ans avant l'accident de JFK Jr., des soupçons quant à l'éventuelle explosion du vol TWA 800 avaient été relayés par des articles de la presse internationale. John Kennedy Jr., créateur et éditeur du magazine politique mensuel, « George », s'était alors engagé lui-même dans le débat en soutenant la thèse de la destruction du vol TWA 800 par un missile tiré par erreur. En décembre 1996, il avait même publié un article invalidant l'explication officielle du NTSB selon laquelle un court-circuit à proximité du réservoir de carburant était à l'origine de l'explosion de l'avion qui avait coûté la vie à 230 personnes.

Tout comme dans l'enquête du crash du Piper Saratoga de Kennedy, des témoins avaient vu l'explosion du vol TWA 800. Pas moins de 375 témoins avaient affirmé avoir vu un ou deux missiles frapper l'avion, une dizaine de minutes après son décollage de l'aéroport international John F. Kennedy. Le journaliste et l'ancien porte-parole de la Maison-Blanche, dans l'administration du Président Kennedy, Pierre Salinger, avait d'ailleurs apporté une aide à la rédaction de l'article du jeune éditeur du magazine « George ». Salinger était convaincu qu'un missile avait été tiré par erreur d'un navire de l'*U.S. Navy* sur l'avion de la TWA.

Par ironie du destin, pratiquement jour pour jour, à trois ans d'intervalle, l'avion de Kennedy et le TWA 800 furent tous deux détruits dans une large zone maritime située entre Long Island et Martha's Vineyard. On nota également un autre point commun : les deux enquêtes avaient été confiées aux mêmes autorités régionales, c'est-à-dire au *National Transportation Safety Board*.

À la lumière des deux enquêtes respectives aboutissant à des résultats à caution, nous pouvons bien sûr accepter la simple coïncidence entre les deux accidents, mais il nous est tout autant permis de crédibiliser le scénario d'une explosion en vol consécutive au tir d'un dispositif explosif, actionné à partir d'une plage ou d'un bateau, frappant le Piper Sarasota de JFK Jr., comme cela avait été fortement suggéré dans le cas du TWA 800.

Erreur de tir ou acte de sabotage délibéré ? John Kennedy Jr. avait-il des ennemis ? Avait-il été menacé de mort ? Pour quelles raisons aurait-on voulu tuer le « jeune prince » adulé par le peuple américain ?

Pour certains, il faut cesser de spéculer : ce n'était qu'un malheureux accident. La tragédie des Kennedy avait frappé de nouveau. Le jeune pilote avait pris trop de risques, ce soir-là, en sous-estimant les conditions météorologiques et ses performances de pilote.

D'autres, au contraire, cherchent à connaître les raisons d'un éventuel assassinat. Si la thèse de l'accident provoqué uniquement par l'incompétence et l'insouciance du pilote ne les a pas convaincus, ces chercheurs suggèrent plutôt une dissimulation dans le but de cacher la vérité sur ce qui s'était réellement passé.

Pour ces historiens indépendants, les mobiles d'un assassinat ne manquent pas : articles provocateurs du magazine politique « George », sous la plume de JFK Jr. ; déclaration publique, sans ambiguïté, sur son projet d'enquête afin de démasquer les vrais assassins de son père ; ambition non cachée d'accéder à un poste à très haute responsabilité politique représentant une menace pour ses rivaux (le fils de l'ancien président envisageait très sérieusement de se porter candidat à la présidence des États-Unis). Voyons dans quelle mesure ces mobiles sont réalistes.

En 1995, sort en grande pompe le premier numéro de « George », le magazine politique mensuel, un peu *glamour*, créé par l'héritier des Kennedy. Le magazine connaîtra un tirage de plus de 400 000 exemplaires. Ce sont avant tout des questions controversées de politique profonde qui intéressent John Fitzgerald Kennedy Junior.

En octobre 1998, il publie un numéro spécial de « George », contenant un article écrit par Oliver Stone (réalisateur du film retentissant « JFK ») sur l'assassinat du Président Kennedy, intitulé « *Conspiracy Issue* ». Huit mois plus tard, l'avion du prince américain se perdra en mer.[670]

Avant sa mort, le jeune fondateur du magazine avait révélé qu'il allait rédiger et publier un article accablant sur le complot d'assassinat de son père contredisant le rapport Warren. Hanté par la mort de son père, obsédé par la recherche de la vérité sur son assassinat qu'il avait entreprise quinze ans plus tôt, bien déterminé à financer son enquête avec son propre argent, il allait exposer les vrais assassins, ceux qu'il soupçonnait déjà parmi de hauts responsables de la CIA.

Dès lors, certains ont évoqué une cabale montée contre le jeune éditeur. Par crainte d'être traduits en justice, les comploteurs responsables de l'assassinat de son père se seraient résolus à agir sans délai avec l'optique d'éliminer le jeune Kennedy.

L'auteur John Koerner fait partie de ceux qui soutiennent cette thèse. Il croit que la recherche de la vérité sur la mort de son père devenait une obsession pour JFK Jr. Il relate les faits dans une section de son livre « *Exploding the Truth: The JFK, Jr. Assassination* ».[671]

Selon Koerner, un homme d'affaires de l'Utah, True Ott, avait approché JFK Jr. avec des preuves de l'implication de hauts responsables de la CIA dans l'assassinat du président puis dans son camouflage. JFK Jr. avait dépensé une fortune pour obtenir des enquêteurs privés les preuves factuelles avancées par Ott. Le

---

[670] In Touch weekly. JFK Jr's 'Life Goal' Was to Figure out Exactly What Happened to His Dad before Untimely Death. January 8, 2020

[671] Exploding the Truth: The JFK, Jr. Assassination. By John Koerner. Chronos Books (October 26, 2018)

5 juillet 1999, soit juste 11 jours avant sa mort, JFK Junior avait révélé à True Ott qu'il allait utiliser ses sources pour étayer ses recherches dans l'enquête d'assassinat de son père. Le fils du président défunt lui aurait alors dit que c'était son opinion et celle de son avocat qu'un tel dossier explosif ne pouvait que provoquer la nomination d'un grand jury fédéral qui rendrait un acte d'accusation sans conteste. L'auteur Koerner précise que dès l'âge de dix-sept ans, traduire les vrais assassins de son père en justice demeurait une obsession. C'était pour cela qu'il avait lu beaucoup d'articles sur l'assassinat de Dallas puis lancé ses propres recherches en engageant un enquêteur. De plus, s'il réussissait à détenir les leviers du pouvoir en devenant président ou même sénateur, il savait qu'il aurait plus de chance d'arriver à ses fins.

En octobre 1997, précisément au 35ᵉ anniversaire de la Crise des Missiles de Cuba, John s'était envolé vers l'île afin de rencontrer Fidel Castro. Il souhaitait recueillir une interview du dictateur cubain qu'il espérait publier dans son magazine « George ». Selon des sources sûres, Castro lui aurait donné sa version sur l'assassinat de Dallas que le jeune éditeur comptait bien utiliser pour étayer son dossier sur la mort de son père.

John Kennedy Jr. et son oncle Bobby, résolus à exposer les assassins de Dallas, avaient tous deux brigué une carrière politique avec l'ambition d'accéder à la présidence des États-Unis, position suprême qui leur aurait permis d'obtenir que la justice soit rendue et de mettre un terme au mystère de Dallas. Mais, tous deux furent frappés par le même destin et payèrent de leur vie pour s'être livrés à la quête d'une vérité dérangeante. L'enquête que JFK Jr. était déterminé à mener portait notamment sur des éléments de preuves tangibles du complot d'assassinat de son père.

L'une de ces preuves consistait en un élément matériel d'une portée majeure, retentissante, mais très peu connue des enquêteurs sur l'assassinat du Président Kennedy. JFK Jr. avait acquis la montre Cartier que son père portait, le jour fatidique, à Dallas et que son oncle Bobby Kennedy avait récupérée quelques jours après l'assassinat. Il l'avait ensuite conservée en lieu sûr pour éviter qu'elle ne tombât entre les mains du FBI. Cette montre s'avérera être un héritage « embarrassant » pour la famille Kennedy. L'épopée de cette montre vénérée est magnifiquement racontée dans le livre « *The Inheritance* » de Christopher et Michelle Fulton.[672] Il est difficile de mettre en doute la crédibilité de ce livre tant il fournit des preuves vérifiables et solides (120 pages de photos et de documents officiels).

Le Président John Kennedy portait à son poignet une montre Cartier en or, le dernier jour de sa vie, le 22 novembre 1963, quand il fut assassiné dans sa limousine à Dallas. Lors des tentatives de soins de survie prodigués sur le président, à l'hôpital Parkland de Dallas, une infirmière, Diana Bowron, avait retiré le bracelet-montre ensanglanté du poignet du président et, dans l'urgence du moment, l'avait placé dans la poche de sa blouse. Quelques jours plus tard, elle avait remis la montre à l'Agent Secret Roger C. Warner qui, à son tour, l'avait confié à Robert I. Bouck, un haut responsable des Services Secrets de Washington DC, très proche de Bobby Kennedy, alors ministre de la Justice. Sur ces entrefaites, Bouck avait pris la décision de rencontrer Bobby Kennedy pour lui remettre la montre de son frère en mains propres. Celle-ci était encore couverte de sang et de matière cérébrale du président mortellement atteint à la tête.

Parce qu'on l'avait informé que le bracelet-montre pouvait représenter un élément de preuve de l'embuscade dans laquelle son frère était tombé à Dallas sous les coups de tirs croisés, Robert Kennedy avait jugé utile de contacter une entreprise privée en vue de la faire examiner pour déceler des indices. Après avoir pris le soin de prendre au préalable des photographies de la montre, Robert Kennedy espérait que les résultats de l'examen forensique allaient permettre de documenter la procédure d'investigation. Comme il savait que rien de tel ne pouvait se produire si la montre tombait entre les mains du FBI, Bob Kennedy avait exigé de Bouck son entière confidentialité.

L'examen de la montre pouvait en effet révéler des indices, car le Président Kennedy avait porté les mains à la gorge réagissant instinctivement à la blessure provoquée par la première balle qui

---

[672] The Inheritance: Poisoned Fruit of JFK's Assassination Paperback – November 22, 2018 by Christopher Fulton (Author), Michelle Fulton (Author), p 118-119

venait de traverser son cou. Comme les images du film d'Abraham Zapruder ont pu mettre en évidence l'assassinat de Dallas, en temps réel, le bracelet-montre sur le poignet droit du président s'était trouvé à quelques centimètres de l'avant de la tête du président quand une autre balle avait fait exploser le crâne. Dès lors, la détection de traces de sang, de matière cérébrale et de poudre, possiblement incrustées sur la montre, pouvait signifier que des tirs croisés s'étaient réellement produits sur le lieu de l'assassinat et démontrer concrètement qu'un tir avait frappé le crâne du président de face et non de l'arrière comme la version officielle le prétendait.

Les tests révélèrent des résultats sidérants : on put ainsi mettre en évidence la présence de traces de mercure incrustées sur le bracelet et dans le cristal de la montre où de fines stries avaient été intensifiées par l'onde de choc de la balle fatale. On expliqua à Robert Kennedy que la montre avait été contaminée par du mercure qui correspondait à des munitions militaires américaines. Bobby Kennedy en eut également la confirmation quand un médecin lui précisa que les radiographies prises à l'autopsie du crâne de son frère avaient montré des zones grises qui n'étaient sans aucun rapport avec de minuscules fragments de balle, mais qui correspondaient à du mercure dispersé à l'intérieur de la masse cérébrale. C'était suffisant pour lui prouver que des munitions militaires explosives contenant du mercure avaient été utilisées à Dallas et qu'un second tireur autre qu'Oswald - l'assassin présumé du Président Kennedy, selon la version officielle – était embusqué à Dealey Plaza. Il en était d'autant plus convaincu que les balles supposées avoir été tirées par Oswald, ne contenaient pas de mercure, un fait qui avait reçu le consensus autant des adeptes que des critiques de la version officielle de l'assassinat.

Plus tard, après l'assassinat de Bobby Kennedy à Los Angeles en 1968, la montre passa entre les mains de plusieurs personnes de confiance, malgré les tentatives de saisie du gouvernement que le livre de Christopher Fulton décrit avec force détails. Car, tout comme des documents sensibles, artéfacts et enregistrements audio-visuels directement ou indirectement liés à l'assassinat du Président Kennedy, il était impératif pour le gouvernement américain que la montre lui soit restituée et qu'elle soit séquestrée sous haute sécurité sachant qu'elle pouvait représenter un risque d'exposer les comploteurs.

Enfin, JFK Jr. l'héritera naturellement.

L'héritier des Kennedy est bien sûr conscient de l'importance matérielle capitale d'une telle preuve historique, en plus de la valeur sentimentale que la montre de son père représente pour lui. Il compte bien utiliser cette preuve pour dévoiler, enfin, la vérité sur l'assassinat de Dallas. Mais il sait qu'il doit au préalable se limiter à exposer les faits dans son magazine « George », puis attendre le moment opportun, quand il aura accédé à un poste de haute responsabilité politique, pour traduire  les assassins de son père en justice. Malheureusement, JFK Jr. ne vivra pas aussi longtemps pour entériner son plan.

Parallèlement, un autre événement va sans doute contribuer à enfoncer « un clou de plus dans le cercueil de l'héritier des Kennedy ». Un peu plus d'un an avant sa disparition, JFK Jr. prend une décision très risquée et pleine de conséquences. Il commet l'erreur d'écrire au Président Bill Clinton pour lui demander sa coopération à l'occasion de la reprise de l'investigation judiciaire sur l'assassinat de son père qu'il espère lancer. Plus précisément, JFK Jr. lui suggère de donner son autorisation pour qu'une nouvelle autopsie de son père soit pratiquée, cette fois-ci en totale conformité avec la rigueur médico-scientifique et l'éthique médicale, afin d'établir la vérité et de la rendre enfin publique.

Au début du printemps 1998, le Président Bill Clinton reçoit donc une courte lettre de JFK Jr. sur son télécopieur privé du bureau ovale.[673] Cette lettre va mettre le président dans l'embarras...

Prenons connaissance du contenu de cette lettre : « *Je sais que vous et la nouvelle génération de notre nation continuez d'attacher une grande importance à la publication de la vérité derrière le meurtre de mon père. Je pense que nous devons maintenant permettre, comme il se*

---

[673] The Inheritance: Poisoned Fruit of JFK's Assassination Paperback - November 22, 2018 by Christopher Fulton (Author), Michelle Fulton (Author), p 185

*doit, le fonctionnement du processus juridique, tel qu'il est établi par la Constitution, en vue d'une expertise judiciaire appropriée du Président John F. Kennedy. Je crois que c'est une cause importante en ce moment, non seulement pour ma famille, mais également pour l'intérêt de la nation. Je vous demande par conséquent votre coopération sur ce sujet. Cordialement. John F. Kennedy Jr. »*

Après avoir lu la lettre, le Président Clinton demande à Janet Reno, la ministre de la Justice, de le rejoindre dans le bureau ovale... L'*Attorney General* Reno briefera le président par ce message sibyllin, mais qui en dit long : « Les preuves de l'assassinat de JFK ont été transférées à JFK Jr. Nous pensons qu'il est prêt à publier des informations dans son magazine concernant l'assassinat de son père au cours de l'année à venir. Cela inclura probablement son entretien avec Castro ... »

JFK Jr. ne recevra pas de réponse à sa lettre mais les pressions gouvernementales pour restituer la montre se feront de plus en plus fortes de sorte qu'un ordre fédéral obligera à ce qu'elle soit considérée comme propriété légale du gouvernement. Pour l'heure, nul ne sait au juste où elle est conservée. Sans doute aux Archives Nationales américaines, au même titre que le sont des documents sensibles et des artéfacts directement liés à l'assassinat du Président Kennedy.

Le magazine de JFK Jr. sert également de plate-forme pour la publication d'exposés d'investigation suscitant une controverse comparable. En s'attaquant à des sujets sensibles (la tentative d'assassinat contre George Wallace, gouverneur de l'Alabama ; l'assassinat de Yitzhak Rabin, le Premier ministre israélien ; le massacre de Waco ; l'échec de la destitution de Bill Clinton), le jeune éditeur n'hésite pas à prendre parti. Il cherche à donner une forte impulsion politique à son magazine, même s'il a des inquiétudes quant à la nature et au contenu de certaines questions délicates qu'il soulève ou qu'il a l'intention d'aborder dans de prochaines interviews comme celle normalement prévue avec l'*Attorney General* Janet Reno mais qu'il ne se pourra pas assurer personnellement du fait de sa disparition quelques jours plus tôt.

Pour JFK Jr., son magazine devait servir avant tout à annoncer son ambition politique. Il envisageait manifestement une candidature à un poste de haute responsabilité politique en 2000. Il ne cachait pas qu'il lorgnait également la présidence des États-Unis. Il briguait le poste suprême, mais souhaitait attendre le moment propice, en 2008 ou en 2016, quand il se sentirait prêt et après avoir mesuré toutes ses chances de l'emporter.

John Kennedy Jr. aurait-il eu vraiment à sa portée le bureau ovale de la Maison-Blanche qu'il avait quittée, quand un autre locataire, le nouveau président Johnson en fonction, l'avait occupée, dans la précipitation, sans ménagement pour la veuve Jackie et ses deux enfants ? Selon les observateurs politiques, la réponse est évidente comme nous allons le voir.

Pierre Salinger en était persuadé. Les propos de l'ancien chef du service de presse du Président Kennedy nous le confirment : « J'avais l'impression que dans l'année à venir, John Junior allait aussi devenir un homme politique. C'est mon point de vue. Et avec d'autres personnes, on pensait qu'il allait être candidat démocrate aux prochaines élections présidentielles. »

JFK Jr. savait que la politique était dans son ADN et qu'il ne pouvait pas déjouer le destin. En juillet 1988, il avait prononcé un discours très applaudi à la convention nationale du Parti démocrate, à Atlanta, apportant ainsi son soutien à son oncle, Ted Kennedy, lui-même en campagne pour la présidentielle. À travers son discours marqué par des mots de compassion et d'espoir, on pouvait presque revivre les émotions suscitées par l'éloquence et le charisme de son père.

Un an avant sa mort, quand on lui avait demandé quel poste il briguait, JFK Jr. avait répondu qu'il hésitait entre celui de gouverneur et celui de sénateur de l'État de New York. Plutôt que d'être législateur, il se voyait plus efficace dans un poste exécutif comme celui de gouverneur.[674]

Le jeune Kennedy envisagea finalement le siège de Sénateur de l'État de New York tout comme l'avait occupé son oncle Bobby

---

[674] America's Reluctant Prince: The Life of John F. Kennedy Jr. Hardcover – July 9, 2019 by Steven M. Gillon

en 1964 puis en 1968. En mars 1999, il convoitait donc ce poste qu'Hillary Clinton allait occuper seize mois après sa mort. Le magazine « George » avait d'ailleurs irrité plus d'un partisan d'Hillary Clinton : en avril 1999, un article spécial l'avait visée : « Pourquoi Hillary ne sera pas Sénatrice ».

Tôt ou tard, JFK Jr. allait donc entrer sur la scène politique. L'héritier du Président Kennedy dont le premier mandat présidentiel avait été brusquement interrompu par les balles des assassins de Dallas, allait ainsi réveiller la confiance du peuple américain dans son gouvernement et on lui aurait vraisemblablement accordé un ou deux mandats présidentiels.

Dès lors, destiné à occuper des postes politiques très convoités, puis, selon toute attente, à devenir Président des États-Unis, JFK Jr. était-il désigné à coup sûr comme le rival politique qu'il fallait éliminer ? Il est permis de penser qu'on souhaitait attenter à la vie du jeune avocat aux ambitions politiques dérangeantes.

Un autre facteur a pu également contribuer à la disparition de JFK Jr. C'est encore un autre assassinat : celui du Premier ministre israélien Yitzhak Rabin qui a troublé le jeune éditeur, au point qu'il s'est senti investi du devoir d'enquêter. C'est de nouveau son acharnement à dévoiler la vérité, toujours la vérité.

Des investigateurs et des journalistes sérieux ont cherché à savoir pourquoi JFK Jr., sachant qu'il marchait de nouveau sur un terrain très dangereux, s'obstinait à vouloir dévoiler les vrais auteurs de l'assassinat du Premier ministre et si son enquête avait contribué à la mort du jeune éditeur.

La publication d'un article de treize pages, dans son magazine « George », sur les soupçons d'un complot de meurtre de Rabin, impliquant le Shabak - le service israélien de la sécurité intérieure - provoqua une véritable levée de bouclier dans les hautes sphères de l'agence de renseignement de l'État hébreu. Kennedy, déterminé d'aller au fond dans sa recherche des vrais assassins, était sur le point de rencontrer et d'interviewer des responsables israéliens de haut niveau ainsi que l'adjoint au chef du Mossad, Amiram Levine.

Le journaliste juif, d'origine canadienne, Barry Chamish, a rassemblé les résultats de sa propre enquête sur l'assassinat de

Rabin dans son livre « Qui a tué Yitzhak Rabin »[675] ainsi que dans plusieurs articles en ligne. L'auteur a estimé qu'il n'y avait pas de doute : John Kennedy Jr. avait été éliminé par des membres étroitement liés au Mossad et à Shabak, avec la coopération tacite d'officiels américains de très haut niveau, soucieux de maintenir, coûte que coûte, le processus de paix israélo-palestinien. Selon cette théorie, le chauffeur de JFK Jr., lui-même israélien, qui l'avait conduit à l'aéroport, le 16 juillet 1999, aurait subrepticement placé une bombe dans les bagages de Kennedy. Un prétendu rapport préliminaire du FBI (une source retrouvée par le conférencier Damon Ise, mais que je n'ai pas pu recouper avec celles d'autres enquêtes) confirmerait qu'une bombe avait été placée dans les bagages, dans la queue de l'avion. Le type d'explosif aurait été utilisé par un service de renseignement étranger...

Résumons : pilote qualifié, aux commandes d'un avion relativement neuf, performant et parfaitement entretenu, JFK Junior s'envole le 16 juillet 1999 avec une bonne visibilité, juste un peu de brume au départ. La communication par radio avec la tour de contrôle indique un vol parfait. Sans aucun problème mécanique ni de message de détresse, l'avion plonge à pic dans la mer juste après un dernier contact radio routinier. Des témoins sur une plage voisine aperçoivent une explosion dans le ciel au même instant. Des investigateurs sceptiques quant à la version officielle - un prétendu manque d'expérience de Kennedy à l'origine de l'accident - invoquent une explosion à bord ou une attaque par un missile ou un rayon laser entraînant la dislocation de l'appareil dans les airs.

Sommes-nous censés de croire à l'unique cause de l'accident telle que l'a affirmé le gouvernement américain en invoquant l'insouciance et l'inexpérience du pilote ? Malgré tout, cette accusation portée contre l'héritier du clan Kennedy, au destin brisé, seul responsable d'avoir entraîné sa mort et celle de deux autres personnes, reste, de nos jours, totalement infondée.

---

[675] Who Murdered Yitzhak Rabin? September 1, 1998. By Barry Chamish

Non seulement en raison de son obsession pour une nouvelle enquête sur l'assassinat de son père dont des révélations explosives allaient être rendues publiques par le biais de son magazine, mais encore par force d'afficher son ambition à accéder à des postes de haute responsabilité, dans un climat de forte rivalité politique à l'époque, JFK Jr. fut naturellement désigné comme cible par des ennemis très puissants.

C'est pourquoi il nous est difficile d'écarter entièrement le scénario d'un meurtre au premier degré contre sa personne.

www.ingramcontent.com/pod-product-compliance
Lightning Source LLC
Chambersburg PA
CBHW051036250726
48656CB00001B/1